国家出版基金项目
NATIONAL PUBLICATION FOUNDATION

计/量/史/学/译/丛 —————— 主编 　[法] 克洛德·迪耶博 Claude Diebolt
　[美] 迈克尔·豪珀特 Michael Haupert

劳动力与人力资本

梁华 刘松瑞 译

格致出版社 　上海人民出版社

中文版推荐序一

　　量化历史研究是交叉学科,是用社会科学理论和量化分析方法来研究历史,其目的是发现历史规律,即人类行为和人类社会的规律。量化历史研究称这些规律为因果关系;量化历史研究的过程,就是发现因果关系的过程。

　　历史资料是真正的大数据。当代新史学的发展引发了"史料革命",扩展了史料的范围,形成了多元的史料体系,进而引发了历史资料的"大爆炸"。随着历史大数据时代的到来,如何高效处理大规模史料并从中获得规律性认识,是当代历史学面临的新挑战。中国历史资料丰富,这是中华文明的优势,但是,要发挥这种优势、增加我们自己乃至全人类对我们过去的认知,就必须改进研究方法。

　　量化分析方法和历史大数据相结合,是新史学的重要内容,也是历史研究领域与时俱进的一种必然趋势。量化历史既受益于现代计算机、互联网等技术,也受益于现代社会科学分析范式的进步。按照诺贝尔经济学奖获得者、经济史学家道格拉斯·诺思的追溯,用量化方法研究经济史问题大致起源于 1957 年。20 世纪六七十年代,量化历史变得流行,后来其热度又有所消退。但 20 世纪 90 年代中期后,新一轮研究热潮再度引人注目。催生新一轮研究的经典作品主要来自经济学领域。在如何利用大数据论证历史假说方面,经济史学者做了许多方法论上的创新,改变了以往只注重历史数据描述性分析、相关性分析的传统,将历史研究进一步往科学化的方向推进。量化历史不是"热潮不热潮"的问题,而是史学研究必须探求的新方法。否则,我们难以适应新技术和海量历史资料带来的便利和挑战。

　　理解量化历史研究的含义，一般需要结合三个角度，即社会科学理论、量化分析方法、历史学。量化历史和传统历史学研究一样注重对历史文献的考证、确认。如果原始史料整理出了问题，那么不管采用什么研究方法，由此推出的结论都难言可信。两者的差别在于量化方法会强调在史料的基础上尽可能寻找其中的数据，或者即使没有明确的数据也可以努力去量化。

　　不管哪个领域，科学研究的基本流程应该保持一致：第一，提出问题和假说。第二，根据提出的问题和假说去寻找数据，或者通过设计实验产生数据。第三，做统计分析，检验假说的真伪，包括选择合适的统计分析方法识别因果关系、做因果推断，避免把虚假的相关性看成因果关系。第四，根据分析检验的结果做出解释，如果证伪了原假说，那原假说为什么错了？如果验证了原假说，又是为什么？这里，挖掘清楚"因"导致"果"的实际传导机制甚为重要。第五，写报告文章。传统历史研究在第二步至第四步上做得不够完整。所以，量化历史方法不是要取代传统历史研究方法，而是对后者的一种补充，是把科学研究方法的全过程带入历史学领域。

　　量化历史方法不仅仅"用数据说话"，而且提供了一个系统研究手段，让我们能同时把多个假说放在同一个统计回归分析里，看哪个解释变量、哪个假说最后能胜出。相比之下，如果只是基于定性讨论，那么这些不同假说可能听起来都有道理，无法否定哪一个，因而使历史认知难以进步。研究不只是帮助证明、证伪历史学者过去提出的假说，也会带来对历史的全新认识，引出新的研究话题与视角。

　　统计学、计量研究方法很早就发展起来了，但由于缺乏计算软件和数据库工具，在历史研究中的应用一直有限。最近四十年里，电脑计算能力、数据库化、互联网化都突飞猛进，这些变迁带来了最近十几年在历史与社会科学领域的知识革命。很多原来无法做的研究今天可以做，由此产生的认知越来越广、越来越深，同时研究者的信心大增。今天历史大数据库也越来越多、越来越可行，这就使得运用量化研究方法成为可能。研究不只是用数据说话，也不只是统计检验以前历史学家提出的假说，这种新方法也可以带来以前人们想不到的新认知。

　　强调量化历史研究的优势，并非意味着这些优势很快就能够实现，一项好的量化历史研究需要很多条件的配合，也需要大量坚实的工作。而量化历史研究作为一个新兴领域，仍然处于不断完善的过程之中。在使用量化历史研究方法的过程中,也需要注意其适用的条件,任何一种方法都有其适用的范围和局限,一项研究的发展也需要学术共同体的监督和批评。量化方法作为"史无定法"中的一种方法,在历史大数据时代,作用将越来越大。不是找到一组历史数据并对其进行回归分析,然后就完成研究了,而是要认真考究史料、摸清史料的历史背景与社会制度环境。只有这样,才能更贴切地把握所研究的因果关系链条和传导机制,增加研究成果的价值。

未来十年、二十年会是国内研究的黄金期。原因在于两个方面:一是对量化方法的了解、接受和应用会越来越多,特别是许多年轻学者会加入这个行列。二是中国史料十分丰富,但绝大多数史料以前没有被数据库化。随着更多历史数据库的建立并且可以低成本地获得这些数据,许多相对容易做的量化历史研究一下子就变得可行。所以,从这个意义上讲,越早进入这个领域,越容易产出一些很有新意的成果。

我在本科和硕士阶段的专业都是工科,加上博士阶段接受金融经济学和量化方法的训练,很自然会用数据和量化方法去研究历史话题,这些年也一直在推动量化历史研究。2013年,我与清华大学龙登高教授、伦敦经济学院马德斌教授等一起举办了第一届量化历史讲习班,就是希望更多的学人关注该领域的研究。我的博士后熊金武负责了第一届和第二届量化历史讲习班的具体筹备工作,也一直担任"量化历史研究"公众号轮值主编等工作。2019年,他与格致出版社唐彬源编辑联系后,组织了国内优秀的老师,启动了"计量史学译丛"的翻译工作。该译丛终于完成,实属不易。

"计量史学译丛"是《计量史学手册》(Handbook of Cliometrics)的中文译本,英文原书于2019年11月由施普林格出版社出版,它作为世界上第一部计量史学手册,是计量史学发展的一座里程碑。该译丛是全方位介绍计量史学研究方法、应用领域和既有研究成果的学术性研究丛书,涉及的议题非常广泛,从计量史学发展的学科史、人力资本、经济增长,到银行金融业、创新、公共政策和经济周期,再到计量史学方法论。其中涉及的部分研究文献已经在"量化历史研究"公众号上被推送出来,足以说明本套译丛的学术前沿性。

同时,该译丛的各章均由各研究领域公认的顶级学者执笔,包括2023年获得诺贝尔经济学奖的克劳迪娅·戈尔丁,1993年诺贝尔经济学奖得主罗伯特·福格尔的长期研究搭档、曾任美国经济史学会会长的斯坦利·恩格尔曼，以及量化历史研讨班授课教师格里高利·克拉克。这套译丛既是向学界介绍计量史学的学术指导手册，也是研究者开展计量史学研究的方法性和写作范式指南。

"计量史学译丛"的出版顺应了学界当下的发展潮流。我们相信，该译丛将成为量化历史领域研究者的案头必备之作，而且该译丛的出版能吸引更多学者加入量化历史领域的研究。

陈志武

香港大学经管学院金融学讲座教授、

香港大学香港人文社会研究所所长

中文版推荐序二

马克思在 1868 年 7 月 11 日致路德维希·库格曼的信中写道:"任何一个民族,如果停止劳动,不用说一年,就是几个星期,也要灭亡,这是每一个小孩都知道的。人人都同样知道,要想得到和各种不同的需要量相适应的产品量,就要付出各种不同的和一定数量的社会总劳动量。这种按一定比例分配社会劳动的必要性,决不可能被社会生产的一定形式所取消,而可能改变的只是它的表现形式,这是不言而喻的。自然规律是根本不能取消的。在不同的历史条件下能够发生变化的,只是这些规律借以实现的形式。"在任何时代,人们的生产生活都涉及数量,大多表现为连续的数量,因此一般是可以计算的,这就是计量。

传统史学主要依靠的是定性研究方法。定性研究以普遍承认的公理、演绎逻辑和历史事实为分析基础,描述、阐释所研究的事物。它们往往依据一定的理论与经验,寻求事物特征的主要方面,并不追求精确的结论,因此对计量没有很大需求,研究所得出的成果主要是通过文字的形式来表达,而非用数学语言来表达。然而,文字语言具有多义性和模糊性,使人难以精确地认识历史的真相。在以往的中国史研究中,学者们经常使用诸如"许多""很少""重要的""重大的""严重的""高度发达""极度衰落"一类词语,对一个朝代的社会经济状况进行评估。由于无法确定这些文字记载的可靠性和准确性,研究者的主观判断又受到各种主客观因素的影响,因此得出的结论当然不可能准确,可以说只是一些猜测。由此可见,在传统史学中,由于计量研究的缺失或者被忽视,导致许多记载和今天依据这些记载得出的结论并不可靠,难以成为信史。

因此,在历史研究中采用计量研究非常重要,许多大问题,如果不使用计量方法,可能会得出不符合事实甚至是完全错误的结论。例如以往我国历史学界的一个主流观点为:在中国传统社会中,建立在"封建土地剥削和掠夺"的基础上的土地兼并,是农民起义爆发的根本原因。但是经济学家刘正山通过统计方法表明这些观点站不住脚。

如此看来,运用数学方法的历史学家研究问题的起点就与通常的做法不同;不是从直接收集与感兴趣的问题相关的材料开始研究,而是从明确地提出问题、建立指标体系、提出假设开始研究。这便规定了历史学家必须收集什么样的材料,以及采取何种方法分析材料。在收集和分析材料之后,这些历史学家得出有关结论,然后用一些具体历史事实验证这些结论。这种研究方法有两点明显地背离了分析历史现象的传统做法:研究对象必须经过统计指标体系确定;在历史学家研究具体史料之前,已经提出可供选择的不同解释。然而这种背离已被证明是正确的,因为它不仅在提出问题方面,而且在解决历史学家所提出的任务方面,都表现出精确性和明确性。按照这种方法进行研究的历史学家,通常用精确的数量进行评述,很少使用诸如"许多""很少""重要的""重大的"这类使分析结果显得不精确的词语进行评估。同时,我们注意到,精确、具体地提出问题和假设,还节省了历史学家的精力,使他们可以更迅速地达到预期目的。

但是,在历史研究中使用数学方法进行简单的计算和统计,还不是计量史学(Cliometrics)。所谓计量史学并不是一个严谨的概念。从一般的意义上讲,计量史学是对所有有意识地、系统地采用数学方法和统计学方法从事历史研究的工作的总称,其主要特征为定量分析,以区别于传统史学中以描述为主的定性分析。

计量史学是在社会科学发展的推动下出现和发展起来的。随着数学的日益完善和社会科学的日益成熟,数学在社会科学研究中的使用愈来愈广泛和深入,二者的结合也愈来愈紧密,到了 20 世纪更成为社会科学发展的主要特点之一,对于社会科学的发展起着重要的作用。1971 年国际政治学家卡尔·沃尔夫冈·多伊奇(Karl Wolfgone Deutsch)发表过一项研究报告,详细地列举了 1900—1965 年全世界的 62 项社会科学方面的重大进展,并得出如下的结论:"定量的问题或发现(或者兼有)占全部重大进展的三分之二，占 1930 年以来重大进展的六分之五。"

　　作为一个重要的学科，历史学必须与时俱进。20 世纪 70 年代，时任英国历史学会会长的历史学家杰弗里·巴勒克拉夫（Geoffrey Barractbugh）受联合国教科文组织委托，总结第二次世界大战后国际历史学发展的情况，他写道："推动 1955 年前后开始的'新史学'的动力，主要来自社会科学。"而"对量的探索无疑是历史学中最强大的新趋势"，因此当代历史学的突出特征就是"计量革命"。历史学家在进行研究的时候，必须关注并学习社会科学其他学科的进展。计量研究方法是这些进展中的一个主要内容，因此在"计量革命"的背景下，计量史学应运而生。

　　20 世纪中叶以来，电子计算机问世并迅速发展，为计量科学手段奠定了基础，计量方法的地位日益提高，逐渐作为一种独立的研究手段进入史学领域，历史学发生了一次新的转折。20 世纪上半叶，计量史学始于法国和美国，继而扩展到西欧、苏联、日本、拉美等国家和地区。20 世纪 60 年代以后，电子计算机的广泛应用，极大地推动了历史学研究中的计量化进程。计量史学的研究领域也从最初的经济史，扩大到人口史、社会史、政治史、文化史、军事史等方面。应用计量方法的历史学家日益增多，有关计量史学的专业刊物大量涌现。

　　计量史学的兴起大大推动了历史研究走向精密化。传统史学的缺陷之一是用一种模糊的语言解释历史，缺陷之二是历史学家往往随意抽出一些史料来证明自己的结论，这样得出的结论往往是片面的。计量史学则在一定程度上纠正了这种偏差，并使许多传统的看法得到检验和修正。计量研究还使历史学家发现了许多传统定性研究难以发现的东西，加深了对历史的认识，开辟了新的研究领域。历史学家马尔雪夫斯基说："今天的历史学家们给予'大众'比给予'英雄'以更多的关心，数量化方法没有过错，因为它是打开这些无名且无记录的几百万大众被压迫秘密的一把钥匙。"由于采用了计量分析，历史学家能够更多地把目光转向下层人民群众以及物质生活和生产领域，也转向了家庭史、妇女史、社区史、人口史、城市史等专门史领域。另外，历史资料的来源也更加广泛，像遗嘱、死亡证明、法院审判记录、选票、民意测验等，都成为计量分析的对象。计算机在贮存和处理资料方面拥有极大优势，提高了历史研究的效率，这也是计量史学迅速普及的原因之一。

中国史研究中使用计量方法始于 20 世纪 30 年代。在这个时期兴起的社会经济史研究,表现出了明显的社会科学化取向,统计学方法受到重视,并在经济史的一些重要领域(如户口、田地、租税、生产,以及财政收支等)被广泛采用。1935 年,史学家梁方仲发表《明代户口田地及田赋统计》一文,并对利用史籍中的数字应当注意的问题作了阐述。由此他被称为"把统计学的方法运用到史学研究的开创者之一"。1937 年,邓拓的《中国救荒史》出版,该书统计了公元前 18 世纪以来各世纪自然灾害的频数,并按照朝代顺序进行了简单统计。虽然在统计过程中对数据的处理有许多不完善的地方,但它是中国将统计方法运用在长时段历史研究中的开山之作。1939 年,史学家张荫麟发表《北宋的土地分配与社会骚动》一文,使用北宋时期主客户分配的统计数字,说明当时几次社会骚动与土地集中无关。这些都表现了经济史学者使用计量方法的尝试。更加专门的计量经济史研究的开创者是巫宝三。1947 年,巫宝三的《国民所得概论(一九三三年)》引起了海内外的瞩目,成为一个标志性的事件。但是在此之后,中国经济史研究中使用计量方法的做法基本上停止了。

到了改革开放以后,使用计量方法研究历史的方法重新兴起。20 世纪末和 21 世纪初,中国的计量经济史研究开始进入一个新阶段。为了推进计量经济史的发展,经济学家陈志武与清华大学、北京大学和河南大学的学者合作,于 2013 年开始每年举办量化历史讲习班,参加讲习班接受培训的学者来自国内各高校和研究机构,人数总计达数百人。尽管培训的实际效果还需要时间检验,但是如此众多的中青年学者踊跃报名参加培训这件事本身,就已表明中国经济史学界对计量史学的期盼。越来越多的人认识到:计量方法在历史研究中的重要性是无人能够回避的;计量研究有诸多方法,适用于不同题目的研究。

为了让我国学者更多地了解计量史学的发展,熊金武教授组织多位经济学和历史学者翻译了这套"计量史学译丛",并由格致出版社出版。这套丛书源于世界上第一部计量史学手册,同时也是计量史学发展的一座里程碑。丛书全面总结了计量史学对经济学和历史学知识的具体贡献。丛书各卷均由各领域公认的大家执笔,系统完整地介绍了计量史学对具体议题的贡献和计量史学方法论,是一套全方位介绍计量史学研究方法、应用领域和既有研究成果的学术性研究成果。它既是向社会科学同行介绍计量史学的学术指导手册,也是研究者实际开展计量史学研究的方法和写作范式指南。

在此,衷心祝贺该译丛的问世。

李伯重

北京大学人文讲席教授

中文版推荐序三

　　许多学术文章都对计量史学进行过界定和总结。这些文章的作者基本上都是从一个显而易见的事实讲起，即计量史学是运用经济理论和量化手段来研究历史。他们接着会谈到这个名字的起源，即它是由"克利俄"（Clio，司掌历史的女神）与"度量"（metrics，"计量"或"量化的技术"）结合而成，并由经济学家斯坦利·雷特与经济史学家兰斯·戴维斯和乔纳森·休斯合作创造。实际上，可以将计量史学的源头追溯至经济史学的发端。19世纪晚期，经济史学在德国和英国发展成为独立的学科。此时，德国的施穆勒和英国的约翰·克拉彭爵士等学术权威试图脱离标准的经济理论来发展经济史学。在叛离古典经济学演绎理论的过程中，经济史成了一门独特的学科。经济史最早的形式是叙述，偶尔会用一点定量的数据来对叙述予以强化。

　　历史学派的初衷是通过研究历史所归纳出的理论，来取代他们所认为的演绎经济学不切实际的理论。他们的观点是，最好从实证和历史分析的角度出发，而不是用抽象的理论和演绎来研究经济学。历史学派与抽象理论相背离，它对抽象理论的方法、基本假设和结果都批评甚多。19世纪80年代，经济历史学派开始分裂。比较保守的一派，即继承历史学派衣钵的历史经济学家们完全不再使用理论，这一派以阿道夫·瓦格纳（Adolph Wagner）为代表。另一派以施穆勒为代表，第一代美国经济史学家即源于此处。在英国，阿尔弗雷德·马歇尔（Alfred Marshall）和弗朗西斯·埃奇沃斯（Francis Edgeworth）代表着"老一派"的对立面，在将正式的数学模型纳入经济学的运动中，他们站在最前沿。

在 20 世纪初,经济学这门学科在方法上变得演绎性更强。随着自然科学声望日隆,让经济学成为一门科学的运动兴起,此时转而形成一种新认知,即经济学想要在社会科学的顶峰占据一席之地,就需要将其形式化,并且要更多地依赖数学模型。之后一段时期,史学运动衰落,历史经济学陷入历史的低谷。第一次世界大战以后,经济学家们研究的理论化程度降低了,他们更多采用统计的方法。第二次世界大战以后,美国经济蓬勃发展,经济学家随之声名鹊起。经济学有着严格缜密的模型,使用先进的数学公式对大量的数值数据进行检验,被视为社会科学的典范。威廉·帕克(William Parker)打趣道,如果经济学是社会科学的女王,那么经济理论就是经济学的女王,计量经济学则是它的侍女。与此同时,随着人们越来越注重技术,经济学家对经济增长的决定因素越来越感兴趣,对所谓世界发达地区与欠发达地区之间差距拉大这个问题也兴趣日增。他们认为,研究经济史是深入了解经济增长和经济发展问题的一个渠道,他们将新的量化分析方法视为理想的分析工具。

"新"经济史,即计量史学的正式形成可以追溯到 1957 年经济史协会(1940 年由盖伊和科尔等"老"经济史学家创立)和"收入与财富研究会"(归美国国家经济研究局管辖)举办的联席会议。计量史学革命让年轻的少壮派、外来者,被老前辈称为"理论家"的人与"旧"经济史学家们形成对立,而后者更像是历史学家,他们不太可能会依赖定量的方法。他们指责这些新手未能正确理解史实,就将经济理论带入历史。守旧派声称,实际模型一定是高度概括的,或者是特别复杂的,以致不能假设存在数学关系。然而,"新"经济史学家主要感兴趣的是将可操作的模型应用于经济数据。到20 世纪 60 年代,"新""旧"历史学家之间的争斗结束了,结果显而易见:经济学成了一门"科学",它构建、检验和使用技术复杂的模型。当时计量经济学正在兴起,经济史学家分成了两派,一派憎恶计量经济学,另一派则拥护计量经济学。憎恶派的影响力逐渐减弱,其"信徒"退守至历史系。

"新""旧"经济史学家在方法上存在差异,这是不容忽视的。新经济史学家所偏爱的模型是量化的和数学的,而传统的经济史学家往往使用叙事的模式。双方不仅在方法上存在分歧,普遍接受的观点也存在分裂。计量史学家使用自己新式的工具推翻了一些人们长期秉持的看法。有一些人们公认的观点被计量史学家推翻了。一些人对"新"经济史反应冷淡,因为他们认为"新"经济史对传统史学的方法构成了威胁。但是，另外一些人因为"新"经济史展示出的可能性而对它表示热烈欢迎。

计量史学的兴起导致研究计量史学的经济学家与研究经济史的历史学家之间出现裂痕，后者不使用形式化模型，他们认为使用正规的模型忽略了问题的环境背景，过于迷恋统计的显著性，罔顾情境的相关性。计量史学家将注意力从文献转移到了统计的第一手资料上，他们强调使用统计技术，用它来检验变量之间的假定关系是否存在。另一方面，对于经济学家来说计量史学也没有那么重要了，他们只把它看作经济理论的另外一种应用。虽然应用经济学并不是什么坏事，但计量史学并没有什么特别之处——只不过是将理论和最新的量化技术应用在旧数据上，而不是将其用在当下的数据上。也就是说，计量史学强调理论和形式化模型，这一点将它与"旧"经济史区分开来，现在，这却使经济史和经济理论之间的界线模糊不清，以至于有人质疑经济史学家是否有存在的必要，而且实际上许多经济学系已经认为不再需要经济史学家了。

中国传统史学对数字和统计数据并不排斥。清末民初，史学研究和统计学方法已经有了结合。梁启超在其所著的《中国历史研究法》中，就强调了统计方法在历史研究中的作用。巫宝三所著的《中国国民所得（一九三三年）》可谓中国史领域中采用量化历史方法的一大研究成果。此外，梁方仲、吴承明、李埏等经济史学者也重视统计和计量分析工具，提出了"经济现象多半可以计量，并表现为连续的量。在经济史研究中，凡是能够计量的，尽可能做些定量分析"的观点。

在西方大学的课程和经济学研究中，计量经济学与经济史紧密结合，甚至被视为一体。然而，中国的情况不同，这主要是因为缺乏基础性历史数据。欧美经济学家在长期的数据开发和积累下，克服了壁垒，建立了一大批完整成熟的历史数据库，并取得了一系列杰出的成果，如弗里德曼的货币史与货币理论，以及克劳迪娅·戈尔丁对美国女性劳动历史的研究等，为计量经济学的科学研究奠定了基础。然而，整理这样完整成熟的基础数据库需要巨大的人力和资金，是一个漫长而艰巨的过程。

不过，令人鼓舞的是，国内一些学者已经开始这项工作。在量化历史讲习班上，我曾提到，量化方法与工具从多个方面推动了历史研究的发现和创新。量化历史的突出特征就是将经济理论、计量技术和其他规范或数理研究方法应用于社会经济史研究。只有真正达到经济理论和定量分析方法的互动融合,才可以促进经济理论和经济史学的互动发展。然而,传统史学也有不容忽视的方面,例如人的活动、故事的细节描写以及人类学的感悟与体验,它们都赋予历史以生动性与丰富性。如果没有栩栩如生的人物与细节,历史就变成了手术台上被研究的标本。历史应该是有血有肉的,而不仅仅是枯燥的数字,因为历史是人类经验和智慧的记录,也是我们沟通过去与现在的桥梁。通过研究历史,我们能够深刻地了解过去的文化、社会、政治和经济背景,以及人们的生活方式和思维方式。

中国经济史学者在国际量化历史研究领域具有显著的特点。近年来,中国学者在国际量化历史研究中崭露头角,通过量化历史讲习班与国际学界密切交流。此外,大量中国学者通过采用中国历史数据而作出的优秀研究成果不断涌现。这套八卷本"计量史学译丛"的出版完美展现了当代经济史、量化历史领域的前沿研究成果和通用方法,必将促进国内学者了解国际学术前沿,同时我们希望读者能够结合中国历史和数据批判借鉴,推动对中国文明的长时段研究。

龙登高
清华大学社会科学学院教授、中国经济史研究中心主任

英文版总序

目标与范畴

新经济史[New Economic History,这个术语由乔纳森·休斯(Jonathan Hughes)提出],或者说计量史学[Cliometrics,由斯坦·雷特(Stan Reiter)创造]最近才出现,它字面上的意思是对历史进行测量。人们认为,阿尔弗雷德·康拉德(Alfred Conrad)和约翰·迈耶(John Meyer)是这个领域的拓荒者,他们1957年在《经济史杂志》(*Journal of Economic History*)上发表了《经济理论、统计推断和经济史》(Economic Theory, Statistical Inference and Economic History)一文,该文是二人当年早些时候在经济史协会(Economic History Association)和美国国家经济研究局(NBER)"收入与财富研究会"(Conference on Research in Income and Wealth)联席会议上发表的报告。他们随后在1958年又发表了一篇论文,来对计量史学的方法加以说明,并将其应用在美国内战前的奴隶制问题上。罗伯特·福格尔(Robert Fogel)关于铁路对美国经济增长影响的研究工作意义重大,从广义上讲是经济学历史上一场真正的革命,甚至是与传统的彻底决裂。它通过经济学的语言来表述历史,重新使史学在经济学中占据一席之地。如今,甚至可以说它是经济学一个延伸的领域,引发了新的争论,并且对普遍的看法提出挑战。计量经济学技术和经济理论的使用,使得对经济史的争论纷纭重起,使得对量化的争论在所难免,并且促使在经济学家们中间出现了新的历史意识(historical awareness）。

计量史学并不仅仅关注经济史在有限的、技术性意义上的内容,它更在整体上改变了历史研究。它体现了社会科学对过往时代的定量估计。知晓奴隶制是否在美国内战前使美国受益,或者铁路是否对美国经济发展产生了重大影响,这些问题对于通史和经济史来说同样重要,而且必然会影响到任何就美国历史进程所作出的(人类学、法学、政治学、社会学、心理学等)阐释或评价。

此外,理想主义学派有一个基本的假设,即认为历史永远无法提供科学证据,因为不可能对独特的历史事件进行实验分析。计量史学对这一基本假设提出挑战。计量史学家已经证明,恰恰相反,通过构造一个反事实,这种实验是能做到的,可以用反事实来衡量实际发生的事情和在不同情况下可能发生的事情之间存在什么差距。

众所周知,罗伯特·福格尔用反事实推理来衡量铁路对美国经济增长的影响。这个方法的原理也许和历史的时间序列计量经济学一样,是计量史学对一般社会科学研究人员,特别是对历史学家最重要的贡献。

方法上的特点

福格尔界定了计量史学方法上的特征。他认为,在承认计量和理论之间存在紧密联系的同时,计量史学也应该强调计量,这一点至关重要。事实上,如果没有伴随统计和/或计量经济学的处理过程和系统的定量分析,计量只不过是另一种叙述历史的形式,诚然,它用数字代替了文字,却并未带来任何新的要素。相比之下,当使用计量史学尝试对过去经济发展的所有解释进行建模时,它就具有创新性。换言之,计量史学的主要特点是使用假说-演绎(hypothetico-deductive)的模型,这些模型要用到最贴近的计量经济学技术,目的在于以数学形式建立起特定情况下变量之间的相关关系。

计量史学通常要构建一个一般均衡或局部均衡的模型,模型要反映出所讨论的经济演进中的各个因素,并显示各因素之间相互作用的方式。因此,可以建立相关关系和/或因果关系,来测量在给定的时间段内各个因素孰轻孰重。

15

　　计量史学方法决定性的要素,与"市场"和"价格"的概念有关。即使在并未明确有市场存在的领域,计量史学方法通常也会给出类似于"供给""需求"和"价格"等市场的概念,来对主题进行研究。

　　时至今日,假说-演绎的模型主要被用来确定创新、制度和工业过程对增长和经济发展的影响。由于没有记录表明,如果所论及的创新没有发生,或者相关的因素并没有出现会发生什么,所以只能通过建立一个假设模型,用以在假定的另一种情况下(即反事实)进行演绎,来发现会发生什么。的确,使用与事实相反的命题本身并不是什么新鲜事,这些命题蕴含在一系列的判断之中,有些是经济判断,有些则不是。

　　使用这种反事实分析也难逃被人诟病。许多研究人员依旧相信,使用无法被证实的假设所产生的是准历史(quasi history),而不是历史本身(history proper)。再者,煞费苦心地使用计量史学,所得到的结果并不如许多计量史学家所希冀的那般至关重大。毫无疑问,批评者们得出的结论是没错的:经济分析本身,连同计量经济学工具的使用,无法为变革和发展的过程与结构提供因果解释。在正常的经济生活中,似乎存在非系统性的突变(战争、歉收、市场崩溃时的群体性癔症等),需要对此进行全面分析,但这些突变往往被认为是外源性的,并且为了对理论假设的先验表述有利,它们往往会被弃之不理。

　　然而,尽管有一些较为极端的论证,令计量史学让人失望,但计量史学也有其成功之处,并且理论上在不断取得进步。显然,这样做的风险是听任经济理论忽略一整套的经验资料,而这些资料可以丰富我们对经济生活现实的认知。反过来说,理论有助于我们得出某些常量,而且只有掌握了理论,才有可能对规则的和不规则的、能预测的和难以预估的加以区分。

主要的成就

　　到目前为止,计量史学稳扎稳打地奠定了自己主要的成就:在福格尔的传统中,通过计量手段和理论方法对历史演进进行了一系列可靠的经济分析;循着道格拉斯·诺思(Douglass North)的光辉足迹,认识到了新古典主义理论的局限性,在经济模型中将制度的重要作用纳入考量。事实上,聚焦于后者最终催生了一个新的经济学分支,即新制度经济学。现在,没有什么能够取代基于成体系的有序数据之上的严谨统计和计量经济分析。依赖不可靠的数字和谬误的方法作出的不精确判断,其不足之处又凭主观印象来填补,现在已经无法取信于人。特别是经济史,它不应该依旧是"简单的"故事,即用事实来说明不同时期的物质生活,而应该成为一种系统的尝试,去为具体的问题提供答案。我们的宏愿,应该从"理解"(Verstehen)认识论(epistemology)转向"解释"(Erklären)认识论。

进一步来说,对事实的探求越是被问题的概念所主导,研究就越是要解决经济史在社会科学中以何种形式显明其真正的作用。因此,智识倾向(intellectual orientation)的这种转变,即计量史学的重构可以影响到其他人文社会科学的学科(法学、社会学、政治学、地理学等),并且会引发类似的变化。

事实上,社会科学中势头最强劲的新趋势,无疑是人们对量化和理论过分热衷,这个特征是当代学者和前辈学人在观念上最大的区别。即使是我们同侪中最有文学性的,对于这一点也欣然同意。这种兴趣没有什么好让人惊讶的。与之前的几代人相比,现今年轻一代学者的一个典型特征无疑是,在他们的智力训练中更加深刻地打上了科学与科学精神的烙印。因此,年轻的科学家们对传统史学没有把握的方法失去了耐心,并且他们试图在不那么"手工式"(artisanal)的基础之上开展研究,这一点并不让人奇怪。

因此,人文社会科学在技术方面正变得更加精细,很难相信这种趋势有可能会发生逆转。然而,有相当一部分人文社会科学家尚未接受这些新趋势,这一点也很明显。这些趋势意在使用更加复杂的方法,使用符合新标准且明确的概念,以便在福格尔传统下发展出一门真正科学的人文社会科学。

史学的分支?

对于许多作者(和计量史学许多主要的人物)来说,计量史学似乎首先是史学的一个分支。计量史学使用经济学的工具、技术和理论,为史学争论而非经济学争论本身提供答案。

对于(美国)经济史学家来说,随着时间的推移,"实证"一词的含义发生了很大的变化。人们可以观察到,从"传统的历史学家"(对他们而言,在自己的论证中所使用的不仅仅是定量数据,而且还有所有从档案中检索到的东西)到(应用)经济学家(实证的方面包含对用数字表示的时间序列进行分析),他们对经验事实(empirical fact)概念的理解发生了改变。而且历史学家和经济学家在建立发展理论方面兴趣一致,所以二者的理论观点趋于一致。

在这里,西蒙·库兹涅茨(Simon Kuznets)似乎发挥了重要作用。他强调在可能确定将某些部门看作经济发展的核心所在之前,重要的是一开始就要对过去经济史上发生的重要宏观量变进行严肃的宏观经济分析。应该注意,即使他考虑将历史与经济分析结合起来,但他所提出的增长理论依旧是归纳式的,其基础是对过去重要演变所做的观察,对经济史学家经年累月积累起来的长时段时间序列进行分析给予他启迪。

因此,这种(归纳的)观点尽管使用了较为复杂的技术,但其与经济学中的历史流派,即德国历史学派(German Historical School)密切相关。可以说,这两门学科变得更加紧密,但可能在"归纳"经济学的框架之内是这样。除此之外,尽管早期人们对建立一种基于历史(即归纳)的发展经济学感兴趣,但计量史学主要试图为史学的问题提供答案——因此,它更多是与历史学家交谈,而不是向标准的经济学家讲述。可以用计量经济学技术来重新调整时间序列,通过插值或外推来确定缺失的数据——顺便说一句,这一点让专业的历史学家感到恼火。但是,这些计量史学规程仍旧肩负历史使命,那就是阐明历史问题,它将经济理论或计量经济学看作历史学的附属学科。当使用计量史学的方法来建立一个基于被明确测度的事实的发展理论时,它发展成为一门更接近德国历史学派目标的经济学,而不是一门参与高度抽象和演绎理论运动的经济学,而后者是当时新古典学派发展的特征。

库兹涅茨和沃尔特·罗斯托(Walt Rostow)之间关于经济发展阶段的争执,实际上是基于罗斯托理论的实证基础进行争论,而不是在争论一个高度概括和非常综合的观点在形式上不严谨(没有使用增长理论),或者缺乏微观基础的缺陷。在今天,后者无疑会成为被批判的主要议题。简而言之,要么说计量史学仍然是(经济)史的一个(现代化的)分支——就像考古学方法的现代化(从碳14测定到使用统计技术,比如判别分析)并未将该学科转变为自然科学的一个分支一样;要么说运用计量史学方法来得到理论结果,更多是从收集到的时间序列归纳所得,而不是经由明确运用模型将其演绎出来。也就是说,经济理论必须首先以事实为依据,并由经验证据归纳所得。

如此，就促成了一门与德国历史学派较为接近，而与新古典观点不甚相近的经济科学。

经济学的附属学科？

但故事尚未结束。（严格意义上的）经济学家最近所做的一些计量史学研究揭示，计量史学也具备成为经济学的一门附属学科的可能性。因此，所有的经济学家都应该掌握计量史学这种工具并具备这份能力。然而，正如"辅助学科"（anxiliary discipline）一词所表明的那样，如果稍稍（不要太多）超出标准的新古典经济学的范畴，它对经济学应有的作用才能发挥。它必定是一个复合体，即应用最新的计量经济学工具和经济理论，与表征旧经济史的制度性与事实性的旧习俗相结合。

历史学确实一直是一门综合性的学科，计量史学也该如此。不然，如果计量史学丧失了它全部的"历史维度"（historical dimension），那它将不复存在（它只会是将经济学应用于昔日，或者仅仅是运用计量经济学去回溯过往）。想要对整个经济学界有所助益，那么计量史学主要的工作，应该是动用所有能从历史中收集到的相关信息来丰富经济理论，甚或对经济理论提出挑战。这类"相关信息"还应将文化或制度的发展纳入其中，前提是能将它们对专业有用的一面合宜地呈现出来。

经济学家（实际上是开尔文勋爵）的一个传统看法是"定性不如定量"。但是有没有可能，有时候确实是"定量不如定性"？历史学家与经济学家非常大的一个差别，就是所谓的历史批判意识和希望避免出现年代舛误。除了对历史资料详加检视以外，还要对制度、社会和文化背景仔细加以审视，这些背景形成了框定参与者行为的结构。诚然，（新）经济史不会建立一个一般理论——它过于相信有必要在经济现象的背景下对其进行研究——但是它可以基于可靠的调查和恰当估计的典型事实（stylized facts），为那些试图彰显经济行为规律的经济学家们提供一些有用的想法和见解[经济学与历史学不同，它仍旧是一门法则性科学（nomological science）]。经济学家和计量史学家也可以通力合作，在研究中共同署名。达龙·阿西莫格鲁（Daron Acemoglu）、西蒙·约翰逊（Simon Johnson）、詹姆斯·罗宾逊（James

Robinson)和奥戴德·盖勒（Oded Galor）等人均持这一观点,他们试图利用撷取自传统史学中的材料来构建对经济理论家有用的新思想。

总而言之,可以说做好计量史学研究并非易事。由于计量史学变得过于偏重"经济学",因此它不可能为某些问题提供答案,比如说,对于那些需要有较多金融市场微观结构信息,或者要有监管期间股票交易实际如何运作信息的问题,计量史学就无能为力了——对它无法解释的现象,它只会去加以测度。这就需要用历史学家特定的方法（和细枝末节的信息）,来阐述在给定的情境之下（确切的地点和时期）,为什么这样的经济理论不甚贴题（或者用以了解经济理论的缺陷）。也许只有这样,计量史学才能通过提出研究线索,为经济学家提供一些东西。然而,如果计量史学变得太偏重"史学",那它在经济学界就不再具有吸引力。经济学家需要新经济史学家知晓,他们在争论什么,他们的兴趣在哪里。

经济理论中的一个成熟领域?

最后但同样重要的一点是,计量史学有朝一日可能不仅仅是经济学的一门附属学科,而是会成为经济理论的一个成熟领域。确实还存在另外一种可能:将计量史学看作制度和组织结构的涌现以及路径依赖的科学。为了揭示各种制度安排的效率,以及制度变迁起因与后果的典型事实（stylized facts）,经济史学会使用该学科旧有的技术,还会使用最先进的武器——计量经济学。这将有助于理论家研究出真正的制度变迁理论,即一个既具备普遍性（例如,满足当今决策者的需求）而且理论上可靠（建立在经济学原理之上）,又是经由经济与历史分析共同提出,牢固地根植于经验规律之上的理论。这种对制度性形态如何生成所做的分析,将会成为计量史学这门科学真正的理论部分,会使计量史学自身从看似全然是实证的命运中解放出来,成为对长时段进行分析的计量经济学家的游乐场。显然,经济学家希望得到一般性结论,对数理科学着迷,这些并不鼓励他们过多地去关注情境化。然而,像诺思这样的新制度主义经济学家告诫我们,对制度（包括文化）背景要认真地加以考量。

因此,我们编写《计量史学手册》的目的,也是为了鼓励经济学家们更系统地去对这些以历史为基础的理论加以检验,不过,我们也力求能够弄清制度创设或制度变迁的一般规律。计量史学除了对长时段的定量数据集进行研究之外,它的一个分支越来越重视制度的作用与演变,其目的在于将经济学家对找到一般性结论的愿望,与关注经济参与者在何种确切的背景下行事结合在一起,而后者是历史学家和其他社会科学家的特征。这是一条中间道路,它介乎纯粹的经验主义和脱离实体的理论之间,由此,也许会为我们开启通向更好的经济理论的大门。它将使经济学家能够根据过去的情况来解释当前的经济问题,从而更深刻地理解经济和社会的历史如何运行。这条途径能为当下提供更好的政策建议。

本书的内容

在编写本手册的第一版时,我们所面对的最大的难题是将哪些内容纳入书中。可选的内容不计其数,但是版面有限。在第二版中,给予我们的版面增加了不少,结果显而易见:我们将原有篇幅扩充到三倍,在原有 22 章的基础上新增加了 43 章,其中有几章由原作者进行修订和更新。即使对本手册的覆盖范围做了这样的扩充,仍旧未能将一些重要的技术和主题囊括进来。本书没有将这些内容纳入进来,绝对不是在否定它们的重要性或者它们的历史意义。有的时候,我们已经承诺会出版某些章节,但由于各种原因,作者无法在出版的截止日期之前交稿。对于这种情况,我们会在本手册的网络版中增添这些章节,可在以下网址查询:https://link.Springer.com/refer-encework/10.1007/978-3-642-40458-0。

在第二版中新增补的章节仍旧只是过去半个世纪里在计量史学的加持下做出改变的主题中的几个案例,20 世纪 60 年代将计量史学确立为"新"经济史的论题就在其中,包括理查德·萨奇(Richard Sutch)关于奴隶制的章节,以及杰里米·阿塔克(Jeremy Atack)关于铁路的章节。本书的特色是,所涵章节有长期以来一直处于计量史学分析中心的议题,例如格雷格·克拉克(Greg Clark)关于工业革命的章节、拉里·尼尔(Larry Neal)关于金融市场的章节,以及克里斯·哈内斯(Chris Hanes)论及大萧条的文章。我们还提供了一些主题范围比较窄的章节,而它们的发展主要得益于计量史学的方法,比如弗朗齐斯卡·托尔内克(Franziska Tollnek)和约尔格·贝滕(Joerg Baten)讨论年龄堆积(age heaping)的研究、道格拉斯·普弗特(Douglas Puffert)关于路径依赖的章节、托马斯·拉夫(Thomas Rahlf)关于统计推断的文章,以及弗洛里安·普洛克利(Florian Ploeckl)关于空间建模的章节。介于两者之间的是斯坦利·恩格尔曼(Stanley Engerman)、迪尔德丽·麦克洛斯基(Deirdre McCloskey)、罗杰·兰瑟姆(Roger Ransom)和彼得·特明(Peter Temin)以及马修·贾雷姆斯基(Matthew Jaremski)和克里斯·维克斯(Chris Vickers)等年轻学者的文章,我们也都将其收录在手册中,前者在计量史学真正成为研究经济史的"新"方法之时即已致力于斯,后者是新一代计量史学的代表。贯穿整本手册一个共同的纽带是关注计量史学做出了怎样的贡献。

《计量史学手册》强调,计量史学在经济学和史学这两个领域对我们认知具体的贡献是什么,它是历史经济学(historical economics)和计量经济学史(econometric history)领域里的一个里程碑。本手册是三手文献,因此,它以易于理解的形式包含着已被系统整理过的知识。这些章节不是原创研究,也不是文献综述,而是就计量史学对所讨论的主题做出了哪些贡献进行概述。这些章节所强调的是,计量史学对经济学家、历史学家和一般的社会科学家是有用的。本手册涉及的主题相当广泛,各章都概述了计量史学对某一特定主题所做出的贡献。

本书按照一般性主题将65章分成8个部分。* 开篇有6章,涉及经济史和计量史学的历史,还有论及罗伯特·福格尔和道格拉斯·诺思这两位最杰出实践者的文稿。第二部分的重点是人力资本,包含9个章节,议题广泛,涉及劳动力市场、教育和性别,还包含两个专题评述,一是关于计量史学在年龄堆积中的应用,二是关于计量史学在教会登记簿中的作用。

第三部分从大处着眼,收录了9个关于经济增长的章节。这些章节包括工业增长、工业革命、美国内战前的增长、贸易、市场一体化以及经济与人口的相互作用,等等。第四部分涵盖了制度,既有广义的制度(制度、政治经济、产权、商业帝国),也有范畴有限的制度(奴隶制、殖民时期的美洲、

---

* 中译本以"计量史学译丛"形式出版,包含如下八卷:《计量史学史》《劳动力与人力资本》《经济增长模式与测量》《制度与计量史学的发展》《货币、银行与金融业》《政府、健康与福利》《创新、交通与旅游业》《测量技术与方法论》。——编者注

水权)。

第五部分篇幅最大,包含 12 个章节,以不同的形式介绍了货币、银行和金融业。内容安排上,以早期的资本市场、美国金融体系的起源、美国内战开始,随后是总体概览,包括金融市场、金融体系、金融恐慌和利率。此外,还包括大萧条、中央银行、主权债务和公司治理的章节。

第六部分共有 8 章,主题是政府、健康和福利。这里重点介绍了计量史学的子代,包括人体测量学(anthropometrics)和农业计量史学(agricliometrics)。书中也有章节论及收入不平等、营养、医疗保健、战争以及政府在大萧条中的作用。第七部分涉及机械性和创意性的创新领域、铁路、交通运输和旅游业。

本手册最后的一个部分介绍了技术与计量,这是计量史学的两个标志。读者可以在这里找到关于分析叙述(analytic narrative)、路径依赖、空间建模和统计推断的章节,另外还有关于非洲经济史、产出测度和制造业普查(census of manufactures)的内容。

我们很享受本手册第二版的编撰过程。始自大约 10 年之前一个少不更事的探寻(为什么没有一本计量史学手册?),到现在又获再版,所收纳的条目超过了 60 个。我们对编撰的过程甘之如饴,所取得的成果是将顶尖的学者们聚在一起,来分析计量史学在主题的涵盖广泛的知识进步中所起的作用。我们将它呈现给读者,谨将其献给过去、现在以及未来所有的计量史学家们。

克洛德·迪耶博

迈克尔·豪珀特

参考文献

Acemoglu, D., Johnson, S., Robinson, J.(2005) "Institutions as a Fundamental Cause of Long-run Growth, Chapter 6", in Aghion, P., Durlauf, S. (eds) *Handbook of Economic Growth*, *1st edn*, *vol.1*. North-Holland, Amsterdam, pp.385—472. ISBN 978-0-444-52041-8.

Conrad, A., Meyer, J.(1957) "Economic Theory, Statistical Inference and Economic History", *J Econ Hist*, 17:524—544.

Conrad, A., Meyer, J.(1958) "The Economics of Slavery in the Ante Bellum South", *J Polit Econ*, 66:95—130.

Carlos, A. (2010) "Reflection on Reflections: Review Essay on Reflections on the Cliometric Revolution: Conversations with Economic Historians", *Cliometrica*, 4:97—111.

Costa, D., Demeulemeester, J-L., Diebolt, C.(2007) "What is 'Cliometrica'", *Cliometrica*

1:1—6.

Crafts, N. (1987) "Cliometrics, 1971—1986: A Survey", *J Appl Econ*, 2:171—192.

Demeulemeester, J-L., Diebolt, C. (2007) "How Much Could Economics Gain from History: The Contribution of Cliometrics", *Cliometrica*, 1:7—17.

Diebolt, C. (2012) "The Cliometric Voice", *Hist Econ Ideas*, 20:51—61.

Diebolt, C. (2016) "Cliometrica after 10 Years: Definition and Principles of Cliometric Research", *Cliometrica*, 10:1—4.

Diebolt, C., Haupert M. (2018) "A Cliometric Counterfactual: What If There Had Been Neither Fogel Nor North?", *Cliometrica*, 12: 407—434.

Fogel, R. (1964) *Railroads and American Economic Growth: Essays in Econometric History*. The Johns Hopkins University Press, Baltimore.

Fogel, R. (1994) "Economic Growth, Population Theory, and Physiology: The Bearing of Long-term Processes on the Making of Economic Policy", *Am Econ Rev*, 84:369—395.

Fogel, R., Engerman, S. (1974) *Time on the Cross: The Economics of American Negro Slavery*. Little, Brown, Boston.

Galor, O. (2012) "The Demographic Transition: Causes and Consequences", *Cliometrica*, 6:1—28.

Goldin, C. (1995) "Cliometrics and the Nobel", *J Econ Perspect*, 9:191—208.

Kuznets, S. (1966) *Modern Economic Growth: Rate, Structure and Spread*. Yale University Press, New Haven.

Lyons, J. S., Cain, L. P., Williamson, S. H. (2008) *Reflections on the Cliometrics Revolution: Conversations with Economic Historians*. Routledge, London.

McCloskey, D. (1976) "Does the Past Have Useful Economics?", *J Econ Lit*, 14: 434—461.

McCloskey, D. (1987) *Econometric History*. Macmillan, London.

Meyer, J. (1997) "Notes on Cliometrics' Fortieth", *Am Econ Rev*, 87:409—411.

North, D. (1990) *Institutions, Institutional Change and Economic Performance*. Cambridge University Press, Cambridge.

North, D. (1994) "Economic Performance through Time", *Am Econ Rev*, 84 (1994): 359—368.

Piketty, T. (2014) *Capital in the Twenty-first Century*. The Belknap Press of Harvard University Press, Cambridge, MA.

Rostow, W. W. (1960) *The Stages of Economic Growth: A Non-communist Manifesto*. Cambridge University Press, Cambridge.

Temin, P. (ed) (1973) *New Economic History*. Penguin Books, Harmondsworth.

Williamson, J. (1974) *Late Nineteenth-century American Development: A General Equilibrium History*. Cambridge University Press, London.

Wright, G. (1971) "Econometric Studies of History", in Intriligator, M. (ed) *Frontiers of Quantitative Economics*. North-Holland, Amsterdam, pp.412—459.

英文版前言

欢迎阅读《计量史学手册》第二版,本手册已被收入斯普林格参考文献库(Springer Reference Library)。本手册于 2016 年首次出版,此次再版在原有 22 章的基础上增补了 43 章。在本手册的两个版本中,我们将世界各地顶尖的经济学家和经济史学家囊括其中,我们的目的在于促进世界一流的研究。在整部手册中,我们就计量史学在我们对经济学和历史学的认知方面具体起到的作用予以强调,借此,它会对历史经济学与计量经济学史产生影响。

正式来讲,计量史学的起源要追溯到 1957 年经济史协会和"收入与财富研究会"(归美国国家经济研究局管辖)的联席会议。计量史学的概念——经济理论和量化分析技术在历史研究中的应用——有点儿久远。使计量史学与"旧"经济史区别开来的,是它注重使用理论和形式化模型。不论确切来讲计量史学起源如何,这门学科都被重新界定了,并在经济学上留下了不可磨灭的印记。本手册中的各章对这些贡献均予以认可,并且会在各个分支学科中对其予以强调。

本手册是三手文献,因此,它以易于理解的形式包含着已被整理过的知识。各个章节均简要介绍了计量史学对经济史领域各分支学科的贡献,都强调计量史学之于经济学家、历史学家和一般社会科学家的价值。

如果没有这么多人的贡献,规模如此大、范围如此广的项目不会成功。我们要感谢那些让我们的想法得以实现,并且坚持到底直至本手册完成的人。首先,最重要的是要感谢作者,他们在严苛的时限内几易其稿,写出了质量上乘的文章。他们所倾注的时间以及他们的专业知识将本手册的水准提升到最高。其次，要感谢编辑与制作团队，他们将我们的想法落实，最终将本手册付印并在网上发布。玛蒂娜·比恩（Martina Bihn）从一开始就在润泽着我们的理念，本书编辑施卢蒂·达特（Shruti Datt）和丽贝卡·乌尔班（Rebecca Urban）让我们坚持做完这项工作，在每一轮审校中都会提供诸多宝贵的建议。再次，非常感谢迈克尔·赫尔曼（Michael Hermann）无条件的支持。我们还要感谢计量史学会（Cliometric Society）理事会，在他们的激励之下，我们最初编写一本手册的提议得以继续进行，当我们将手册扩充再版时，他们仍旧为我们加油鼓劲。

最后，要是不感谢我们的另一半——瓦莱里（Valérie）和玛丽·艾伦（Mary Ellen）那就是我们的不对了。她们容忍着我们常在电脑前熬到深夜，经年累月待在办公室里，以及我们低头凝视截止日期的行为举止。她们一边从事着自己的事业，一边包容着我们的执念。

克洛德·迪耶博

迈克尔·豪珀特

2019 年 5 月

作者简介

克劳迪娅·戈尔丁(Claudia Goldin)

美国哈佛大学经济学系,美国国家经济研究局。

罗伯特·A.马戈(Robert A. Margo)

美国波士顿大学,美国国家经济研究局。

拉尔夫·希佩(Ralph Hippe)

西班牙塞维利亚欧盟委员会联合研究中心。

罗杰·富凯(Roger Fouquet)

美国伦敦政治经济学院格兰瑟姆气候变化与环境研究所。

萨莎·O.贝克尔(Sascha O. Becker)

英国华威大学。

卢德格尔·韦斯曼(Ludger Woessmann)

德国慕尼黑大学,伊福经济研究所。

乔伊斯·伯内特(Joyce Burnette)

美国印第安纳州瓦贝西学院经济学系。

蒂莫西·J.哈顿(Timothy J. Hatton)

英国埃塞克斯大学经济学系,澳大利亚国立大学经济学院。

扎卡里·沃德(Zachary Ward)

美国贝勒大学汉卡默商学院经济学系。

夏洛特·勒沙普兰(Charlotte Le Chapelain)

　　法国里昂大学法律和政治思想史中心。

弗兰齐斯卡·托尔内克(Franziska Tollnek)

　　德国图宾根大学。

约尔格·巴滕(Joerg Baten)

　　德国图宾根大学,德国经济信息研究会。

雅各布·魏斯多夫(Jacob Weisdorf)

　　丹麦南丹麦大学,经济政策研究中心。

目　录

第一章

人力资本

克劳迪娅·戈尔丁

摘要

人力资本是劳动力所拥有的技能储备。当掌握技能的投资回报大于成本(直接成本或者间接成本)时,人们就会选择增加自己的人力资本储备。随着一个人技能的提高,其生产能力也相应提高,在这个意义上说,技能的回报通常是针对个体的。但是同时,人力资本也具有外部性,当一个人的人力资本增加时,其他人的生产能力也会提高。本章将从历史的角度讨论这些概念,并重点讨论人力资本的两大组成部分——教育培训和健康。本章还讨论了鼓励人力资本投资的制度安排,以及人力资本在经济增长中的作用。本章着重强调了以下观点:人力资本研究天然地需要从历史的角度加以考察。

关键词

营养　经济增长　培训　教育　健康　人口转型　人力资本　马尔萨斯均衡制度　奴隶制　契约奴役　正规教育　入学率　教育回报　义务教育　高中学院　学区　学费单　高中运动　健康人力资本　抗生素　现代医学时代公共卫生干预

人力资本及其历史

在有记录的人类历史中,大部分时间里,人们的收入水平很低、寿命很短,经济增长缓慢甚至停滞。现在我们的身体更加健康、寿命更长、生活也更为富足。人类经济社会系统的变迁涉及知识的增加与更为广泛的传播、培训和教育水平的提高、健康的改善,以及更多的移民、生育率的提高和人口转型。简言之,这个过程涉及了人力资本的进步。

什么是人力资本?

在《牛津英语词典》中,人力资本的定义为"劳动力所拥有的并被视为资源或资产的技能"。它包括对人的投资(例如教育、培训、健康),这些投资提高了个人的生产率。

我们今天使用这个术语,就好像它一直是我们通用语言的一部分,但实际上不是。就在不久以前,甚至连经济学家都在嘲笑"人力资本"的概念。正如西奥多·舒尔茨在 1961 年就任美国经济学会(American Economic Association)主席的演讲中所指出的那样,许多人认为自由人并不能等同于财产和可出售的资产(Schultz, 1961)。因为对他们来说,这意味着奴隶制。

但是,"人力资本"这个概念至少可以追溯到斯密。他在对资本的第四个定义中提到:"在……教育、学习或学徒期间获得……技能,要花费一笔实际费用,这就是一个人的资本。这些技能是他财富的一部分,也是社会财富的一部分。"(Smith,2003,原著出版于 1776 年)。

最早正式使用"人力资本"一词的经济学家可能是欧文·费雪(Irving Fisher),时间为 1897 年。[①]后来得到了广泛的引用,但是直到 20 世纪 50 年

149

---

① 费雪借鉴了 J. S. 尼科尔森(J. S. Nicholson)在《英国的活力资本》(The Living Capital of the United Kingdom)一文中的术语,其中"活力资本"(the living capital)对应于"物化资本"(dead capital)。(前者主要指彼时英国人所接受的教育,以及那些促进思想交流和创新想法的环境等。后者则强调土地、机器等物质资本。)

代末，"人力资本"才成为经济学界一个重要的通用词语。1958年，雅各布·明瑟(Jacob Mincer)在《政治经济学杂志》上发表了一篇名为"人力资本投资与收入分配"的文章后，这一术语变得更加流行。加里·贝克尔(Gary Becker)在1964年出版《人力资本理论：关于教育的理论和实证分析》(1962年，他在《政治经济学杂志》上发表的文章中，也提到了"人力资本投资")。贝克尔对在书名中是否使用"人力资本"一词表示犹豫不决，并且还特意使用了一个长长的副标题来防止批评(Becker, 1962, 1964)。[1]

舒尔茨(Schultz, 1961)的文章论证了人力资本概念在解释各种经济异常现象(anomalies)方面的重要性。有些很容易理解，比如为什么移民和学生是以年轻人为主。有些则较为难以理解，比如为什么资本收入比会随着时间的推移而下降，如何解释经济增长"余值"(residual)，以及为什么欧洲在第二次世界大战后恢复得如此迅速。有些甚至更加难以解释，比如劳动收入在某些时段是有增长的，但在人类历史的大部分时间里却是停滞的。从这些问题中可以明显看出，人力资本研究天然地需要从历史角度加以考察。

为什么人力资本研究天然地需要从历史角度加以考察？

20世纪50年代，罗伯特·索洛(Robert Solow)在经济增长方面的开创性工作，开辟了增长核算研究，并发现(揭示)经济增长中存在既有增长理论无法解释的部分，即"余值"的存在。[2]索洛(Solow, 1957)利用1909—1949年间的数据证明，按人均计算，这个"余值"可以解释经济增长的87.5%。"余值"是经济增长的一部分，研究人员无法用物质生产因素的增加来解释，如资本存量、工人人数以及他们的工作时间。

在20世纪的大部分时间里，就人均(资本或劳动)而言，经济增长的大部

---

① 在谷歌电子书数据库的语料库中，查询"人力资本"一词在过去书籍中出现的频率变化趋势，可以看到：直到20世纪50年代末，在英语书籍中，几乎没有出现过该词；20世纪50年代之后，其出现频率呈上升趋势，其中90年代的上升幅度比之前要更大。

② 要了解经济增长中的"余值"，请参阅索洛(Solow, 1957)的文章或巴罗和萨拉-伊-马丁(Barro and Sala-i-Martin, 2003)等的经济增长理论教科书。

分并不能由物质资本积累来解释,而是由其他因素来解释的。这个其他因素就是知识创造以及通过教育和培训等方式带来的劳动投入的增加。换言之,"余值"的大部分主要就是由人力资本的提高带来的。

有研究人员设计了一些方法,通过在索洛模型中加入人力资本增长要素,来缩小"余值"(Mankiw et al.,1992)。还有研究认为,知识和其他"非竞争性"商品的增长等要素是索洛模型所无法解释的(Jones and Romer,2010)。

关于长期经济增长的最重要发现——与历史上的人力资本研究最相关的发现——就是"余值"随时间的推移大大增加。物质资本积累和可利用土地的增加(以开荒等方式)解释了过去经济增长的很大一部分。但在更为现代化的时代,它们的解释力就要差得多。在解释美国历史上的人均收入增长的诸多因素中,"余值"所占比例从 1840—1900 年的 57％增长到 1900—1980 年的 85％。①

考虑到人力资本增长,1900 年至 20 世纪 80 年代的"余值"可以减少20％左右。②但是,人力资本的增长并不能减少早期的"余值"。在很大程度上,相较于 19 世纪,20 世纪的经济增长更大程度上来源于人力资本增长因素,这是因为早期教育的推广要慢一些。也就是说,在早期并没有形成太多的人力资本。究竟为什么学校教育在 19 世纪后期开始有显著提高,下面将展开详细讨论。但另一个原因是,19 世纪受教育程度提高可能带来很小的生产率的提高。③

将人力资本纳入增长核算,就是将教育因素视为生产率提高的原因之一。因此,生产率可以用不同受教育水平的工人的工资来衡量。也就是说,不同的教育程度(如大学/高中毕业生)和收入之比保持恒定,但不同教育程度的工人的比例却是随时间变动的。这种相对"价格"的变动与滚动加权商

①　参见罗伯特·高尔曼(Robert Gallman)在戴维斯等人(Davis et al.,1972)和丹尼森(Denison,1962)著作中相关章节的计算。
②　丹尼森的"余值"计算结果比戈尔丁和卡茨(Goldin and Katz,2008)的要大。但由于种种原因,比如资本的内生性,以及更为重要的教育程度更高的劳动人口所具有的外部性等,使得这两个估算还都仅仅是一个下限。
③　要论证这一观点可用的数据非常少,而且这些数据还是由各种各样的职业的收入组成的。

品价格(chain-weighted prices for commodities)的变化方式相同。①

如果将人力资本积累的非个人因素包括在内,教育的影响会大得多,相应的"余值"会小很多。人力资本积累的非个人因素包括:企业之间的知识增长溢出,社会犯罪率降低,以及由更多聪明、有学识的人所带来的更多创新。

人力资本研究的另一条路径与"知识经济"的起源具有内在的历史性关联(Mokyr,2004)。知识的历史演化始于对自然现象的观察,首先,对知识的认识开始于基本发现或关于"是什么"的回答。这其中就包括"当我咀嚼柳树树皮时,我的头痛就会消失"②。然后,知识从"是什么"转向回答"它是如何运行的",这就包括了总结概括和科学发现。柳树含有(乙酰)水杨酸,这是一种抗炎和抗血栓的药物。20世纪初,阿司匹林就是由这种物质制成的。然后,知识进一步加深了对"它是如何运行的"这一问题的理解,直到1971年,研究人员才发现,抗炎反应是因抑制前列腺素的分泌而产生的。

知识创造的一个重要部分是对最初"是什么"这一问题的传播。在前现代时期,群居对于知识的维系极为重要,而散居不利于知识的形成与传播。后来的进步,如印刷机、书籍、学术团体和正规学校的出现,则更有助于知识的保存和传播。高人口密度会促进知识传播、提高创新能力的观点,对于理解人类如何逃离"马尔萨斯陷阱"以及人力资本为什么是值得投资的等问题具有极为重要的意义。

人力资本与经济增长

人力资本与长期经济增长:逃离马尔萨斯陷阱

经济史学家的研究表明,从1200年到1800年前后,欧洲的实际工资一直是零增长(Allen,2001;Clark,2005,2007a,2007b)。从图1.1可以看

---

① 参见戈尔丁和卡茨的研究(Goldin and Katz,2008,Table 1.3)。

② 希波克拉底(Hippocrates)留下了这一发现的记录。

出,英国劳动者的实际工资停滞不前,但在这几个世纪中并不是一成不变的。当人口减少时,比如黑死病时期(1350 年左右死亡人数达到顶峰),农业劳动者和建筑工人的实际工资就会上升;而当人口增加时,他们的实际工资就会下降。随着农业的变迁,实际工资水平也会有所不同。但就平均水平而言,实际工资几乎没有改变。世界人口有所增加,但从公元前 5000 年到公元 1800 年左右,世界人口总量只略有增加(参见图 1.2)。

总的来说,图 1.1 和图 1.2 的数据都揭示了一个典型的马尔萨斯均衡,即长期内实际工资停滞不前,人口小幅增长,偶尔会出现实际工资增长的时期,但随后却伴随人口增加以及实际工资下降。马尔萨斯陷阱是双重原因导致的:土地资源是固定的,以及没有实施生育控制政策。

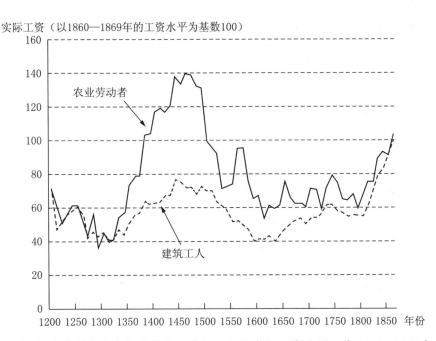

注:图中分别表示农业劳动者和建筑工人的实际工资水平。将 1860—1869 年设为基数 100。建筑工人实际工资已经公布几十年了,我们使用其中位数。农业劳动者实际工资大约每隔一年公布一次,我们使用其中位数。在所显示的大部分时间里,农业工人的实际工资较高,这可能是这一时期的农业不确定性较大,且农业工人的工资是日工资所导致的。

资料来源:Clark,2007b,Table A2。

图 1.1 英国劳动者实际工资变化(1209—1865 年)

但是,在19世纪中叶的欧洲(参见图1.2和图1.3)以及稍早时期的北美,人均实际收入和实际工资显而易见地在持续增长。工业革命之前,人口增长率极低,但在工业革命之后,人口大幅增长。欧洲和北美在不同时刻开始人口转型。美国和法国的人口转型发生在19世纪早期,一部分欧洲地区的人口转型发生在19世纪晚期,另外一部分欧洲地区的人口转型发生在20世纪早期。

19世纪欧洲的许多地区、西半球和其他地方都进入了经济增长的现代时期,摆脱了马尔萨斯陷阱。人类经济社会系统的变迁是经济史研究中的重要议题之一。对该议题的解释主要集中于技术变革和人口转型。而这两种转变的基础,都来自"人力资本"这个概念。没有内化于人的知识,就不会产生技术变革。若每个孩子的价值没有得到提升,家长就会更加倾向于生育更多孩子,而非精心培养较少的孩子。

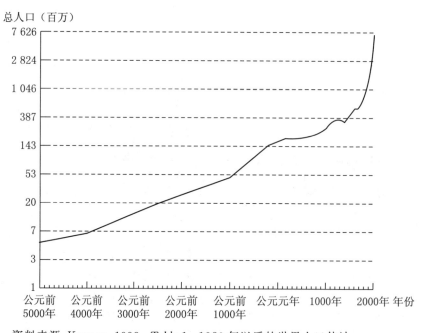

资料来源:Kremer,1993,Table 1;1980年以后的世界人口估计。

图1.2 新石器时代到2000年的世界人口

实际人均国民收入（以1860—1869年的收入水平为基数100）

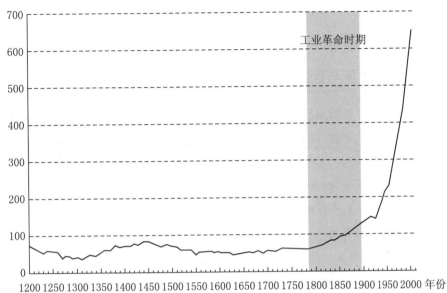

注：1860—1869 年间数值设为基数 100。
资料来源：Clark，2009，其中 1200—1850 年数据来自表 28 的实际国民收入/国民收入（PNDP，Real National Income/N）栏；1860—2000 年数据来自表 34 相应列；表 28 和表 34 都给出了十年的中位数。工业革命年代的数据来自 Clark，2007a，Fig.10.2。

图 1.3　英格兰实际人均国民收入（1200—2000 年）　153

　　解读历史的一种更具说服力的方式，就是用有洞察力的内生增长模型。这个内生增长模型由加罗和韦尔（Galor and Weil，2000）最早提出，加罗在 2011 年的文献中进行了扩展（Galor，2011）。他们这一模型的核心是日益重要的人力资本。该模型包含三种抽象的经济社会系统，父母是决策者，他们决定要多少孩子，以及为每个孩子投入多少。起初，他们的收入水平很低，没有教育及收入增长，人口增长率也很低。随着人口的增加，技术也在进步（上文提到，知识的扩散量会随着人口数量和密度的增加而增加）。即使是很小程度的技术变革也会增加收入，进而使父母将部分资源用于孩子的教育。教育投入的增加反过来又促进了技术变革、收入和人口的增长。在某个时候，集约化增长、人口转型以及持续的人均增长都成为可能，世界摆脱了马尔萨斯式陷阱。
　　人力资本是加罗-韦尔模型的基础。基于上文关于知识创造概念的探讨，更多及更高密度的人口促进了技术进步。技术进步提高了个人技能，并

9

154　提升了教育投资回报。反过来,教育投入又引发了更多的技术变革。最后,与生更多数量、教育水平更低的孩子的家庭决策相比,生更少数量的孩子、保证更高教育水平成为家庭的选择,关键的人口转型也就开始了。

人力资本、制度与经济增长

促进人力资本积累的能力取决于是否存在相应的制度安排。一方面是对财产权的正式制度(法律)和非正式制度(法外)的安排;另一方面是与财产权相关的一系列具体制度安排,例如特许经营权、行政管理形式(正当的法律程序和法律规定)和宗教。

最优人力资本投资取决于各种因素,如资本市场运作情况以及经济和政治的稳定程度。当政治权力不平等的时候,人力资本积累可能是次优的,因为大众不能对“精英”作出可信的长期承诺。尽管每个人都有改善的空间,但也可能陷入一个糟糕的均衡。

正如理查德·伊斯特林(Richard Easterlin)在 1981 年美国经济史学会主席致辞中所质疑的(Easterlin, 1981):如果说经济成功的关键是良好的制度安排,那么“为什么全世界经济都没有发展起来”? 目前已有一系列论文针对这一问题给出了精彩的回答。①

阿西莫格鲁等人(Acemoglu et al., 2002)揭示了殖民地经济赖以增长的制度起源。他们认为,欧洲人来到殖民地,开发了那些原来人口密集、资源丰富的地方,并在那里建立起一套“糟糕”的制度,使其得以征税和收取租金。而在那些较为贫穷和荒凉的地方,他们则建立起了另一套鼓励欧洲移民的制度。

155　这些制度上的差异持续存在,并导致了“命运的逆转”。较为贫穷的地方,例如北美地区变得富有,而较为富裕的地方,例如加勒比海地区则停滞不前。

恩格尔曼和索科洛夫(Engerman and Sokoloff, 2012)与索科洛夫和恩格尔曼(Sokoloff and Engerman, 2000)的两篇文献包含了类似的逻辑,并都强调了这样一个事实,即欧洲大国在一些地方建立了不好的制度安排,但同时也在有些地方建立了好的制度安排。英国殖民者定居在北美的大部分地

---

① 在《在亚瑟王朝廷里的康涅狄格州美国人》(*A Connecticut Yankee in King Arthur's Court*)中,马克·吐温(Mark Twain)提出了类似的观点。

区,但也定居在加勒比海的部分地区。恩格尔曼和索科洛夫强调了一些特殊的制度安排,例如与产权、教育机构和特许专营权相关的制度安排。

历史上一直存在各种各样与劳动力和人力资本相关的制度安排。按照自由程度从低到高排序,这些制度安排包括奴隶制、契约奴役制、包括学徒制在内的各种形式的劳动契约制,以及与教育制度安排相关的自由劳动制。如果自由劳动制处于这个范围的一端,那么奴隶制则位于另一端,而契约奴役制和契约劳动制则介于两者之间。

奴隶制是一种古老的劳动制度。《圣经》提到过奴隶,大多数雅典人在很多方面是被奴役的。但是,美洲新大陆的奴隶制与之不同。这里的奴隶制不是一种暂时的状态。相反,它是永久形态。美国的奴隶制主要基于种族,白人可以成为契约仆人和戴罪劳动者,也可以被胁迫和欺骗,但他们不会成为奴隶。

非洲的奴隶贸易始于 16 世纪,其中绝大多数被带到了巴西和加勒比地区(60%)。只有 7% 被带到北美。西半球的奴隶主要被带到热带和亚热带地区的种植园,生产糖、稻米、烟草、靛蓝,以及后来(最重要)的棉花。但是,他们也生产了大量在南方消费的食物。奴隶制曾经在北部许多州存在,但在 18 世纪 90 年代,伴随一系列渐进和激进的解放奴隶的法案和州宪法的实施,这一情况发生了变化。①

1808 年美国和英国的奴隶贸易结束后,过去以各种方式存在的奴隶市场迅速发展为雇佣(租赁)市场和销售(定价)市场。奴隶制为人力资本提供了最极端的市场形式。人可以被出租,也可以被出售。但是,这个市场是否意味着存在对奴隶的最优人力资本投资呢? 在像木工、制鞋和机械等行业中,雇主们是否有适当的激励去投资于雇员的正规教育和培训呢?

奴隶制似乎减少了最优人力资本投资的两个障碍。第一个障碍是资本市场约束,因为大多数雇主都比普通劳动者富有。第二个障碍是雇主对雇员的一般技能进行投资。在这种情况下,雇员必须服从雇主的安排。但两个更大的问题随之而来。

第一个问题涉及个人激励的一致性。如果雇主对他的奴隶进行投资,他的奴隶能够保证最大限度地努力工作吗? 他的奴隶会逃跑吗? 美国内战

156

① 福格尔(Fogel, 1989)对这一主题进行了权威的阐释。

前,南方的市镇甚至农场,经常雇佣奴隶。①一些更受信任和技能更高的奴隶将自己雇佣出去,而雇主和奴隶之间就其收入问题达成了隐含或是明确的协议。然而,后人几乎无法看到这些协议,这可能是由于缺乏信任,但更可能是源自另一个原因,即公共领域的规定。

据信,阅读和写作将为奴隶们提供相互交流以及进行反抗的能力。大约在 19 世纪 20 年代,南方各州都将教授奴隶读写技能定为非法。因此,第二个原因就是对奴隶进行人力资本投资是被明令禁止的。

契约奴役是另一种旨在解决资本市场问题的劳动力市场形式。与奴隶身份终身存在且会世代传承不同,契约奴役是为了在一定时期内偿还一笔贷款而设计的,这笔贷款可以用于支付前往美国的路费,也可以用来照顾孤儿(例如《雾都孤儿》中的情节)。18 世纪,许多来到北美的人都是"契约劳工"(Galenson,1984)。契约劳工似乎促进了资本市场的发展,并使跨地域流动成为可能。契约劳工的消失源于交通运输成本的下降和原籍国收入的增加,这使得劳动力无需进行贷款。

人力资本形成:教育与培训

正规教育的兴起与政府的作用

人类和其他物种之间的一个根本区别是人类知识的广泛传播和持久传承。这种知识传播和传承是现代经济增长的一个重要原因。但是,如果不是因为教育制度,知识传播就不可能这么广泛,也不可能到达大众层面。

知识在过去并不是通过正规和广泛的教育体系传播的,现在这种情况也依然存在。苏格拉底传授知识给柏拉图;柏拉图传授知识给亚里士多德;从宋朝到清朝,私塾先生向成千上万的中国人传授儒家经典,人们才得以参加科举考试;师傅向学徒传授技能;父母教育他们的孩子。但是,只有从幼儿开始的正规教育系统,才惠及了普通大众。

---

① 参见戈尔丁(Goldin,1976)关于 1820—1860 年间美国城市中的奴隶制问题的相关论述。

欧洲和美国的正规教育

在欧洲大部分地区,知识传授方式向大规模初等教育模式的转变始于
19 世纪后期,在北美地区要更早。图 1.4 的数据显示,教育领域的领先国家
美国和普鲁士在 1860 年,5—14 岁儿童的小学入学率约为 70%。[①]19 世纪

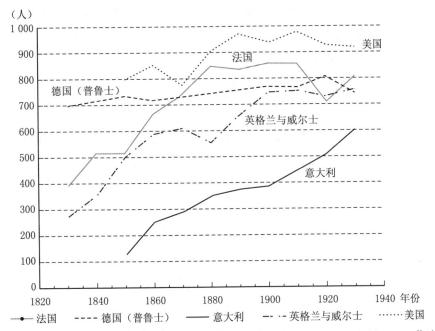

注:1850—1870 年美国以外的所有数据源自 Lindert,2004a Table 5.1;琳达
(Lindert,2004b)的研究中表 A1 包含了分子的原始数据。1850—1870 年间美国的
数据源自 Carter et al.,2006,Bc 438—446 提供了 5—19 岁入学率数据。Aa 185—
286 提供了人口数据,作者依靠上述原始数据来估算 5—14 岁入学率数据。

1910 年后普鲁士的数据是根据德国的数据外推的。普鲁士的数据包含了公立
学校和私立学校,但德国的数据只报告了公立学校的数量。1880—1930 年间美国
公立学校和私立学校数据来自 Lindert,2004a,它包括所有族裔;1850—1870 年间的
白人数据来自 Carter et al.,2006,其中分母为 5—19 岁的人,使用白人的人口数据
转换为 5—14 岁人口数量。且 1850—1870 年间的数据来自美国人口普查数据,而
非政府登记数据。琳达引用了卡特等人 1880—1930 年间来自人口普查的数据,因
此无法区分公立学校和私立学校。

图 1.4 每千人中的 5—14 岁公立和私立小学学生人数

[①] 1880 年及其之后,美国的数据包括美国南部和所有族裔。因此,白人和美国南
部以外地区的数据甚至更高。过去,美国南部地区的入学率都低于北部和西部
地区,现在依然如此。

末,美国保持了领先地位,超过了(统一后的)德国,小学入学率高达 90% 以上。在 20 世纪初,法国、德国和英国的小学入学率达到 70% 以上。

虽然这些数据大致反映了欧洲和美国 1840—1940 年间小学教育水平的变化情况,但在使用这些数据时必须谨慎。这些数据通常是从人口普查记录中收集的,无法表明实际在校的时间。特别是当数据来自政府记录时,即使分母是特定年龄的年轻人数据,也无法确定分子是否也是这类数据。在很多没有中学的地方,年龄较大的孩子就读于只拥有小学年级的学校。因此,这些年龄较大的孩子可以使分子变大。另一个困难在于,学校属于公共部门,各国之间的比较需要考虑制度差异。

19 世纪的小学数据表明,美国在教育领域处于领先地位,随着 20 世纪"高中运动"的开始,这种领先地位得到了极大的巩固。20 世纪初期,初等教育在欧洲许多较为富裕的国家得到了较大程度的普及,但在中学和大学教育层面,却没有向大众普及。但美国做到了。

从图 1.5 中可以看到,美国中学毕业的青少年人数大大增加,到 20 世纪 50 年代,美国中青年基本为中学毕业。相比之下,对 13 个经合组织成员国数据的详细分析表明,到 20 世纪 50 年代中期,在整个欧洲,全日制普通中学的青少年入学率依然很低。北欧的许多国家都有针对青少年的技术培训项目。但是,即使加上这些,如图 1.6 所示,欧洲的入学率数据仍表明,欧洲并不具有一个基础广泛的中等教育体系,因此也不具有一个开放的高等教育体系。

欧洲在普及教育方面最终赶上了美国,而且在最近几十年里,欧洲中学入学率和教学质量都超过了美国。但是,研究一下美国为何在教育领域最初取得领先地位,以及家庭、地方、州和联邦政府各自在资金和监管方面发挥的作用,对我们是有启发意义的。

20 世纪显然成为人力资本的世纪。它始于北美,但后来传播到世界其他地区。这是怎么发生的以及为什么发生?在笔者以前的著作中曾强调有几点独特的做法使美国的大众教育得以较早实现(Goldin, 2001;Goldin and Katz, 2008)。这些做法在当时和之后的一段时间都是可取的。现在,尽管有些不再适用,但很多依然具有解释力。

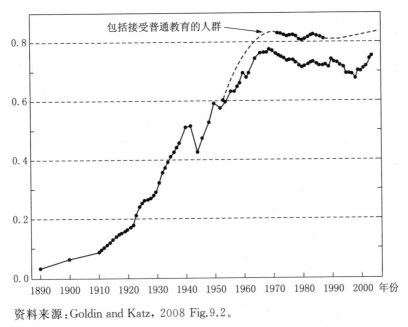

资料来源：Goldin and Katz，2008 Fig.9.2。

图 1.5 1890—2005 年间美国公立和私立中学的入学率和毕业率

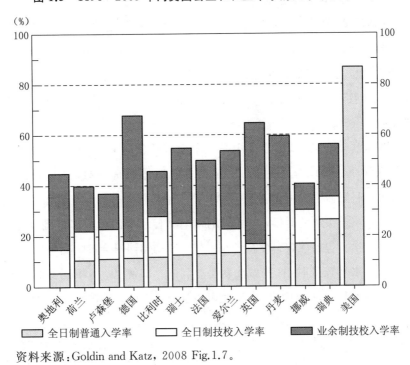

资料来源：Goldin and Katz，2008 Fig.1.7。

图 1.6 1955—1956 年间经合组织成员国中学入学率

美国的教育体系大体上是开放和包容的。开放意味着学校允许所有的孩子入学。美国学校的开放性与这样一个事实有关:自 19 世纪中期以来,中小学(全部)是由地方和州政府提供的公共资金资助的。包容意味着那些在某年级表现糟糕的学生通常也被允许升入下一年级。美国学校的包容性与这样一个事实有关:直到最近,法律要求的标准化考试依然很少。

此外,学校的资金是由财政上更小的独立主体提供的,而不是州或联邦政府提供的,因此很难进行统一考试。在经费问题上,一个更重要的问题是,有时候这些地区很小,甚至只有几千人。在 20 世纪 20 年代的鼎盛时期,美国大约有 13 万个学区。①学区可以争夺家庭,家庭也可以搬到有更好的或更便宜的学校或是有不同类型学校的地区。

美国教育的另一个特点是兼具学术性和实践性。与许多欧洲国家不同的是,很少有课程将年轻人吸引到工业和职业规划的"轨道"上。即使存在财务和智力上的障碍,也应给所有儿童提供升入更高年级的机会。

与这一理想相关的是,到 19 世纪初期,美国大多数小学是男女同校的,而在"中学运动"期间,新建立的中学也是如此。一开始,公立大学普遍采用男女同校的方式,后来私立大学也变得性别中立(Goldin and Katz,2011a)。美国的教育也是世俗的。美国不仅没有设立国教(《美国宪法第一修正案》禁止设立国教),并且重写了 19 世纪的州宪法,禁止使用州和市政资金资助宗教学校。

这些做法是有益的,因为在中学入学率很低的时候,它们通过各种方式提高了入学率。最明显的原因是,对大多数群体而言,开放意味着没有排斥。规模小且财政上独立的地区,允许家庭组织来确定教育支出和用于教育的税收。在孩子很小的时候,不对其横加干预,使所有的孩子都有机会进入下一个阶段求学。包容性教育使孩子小时候所犯的错误不会影响其将来。

当教育水平较低时,这些做法就是有利的。即使是一小部分地区想要通过增加税收来资助一所中学,它们也可以这样做,而不必等到州内大多数人

---

① 虽然大多数学区规模一般,但有很大一部分是财政独立的。今天,美国依然大约有 1.6 万个独立的学区。参见戈尔丁和卡茨研究(Goldin and Katz,2008)中的第 3 章和第 4 章。

都同意这样做的时候。想要增加公共教育支出的家庭可以迁移到公共教育支出多的地区,或者他们可以把孩子直接送到公共教育支出多的地区上学,只要交学费就可以了。

但这些做法不一定在任何时候都是有利的。它们可能会增加教育供给的数量,但不一定会提高教学质量。当入学率和毕业率上升时,教育质量而不是数量变得更为重要。尽管规模小的地区会增加教育支出,但就每个学生的教育支出而言,依然可能存在较大的差异。

从图1.7a中,可以看到这些做法在美国所取得的成效。受教育年限每十年约提高1年,这一成就只有在基础广泛的教育体系中才能实现。这表明每一代人都有希望比父母接受更多的教育,他们的孩子也都有希望比他们接受更多的教育。

有趣的是,1920年前后出生的群体中,女性受教育年限都比男性长。而在1950年后出生的群体中,伴随女大学生人数的增加,出现了女性领导人。但在1950年前后出生的群体之后,受教育程度大幅下降,尤其是女性,直到后来才开始回升。 161

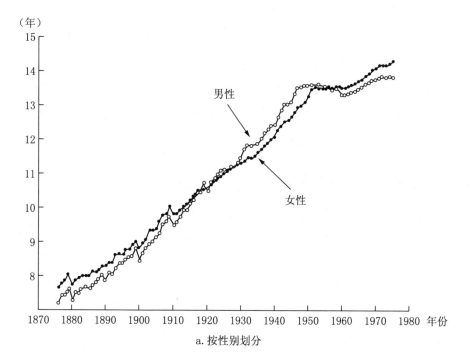

a. 按性别划分

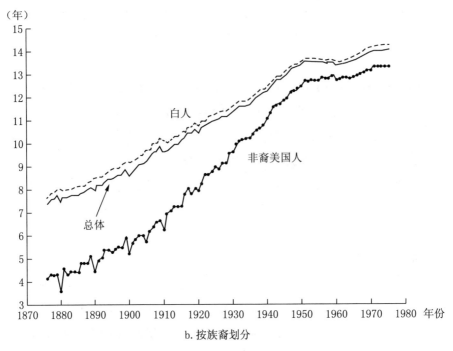

资料来源：Goldin and Katz，2008：Table 1.5 and 1.6。

图 1.7　美国 1875—1975 年间出生的 35 岁人群的受教育年限

162　　　如图 1.7b 所示，非裔美国人在 20 世纪早期的受教育水平极低。那些出生在 1880 年左右的非裔美国人只接受了 4 年的正规教育，而白人平均为 8 年左右。非裔美国人的教育质量相比白人要差得多，实际就读的时间也少得多（Card and Krueger，1992a）。①20 世纪非裔美国人的教育水平大大提高，但二者之间并未出现收敛趋势。

为什么要投资教育或培训？

　　关于教育成就的讨论还并未涉及人力资本最基本的问题。那么，到底为什么要投资教育或培训呢？我们从最简单的框架入手。假设一个人力资本

---

① 美国历史上非裔美国人和白人的受教育数量和质量，请参见卡德和克鲁格的研究（Card and Krueger，1992a）。他们的一篇相关文章（Card and Krueger，1992b）表明，以师生比、学期平均长度和教师工资衡量的学校质量，与州一级的教育回报率正相关。

投资的两阶段模型,其中个人可以在第一阶段选择工作或投资人力资本。如果选择工作,则 w_1 为第一阶段非投资性工资, w_2 为第二阶段非投资性工资。如果选择投资人力资本,成本为 C,则 E_2 为第二阶段投资工资($E_2 >$ w_2)。个人可以以利率 r 借款。当且仅当下列不等式成立时,个人应该选择进行人力资本投资:

$$\frac{(E_2/w_2)-1}{1+r} > \frac{C+w_1}{w_2} \tag{1.1}$$

即如果折现收益超过成本,个人应该进行人力资本投资。折现收益表示为第二阶段非投资性工资的一部分;成本可以表示为其直接成本 C 和第一阶段非投资性工资的机会成本 w_1 之和,也可以表示为第二阶段非投资性工资的一部分。

这个简单的人力资本投资模型表明,当回报更高、成本更低(可能由于学校教育提供的规模经济从而成本更低)、贴现率更低时(可能是父母收入和更大确定性的函数),进行人力资本投资的可能性更大。但是,该模型并没有纳入这些重要因素,比如培训在哪里进行(学校、工作单位、家庭)、谁来提供培训并支付培训费用,以及"政府"或组织扮演什么角色。下面我们将对此展开讨论。

首先,什么决定培训的地点?是在正规学校里培训,是在职培训,还是在家中进行非正规的培训?众所周知,19 世纪美国的正式学徒比英国少得多。这与投资决策有什么关系呢?答案是在技术变革迅速且劳动力地区流动性大时,基础性的、相对灵活的教育体系较之特定职业或地点相对固定的教育体系更为有利。当情况相反时,专项培训则更有价值。与欧洲相比,美国劳动力具有更大的地区流动性,并且在某个时期技术活力更强。这两个因素都使得基础性的、相对灵活的教育体系变得更有价值,而针对特定职业的学徒制和行业培训的价值却降低了。

其次,简单的人力资本投资模型中省略的第二项涉及谁来支付人力资本投资费用和"政府"所扮演的角色。这里的"政府"是指个人组织。这种组织可以参与提供学校教育资源(例如对建筑物的资本投资、聘用教师和课程选择),也可以参与其筹资活动。如表 1.1 所示,我们可以将其抽象为一个 2×2 的矩阵,其中行标题是"教育供给"(公立,私立),列标题是资助(公立,私立)。

表 1.1　私立学校与公立学校 K-12 教育供给与资助情况

教育供给

资助	公立	私立
公立	公立学校（也叫普通学校、分级学校或文法学校、高中）	学券制（21 世纪的美国、瑞典）、贫民学校（19 世纪的美国）
私立	利率法案（19 世纪早期到中期的美国）、学费账单（20 世纪早期）	私立学校（任意一个世纪）、学院（美国 19 世纪）

从 19 世纪到现在,矩阵中包含的每一种形式都有实例。沿着主对角线的案例最为常见。它们包括由私人资助的私立学校和由公共资金资助的公立学校。次对角线上的情况——可能看起来有些奇怪——在今天以及在历史上都存在过。19 世纪,许多学区都有学校,这些学校是公立的,但却是私人资助的。每个学生家长需要为孩子上学支付学费账单(rate bills,也称 tuition bills)。在一些地区,学费账单是由家长全额支付的。但在其他地方,只有当孩子上学的天数超出一定的值后,家长才需要为此支付额外的费用。

也有一些学校是私立的,但由政府资助。在 19 世纪早期的一些城市,由包括宗教团体在内的私人团体为贫困家庭的孩子提供学校教育,但由市政当局提供资金。近年来,例如美国和瑞典,一直在使用免税的代金券资助私立学校。由此可见,历史提供了多种可能性。

另一个问题是,对教育和培训进行投资的个人是否具有更高的能力,以及由此带来的,由于样本选择偏误而高估教育和培训回报。最近关于能力偏差的最具说服力的分析表明,这一偏差不是很大(Card,1999)。对于下文提到的年教育回报率的变化情况,需要说明的是,中学在 20 世纪初才开始普及,因此没有上中学的年轻人并不一定比那些上了中学的年轻人能力差。

政府在教育中的作用

在几乎所有地方以及在大多数历史时期,教育是由政府提供和资助的。有时私营部门规模更大,但与私营部门相比,公共部门的相对重要性几乎一直在增加。有很多使政府越来越多地参与教育的原因。

教育会给政府带来多种好处,这增加了政府对学校的需求,进而导致政府对教育进行补贴。好处之一就是教育提供了各种各样的公共产品,包括赋予公民一套共同的价值观。政府也会纠正与学校教育有关的市场失灵。

民主国家需要有素养的公民和受过良好教育的领导人,而非民主政府通常会限制教育(参见 Sokoloff and Engerman,2000)。政府对受过教育的个人有多种需求,包括教师、工程师、军事人员、文职人员和官僚。教育有多种正外部性,如降低犯罪率和提高健康水平。在人口密度低的地方,教育供给通常是自然垄断的。出于效率的考虑,通过增加教育供给数量和降低价格,政府的供给和监管被证明是合理的。

政府干预教育的另一个原因是家长经常面临资本市场的约束。有些父母可能不够利他,而且因为孩子不能与父母签订有约束力的合同,他们不能以未来的人力资本作为抵押向父母借款。为了提高效率,政府要降低父母和孩子面临的利率约束。一种惯常的做法是让社区资助学校,就像在"代际交叠"(overlapping generations)模型中设定的那样。有孩子的年轻家庭由孩子已经长大的年长家属补贴。

如果父母不够利他,政府会"迫使"他们送孩子上学。如果孩子太短视,政府也会"迫使"他们去上学。《义务教育法》和《童工法》往往就能实现这些目标。但是这些法律在美国通常不具有约束力(Goldin and Katz,2011b)。因为美国已经为公众提供了足够的学校。因此,很少有家庭和青少年受到《义务教育法》和《童工法》的约束。相比之下,这些法律通常在其他国家更具有约束力,例如英国和爱尔兰。主要原因是它们希望借此"强迫"政府建立学校,并为基础教育支付教师工资。

以上提到的政府干预公众教育的原因没有涉及政府办学,而只涉及对教育的资助。较之私人组织,政府办学和支付教师工资的好处则在于集体办学更为方便。

笔者在上文曾指出,美国有大量独立的学区,很多学区允许根据教育需求和支付能力对家庭进行分类。而在许多其他国家,学区数量相对于人口要少得多,而学区的集中化则更为普遍。例如,法国就只有一个学区。

因为教育不是纯粹的公共物品,可以从私人部门购买,所以父母可以选择退出公共系统,即使他们仍需为此付费。如果一个学区的家长对教育的数量和质量需求足够广泛,公共部门就会面临所谓的"为获利而脚踏两只船,使鹬蚌相争而渔翁得利"的问题(Epple and Romano, 1996)。低教育需求(或低收入)的父母不会投票支持高教育支出,高教育需求(或高收入)的家长也不愿投票支持高教育支出,因为他们很可能会选择退出公共系统,转而利用私人部门。一个解决办法就是建立小规模的学区,使学校支出更好地满足家长的需求,从而提高教育水平。而美国教育最初的优点之一就是存在大量财政独立的小规模学区。

为什么教育水平会提高?

美国和大多数其他国家的教育普及经历了三个转变,形成了现在教育体系的三个部分:小学、中学和高等教育。①不同国家在每个阶段的就读年限和每个孩子在每个阶段的入学年龄方面有所不同。但关于儿童的生理发育进程,并不会存在太大差异。

美国学校的第一次转变是发生在20世纪之前小学的普及化。为小学生开设的学校通常被称为"普通"学校(common school),孩子们共有一位老师,共用一间教室。在对学校的分类中,这类学校被称为文法学校(grammar school)。"普通"的意义在于每个人都可以上学,入学便捷且资源丰富。这些学校大多由小社区运营,早期由家长通过"学费"提供资金,学费根据孩子上学的天数收取。19世纪中期,各种社会运动导致收费制度终结,19世纪70年代,小学普及免费教育。小学义务教育的法律和司法解释最终使得学区内的孩子在中学也享受了免费待遇。

19世纪后期,另一场教育运动出现了,尤其是在东部各州。它导致了各种私立学校(private academies)的出现,这些私立学校的课程设置超出了普通学校有限的课程范围。私立学校一般规模较小且历史较短,人们对它们知之甚少。后来,经过社区投票,一些学校被改建成公立高中。这些学校由私人设立并由私人资助,这一事实表明,这场教育运动起源于草根阶层。该运动最终演变成了"高中运动"(high school movement),这是一场更广为人知的全国性运动。

①　许多地方还增加了另外两种过渡:从幼儿园到学前班以及从初中到高中。

对技能需求的不断增加推动了这场运动,从而使得年轻人可以更好地为进入新兴的商业社会和更为机械化、电气化的工业社会作好准备。但是,为什么这场运动是从 1910 年左右开始并扩展开来的呢?

回答这个问题的一个视角是,对比那些拥有适应商业社会技能的年轻人与那些没有这些技能的年轻人的收入。在 20 世纪 20 年代以前,这个比率非常高,这表明"高中运动"的推广与高中教育的高回报率有关(Goldin and Katz,2008:Chaps.4 and 5)。这些回报率在 19 世纪是否也很高,证据尚不清楚(Goldin and Katz,2008:Chap.4)。

美国包含关于受教育年限信息的人口普查始于 1940 年。一些州的人口普查包含了教育方面的信息,其中做得最好的是艾奥瓦州。1915 年的艾奥瓦州人口普查包含了关于教育和收入的丰富信息,恰恰就在那个时期,受过高等教育的人在工厂、会计账房甚至农场里,都极具价值。

如表 1.2 所示,一组个人水平的收入函数表明,高中教育年限在"高中运动"开始时起着非常重要的作用。在 18—34 岁年龄组中,高中教育的年经济回报率约为 12%。即使是在蓝领和农业领域,也出现了接受教育越多回报率越高的现象,而这不仅仅是因为受过教育的人口转向了白领部门。

在没有公立中学的地方,年轻人在普通学校就读的年限就会长一些。但是在普通学校多学几年远不如在真正的中学多学几年有价值,因为中学可以提供许多不同学科的指导,并可以让青年人获得各种技能。①就像今天一样,在 1915 年,许多经济部门都发生了技术变革,而教育是它的一种补充。

前文所讨论的美国教育的特点也影响了美国高等教育的普及。美国高等教育是学术性的,但也兼具实用性。美国高等教育机构的数量很多,这带来了教育的多样性和学校之间对于生源和师资的竞争。1900 年,英国的人均高等教育机构数量仅为美国的十七分之一。即使到了 1950 年,英国的人均高等教育机构数量也只有美国的八分之一。

美国的高等教育相对开放和包容,小学和中学教育也是如此。高中成绩不够好的学生可以进入社区大学,然后转到更好的机构。高等教育机构邻近居民区,甚至农村家庭都能送孩子上大学。到了 20 世纪,美国高等教育

---

① 这个结果在戈尔丁和卡茨(Goldin and Katz,2008)研究中的表 2.5 中给出。

167 成为世界上最好的教育体系。①

表 1.2   1915 年艾奥瓦州的年均教育回报回归结果

教育年限	年龄段：18—34 岁					
	男　　性					女　性[a]
	全部职业	非农业	农业	蓝领工人	白领	全部职业
公立小学	0.048 3 (0.003 95)	0.037 5 (0.004 42)	0.063 7 (0.008 37)	0.022 9 (0.004 50)	0.043 8 (0.008 89)	0.007 14 (0.008 77)
文法学校	0.069 3 (0.004 21)	0.067 1 (0.004 43)	0.056 8 (0.011 0)	0.063 4 (0.004 58)	0.067 9 (0.009 09)	0.045 4 (0.009 13)
高　　中	0.120 (0.005 64)	0.114 (0.005 16)	0.132 (0.017 6)	0.090 8 (0.007 38)	0.082 6 (0.007 47)	0.101 (0.007 60)
大　　学	0.146 (0.009 15)	0.143 (0.007 99)	0.166 (0.038 1)	0.057 5 (0.019 5)	0.131 (0.008 49)	0.151 (0.012 2)
商学院 (虚拟变量)	0.284 (0.098 8)	0.273 (0.083 1)	0.452 (0.180)	0.082 5 (0.088 6)	0.508 (0.096 9)	
R^2	0.251	0.296	0.241	0.256	0.313	0.273
观测数量	7 145	5 249	1 784	4 021	1 744	2 001

注：回归分析还包含潜在工作经验的四分位数、族裔的虚拟变量和"在美国缺失年份"的虚拟变量。潜在工作经验定义为最小值（年龄为 15 岁，受教育年限为 7 年）。蓝领包括从事工艺制作、机器操作、服务行业体以及体力劳动者。白领包括专业、半专业和管理（但不包括农业）岗位，以及文书和销售行业的劳动者。标准误差在系数下面的括号中给出。

a. 只包括未婚女性。

资料来源：Goldin and Katz，2008：Table 2.1。

教育和技术的齐头并进

在"高中运动"之前的一段时间里，中学教育的回报率很高。随着中学入学率和毕业率的上升，高中教育溢价直线下降，即高中毕业和中学毕业的教

---

① 关于美国高等教育的讨论，请参见戈尔丁和卡茨（Goldin and Katz，1999，2008）的研究。

育回报差别急剧缩小。

　　由于"高中运动"使一些人进入大学,而且由于高中毕业生的技能在某种程度上代替了受过大学教育的人,大学教育相对于高中教育的溢价也下降了。与20世纪10年代和20世纪20年代相比,20世纪50年代的工资分布更为集中(Goldin and Margo, 1992)。

　　但是,对高技能和受过教育的工人的相对需求在持续增长。20世纪70年代,大学教育溢价上升,并呈现持续增长趋势。如图1.8所示,现在大学的年教育溢价比1910年"高中运动"初期还要高。

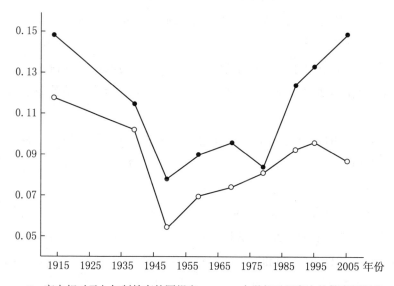

○── 高中相对于九年制教育的回报率　　●── 大学相对于高中的教育回报率

资料来源:Goldin and Katz, 2008:Fig.2.9, Table 2.7注释。

图1.8　1914—2005年间年轻人的年教育回报率

　　问题的关键在于,最迟从19世纪晚期开始,教育和技术就开始齐头并进。也就是说,在技能供给和技能需求之间,存在一个以教育回报率形式体现的均衡价格调节机制。当教育回报率高的时候,新技能的供给会增加,当教育回报率低的时候,新技能的供给就会减少。

　　新技术增加了对高级技能的需求。19世纪末和20世纪初的各种技术增加了对具有以下技能的工人的需求:这些工人需要能看懂图纸,对电力有

168

一定了解,具有计算能力和良好的读写能力,能根据潦草的笔记和仓促口授的信件打字。20 世纪的技术进步增加了对更多人力资本的需求。

在过去几十年里,美国教育和培训的回报率大幅上升,这主要是因为人力资本的供给增长不足,而不是因为技能需求的大大提升(Goldin and Katz,2008)。但是,最近人力资本的供给又开始增加了。

人力资本与教育:结语

美国自建国以来,以劳动者受教育年限为表征的人力资本一直在增加。随着经济发展对技能需求的转变,人力资本的内涵也发生了巨大的变化。从 19 世纪开始,受教育年限连续增长,直到最近 30 年才开始放缓。这一增长伴随教育的三次转型而来,而且通常是由社区、州政府以及(有时包括)联邦政府合作,通过自下而上的草根阶层运动而推动的。强制措施在美国收效甚微,但在其他国家却产生了更大的影响,因为这常常会迫使政府去承担办学义务。

上文讨论的教育的几个特点有助于人力资本在教育年限方面的扩展。但是,在最近几十年里,这些特点可能减缓了教育的发展,特别是在教育质量提升方面。由财政独立的小学区提供的公共教育增加了受教育年限,但在每个学生的资源配置上却产生了巨大的差异。一个开放和包容的教育体系有助于将教育普及大众,但这样的体系即使是在州一级,通常也缺乏晋升和毕业标准。目前,各州和联邦政府正在重新评估这些原初特点的缺陷。①

人力资本形成:健康

健康人力资本与收入

1650 年,托马斯·霍布斯(Thomas Hobbes)在《利维坦》(*Leviathan*)一

---

① 例如,州政府的均等化计划限制了不同学区筹集资金的程度,州政府将资源转移支付给较贫困的地区。各州已经通过了更为严格的高中毕业标准,2002 年通过的《不让一个孩子掉队》(No Child Left Behind)计划,也迫使各州对所有年级都提高了标准。

书中写道,生活是"(孤独的、)肮脏的、粗野的、短暂的"。如果没有强有力的政府,公民社会就会分裂成人与人之间的战争。但在1650年,无论有没有强有力的政府,生活都是"肮脏、粗野、短暂"的。到处都是传染病和瘟疫。人们真的很"矮",在当时的英国和法国,人们比现在矮了5英寸,在丹麦比现在矮了7英寸。

人们最终变得更健康,个子也更高。他们现在活得更长久,痛苦和折磨也少了。现在人们主要死于慢性疾病,很少死于传染性疾病。从17世纪到现在的这段时间里,人体在许多方面发生了变化,在一段时间内违背了达尔文进化论的一般规律。

资源的增加使人们能够更多地投资于健康人力资本。除此之外,更多的健康人力资本使人们更有效率。接下来,我们将主要讨论资源增加导致健康人力资本增长这一因果关系。当然,还有一部重要的历史文献探讨的是健康的改善导致收入增加这一因果关系。

在历史上大多数时候,健康状况的改善是资源增加的结果,而不是原因。更多的资源使人们可以消费更多的热量和蛋白质,吃更多有营养的食物。改善营养方面的投资能够带来健康人力资本的提升。

然而,就最近的历史时期而言,健康状况的改善还有助于增加收入。这个机制一般是通过改善年轻人的健康状况,使儿童能够多上学和多学习。布利克利(Bleakley,2007)研究了20世纪早期美国南部消灭钩虫病的效果。阿尔蒙德(Almond,2006)研究了1918年流感对当时胎儿的长期影响。健康状况的改善也增加了成年人的工作时间和工作强度。此处因果关系的方向为,外生地改善的健康人力资本能够带来收入的增加。①

170

健康人力资本测度

死亡率是最能表征健康状况的指标,在很长时期内,许多地方都在使用这一指标。历史上存在大量与健康相关的测量指标,例如成年人的身高和体重、儿童在成长期的身高体重、婴儿体重、体重指数(BMI),以及慢性病和传染病的发病率等,都是常用的测量健康状况的指标。生活质量指标通常

---

① 这是一种剥离健康对收入的影响的反向因果关系分析方法(Weil,2007)。

很少作为衡量健康的指标。

171 　　图 1.9 表示四个欧洲国家从 18 世纪到现在的出生时预期寿命＊，图 1.10 表示美国白人男性和白人女性从 19 世纪中叶到现在的平均预期寿命。直到 20 世纪中叶，欧洲大部分地区人的平均预期寿命都不长。18 世纪晚期，法国人的平均预期寿命不到 30 岁，瑞典人或德国人的平均预期寿命不到 40 岁。即使到了 1900 年，德国人或法国人的平均预期寿命也仅为40 岁左右，而瑞典人、丹麦人或美国人的平均预期寿命为 50 岁。但到1980 年，所有人的平均预期寿命都趋近 75—80 岁。

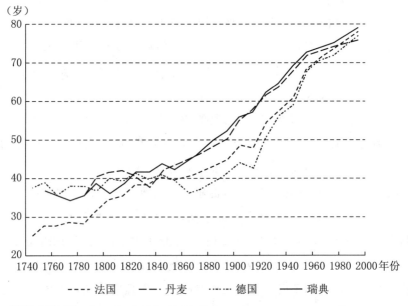

资料来源：Floud et al., 2011：Table 5.1。

图 1.9　1745—1995 年间四个欧洲国家的出生时预期寿命（利用时期率指标计算）

172 　　20 世纪中叶，这些国家平均预期寿命的增加，在很大程度上是由婴儿和儿童死亡率的下降带来的，因为在现代之前，成年后的平均预期寿命变化不大。从图 1.10 中可以看到美国白人男性和女性的情况。婴儿和儿童死亡率下降幅度最大的时期是在 1880—1920 年之间，尽管下降趋势仍在继续。

＊　出生时预期寿命是衡量单一生命存活平均长度的统计量，也是衡量地区居民健康水平的一个指标。——译者注

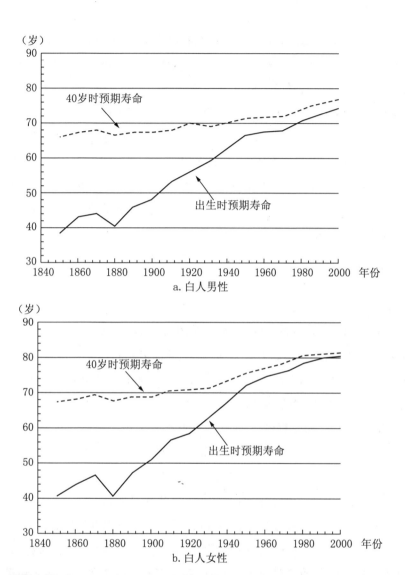

资料来源：Carter et al.，2006：Tables Ab644—655。

图 1.10 1850—2000 年按性别划分的美国白人出生时和 40 岁时的预期寿命

40 岁时预期寿命一开始变化不大，20 世纪才缓慢增加。从 20 世纪中叶开始，40 岁时预期寿命的增加主要是由成年人死亡率降低带来的。40 岁时预期寿命与出生时预期寿命之间的距离迅速缩小。

与其他发达国家相比，美国人在 19 世纪中期的寿命更长。与英国人相比，1850 年以前出生的美国人的预期寿命要长一些，但 1850 年以后，二者预期寿命相同。而与法国相比，1900年左右出生的美国人预期寿命要长一些。自美国独立以来，其营养水平就相对较高，他们一直到20世纪中后期都是世界上身高最高的人群（Floud et al.，2011）。

1800年到2000年间，美国40—74岁的男性组和44—80岁的女性组的预期寿命增加了大概35岁。在1750年到2000年间，英格兰35—77岁组的预期寿命增加了38岁。在1750年到2000年间，法国25—78岁组的预期寿命增加了43岁。每个国家的预期寿命增加可分为三个阶段。第一个阶段涉及营养的改善，第二个阶段涉及公共卫生干预措施的改进，第三个阶段包括抗生素等一系列医学发现。

提高预期寿命：三个历史阶段

第一阶段：营养改善

福格尔（Fogel，2004）将第一阶段描述为欧洲摆脱饥饿和营养不良的阶段，这一阶段发生在1700年至19世纪末。①福格尔和他的合作者强调，收入的增加带来了营养和健康水平的改善，儿童和成年人健康状况的改善也使得他们能够战胜更多的传染病（Fogel，1997，2004；Floud et al.，2011）。

1700年左右，由于慢性营养不良的明显减少使得健康状况得到改善的观点，可以追溯到托马斯·麦基翁（Thomas McKeown）。托马斯·麦基翁是一位医学史专家，著有《现代人口的增长》（*The Modern Rise of Population*，1976）。麦基翁的目标是排除两个因素——公共卫生和医疗。

173　　福格尔扩展了麦基翁的观点，并极大增加了这一观点的说服力。福格尔指出，在1700年以前，长期的营养不良，而不是危机年份出现的饥荒，才是限制人口健康改善的持久问题。大约1700年左右出现的第二次农业革命，包括围栏、犁、播种机、脱粒机、作物轮作和选择性育种，使热量摄入水平显著提高。例如，在英国，人均热量摄入水平提高了300卡路里，而在1750年后的一个世纪里，法国的人均热量摄入水平提高了1000卡路里。

营养水平提高不仅改善了人们的健康状况，更多的卡路里也带来了几代人的身体变化。更多的食物消耗首先改善了成年人的体重，他们的身高也

---

① 这三个阶段是由作者划分的，而不一定是按不同文献贡献者来划分的。

更高了。结果是 BMI 更高,个体更加健康,死亡率更低。

福格尔和麦基翁的解释受到了普雷斯顿(Preston,1975,1996)的批评,他指出当城市人口污染了饮用水源、远离了食物来源,以及居住得更为拥挤时,健康环境也会随之恶化。资源增加所带来的健康状况的总体改善,显然有一些被人口增加抵消了,但体重、身高和寿命显然依然也有所改善。

第二阶段:公共卫生干预

下一个时期即第二阶段,是从 19 世纪末到 20 世纪 30 年代,以公共卫生运动和干预为特点。这一阶段只能在 19 世纪末开始,因为直到那个时候,疾病的科学发现手段以及疾病的微生物理论才被广泛接受。

在了解疾病的微生物理论之前几乎没有什么突破。即使是已经了解了传染病的发病机理,过滤和氯化等水净化处理、污水处理、疫苗接种以及检疫和食品质量管理等,也必须有公共卫生部门和公共卫生支出的支持。因此,提高公众对疾病传播渠道的接受度是至关重要的。否则,市政当局就不可能获得在提供洁净水和将污水与饮用水分离项目上的资金支持。

1850 年前后,塞麦尔维斯发现了疾病传播的模式,他发现当医生用氯化石灰洗手后,产褥热的发病率会降低。直到 19 世纪 70 年代,我们才知道确切的致病因素,炭疽病、伤寒和肺结核相继被发现。罗伯特·科赫 19 世纪70 年代关于炭疽热的相关研究,证明了疾病的微生物理论。列文虎克为此奠定了基础,他于 17 世纪首先发现了细菌;巴斯德于 19 世纪 60 年代发现了细菌导致食物腐烂,后来发现了生物体的致病原因;19 世纪六七十年代利斯科在外科手术中使用石碳酸作为防腐剂。后来,保罗·埃尔利希提出了对病因的理解,他以使用砷凡纳明化疗法(也称为"魔弹")治疗梅毒而闻名。

以美国为例,卡特勒和米勒(Cutler and Miller,2005)已经证明了洁净水对减少传染病,特别是伤寒的影响。他们使用近似外生的变量,估计了13 个城市的过滤和氯化等水净化处理的政策效应。根据他们的估计结果,使用过滤和氯化等水净化处理措施,可使同期城市死亡率下降 50%。

这对一些城市(如费城、匹兹堡)影响显著,但对有些城市影响较小或根本没有影响。在所有城市中,过滤或氯化消毒措施使伤寒死亡率降低了25%,总死亡率降低了 13%,婴儿死亡率降低了 46%,儿童死亡率降低了

174

50%。从1900年到1936年,总死亡率下降了30%,清洁水技术的应用可解释总死亡率下降的43%,婴儿死亡率下降的74%以及伤寒的彻底消失。清洁水技术的投资回报率十分巨大。

在实施公共卫生干预措施期间,美国的预期寿命从45岁增加到62岁,或说1850—2000年间的预期寿命变化占总预期寿命变化幅度的50%。没有其他时期比1850—2000年间的表现更好了。其中大部分原因在于传染病导致的死亡减少。在此期间,有些城市还取消了"城市卫生处罚"(urban health penalty)措施。①

第三阶段:现代医学时代

第三阶段始于1935年磺胺类药物的使用。在此之前还出现了其他医学进步,比如天花疫苗和砷凡纳明(一种治疗梅毒的砷化合物)。最早的抗生素是1941年的青霉素和1944年的链霉素,随后出现了大量广谱药物和抗菌药物。

有学者(Jayachandran et al.,2010)的研究显示,从1937年到1943年,在发现和广泛使用青霉素之前,由猩红热、肺炎和流感等传染病引起的死亡人数大幅下降,孕产妇死亡率下降幅度尤其大。某些传染病的减少是因为作为抗生素前身的磺胺类药物的发现。

1900年,传染病导致的死亡仅占美国总死亡人数的30%,1936年下降为17.5%,2000年仅占4%。②公共卫生措施和现代药物的结合几乎消除了由传染病带来的死亡。许多现代化的医疗手段和药物不仅延长了个体寿命,也提高了生活质量。

总的来说,美国和其他发达国家在延长寿命方面取得的大部分成就是在现代医学普及之前实现的。但是,1936—2000年间,美国男性和女性的预期寿命从65岁增加到了75岁或80岁,这其中的主要原因可能在于现代医学。由于现代药物和治疗方法,慢性病不再使许多人在老年时失能。

---

① 关于健康与经济发展之间动态关系的研究,参见普雷斯顿(Preston,1975)的研究。
② 卡特勒等人(Cutler et al.,2006)研究中的图3为美国数据;弗洛德等人(Floud et al.,2011)研究中的图4.5为英格兰和威尔士的数据。

人力资本:小结

人力资本是劳动力生产技能、才能、健康和专业知识的存量,正如物质资本是工厂、设备、机器和工具的存量一样。在不同类型的资本中,绩效表现、寿命和效率可能会有所不同。人力资本和物质资本的存量是通过一系列投资决策产生的,其中对物质资本进行投资的直接成本和对人力资本进行投资的时间机会成本是最为昂贵的。

本章从人力资本的使用和生产两个方面对人力资本进行了探讨。不断扩展的劳动力将人力资本(E)加入公式(1.2)所给出的总生产函数中,劳动力是总人口(P)和总劳动参与率(λ)的函数。在实践中,人力资本是衡量单位劳动效率的一个指标。总产出(Q)也会受到其他投入的影响,如资本存量(K)、资源存量(X)和技术水平(A)。

$$Q=f(A,[E \cdot P\lambda], K, X) \qquad (1.2)$$

这一方法被用来理解人力资本如何影响收入水平和经济增长。如前所言,个人幸福感也可能受到影响,而这些影响不一定反映在总产出中。所谓生活质量的测量,如今已经成为一个重要的研究领域,但很难测量其历史维度。

本章探讨了人力资本是如何增加的,以及在进行人力资本投资决策时经常采用的规则。这里考虑了两种主要类型的人力资本——教育、培训和卫生健康。它们是在学校、家庭、企业以及其他一些机构中产生的。这两种类型的人力资本都需要完备的信息。有关病因的知识对健康人力资本的投资非常重要,特别是需要由政府来投入的项目,如水净化项目。评估教育效果的信息对学校的公共投资尤其重要。

本章没有强调影响人口增长和劳动参与的因素,这两者都与人力资本总量测度有关。这些主题在其他章节中都有涉及,人力资本的有效利用也会受到歧视和地域流动性不足的影响。

本章已经强调过,人力资本这个话题本身就是历史性的。历史上还有很

175

多东西有待探索。为什么政府要扩大正规的学校教育？为什么非正规教育在某些地方和特定时期更为重要？来自基层的教育需求和自上而下的教育供给之间的相互作用是怎样的？教育与健康之间是如何相互影响的？目前来看，受教育程度越高的人越健康，但一直都是这样的吗？世界各地，特别是欧洲和北美以外的地区，学校教育的发展仍处于初级阶段。在人力资本及其历史的研究中，还有很多问题有待研究。

参考文献

Acemoglu, D., Johnson, S., Robinson, J. et al. (2002) "Reversal of Fortune: Geography and Institutions in the Making of the Modern World Income Distribution", *Quart J Econ*, 117:1231—1294.

Allen, R. (2001) "The Great Divergence in European Wages and Prices from the Middle Ages to the First World War", *Explorat Econ Hist*, 38:411—447.

Almond, D. (2006) "Is the 1918 Influenza Pandemic Over? Long-term Effects of in Utero Influenza Exposure in the Post-1940 U.S. Population", *J Polit Econ*, 114:672—712.

Barro, R., Sala-i-Martin, X. (2003) *Economic Growth*, 2nd edn. MIT Press, Cambridge, MA.

Becker G (1962) "Investment in Human Capital: A Theoretical Analysis", in NBER special conference 15, supplement to *J Polit Econ*, 70(5) part 2, pp.9—49.

Becker, G. (1964) *Human Capital: A Theoretical and Empirical Analysis, with Special Reference to Education*. Harvard University Press, Cambridge, MA.

Bleakley, H. (2007) "Disease and Development: Evidence from Hookworm Eradication in the American South", *Quart J Econ*, 122:73—117.

Card, D. (1999) "The Causal Effect of Education on Earnings", in Ashenfelter, O., Card, D. (eds) *Handbook of Labor Economics*, vol.3A. Elsevier/North Holland, Amsterdam.

Card, D., Krueger, A. (1992a) "School Quality and Black-white Relative Earnings: A Direct Assessment", *Quart J Econ*, 107:151—200.

Card, D., Krueger, A. (1992b) "Does School Quality Matter? Returns to Education and Characteristics of Public Schools in the United States", *J Polit Econ*, 100:1—40.

Carter, S. B., Gartner, S. S., Haines, M. R., Olmstead, A. L., Sutch, R., Wright, G. (2006) *Historical Statistics of the United States*, Millennialth edn. Cambridge University Press, Cambridge.

Clark, G. (2005) "The Condition of the Working-class in England, 1209—2004", *J Polit Econ*, 113:1307—1340.

Clark, G. (2007a) *A Farewell to Alms: A Brief Economic History of the World*. Princeton Press, Princeton.

Clark, G. (2007b) "The Long March of history: farm wages, population and economic growth, England 1209—1869", *Econ Hist Rev*, 60:97—136.

Clark, G. (2009) *The Macroeconomic Aggregates for England, 1209—2008*. University of California, Davis, Economics WP, 09—19.

Cutler, D., Miller, G. (2005) "The Role of Public Health Improvements in Health Advances: The Twentieth-century United States", *Demography*, 42:1—22.

Cutler, D., Deaton, A., Lleras-Muney, A. et al. (2006) "The Determinants of Mortality", *J Econ Perspect*, 20:97—120.

Davis, L, E., Easterlin, R, A., Parker,

W, N. et al. (1972) *American Economic Growth: An Economist's History of the United States.* Harper and Row, New York.

Denison, E, F. (1962) "The Sources of Economic Growth in the United States and the Alternatives before Us.", Committee for Economic Development, New York.

Easterlin, R. (1981) "Why Isn't the Whole World Developed?", *J Econ Hist* 51:1—19.

Engerman, S, L., Sokoloff, K, L. (2012) *Economic Development in the Americas since 1500: Endowments and Institutions.* Cambridge University Press, Cambridge.

Epple, D., Romano, R, E. (1996) "Ends against the Middle: Determining Public Service Provision when There are Private Alternatives", *J Public Econ*, 62:297—325.

Fisher, I. (1897) "Senses of 'Capital'", *Econ J*, 7:199—213.

Floud, R., Fogel, R, W., Harris, B., Hong, S, C. et al. (2011) *The Changing Body: Health, Nutrition, and Human Development in the Western World since 1700.* Cambridge University Press, Cambridge.

Fogel, R, W. (1989) *Without Consent or Contract.* W.W. Norton, New York.

Fogel, R, W. (1997) "New Findings on Secular Trends in Nutrition and Mortality: Some Implications for Population Theory", in Rosenzweig, M, R., Stark, O. (eds) *Handbook of Population and Family Economics.* Elsevier/North Holland, Amsterdam, pp.433—481.

Fogel, R. (2004) *The Escape from Hunger and Premature Death: 1700—2100: Europe, America, and the Third World*, Cambridge Studies in Population, Economy and Society in Past Time. Cambridge University Press, Cambridge.

Galenson, D. (1984) "The Rise and Fall of Indentured Servitude in the Americas: An Economic Analysis", *J Econ Hist*, 44:1—26.

Galor, O. (2011) *Unified Growth Theory.* Princeton University Press, Princeton.

Galor, O., Weil, D. (2000) "Population, Technology, and Growth: From the Malthusian Regime to the Demographic Transition", *Am Econ Rev*, 90:806—828.

Goldin, C. (1976) *Urban Slavery in the American South, 1820 to 1860: A Quantitative History.* University of Chicago Press, Chicago.

Goldin, C. (2001) "The Human Capital Century and American Leadership: Virtues of the Past", *J Econ Hist*, 61:263—291.

Goldin, C., Katz, L.F. (1999) "The Shaping of Higher Education: The Formative Years in the United States, 1890 to 1940", *J Econ Perspect*, 13:37—62.

Goldin, C., Katz, L.F. (2008) *The Race between Education and Technology.* Belknap, Cambridge, MA.

Goldin, C., Katz, L., F. (2011a) "Putting the 'Co' in Education: Timing, Reasons, and Consequences of College Coeducation from 1835 to the Present", *J Hum Cap*, 5:377—417.

Goldin, C., Katz, L.F. (2011b) "Mass Education and the State: The Role of State Compulsion in the High School Movement" in Costa, D., Lamoreaux, N. (eds) *Understanding Long Run Economic Growth.* University of Chicago Press, Chicago, pp.275—311.

Goldin, C., Margo, R. A. (1992) "The Great Compression: The Wage Structure in the United States at Mid-century", *Q J Econ*, 107:1—34.

Jayachandran, S., Lleras-Muney, A., Smith, K, V. et al. (2010) "Modern Medicine and the Twentieth Century Decline in Mortality: New Evidence on the Impact of Sulfa Drugs", *Am Econ J*, Appl 2:118—146.

Jones, C. I., Romer, P. (2010) "The New Kaldor Facts: Ideas, Institutions, Population, and Human Capital", *Am Econ J Macroecon*, 2:224—245.

Kremer, M. (1993) "Population Growth and Technological Change: One Million B.C. to 1990", *Q J Econ*, 108:681—716.

Lindert, P. (2004a) *Growing Public: Social Spending and Economic Growth since the Eighteenth Century.* The story, vol. 1. Cambridge University Press, Cambridge.

Lindert, P. (2004b) *Growing Public:*

Social Spending and Economic Growth since the Eighteenth Century. Further evidence, vol.2. Cambridge University Press, Cambridge.

Mankiw, G., Romer, D., Weil, D. (1992) "A Contribution to the Empirics of Economic Growth", *Q J Econ*, 107:407—438.

McKeown, T. (1976) "The Modern Rise of Population". Academic, New York.

Mincer, J. (1958) "Investment in Human Capital and Personal Income Distribution", *J Polit Econ*, 66:281—302.

Mokyr, J. (2004) *Gifts of Athena: Historical Origins of the Knowledge Economy*. Princeton University Press, Princeton.

Preston, S.H. (1975) "The Changing Relation between Mortality and Level of Economic Development", *Popul Stud*, 29:231—248.

Preston, S.H. (1996) "American Longevity, Past, Present, and Future", Policy Brief no. 7. Center for Policy Research. Maxwell School, Syracuse University, Syracuse.

Schultz, T. W. (1961) "Investment in Human Capital", *Am Econ Rev*, 51:1—17.

Smith, A. (2003; orig. publ. 1776) *An Inquiry into the Nature and Causes of the Wealth of Nations*, *Book 2*. Bantam Classic, New York.

Sokoloff, K. L., Engerman, S. L. (2000) "History Lessons: Institutions, Factor Endowments, and Paths of Development in the New World", *J Econ Perspect*, 14:217—232.

Solow, R. (1957) "Technical Change and the Aggregate Production Function", *Rev Econ Statist*, 39:312—320.

Weil, D. (2007) "Accounting for the Effect of Health on Economic Growth", *Q J Econ*, 122:1265—1306.

第二章

劳动力市场

罗伯特·A.马戈

摘要

　　本章以美国为例，简要介绍了劳动力和劳动力市场的历史概况。主题包括劳动力和劳动力市场的概念，计量史学研究的信息来源，劳动力规模和结构、工作时间、职业和技能随时间变化的基本特征，实际工资随时间的变化和工资结构的变化，全国性劳动力市场的出现，以及族裔差异的演变。

引　言

本章以美国为例,概述了经济史中劳动力和劳动力市场的问题。笔者的概述在方法和主题上有高度的选择性。在方法上,笔者侧重于计量史学传统的研究。计量史学家是这样的一群经济史学家——使用现代经济学的工具(用于解释经济行为的理论模型以及用于检验和完善理论的计量经济模型)来研究长期经济发展。在使用现代经济学的理论和统计工具时,计量史学家通常和其他经济学家一样,用同样的标准来评判他们的工作。然而,计量史学家与其他经济学家在两个关键方面有所不同。

第一,计量史学研究议程的一个重要组成部分是记录长期的变化。这就需要收集和分析一手的历史经济数据,这些数据往往来自档案和相关资料。第二,当计量史学家使用现代经济学的工具时,首要任务是对经济史上的一个重要问题贡献学术上的理解,而不是验证(或反驳)某一特定的经济理论(尽管这也可能是研究的目标)。要做好这两件事——收集原始历史数据,并作好数据分析——需要对历史背景有深入了解。换句话说,好的计量史学不仅仅需要好的经济学,更需要对历史进行深入把握。

计量史学家为学术界理解劳动力和劳动力市场演变方面作出了根本性和持久性的贡献。本章涉及其中的许多贡献,尽管还远没有构成一个完整的文献回顾。总的说来,笔者关注的主题涉及一些加总经济指标的衡量——例如失业率以及劳动力的需求和供给。本章首先讨论了经济史学家所说的"劳动力"(labor force)和"劳动力市场"(labor market)的含义。然后笔者将注意力转向历史研究的信息来源和劳动力历史变化的基本特征——规模、构成、"集约边际"(intensive margin)(如工作时数)、职业和技能。

在完成对劳动力的讨论之后,笔者讨论了劳动力的价格,即工资。在这一部分,笔者讨论了与工资相关的术语、工资数据的来源,并总结了实际工资和工资"结构"随时间的推移而发生的变化,例如按教育水平划分的差异。笔者还讨论了历史上美国不同地区的工资差异,这些差异随着时间的推移而发生的变化说明了一个一体化的、全国性的劳动力市场的出现。本章最后简要提出了进一步研究的建议。

劳动力的定义

现代经济学的核心理论框架之一是总生产函数：

$$Y = F(L, K, T) \tag{2.1}$$

在这个公式中，Y 表示总产出的某种度量，L 是总劳动投入，K 是资本，T 是自然资源（"土地"）。F 是生产函数或将生产要素（L、K 和 T）的使用与产出联系起来的"技术"。输出是一个"流量"变量，即在一段时间内进行测量，而输入也是同一时期内的流量。

两个生产时间段之间 Y 的变化反映了投入或技术（或两者）使用的变化。令 $d(\ln X)/dt$ 表示一个变量随时间的变化率，我们可以用以下公式量化地总结这一点：

$$\frac{d(\ln Y)}{dt} = \frac{dA}{dt} + \frac{\alpha_L d(\ln L)}{dt} + \frac{\alpha_K d(\ln K)}{dt} + \frac{\alpha_T d(\ln T)}{dt} \tag{2.2}$$

上述公式中的 α 是产出弹性——在保持其他因素不变的情况下，相关生产要素中给定百分比变化的 Y 的百分比变化。为了量化的目的，通常假定产出弹性（所有弹性定义为正）之和为 1，并且为了计算目的，每个弹性都可以通过其各自的要素份额来确定。①

在上面的公式中，L 代表经济中提供的劳动力总量。这里的"数量"有两个组成部分——提供劳动力的人数（广延边际）和劳动人口的工作时间（集约边际）。

为了测量第一个组成部分，经济学家将"劳动力"定义为积极为国民收入贡献时间和技能的个人。如果将国民收入广义地定义为包括家庭生产，

---

① 假设要素份额之和等于 1，等于假定总生产函数是规模报酬不变的。然而，根据内生增长理论，规模报酬有很大可能是递增的；参见保罗·罗默（P. M. Romer, 1986）的研究。如果要素市场是竞争性的，产出弹性将等于它们各自的要素份额，从而使每个要素获得其边际产品的价值。

那么大多数成年人口都将被划入劳动力的范围,这一概念将不会有太多的分析用处。①但如果我们采用较为狭义的定义,仅考虑市场生产(market production),随着时间的推移,劳动力的规模和构成都发生了重大变化——也就是说,有多少人在工作,他们的职业与技能如何。

关于美国劳动力长期信息的基本来源是美国联邦人口普查(the federal census)。历史上的联邦人口普查为劳动力的两种不同定义提供了基础。第一个定义在 1940 年以前的联邦人口普查中使用,它以"有酬劳动者"(gainful worker)的概念作为明确的标准——如果一个人在人口普查中报告自己的职业为"有酬职业",那么这个人就是劳动力的一部分。有酬职业包括农民、木匠、家庭佣人和文员。②

根据第二个定义,也是当今联邦人口普查所使用的定义,一个人是否属于劳动力取决于他们在人口普查周期间的活动——一个特定的时间窗口。在人口普查周中,如果某人有一份工作,他/她正在工作或将要工作,但恰好在时间窗口内因为某些原因临时中断(例如假期)或为自己(自营职业)工作,则这个人属于劳动力。如果他/她没有工作,但正在积极寻找工作,他/她处于失业状态,仍然被视为劳动力的一部分。虽然现代调查方法对于测量求职活动已足够完善,但在实践中,这个概念仍然模糊,尤其是在经济衰退时期,人们会变成气馁的劳动者。人们相信此时找工作没有意义,因为没有工作可做。

什么是劳动力市场?

在一个理想化的市场中,买卖双方交换的货物往往被假定在质量方面是同质的,而就买方而言,一单位货物与另一单位货物是等价的,即每一单位货物都是完美的替代品。不管是好是坏,这种现成的模式通常适用于劳动

①　在美国,这种区别在历史上是很重要的,因为历史上大量生产发生在家庭内部。然而,随着运输成本下降和更多经济活动发生在市场内,家庭生产规模下降。

②　调整这些数字,能够使 1940 年前后的数字具有可比性,因为当时收集的信息都使用了这两个问题,可以计算调整系数;参见杜兰德(Durand,1948)的研究。

力市场,也就是说,在这个市场上,所交换的商品是劳务的数量。在供给曲线不变的情况下,需求的增加将推动均衡工资和劳动服务数量的上升。相反,需求曲线保持不变,劳动力供给的增加会降低均衡工资(并增加均衡时的劳动服务数量)。

大多数市场存在于地理空间中,大多数(如果不是全部)劳动力市场也是如此。在一个典型的劳动力市场中,劳务买卖双方在物理空间上彼此相邻,买方在其工作地点参与交换。劳动力往返于住所和工作地点这一特征塑造了现代美国一种基本的地理结构——标准大都市统计区(the standard metropolitan statistical area, SMSA)。SMSA 被定义为一些县(counties)的集合,这使得居住在 SMSA 区域内的绝大多数人也在这一区域内工作。

给定一组按地理位置划分的劳动力市场,人们很自然地会问,它们是彼此独立运作还是彼此相互关联的?假设有两个这样的劳动力市场 A 和 B,并假设目前 A 的均衡工资超过 B。如果 A 和 B 之间的迁移成本超过两地的工资差异,情况就不会有变化的趋势。然而,从长远来看,如果人们预期两地工资差异持续存在,从 B 地迁移到 A 地的净收益就可能是正的。如果人们进行迁移,那么 A 地劳动力的供给将使相对需求增加,导致工资下降。经济学家将这一过程称为地理上分离的劳动力市场的整合(integration),将工资差距的缩小称为 A、B 两地工资的趋同(convergence)。如果 A、B 之间人员流动的交通成本因技术变革而下降,则会发生市场整合。①或者,即使人们由于某种原因,不能自由地在 A、B 两地之间流动,如果两个地区生产的商品可以在它们之间进行贸易,工资差距仍然可能会缩小,这被称为"要素价格趋同"。

许多经济史学家认为,美国最终形成了一个全国性的劳动力市场,它由地理位置上各异的劳动力市场紧密连接而成(参见 Rosenbloom,2002)。在本章中,笔者认为这种观点是有价值的,但对于全国劳动力市场,必须考虑到其边界的逐渐延伸,换句话说,随着人们从东向西的定居,劳动力市场也逐渐向外扩张。

---

① 如果 A 和 B 之间的信息流动得到改善,从而使工人对劳动力市场状况有更准确的了解,这种情况也可能发生。

如上所述,商品市场和劳动力市场之间的类比非常有用,但这一类比建立在每一个劳务单位彼此都是完美替代品的假定之上。更复杂的分析劳动力市场均衡的方法引入了特征价格(hedonic prices)的概念(Rosen,1974)。在这个模型中,个人进入劳动力市场时会有一系列雇主看重的特征,例如教育或技能,而且每个雇主都有各异的标准。在这种情况下,没有一个单一的均衡工资,而有一个由一组工人和雇主特征的均衡价格组成的均衡工资函数。这个模型非常有用,例如在描述工资如何随教育、技能或雇主特征(如工厂安全,或是工作终止或裁员的可能性)而变化时。

劳动力市场并非存在于理论真空中,而是存在于特定的历史和制度背景中。一般来说,现代经济学家的脑海中存在一个所谓的"自由"劳动力市场,在这个市场中,个人被假定有权向出价最高的人出售其劳务。[①]然而,劳动力市场这一概念模型本身并不以从事劳动的个体需要享有与劳动相关的一组完整产权为前提——这意味着提供劳动服务换取报酬的权利可以掌握在第三方手中,如契约奴役制(indentured servitude)和奴隶制(slavery)。

在契约奴役制下,在历史上,一些人愿意放弃一段时间的自由,以换取跨越大西洋到达新大陆(美洲)的机会。契约奴役制在经济上有其合理性,因为从欧洲到美洲的运输成本相对于那些希望前往美洲做佣人的劳动力来说非常高,而佣人很难自己为这段旅程提供资金。船长是这个市场的中间人,在欧洲安排运输,然后在美洲出售佣人契约。契约的长度随佣人的预期生产力而变化。如果生产力较高,则契约的期限较短,反之则更长。期限还受位置特征的影响。前往加勒比海地区的佣人的奴役契约期限更短,有证据显示是由于当地工作环境非常恶劣,劳动力的健康无法得到保障(Galenson,1984;Grubb,1985)。

在内战前的美国以及在其他新大陆经济体(如巴西)实行的奴隶制,与契约奴役制有很大不同。奴隶并非自愿签订契约——他们被绑架,或被俘获

184

---

① 也就是说,劳动力市场存在于自由劳动力和奴隶劳动力的一个连续统之间。历史上,许多劳动力受到劳动力流动性的限制,甚至在今天,劳动力市场在经济意义上也不是真正自由的。例如,今天美国的许多工人签署了所谓的"竞业禁止"条款,如果他们终止与当前雇主的雇佣关系,他们将在一段时间内不能为竞争对手工作。

为战利品后,在国际市场上被出售。包括美国在内的新大陆是非洲奴隶劳工的主要输出地。以美国为例,国际奴隶贸易在 1808 年被国会法案禁止之前一直十分活跃。然而在美国国内,直到美国内战中南方联盟的战败,国内买卖奴隶的特有的制度才被完全废止。奴隶贸易市场包括租赁和资产市场,即在这个市场中,个人可以在规定的时间内使用奴隶劳动(租赁)或将奴隶作为资本实物(资产)进行交易。正因为如此,关于奴隶资产和租赁价格的大量历史信息使历史学家能够定量地评估奴隶经济运行的各种关键特征(Fogel and Engerman,1974;Fogel,1989)。[1]

记录美国劳动力

美国劳动力的历史记录基本上以联邦人口普查为基础。美国宪法规定每十年进行一次人口普查,以确定在国会中的代表的比例,第一次人口普查于 1790 年进行。

19 世纪上半叶进行的人口普查包含的经济信息相对有限(1840 年的人口普查是一个例外),但已有的数据已经足够使我们基于一些明智的假设,对劳动力作出合理、准确的估计。从 1850 年开始,联邦人口普查收集了更多的信息,最重要的是关于职业的信息。当经济活动从农业中转移出来后,偶尔会经历一系列的困境——用 19 世纪的话说是“恐慌”,而今天的表述为“经济周期”——“失业”工人出现了,很明显的是,这也成为一个值得记录的经济成果。最早关于失业工人的记录始于 1880 年联邦人口普查。此外,各州也开始收集有关劳动力的信息。从马萨诸塞州开始,州政府设立了部门,监督并最终规制劳动力市场的各种特征,例如规定儿童工作的最长时间或工厂安全等。美国劳工统计局(the US Bureau of Labor Statistics,BLS)成立于 19 世纪末,该机构经常应国会要求,对劳动力市场进行监测和调查。19 世纪末 20 世纪初,美国劳工统计局及其州政府机构编制的许多文件包含

---

[1] 例如,由于资产价格和租金价格都是已知的,所以可以估计拥有奴隶的内部回报率;参见福格尔和恩格尔曼(Fogel and Engerman,1974)的研究。

了大量关于工人个人或机构层面数据的信息。此时,并不存在处理数据的技术,遑论解释任何研究结果的经济理论,但这些机构仍然公布了这些信息——也许是因为它们相信,在不久的将来,将有可用的理论和技术(即计算机)。

尽管 1900 年以后,有关劳动力的经济数据的收集量稳步增加,但在大萧条的早期几年,这些信息显然既不全面,也不及时,难以为决策者所用。从劳动力统计的角度来看,1940 年的联邦人口普查标志着一个分水岭——这次人口普查是第一次收集关于工资、每周工作和教育程度等信息的综合性全国数据的普查,这些普查数据都是现代劳动力市场分析的支柱。但这些信息仍然很少被用于短期甚至中期政策。

经济史学家利用现有的历史数据,构建了关于美国劳动力的规模和构成的长期统计。开创性的估计工作由列伯戈特(Lebergott,1964)完成。随后,韦斯修订并更新了列伯戈特对 19 世纪的估计(Weiss,1992,1999)。

虽然人口普查对于建立长期趋势的统计是必不可少的,但它没有提供短期流动的证据。为了能够为政策制定提供帮助,这些信息必须是及时的(如季度数据),但是每三个月进行一次全面普查的成本显然高得令人望而生畏。为此,当局引入了当前人口调查(Current Population Survey,CPS)。CPS在 1940 年进行首次调查,随后在 1944 年进行了第二次调查;在 20 世纪40 年代末,它变成了月度的调查。如今,政府、企业和学术界的经济学家在很大程度上依赖 CPS 来提供有关收入、就业和失业的最新信息。CPS 不时地会在调查中涵盖一些其他问题,这些问题对于阐明当下人们感兴趣的特定主题而言非常宝贵。

自 CPS 成立以来,政府和私人机构进行了无数次专门旨在获取劳动力市场信息的调查。在这些调查中,最有用的——当然也是最常用的——是收入动态面板研究(Panel Study of Income Dynamics,PSID)和全国纵向调查(National Longitudinal Surveys,NLS)。这些调查会追踪调查对象个人多年的信息,并包含代际流动的信息。

以上所述的大多数数据可以通过互联网随时向公众提供,例如美国人口普查局(the United States Census Bureau,2014)和美国劳工统计局(United States Department of Labor and Labor Statistics,2014a)的网站。一些最有用

的数据,如 CPS 或最近的美国社区调查(American Community Surveys,ACS),提供了个人和家庭层面的信息样本。这些样本的一个非常便利的来源是明尼苏达大学的"综合公共微观数据系列"项目(Integrated Public Use Microdata Series,IPUMS)(Minnesota Population Data Center,University of Minnesota 2014)。IPUMS 网站在有新样本时会定期更新;最近几年更新的样本中,最有趣的就是那些跨越几个普查年份,将个人在不同年份的信息组成一个数据面板的数据(如 1880 年至 1910 年)。

关于劳动力数据分析方法的文献非常庞大,而且过于复杂,不便在此讨论。翔实的有关调查方法的背景信息,包括历史上的和当代的,可在美国劳工统计局方法手册(*BLS Handbook of Methods*)(United States Department of Labor and Labor Statistics,2014b)中找到(http://www.bls.gov/opub/hom/)。爱斯唯尔出版公司出版了一套经济学手册系列,在该系列中,杰出的作者们对相应话题进行了主题文献的收集总结,适合专业经济学家和经济学研究生阅读。目前,他们的"劳动经济学手册"系列共有四卷(Ashenfelter and Layard,1986a,1986b;Ashenfelter and Card 1999a,1999b,1999c;Ashenfelter and Card,2011a,2011b)。如果想获取大量劳动力统计数据(如劳动力规模、失业率等)的长时间序列的表格,一个非常便利的数据源是最新版的《美国历史统计》(*Historical Statistics of the United States*)(Carter et al.,2006)。

美国劳动力的规模和构成

表 2.1 摘自马戈(Margo,2015)的研究,展示了 1800 年至 2010 年的总劳动力数量和每千人的劳动力数量(劳动力人口除以总劳动年龄人口)。在 1800 年,有 170 万劳动力,即每 1 000 人中有 320 人,总劳动参与率为 32%。到 1900 年,劳动力人口是 1800 年的 17 倍,总劳动参与率为 38%,比 1800 年提高了 6 个百分点。劳动力数量在 20 世纪持续增长。2010 年,即人口普查数据的最新一年,美国有 1.54 亿劳动力,总参与率为 50%,比 1800 年高出 18 个百分点。从长远来看,随着总劳动参与率的提高,人均收入也在增加,这意味着在过去两个世纪的美国经济增长中,劳动参与率的提

高促进了生活水平的提高。

表 2.1　1800—2010 年美国劳动力

年　份	劳动力（千人）	全年龄段每千人劳动力数量
1800	1 713	323
1810	2 337	323
1820	3 163	328
1830	4 272	332
1840	5 778	338
1850	8 193	353
1860	11 293	359
1870	13 752	345
1880	18 089	361
1890	23 701	376
1900	29 483	387
1910	37 873	411
1920	42 345	399
1930	49 343	401
1940	56 168	425
1950	62 208	411
1960	69 628	388
1970	82 771	405[604]
1980	106 940	472[638]
1990	125 840	506[665]
2000	140 863	501[671]
2010	153 889	497[647]
1800—2010 年年均增长率	2.11%	0.21%
1800—1900 年年均增长率	2.88%	0.18%
1900—2010 年年均增长率	1.50%	0.24%

注：中括号中的数字指每千名非机构平民人口（civilian noninstitutional population）中劳动力的数量。*

资料来源：Margo，2015。

劳动力总量和人均劳动力数量的变化反映了人口构成的复杂变化，以及

---

* 在美国，非机构平民是指居住在 50 个州和哥伦比亚特区的 16 岁及以上的人，他们不是收容所（监狱、精神病院、敬老院）的囚犯，也不是武装部队的现役人员。——译者注

由技术、经济增长和发展、文化规范和政府管制所驱动的根本性经济和社会变革。儿童在19世纪比在20世纪更有可能成为劳动力。童工的减少反映了对受过教育的工人相对需求的长期上升。而教育投资在生命周期中是"预先支付"的,即应当在人年轻时进行投资。童工的减少也在相对较小的程度上反映了法律的变化。这些法律包括要求个人在学校学习到一定年龄的法律(《义务教育法》),和限制儿童就业的法律(《童工法》)(Margo and Finegan,1996)。另一个具有重大意义的长期趋势是"退休"的兴起。退休是指个人在老年时通常永久性退出劳动力市场的现象。退休在19世纪并不常见,但在19世纪末开始被人们观察到,并在20世纪随着私人养老金、社会保障和医疗保险的出现而加速(Ransom and Sutch,1986;Costa,1998)。关于这些问题的详细讨论,参见马戈(Margo,2000a)和戈尔丁(Goldin,2000)的研究。

童工的减少和老年人退休现象的出现倾向于减少人均劳动力数量,然而在这些趋势发生的同时,劳动人口占比却大幅上升。一部分的上升趋势可以归因于移民,从历史上看,外国移民往往比土生土长的美国人有更高的劳动参与率。但是,抵消童工和老龄工人减少的主要趋势是已婚妇女劳动参与率的长期大幅上升。已婚妇女劳动参与率的长期上升反映了以下几个经济事实:经济结构向妇女更能替代男性劳动力的部门转变;对受过教育的劳动力的相对需求增加,再加上基本上是男女同校的教育制度;文化规范的转变使妇女能够从事以前拒绝她们进入的职业,并有相关的反歧视立法;避孕技术的改进使年轻妇女能够更容易地投资于学校教育和其他技能,从而在生命周期的后期会得到回报(Goldin,1990)。

集约边际

劳动力数量是衡量劳动力投入总生产中一个非常不精确的指标。造成这种不精确的原因之一是工作时间的变化。这是指就业人员工作时间的变化,以及失业发生率和失业持续时间的潜在变化。

人们常常认为,一名受雇工人的一小时工时都是另一小时工时的完美替代品,因此总工作时间就是工人的总工时。然而,这一假设忽略了一些证据,即减少每天的工作时间,但保持每周的工作天数不变,与保持每天的工作时间不变但减少每周的工作天数相比,可能会对产出产生不同的影响。但为了简便起见,笔者下面的讨论忽略了这些微妙之处(参见 Atack et al.,2003；Sundstrom，2006)。

在 19 世纪的美国,大多数已知的工作时间与制造业有关。在 19 世纪 30 年代早期,制造业的平均每周工作时间约为 69 小时；美国内战前夕,这一数字下降到约 62 小时。在 19 世纪余下的时间里,每周工作时间继续呈下降趋势,但速度缓慢——到 1900 年每周工作时间平均为 59 小时。这种下降不是因为每周工作天数减少,而是因为每天工作时间减少,从 19 世纪 30 年代初到 19 世纪 80 年代,每天大约减少 90 分钟。1880 年的联邦人口普查提供了关于工作时间变化的详细信息,这些数据揭示了不同行业、不同地理位置以及显著的季节性差异(Atack and Bateman，1992)。

每周工作时间的减少似乎被年工作周数的增加所抵消。随着时间的推移,越来越多的制造业企业可以全年运营而无需停工。有多种原因导致全年运营的增加:室内供暖和照明的改善,使公司能够在较冷的气候下持续经营；运输网络的改善减少了供应链中断的频率和严重程度；固定资本(机械)的更多使用。这些因素都为更持续的生产创造了激励(进一步的讨论参见 Atack and Bateman，1992；Atack et al.，2002)。

进入 20 世纪后,每周工作时间继续减少,从 1900 年的每周约 60 小时下降到 1920 年的每周约 50 小时。在 20 世纪 20 年代,尤其是在 20 世纪 30 年代,雇主开始将所谓的"工作分担"作为裁员的一种替代方案。不出意外,在第二次世界大战期间,每周工作时间暂时上升,但之后又恢复了适度的下降,最终达到了今天大家习惯的水平,每周工作时间仅不足 40 小时。①

工作时间的长期下降通常可以用一个简单的劳动-休闲选择模型(labor-leisure choice model)来解释。在这个模型中,个人可以在不工作的时间(休闲)和用工作收入购买的商品之间作出选择。这种选择的结果可以得到将工作时间与实际工资联系起来的个人劳动供给曲线。如果休闲是一种正常

---

① 关于工作时间数据的更多历史数据分析,参见 Whaples，1990；Costa，2000；Vandenbroucke，2009。

的商品,也就是说,如果休闲需求的收入弹性为正,那么劳动力供给曲线就有可能出现"后弯"(backward bending),也就是说,提供的劳动时间将是实际工资的负函数。但是,对于高度依附于劳动力的劳动者,一般认为劳动力供给的工资弹性接近于零;在这种情况下,对于给定的实际工资增长,收入对休闲需求的影响(提供的小时数更少)正好被替代效应所抵消——当休闲相对于消费品的价格增加时,工人就用工作代替休闲。尽管该模型很有用,但我们不应忘记,它抽象于随着时间的推移,人们对休闲的偏好发生了变化这一重要特征事实。(参见 Hunnicutt,1980;Maoz,2010)。

如前文所述,今天的劳动力概念包括目前未就业但正在寻找工作的个人(即失业者)。在 19 世纪早期,大多数劳动力从事个体经营的农业生产,现代的劳动力概念没有太多意义。然而,随着 19 世纪的发展,劳动力从农业转移出去,工人越来越多地成为其他人的雇员。

劳动力市场发展的一个重要特征是处理雇主和雇员之间合同关系的相关法律的发展。从广义上讲,在美国,随着劳动力市场的发展,产生了"任意就业"(employment at will)的概念。除了少数例外,雇员可以自由离职,而不必通知雇主,即雇员可以自由地辞职,而雇主没有法律手段阻止这种情况的发生。另一方面,在一定的限制条件下(在今天的劳动力市场上,对雇主的限制比对雇员的限制更多),雇主可以通过终止雇员的工作来开除员工。雇主在作出终止雇员工作的决定时,可以做好撤回这一决定的准备,类似于婚姻中的"分居",也可以作出永久性的不准备撤回的决定,类似于婚姻中的"离婚"。在个人进入失业状态的三种方式中,正是这种雇主与雇员双方的自由选择占据了其中的两种。

如前文所述,1880 年人口普查首次记录了失业率,但数据质量较差。1900 年和 1910 年收集了质量更好的数据。马戈(Margo,1990)对个人层面应对失业的反应进行了分析,揭示了与 20 世纪后期流行的应对模式的显著差异。具体地说,在 20 世纪初,一个工人失业的几率似乎比今天高得多(这里我是在与商业周期中的类似要点进行比较),但失业的时间更短。换言之,20 世纪早期的劳动力市场似乎更接近于众所周知的现货市场(spot market),其变动程度比典型的 20 世纪末的劳动力市场更为剧烈。

总失业率的时间序列特征一直是宏观经济学的核心,因为这些特征被认

为是能够揭示政策影响的关键特征。第二次世界大战结束以来,宏观经济
学的一个长期信条是,宏观政策在对抗商业周期方面是有效的,总失业率的　190
动态变化揭示了这一点。尤其是一旦采取了积极的财政或货币政策,失业
率本应波动较小。

　　这一信条在罗默(Romer,1986a)的一场著名辩论中受到挑战。1940 年
以前的失业率与战后的失业率的构成方式完全不同。特别是,1940 年以前
的失业率是从劳动力和就业估计中推断出来的残差。罗默认为,相对于直
接收集失业率的时间序列数据,这种方法中的假设往往夸大了真实波动率
(就像 1940 年之后使用前文描述的调查周方法的情况一样)。当这一偏误
得到纠正时,没有明显的证据表明第二次世界大战后的失业率相比之前更
加稳定。从最初的文章发表后,罗默(Romer,1999)对她的批评进行了一定
程度的修改,考虑到了 20 世纪 90 年代对波动性进行一定程度的抑制。然
而,最近的金融危机可能已经改变了对长期失业波动率的这种解释,但目前
尚无定论。

　　尽管关于失业率时间序列的二阶矩(其方差)的争论仍在继续,但除了
最近的金融危机外,人们几乎对下述观点达成了共识:从长期来看,失业率
几乎没有上升或下降的趋势。然而,这掩盖了一些难以解释的横截面差异。
其中最值得注意的是失业率中持续存在的族裔差距,以及劳动参与率的相
关差异,本章之后将对这些差异进行讨论。

职业与技能

　　长期来看,美国劳动力的变化不仅仅体现在劳动力的数量和工作时间
上。劳动力所从事的工作类型也发生了巨大的变化。为了捕捉这些变化,
一个不完美但有用的方法就是审视职业结构的变化。

　　在表 2.2 中,笔者列出了 1850 年至 2000 年期间每隔 50 年的职业分布
估计数。这些分布最初是从 IPUMS 样本中推导出来的,在随后的调整中尽
可能做到综合全面。通过使用表中所示的所谓"一位数"类别,可以充分揭
示劳动力职业结构变化的大致轮廓。有关这一估算过程的详细信息,请参

见卡茨和马戈(Katz and Margo, 2013)的附录 B。

在表 2.2 的上半部分（A 组）中，笔者展示了不同职业类别的劳动力比例。从变化来看，最显著的是农业份额的长期下降和白领阶层份额的长期增长。根据韦斯(Weiss, 1999)的说法，1800 年大约有四分之三的劳动力从事农业工作，因此美国历史上农业部门劳动力的长期移出很早就开始了。

表 2.2　美国 1850—2000 年间的职业和技能分布

A 组:按职业划分（%）				
	1850 年	1900 年	1950 年	2000 年
白领	6.9	17.1	37.5	61.8
专业技术人员	2.3	4.3	8.9	23.4
经理	3.1	5.7	9.0	14.2
文职人员/销售	1.5	7.2	19.6	24.2
熟练工人（蓝领）	11.6	11.0	14.0	9.8
操作员/非熟练工人/服务员	28.7	36.4	36.8	27.1
农业	52.7	35.3	11.7	1.2
操作员	23.9	20.0	7.7	0.6
农场工人	28.8	15.5	4.1	0.6

B 组:按技能划分（%）				
	1850 年	1900 年	1950 年	2000 年
高技能劳动力（教授/专业技术人员/经理）	5.4	10.0	17.9	37.6
中技能劳动力（文职人员/销售/农场操作员/工匠）	37.1	38.3	41.3	34.6
低技能劳动力（操作员/非熟练工人/服务员）	57.5	51.1	40.8	27.7

资料来源:根据卡茨和马戈(Katz and Margo, 2013)的表 4 和表 6 计算。有关本表中数字构造的详细信息，请参见卡茨和马戈(Katz and Margo, 2013:appendix B)的研究。

劳动力从农业部门的转移可以很容易地用一个具有特定要素的标准的两部门一般均衡模型来解释，尽管为了量化的目的，需要更复杂的模型(Lewis, 1979)。在标准的两部门模型中，农业产出是劳动力和土地的函数，非农业产出是资本和劳动力的函数。劳动力在两个部门之间分配，以使其边际产出的价值相等。如果对农业产出的需求是缺乏价格弹性和收入弹性的，那么农业全要素生产率的提高将把工人从农场"推"向城市（即从事非农

191

职业),而非农业全要素生产率的提高将"拉动"工人进入非农业部门。很明显,农业和非农业的全要素生产率都在提高,因此技术进步的影响是将劳动力从农业部门转移出去。

上述估计的一个有趣的特点是,在 19 世纪,熟练工人(蓝领)劳动力的比例基本保持不变,而白领和操作员/非熟练工人/服务员的比例则有所增加。蓝领工人比例的大致稳定是竞争力量的结果。一方面,经济经历了自身的工业革命,导致出现了一个不断增长的、高生产率的制造业部门。19 世纪美国制造业发展的一个关键特征是工厂体系的发展和随之而来的对传统工匠店铺的取代。劳工史学家将这一过程称为"去技能化",即制造业的工匠比例下降,而操作员/非熟练工人和白领工人的比例增加——或者如卡茨和马戈(Katz and Margo,2013)所言,制造业的职业分布"空心化",但制造业对工匠的使用相较于经济总体而言更为密集。此外,由于建筑业的扩张,对工匠劳动力的需求增加。因此,制造业的"去技能化"降低了对工匠的需求,而制造业和建筑业的增长总体上增加了需求,使得总体比例或多或少保持不变(另参见 Chandler,2006)。

在 20 世纪上半叶,劳动力继续从农业部门稳步和大量移出,白领的比例同样稳步和大幅增加,操作员/非熟练工人/服务员的比例保持稳定,蓝领的比例则略有上升。自第二次世界大战以来,白领所占比例的上升则呈现了不可阻挡的趋势,而其他群体则有所下降。2000 年,仅有略多于 1% 的美国劳动力从事农业工作,相较于前两个世纪大幅下降。

基于同样的数据,B 组的表格为我们提供了一些不同的视角,它按高、中、低技能类别对职业进行了分类。低技能工作需要相对较少或根本不需要培训或教育,高技能工作需要大量(在这段时间内的)人力资本投资,中技能工作介于两者之间。B 组最显著的变化是高技能工作比例的长期上升和低技能工作比例的相应减少。从 19 世纪末到 20 世纪上半叶,中技能工作所占比例不断扩大,但自 1950 年以来有所下降。

要理解这些变化,需要将其与不同职业类别的相对工资变化结合起来。根据可获得的工资数据,卡茨和马戈(Katz and Margo,2013)认为,在美国历史上,对高技能工作的相对需求基本上是持续增长的。这里的基本思想是新技术和技能之间存在互补性:随着技术的进步,大部分新技术会体现在新

192

的资本品中,对高技能工人的需求相对于其他群体在增加。相对需求的增加也许会被相对供给的变化来填补,也可能由于相对供给的不足而产生短缺,或者呈现一种动态关系,正如戈尔丁和卡茨(Goldin and Katz, 2008)所称的技术与技能之间的"竞赛"。19世纪的相对工资数据表明,对高技能工人的需求增长略快于供给,因为19世纪末高技能工人的相对工资略高于1820年左右。在20世纪,高技能工人的相对工资在20世纪上半叶下降,但在20世纪下半叶上升。戈尔丁和卡茨(Goldin and Katz, 2008)指出,这些20世纪的变化是由相对供给的变化所解释的——20世纪上半叶高技能(受过教育)劳动力的相对供给增长速度超过需求,但在20世纪下半叶情况相反。近几十年来高技能工人相对工资的上升是美国收入不平等加剧的重要因素之一(详见Goldin and Katz, 2008)。

工资:劳动力的价格

工资是劳动力的价格,即每单位时间(例如每小时)支付一个人的劳务租金。这种支付方式可以是货币,也可以是"实物",例如住房或食品。

经济学家区分名义工资(nominal wage)和实际工资(real wage)。名义工资以当前货币价值表示,而实际工资则根据购买力随时间的变化进行调整。换言之,实际工资需要用物价指数进行平减(或除以物价指数)。价格指数可以是生产者价格指数,在这种情况下,实际工资被称为"产品工资",与劳动生产率指数是同构的(或对偶的)。价格平减指数也可以是一个消费价格指数,在这种情况下,实际工资衡量的是劳动者在多大程度上可以通过向市场提供特定数量的劳务来获得更多的商品和服务。

随着时间的推移,实际工资增长有两个主要原因。首先,个人可能有更多的互补性投入,比如说每个工人都有更多的资本。增加每个工人的互补性投入将提高劳动生产率,从而提高实际工资。其次,经济将经历技术进步,即使每个工人的互补性投入没有相应增加,也会提高劳动生产率。从历史上看,这两个因素在美国经济史上或多或少一直在发挥作用。

美国经济史上有关工资的信息来源

在 19 世纪初,绝大多数劳动力都是自耕农,并不通过工作赚取工资。因此,殖民地时期和美国建国初期的工资信息往往来自农民或工匠账簿中偶然的交易记录。19 世纪以来,越来越多的人为了工资而工作,关于工资的信息也有了更多的数据来源。例如,在 1850 年至 1870 年的人口普查中,联邦社会统计局(the Federal Census of Social Statistics)记录了普通劳动力和木匠的平均日薪(有和没有伙食费)、女佣的周薪和农场劳动力的平均月薪(有伙食费)。伊利运河的建设和维护保留了大量的工资数据,公司记录提供了某些行业(如纺织业)的证据。有关可用数据源的更广泛的讨论,请参阅马戈(Margo,2000b)的研究。

到目前为止,最广泛(并具有可比性)的数据是美国陆军的文职人员数据。这些文职人员在整个 19 世纪被军需官雇佣,从事各种非熟练工人、工匠或白领工作。马戈(Margo,2000b)对这一来源在战前时期的现存数据进行了全面分析,得到了非熟练工人、工匠和白领职员的分区域信息和总体的时间序列。美国内战结束后,由于各级政府开始定期收集工资信息,可用的信息来源急剧增加。19 世纪末,美国劳工统计局成为联邦政府日常工资信息的主要来源,这一数据信息一直持续到今日。同时,自 1940 年以来,美国联邦人口普查和 CPS 收集的工资信息也是有益的补充。一般来说,劳工统计局的数据是从雇主那里收集的,而联邦人口普查(和 CPS)数据则来自个人的自我报告。

实际工资的长期增长

标准的长期名义工资和实际工资序列可以在马戈(Margo,2006)的研究中找到。总的来说,一个有用的近似值是实际工资以每年约 1.5% 的长期增长率增长,意味着每个世纪都会增长三倍。20 世纪和 19 世纪相比,实际工

194

55

资增长有所加快,而波动率(实际工资的标准差)在 20 世纪也较低。

然而,实际工资总额的增长掩盖了工资结构的重要变化,有时甚至是极大的变化。经济学家将工资结构称为分配的衡量指标。例如,工资的方差或第 10 百分位工资和第 90 百分位工资之间的差异,或是与之密切相关的按劳动力技能分组的工资差异,如白领职员和非熟练工人的工资差异,或高中生与大学毕业生之间的工资差异。

经济史学家一直在努力衡量美国历史上工资结构的变化,相关的著作汗牛充栋。在 19 世纪,工资结构的转变似乎相对温和,这表明在过去的一个世纪里,白领职员的相对工资与非熟练工人或工匠相比有所增加。结合前文讨论的职业证据,这表明 19 世纪对白领技能的相对需求增长比相对供给增长更快,尽管两种趋势之间的差异相当小(Margo,2000b;Katz and Margo,2013)。

在 20 世纪,衡量工资结构的指标呈现出一种 U 形模式(Goldin and Katz,2008)。具体而言,在 20 世纪上半叶,熟练工人或受过教育的工人的相对工资似乎有所下降,但在 20 世纪下半叶有所增加,使技能或教育的额外回报水平大致相同。这种 U 形模式并不是因技能的相对需求的变化而导致的——除了 20 世纪 40 年代(Goldin and Margo,1992),这些变化似乎在几十年中基本保持不变。相反,工资结构的变化是由供给变化所致。在 20 世纪上半叶,熟练工人或受过教育的工人的供给相对于需求增加,而在 20 世纪后半叶,供给明显落后于需求(Goldin and Katz,2008)。

地区差异:19 世纪全国性劳动力市场的出现

美国经济史上的一个主要主题便是商品和流动性生产要素的全国性市场的出现。这一进程始于 19 世纪,伴随着定居点从东向西的拓展(Rosen-bloom,2002)。所谓的交通革命(运河、内陆水道,最重要的是铁路)极大地促进了这一进程(Taylor,1951;Slaught,1995;Atack et al.,2010)。

全国性劳动力市场的演变始于对一个悖论的思考。1840 年,东北部的人均收入最高,南方的人均收入低于北方。在北方,东北部的人均收入远高于中西部。然而,北方人口流动的方向是从东到西,也就是说,从人均收入最高的地区流向最低的地区(Easterlin，1960)。

　　考虑到区域收入梯度，人们对自东向西的移民提出了各种解释。一个著名的假设认为，西部是心怀不满的东部劳工的"安全阀"。这一观点认为，移民到西部边疆可能是有选择性的——那些离开东部的人是低工资工人，他们的工资实际上在西部高于东部，但平均而言，仍然低于东部的平均工资。如果前往西部的移民是由于"负向的自我选择"，那么这种劳动力自东部向西部流动的情况就会发生。但上述"负向选择"的程度不足以完全解释这一悖论(Ferrie，1997)。

　　另一种互补的解释聚焦于土地资本收益的可能性(Galenson and Pope，1992)。移民到边境地区不能立即开始耕作，土地必须经过大规模的开垦改善。此外，土地的价值在很大程度上取决于其与交通枢纽的距离，而与交通枢纽的距离本身又是决定定居与否的因素之一(Craig et al.，1998；Coffman and Gregson，1998；Atack and Margo，2011)。尽管如此，土地的资本收益确实出现了，而且值得注意的是，在1860年至1880年间，中西部地区的人均收入相对于东北部地区大幅上升。关键一点在于，移民预期是永久性的，而不是暂时性的，这意味着移民的价值在于是流动后的相关总收益的折现，而不是当前的收入差异。

　　另一种观点认为，由于种种原因，对于人均收入的估计没有反映劳动边际产出差异的实际地理格局。也就是说，西方国家的劳动边际产出可能高于东部，但实际测算的人均收入却较低。在最简单的劳动力市场整合模型的设定下，如果劳动力的边际产出价值在B地高于A地，考虑到移民成本，劳动力应该从A地转移到B地。

　　如果劳动的边际产出价值在边疆地区更高，这一点在实际工资中应该很明显。马戈(Margo，2000b)提供了1820年至1860年美国三种职业[即普通劳动力、熟练工人和文职人员(即白领)]和四个人口普查区域(即东北部、中西部、南大西洋和中南部地区)的名义工资和实际工资的年度时间序列。此外，他还提供了同一时期三种职业的工人人数的地区估计。

　　马戈利用这些数据研究美国内战前相对工资和就业的变化。首先，他发现，对于全部三种职业，北方地区和南方地区内部的实际工资表现为：边疆地区(北部为中西部地区，南部为中南部地区)高于已定居地区(北方为东北部地区,南方为南大西洋地区)。

其次,北方地区的总体趋势是,地区工资差距在随着时间的推移而下降。例如,以普通劳动力为例,马戈估计,19世纪20年代,中西部地区的实际工资比东北部高出约32%,但这一差距在19世纪50年代下降至17%。在同一时期,居住在中西部地区的北方普通劳动力的比例大幅上升,即相对(中西部、东北部)工资发生了与相对就业反向的变化。这意味着一个市场一体化的过程,劳动力从东部流向西部增加了西部劳动力的相对供给,并导致相对工资下降。

北方的熟练技术工人和白领职员也出现了类似的趋同过程。有趣的是,熟练技术工人和白领职员的初始差距比普通工人大得多,这表明技术"短缺",因此在边疆地区初始技能额外回报相对较高。同样,熟练的蓝领和白领劳动力的反应是从东向西流动,导致工资差距随着时间的推移而缩小。

在南方,没有多少证据表明,无论职业如何,工资在区域上趋同。然而,从绝对值来看,南方的各地区差距普遍小于北方,这表明美国内战前南方劳动力市场在区域配置方面可能比北方劳动力市场更有效率。

除了地区差距,马戈(Margo,2000b)还利用1850年和1860年社会统计普查的数据提供了工资趋同的证据。这些普查提供了县级以下小型民事部门(minor civil divisions)的数据,记录了普通劳动者和其他职业的平均日薪,包括有无食宿的情况。可以使用这些数据来构建实际工资的代理变量,从而估计1850年初始水平实际工资对1850年至1860年之间实际工资变化的回归方程。马戈发现,1850年初始水平实际工资的系数显著为负,这与劳动力普遍从低实际工资地区向高实际工资地区迁移的市场一体化过程相一致。

如果在马戈的回归方程中加入州虚拟变量,则表明各州间的工资趋同程度不如州内那般充分。这并不奇怪,因为州内各县之间的平均距离(回归方程中的观测值的单位)比各州之间的平均距离短。我们认为距离很重要,即当距离更远时,关于就业机会和工资差异的准确信息较少,移民成本更高。

因为两点之间最短的距离是一条直线,而且由于19世纪农业部门中的许多人力资本呈现纬度地带性,所以19世纪美国的定居进程大体上延正西方向迁移,且重要的是,大部分是渐进式定居(Steckel,1983)。然而,大量的

196

中间定居点时不时地偏离方向,转移到一个非常遥远的地方。这是因为偏远地区的劳动力需求受到了很大的"冲击",而这些"冲击"总是体现了人们对于发现新的自然资源所作出的反应。

到目前为止,19 世纪最著名的发现新的自然资源的例子就是加利福尼亚州的淘金热。对研究历史上劳动力市场的研究者而言,对淘金热的深入研究无疑揭示了许多有趣的现象。

淘金热始于 1848 年 1 月加利福尼亚州金矿的发现,至 19 世纪 50 年代中期已基本结束。虽然加利福尼亚州很明显是北美大陆的一部分,但在 19 世纪早期,把它称为美国经济的一部分并不够恰当。如果一定要对其进行划分的话,它更接近墨西哥经济的一部分。但是美国的毛皮商人在 19 世纪初就来到了这里,俄国也把目光投向了加利福尼亚州,1812 年在该地区北部建立了一座城堡。美国人开始陆续到达,同意成为墨西哥公民,以换取土地出让金。定居者和墨西哥政府之间的冲突在 1846 年升级为战争,最终在 1848 年,加利福尼亚州(和其他土地)被墨西哥政府以条约形式割让给美国。讽刺的是,1848 年的条约是在黄金被发现后不久签署的。当这一发现的消息传到东海岸后,"49 人"艰难地前往黄金营地,引发了人们的狂热活动。

马戈(Margo, 2000b)提供了一个模型来评估淘金热对当时加利福尼亚州劳动力市场的影响。该模型的灵感来源于评估"荷兰病"的类似框架,所谓"荷兰病",是指 20 世纪 70 年代石油的发现对荷兰的影响。在这个模型中有两个部门,其中一个是黄金开采。加利福尼亚州黄金的发现,大大增加了金矿开采对劳动力的需求。一些劳动力的反应是从其他行业转移出去,但这远远不足以阻止黄金开采业的工资上涨。工资的增加吸引了来自其他国家的移民,这又致使工资下降。如果"淘金热"完全是暂时的,那么当所有的黄金都被开采完之后,劳动力供应和工资都应该回到发现黄金之前的均衡状态。

根据档案工资数据,马戈提供了 1847 年至 1860 年加利福尼亚州工匠、白领职员和普通工人的名义工资和实际工资的估计值。他发现正如模型预测的那样,在发现黄金之后,工资会急剧上升,但这种增长会变慢,并且在某种程度上会随着迁入的劳动力的增多而逆转。然而,他也发现,加利福尼亚州的实际工资水平明显高于"淘金热"前的水平。并不是所有的劳动力都返

197

回了东部,这表明加利福尼亚州黄金的发现真正起到的作用是加快了对太平洋沿岸的勘探(和开发)。事实上,加利福尼亚州早在其他许多西部地区之前就作为一个州加入了联邦,直到今天,它仍然比它和中西部之间的大部分地区拥有更多的居民。

劳动力市场的多样性:族裔差异

族裔问题是美国经济史的核心问题——如果不了解奴隶制的作用,就无法真正理解美国的经济发展;如果不能了解族裔所扮演的角色,也同样无法理解美国内战后的历史。在美国劳动力市场的演变和收入分配中,族裔同样起着关键作用。

直到第二次世界大战之后,才有了关于美国全国族裔收入的综合数据。美国内战结束后至第二次世界大战之前,有关收入(工资收入)的族裔特定信息可在 1940 年联邦人口普查中得到。在 1940 年以前,有分散的按照族裔划分的工资调查和其他有关收入的信息,足以让经济史学家们就族裔收入差异拼凑出一个有关族裔收入差异随时间变化的相对准确的图景。

198　　罗伯特·希格斯(Robert Higgs)最早完成对美国内战后的黑人与白人的收入差距的估计,他估计了 1870 年族裔的收入差距。就 1870 年相关的基础数据而言,农业部门比非农业部门的数据更为广泛和可靠,但这是一件好事,因为内战刚结束时,绝大多数非洲裔美国人都在南方从事农业工作。希格斯估计 1870 年时黑人和白人的人均收入比为 0.25,即白人每增加 1 美元收入,黑人就得到 25 美分。希格斯还估算了 1900 年的收入比,为 0.35。这意味着族裔工资的趋同发生在美国内战后的三十年里,黑人和白人的收入比上升了。

我们有理由相信,这一变化的方向是合理的,即使变化的幅度可能存疑。美国内战结束后,南方地区为非洲裔美国人建立了学校,对绝大多数非洲裔美国人而言,这些学校是他们有史以来第一批就读的学校。因此,到 1900 年,文化水平的族裔差距已经大大缩小,而在 1870 年,这一差距堪称鸿沟。在美国内战后的南方,识字会得到经济回报,因此识字差距的缩小促进了收入的趋同(Collins and Margo,2006)。

相信趋同现象发生的第二个原因是,有证据表明财富在逐渐趋同。证据来自两方面的数据。第一类数据来自南方一些州报告的为税收目的而评估的财富。这些数据显示,从美国内战后到第一次世界大战前后,黑人和白人的人均财富差距正在缩小(Higgs,1982;Margo,1984)。除非同一时期黑人相对于白人的财富与收入比显著增加,否则黑人与白人的财富差距缩小意味着黑人与白人的收入差距正在缩小。另外,科林斯和马戈(Collins and Margo,2011)最近编制的针对特定族裔的住房拥有率的估计值也显示了1870年到1910年之间的差距在缩小,这与财富数据和族裔收入趋同一致。

20世纪呢? 这一时期的模式是混合的——在稳定时期和偶尔的倒退中夹杂着显著的趋同时期。

史密斯于1984年(另见 Smith and Welch,1989)撰写了一篇著名的文章,该文提供了1890—1980年间成年黑人男性和成年白人男性收入比的估计值。在此期间,收入比从0.44增至0.62。然而,1890年与1940年几乎没有变化,所有的长期增长都发生在第二次世界大战之后。根据史密斯的估计,1940—1980年间的增长可以平均划分为1940—1960年、1960—1980年两个时段。史密斯认为,这种趋同背后的主要因素是族裔间的受教育程度缩小和非洲裔美国人从南方移民。然而,马戈(Margo,1986,1990)认为,对人口普查中教育水平数据进行适当分析后,结果并不支持史密斯的论点,而且族裔的收入差异很可能发生在第二次世界大战之前的南方,这阻碍了国家层面的趋同。

学校教育和移民是族裔工资趋同的供给侧因素。进一步的研究表明,族裔工资的趋同发生在两个不同的阶段,这两个阶段都反映了黑人劳动力的需求相对于白人的显著增加。第一个阶段是20世纪40年代,黑人相对于白人的增长是由需求的变化所致,这种变化有利于受教育程度较低的工人,这是20世纪唯一一个这样的时期,同时也因为大量黑人因战时生产转移而离开南部农村(Goldin and Margo,1992;Margo,1995;Goldin and Katz,2008)。在第二个阶段,与民权运动有关的需求变化至关重要,特别是在南方(Donahue and Heckman,1991)。

自1980年以来,族裔的收入趋同程度有限(Neal and Rick,2014)。趋同

199

趋势的消失反映了许多因素。在供给方面,近年来,黑人与白人在技能和教育方面的差异并没有明显缩小,这也是劳动力市场族裔差异仍然很大的一个重要原因(Neal,2006)。监禁的增长尤其对非洲裔美国人造成了负面的影响,这可能会起到一定作用,因为雇主不愿意雇佣有犯罪前科的人员(Neal and Rick,2014)。自1980年以来,美国的收入不平等现象大幅增加,其中一部分原因是对受过更好教育的工人的相对需求不断上升。由于非洲裔美国人在教育程度上继续落后于白人,这些需求的变化阻碍了族裔工资的趋同(Juhn et al.,1991)。非洲裔美国人的收入受损源于两个因素:首先,全球化趋势降低了美国对制造业劳动力的需求;其次,外国移民工人的比例在逐渐提高,这些移民工人更容易替代非洲裔美国人而非白人工人的工作(Borjas et al.,2010)。

未来研究的方向

本章以美国为例,概述了经济史上的劳动力和劳动力市场问题。本章概述的篇幅简短,同时在主题和方法上具有高度选择性。笔者集中讨论了与总量的测量相关的话题,以及涉及劳动力需求和供给的话题,而并未讨论劳动力市场的相关制度(除奴隶制外)。除了在主题上有选择性,笔者的评论与回顾在方法上也是有选择性的——主要集中在计量史学传统的研究上。

尽管计量史学家对我们理解美国劳动力的长期演变作出了重要贡献,但仍然有很多东西值得进一步研究探讨,即使是本章中所讨论的一些最为基础的话题。为了与本章的供求架构保持一致,笔者将自己的建议集中在与劳动力数量(如失业或工作时间)相关的方面,以及与工资和劳动报酬相关的方面。

像斯坦利·莱伯戈特(Stanley Lebergott,1964)和托马斯·韦斯(Thomas Weiss,1992,1999)这样的计量史学家已经对美国历史上的劳动力及其组成部分作出了出色的估计。总的说来,在1850年开始有人口普查的数据后,这些估计值的基础非常稳固可靠,但早些年的估计结果就不那么可靠了。对这一主题的进一步研究,如果未来可以使用档案记录[如记录特定人口群体(儿童、青年妇女)劳动力活动的日记],则会有所帮助。更重要的是提高第二次世界大战前年度就业和失业率估计值的可靠性,这将大大加强我们对经济周期内经济行为的理解。

与其他发达工业化经济体相同,劳动力从农业部门中移出是美国长期经济发展的决定性特征。好几代人对人力资本的新增投资在这一转变中占据了重要地位。在农场长大的一代又一代的孩子意识到——或者更确切地说,他们的父母认识到了——他们的未来不在农业领域,为了确保未来可以脱离农业部门,需要学习新的技能,而且通常需要接受更多的教育。在 19 世纪的美国,这个转变过程如何跨越时间与空间?由于当时美国的疆界仍在向西扩张,人们对此知之甚少。具有代际信息的人口普查的微观数据(这类样本可从本章前文提到的明尼苏达大学的 IPUMS 项目中获得)可能会为这一主题提供必要的见解。

尽管近几年来,计量史学家在绘制美国工资历史方面做了很多工作(参见 Margo,2000;Goldin and Katz,2008),但仍有许多东西需要研究清楚,尤其是需要更多的工作来理解工资和人力资本之间的关系,特别是"教育回报率"(returns to schooling)——与再接受一年正规教育相关的工资变化。对于20 世纪,可以在全国范围内对 1940 年以后的时期和 1915 年艾奥瓦州的教育回报率进行估算(参见 Goldin and Katz,2008)。然而对于 19 世纪,目前所知的只是不同职业的工资差异,例如木工和普通工人的工资差异。虽然很难找到关于 19 世纪学校教育和工资的适合的直接微观数据,但对不同职业的学校教育差异的进一步描述仍然有助于理解不同技能水平的劳动力需求相对于供给的变化(参见 Katz and Margo,2013)。

参考文献

Ashenfelter, O., Card, D.(1999a) *Handbook of Labor Economics*, vol. 3a. North-Holland, Amsterdam.

Ashenfelter, O., Card, D.(1999b) *Handbook of Labor Economics*, vol. 3b. North-Holland, Amsterdam.

Ashenfelter, O., Card, D.(1999c) *Handbook of Labor Economics*, vol. 4c. North-Holland, Amsterdam.

Ashenfelter, O., Card, D.(2011a) *Handbook of Labor Economics*, vol. 4a. North-Holland, Amsterdam.

Ashenfelter, O., Card, D.(2011b) *Handbook of Labor Economics*, vol. 4b. North-Holland, Amsterdam.

Ashenfelter, O., Layard, R. (1986a)

Handbook of Labor Economics, vol.1. North-Holland, Amsterdam.

Ashenfelter, O., Layard, R. (1986b) *Handbook of Labor Economics*, vol.2. North-Holland, Amsterdam.

Atack, J., Bateman, F.(1992) "How Long Was the Workday in 1880?", *J Econ Hist*, 52: 129—160.

Atack, J., Margo, R.A.(2011) "The Impact of Access to Rail on Agricultural Improvement: The Midwest as a Test Case", *J Trans Land Use*, 4:5—18.

Atack, J., Bateman, F., Margo, R.A. (2002)"Part-year Operation in Nineteenth Century American Manufacturing: Evidence from the 1870 and 1880 Censuses", *J Econ Hist*, 62:792—809.

Atack, J., Bateman, F., Margo, R.A. (2003) "Productivity in Manufacturing and the Length of the Working Day: Evidence from the 1880 Census of Manufactures", *Exp Econ Hist*, 40:170—194.

Atack, J., Bateman, F., Haines, M., Margo, R.A. (2010) "Did Railroads Induce or Follow Economic Growth? Urbanization and Population Growth in the American Midwest, 1840—1860", *Soc Sci Hist*, 34:171—197.

Borjas, G.J., Grogger, J., Hanson, G. H.(2010) "Immigration and the Economic Status of African American Men", *Economica*, 77: 255—282.

Carter, S.B. et al., (2006) *Historical Statistics of the United States, Earliest Times to the Present*, Millennial Edition, vol.2/Part B, Work and Welfare. Cambridge University Press, New York.

Chandler, A.(2006) "How High Technology Industries Transformed Work and Life Worldwide from the 1880s to the 1990s", *Capital Soc*, 1:1—55.

Coffman, C., Gregson, M.E.(1998) "Railroad Development and Land Values", *J Real Est Fin Econ*, 16:191—204.

Collins, W.J., Margo, R.A.(2006) "Historical Perspectives on Racial Differences in Schooling in the United States", in Hanushek, E., Welch, F.(eds) *Handbook on the Economics of Education*, vol.1. North-Holland, Amsterdam, pp.107—154.

Collins, W.J., Margo, R.A.(2011) "Race and Home Ownership from the End of the Civil War to the Present", *Am Econ Rev Pap Pro*, 2011:355—359.

Costa, D.(1998) *The Evolution of Retirement: An American Economic History, 1880—1990*. University of Chicago Press, Chicago.

Costa, D.(2000) "The Wage and the Length of the Work Day: From the 1890s to 1991", *J Lab Econ*, 18:156—181.

Craig, L.A., Palmquist R.B., Weiss, T.(1998) "Internal Improvements and Land Values in the Antebellum United States", *J Real Est Fin Econ*, 16:173—189.

Donahue, J., Heckman, J.J.(1991) "Continuous versus Episodic Change: The Impact of Civil Rights Policy on the Economic Status of Blacks", *J Econom Lit*, 29:1603—1643.

Durand, J.(1948) *The Labor Force in the United States, 1890—1960*. SSRC, New York.

Easterlin, R.(1960) "Interregional Differences in Per Capita Income, Population, and Total Income, 1840—1950", in Committee on research on income and wealth(ed) *Trends in the American Economy in the Nineteenth Century*. Princeton University Press, Princeton, pp.73—140.

Ferrie, J.(1997) "Migration to the Frontier in Mid-nineteenth Century America: A Re-examination of Turner's Safety Valve Hypothesis", Department of Economics, Northwestern University, Unpublished Working Paper.

Fogel, R.W.(1989) *Without Consent or Contract: The Rise and Fall of American Slavery*. Norton, New York.

Fogel, R.W., Engerman, S.L.(1974) *Time on the Cross: The Economics of American Negro Slavery*. Little Brown, New York.

Galenson, D.W.(1984) *White Servitude in Colonial British America: An Economic Analysis*. Cambridge University Press, New York.

Galenson, D. W. , Pope, C. (1992) "Precedence and Wealth: Evidence from Nineteenth Century Utah", in Goldin, C. , Rockoff, H. (eds) *Strategic Factors in Nineteenth Century American Economic History: A Volume to Honor Robert W. Fogel*. University of Chicago Press, Chicago, pp.225—241.

Goldin, C. (1990) *Understanding the Gender Gap: An Economic History of American Women*. Oxford University Press, New York.

Goldin, C. (2000) "Labor Markets in the Twentieth Century", in Engerman, S. , Galllman, R. (eds) *Cambridge Economic History of the United States*, vol.3. Cambridge University Press, New York, pp.549—624.

Goldin, C. , Katz, L. F. (2008) *The Race between Education and Technology*. Harvard University Press, Cambridge.

Goldin, C. , Margo, R. A. (1992) "The Great Compression: The Wage Structure in the United States at Mid-century", *Q J Econ*, 107: 1—34.

Grubb, F. (1985) "The Market for Indentured Immigrants: Evidence on the Efficiency of Forwardlooking Contracting in Philadelphia, 1745—1773", *J Econom Hist*, 45:855—868.

Higgs, R. (1977) *Competition and Coercion: Blacks in the American Economy, 1865—1914*. Cambridge University Press, New York.

Higgs, R. (1982) "Accumulation of Property by Southern Blacks before World War One", *Am Econ Rev*, 72:725—737.

Hunnicutt, B. (1980) "Historical Attitudes toward the Increase of Free Time in the Twentieth Century: Time for Work, for Leisure, or as Unemployment", *Soc Leis*, 3:195—218.

Juhn, C. , Murphy, K. M. , Pierce, B. (1991) "Accounting for the Slowdown in Black-white Wage Convergence", in Kosters, M. H. (ed) *Workers and Their Wages: Changing Patterns in the United States*. Am Enter Inst, Washington, pp.107—143.

Katz, L. F. , Margo, R. A. (2013) "Technical Change and the Relative Demand for Skilled Labor: The United States in Historical

Perspective", Working paper 18752, NBER, Cambridge.

Lebergott, S. (1964) *Manpower in Economic Growth: The American Record since 1800*. McGraw-Hill, New York.

Lewis, F. D. (1979) "Explaining the Shift of Labor from Agriculture to Industry in the United States: 1869 to 1899", *J Econom Hist*, 39: 681—698.

Maoz, Y. D. (2010) "Labor Hours in the United States and Europe: The Role of Different Leisure Preferences", *Macro Dyn*, 14:231—41.

Margo, R. A. (1984) "Accumulation of Property by Southern Blacks before World War One: Comment and Further Evidence", *Am Econ Rev*, 74:768—776.

Margo, R. A. (1986) "Race and Human Capital: Comment", *Am Econ Rev*, 76:1221—1224.

Margo, R. A. (1990) *Race and Schooling in the South, 1880—1950: An Economic History*. University of Chicago Press, Chicago.

Margo, R. A. (1995) "Explaining Black-white Wage Convergence, 1940—1950", *Ind Labor Relat Rev*, 48:470—481.

Margo, R. A. (2000a) "The Labor Force in the Nineteenth Century", in Engerman, S. , Gallman, R. (eds) *Cambridge Economic History of the United States*, vol.2. Cambridge University Press, New York, pp.207—243.

Margo, R. A. (2000b) *Wages and Labor Markets in the United States, 1820 to 1860*. University of Chicago Press, Chicago.

Margo, R. A. (2006) "Wages and Wage Inequality", in Carter, S. (ed) *Historical Statistics of the United States*, Millennial Edition, Part B: Work and Welfare. Cambridge University Press, New York, pp.40—46.

Margo, R. A. (2015) "The American Labor Force in Historical Perspective", in Cain, L. , Fishback, F. , Rhode, P. (eds) *Oxford Handbook of American Economic History*. Oxford University Press, New York.

Margo, R. A. , Finegan, T. A. (1996) "Compulsory Schooling Legislation and School Attendance in Turn-of-the-century America: A

'Natural Experiments' Approach", *Econom Lett*, 53:103—110.

Minnesota Population Data Center, University of Minnesota (2014) Integrated Public Use Microdata Series. www. ipums. umn. edu. Accessed 2 Sept.2014.

Neal, D. (2006) "Why Has Black-white Skill Convergence Stopped?", in Hanushek, E., Welch, F.(eds) *Handbook of the Economics of Education*, vol.1. North-Holland, Amsterdam, pp.512—576.

Neal, D., Rick, A. (2014) The Prison Boom and the Lack of Black Progress after Smith and Welch. Working paper 20283, NBER, Cambridge.

Ransom, R., Sutch, R.(1986) "The Labor of Older Americans: Retirement on and off the Job, 1870—1937", *J Econom Hist*, 46:1—30.

Romer, C.(1986a) "Spurious Volatility in Historical Unemployment Data", *J Pol Econ*, 94:1—37.

Romer, P. M. (1986) "Increasing Returns and Long Run Growth", *J Pol Econ*, 94:1002—1037.

Romer, C. (1999) "Changes in Business Cycles: Evidence and Explanations", *J Econ Persp*, 13:24—44.

Rosen, S.(1974) "Hedonic Prices and Implicit Markets: Product Differentiation in Pure Competition", *J Pol Econ*, 82:34—55.

Rosenbloom, J.(2002) *Looking for Work, Search for Workers: American Labor Markets during Industrialization*. Cambridge University Press, New York.

Slaughter, M. (1995) "The Antebellum Transportation Revolution and Factor Price Convergence", Working paper 5303, NBER, Cambridge.

Smith, J. (1984) "Race and Human Capital", *Am Econ Rev*, 74:685—698.

Smith, J., Welch, F. (1989) "Black Economic Progress after Myrdal", *J Econ Lit*, 27:519—564.

Steckel, R.(1983) "The Economic Foundations of East-West Migration during the Nineteenth Century", *Exp Econ Hist*, 20:14—36.

Sundstrom, W.(2006) "Hours and Working Conditions", in Carte, S. (ed) *Historical Statistics of the United States Millennial Edition*, 2nd edn. Cambridge University Press, Cambridge, pp.46—54, 301—330.

Taylor, G. R. (1951) *The Transportation Revolution, 1815—1860*. Rinehart, New York.

United States Census Bureau (2014) www.census.gov. Accessed 2 Sept.2014.

United States Department of Labor, Bureau of Labor Statistics (2014a) www. bls. gov. Accessed Sept.2, 2014.

United States Department of Labor, Bureau of Labor Statistics (2014b) *BLS Handbook of Methods*. http://www.bls.gov/opub/hom/. Accessed 2 Sept 2014.

Vandenbroucke, G. (2009) "Trends in Hours: The U.S. from 1900 to 1950", *J Econ Dyn Cont*, 33:237—249.

Weiss, T. (1992) "US Labor Force Estimates and Economic Growth", in Gallman, R., Engerman, S.(eds) *American Economic Growth and Standards of Living before the Civil War*. University of Chicago Press, Chicago.

Weiss, T. (1999) "Estimates of White and Nonwhite Gainful Workers in the United States by Age Group, Race, and Sex: Decennial Census Years, 1800—1900", *Hist Meth*, 32:21—35.

Whaples, R. (1990) "Winning the Eight-hour Day, 1909—1919", *J Econ Hist*, 50:393—406.

第三章

人力资本转型
与政策作用

拉尔夫·希佩　罗杰·富凯

摘要

除了信息和通信技术、基础设施和创新系统外，人力资本也是知识经济的关键支柱，且其回报水平与日俱增。有鉴于此，本章旨在研究工业化经济体如何实现人力资本由低水平向高水平的过渡。人力资本转型的第一阶段是供求互动的结果，由技术变革触发，并由对（非物质）服务的需求推动。人力资本转型的第二阶段（即大众教育）源于强制执行的法律和重大公共投资。在这一过程中，旨在影响儿童信仰的目标似乎是公共投资的主要驱动力。然而，政府根据其发展状况及固有的社会经济和政治特点，扮演的角色也各不相同。人力资本转型的这些特点突出了理解政府在转型中的激励措施和扮演角色的重要性。

关键词

人力资本　教育　经济史　经济政策

引　言

人力资本的转型可以说是业已发生的最重要的经济和社会变革。毕竟，在大多数工业化经济体中，人力资本占总财富（即包括自然资本）的三分之二（Hamilton and Liu，2014），并且根据粗略估计，这一比例是在过去 200 年中积累起来的（McLaughlin et al.，2014）。鉴于人力资本的重要性，欧盟理事会表示，"教育和培训在应对今天和今后几年欧洲及其公民所面临的许多社会经济、人口、环境和技术挑战方面发挥着至关重要的作用"（Council of the European Union，2009：C 119/2）。鉴于人力资本在经济增长和发展中的基础性作用，特别是对于"知识经济"（knowledge economy）的作用，与增长相关的研究需要将人力资本纳入分析框架（Hippe and Fouquet，2018）。

本章旨在更好地理解以下问题：在工业革命之前，是什么因素推动了人力资本的转型？人力资本领域是否存在市场失灵，以至于政府不得不介入以促进更多的投资？国家在提供大众教育方面发挥了什么作用？是什么驱使公众愿意为这项公益事业牺牲稀缺资源？其他利益相关者扮演了什么角色？

人力资本转型始于 500 年前，由古腾堡印刷机的发展和传播所引发，并且特别是在过去公共教育扩张的 200 年里，人力资本的转型为增长提供了许多经验教训。第一，它告诉我们（尽管可能不尽全面）人力资本如何达到今天的水平——"知识经济"的支柱之一是如何发展起来的。第二，它提供了一个关键生产要素重大转型的例子（因此，对于理解经济发展和增长至关重要）。第三，它提供了一个关于重大转型的教训：市场失灵盛行，政府介入并提供教育。无论在何种意义上，了解过去的转型都将为如何促进未来的转变提供洞见。

人力资本转型的历史凸显了国家如何在未来与教育投资相关的转型中发挥重要作用。尽管大多数工业化国家对知识经济各方面的需求可能在增加，但有效的人力资本转型可能需要国家采取进一步行动。在需求特别缺乏的地方，如欠发达国家，国家在实现向知识经济转型方面的作用将尤为突

207

出。决定转型能否跨越第一阶段的一个关键因素很可能是政府从转型中直接受益的程度。

本章的组织结构如下：首先，我们强调了长期经济发展和人力资本所作的贡献。其次，我们回顾了人力资本理论的一些基本原理。然后，我们考虑了学徒制和书籍生产的特点和演变。接下来，我们强调不同教育需求来源的作用。政府政策及其有效性将在下一节中进行更深入的分析。最后一节讨论了人力资本在过去200年中的演变以及政府在教育方面采取的行动的不同指标。最后，结论部分总结了人力资本转型的经验教训。

长期经济发展与人力资本

人力资本可以被视为经济发展决定因素，这一观点由来已久（Demeule-meester and Diebolt，2011）。斯密和马歇尔已经将类似于人力资本的概念纳入了他们的思想当中。然而，由索洛和斯旺开发的第一个外生增长模型（Solow，1956；Swan，1956）只将资本、劳动力和技术进步纳入总生产函数。随后，人力资本理论的重要奠基人贝克尔（Becker，1981）特别提出了人力资本的重要性。此外，尼尔森和菲尔普斯（Nelson and Phelps，1966）强调了人力资本对于实施和采用新技术非常重要。舒尔茨（Schultz，1975）认为，如果劳动者拥有更多的人力资本，他们就能够更好地应对经济结构的变化和处理新技术。曼昆等人（Mankiw et al.，1992）提出了原始索洛-斯旺模型的扩展版本，即将人力资本纳入索洛模型当中，它明确地把人力资本作为生产函数的一个要素。

然而，随着内生经济增长模型的发展，人力资本的作用日益凸显。罗默（Romer，1986）的工作可以说是这一领域的第一个重要贡献。这些"新增长模型"旨在将导致增长的不同来源内生化。通过这种方式，增长率不是外生决定的（如索洛-斯旺模型中那样），而是在内生增长模型内建立的。内生增长模型总体而言可分为两类研究路径（Aghion and Howitt，1998）。第一类研究路径是将人力资本积累作为增长的主要驱动力（Lucas，1988）。第二类路径则强调了技术变革对创造经济增长的重要性（Romer，1990）。自从卢

208

卡斯（Lucas，1988）和罗默（Romer，1990）的最初贡献以来，研究文献一直在稳步发展（参见 Ang and Madsen，2011）。事实上，这些初始模型（以及 Segerstrom et al.，1990；Grossman and Helpman，1991；Aghion and Howitt，1992）被认为是第一代内生增长理论模型。第二代模型采用半内生方法（如 Jones，2002）或熊彼特方法（如 Aghion and Howitt，1998；Peretto，1998；Young，1998）。这些新模型的适用性目前仍存在争议并有待实证检验（例如，Madsen，2010；Madsen et al.，2010；Ang and Madsen，2011）。

　　虽然内生增长模型作为一种经济增长理论，一直强调人力资本的突出地位，但这些模型仍有局限之处——因为它们无法解释自人类存在之初以来的经济增长过程（Galor，2005）。一个新的雄心勃勃的理论已经发展出来，它旨在理解人类的超长期经济增长模式。这种统一增长理论（unified growth theory，UGT）是由盖勒特别提出的（例如 Galor and Weil，2000；Galor and Moav，2002）。统一增长理论对超长期经济增长的分类如下。首先，在公元前 100 万年到公元前 8000 年之间，漫长的狩猎和采集阶段是人类发展的典型阶段。新石器革命后，人类社会进入了马尔萨斯的增长模式。它的特点是人均收入总是在低生活水平上下波动。与之对应的是，如图 3.1 显示，在 1300 年到工业革命后经济起飞前的这段时间内，几个欧洲国家和中国的人均国内生产总值相当低，且有一定的波动。因此，工业革命使欧洲国家得以摆脱马尔萨斯式的增长体制。这种后马尔萨斯经济增长模式（post-Malthusian growth regime）一直持续到 1870 年左右欧洲人口结构转型。经济和人口在这一时期有了实质性的增长。

　　最后一种增长模式是现代增长模式，从 19 世纪开始成为世界发达国家的特点。这一制度显示了技术进步的加速。此外，对人力资本的需求也在不断增加。因此，统一增长理论假设人力资本在从后马尔萨斯模式向现代增长模式的转型过程中起着至关重要的作用。人力资本和技术进步带来了人口结构的转变，导致人口增长率的下降。总体结果是最发达国家的人均产出实现了高水平和可持续增长。然而，并不是所有国家都达到了现代增长模式，有些国家比其他国家更早达到这一模式。因此，最发达的国家与其他国家之间出现了大分流（great divergence）。

209

人均国内生产总值（以1990年美元价格计算）

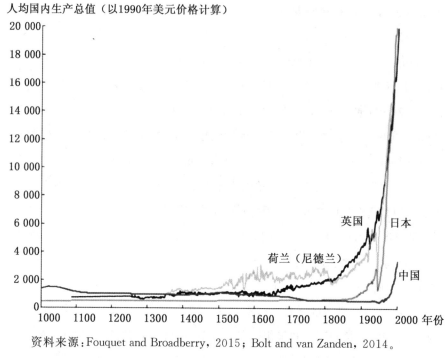

资料来源：Fouquet and Broadberry，2015；Bolt and van Zanden，2014。

图 3.1　1000—2000 年部分欧洲和亚洲国家的人均国内生产总值

这些不同的理论表明，人力资本是经济增长的重要驱动力。尽管如此，在过去的几十年里，人力资本对于经济增长的影响这一问题一直存在一些争议。事实上，迪穆拉米斯特和迪耶博（Demeulemeester and Diebolt，2011）表明，自第二次世界大战以来，学界有几次交替出现的乐观主义和怀疑主义浪潮。早期的理论贡献使得在 20 世纪 50 年代和 60 年代，教育对经济增长有重要贡献这一观点成为了共识。相比之下，在经济低迷的 20 世纪 70 年代，学界对这一观点又表现出怀疑。20 世纪 90 年代新的重要理论贡献再次为关于人力资本的这一观点注入了活力。这些乐观的观点得到了不同的实证研究的支持（例如 Barro，1991；Mankiw et al.，1992；Barro and Lee，1993），但也出现了更多的批评声音，如本哈比和施皮格尔（Benhabib and Spiegel，1994）以及普里切特（Pritchett，2001）的研究。然而，测量误差可能解释了这些更悲观的结果（Krueger and Lindahl，2001）。因此，夏内西和范里宁在 2003 年的文献综述中得出结论："总体而言，我们确信教育对增长有重要影响。"（Sianesi and van Reenen，2003：197)最后，德拉福恩特和多梅内克(De La Fuente and Doménech，2006)、科恩和索托(Cohen and Soto，2007)、哈努谢克和韦斯曼(Hanushek and Woessmann，2008)、奇科内和帕帕约安努(Ciccone and Papaioannou，2009)以及真纳约利等人(Gennaoli et al.，2013)的最新研究进一步强调了人力资本对增长和发展的关键影响。

人力资本理论原理

在教育经济学中，(通过教育或培训)获得的人力资本被认为会增加个人的效用(参见 Brewer et al.，2010)。它是一种投资决策，使个人能够在未来获得更高的货币回报。对人力资本的投资增加了个人的知识和技能，从而提高了个人的生产力(例如，Schultz，1961；Becker，1964；Schultz，1971；Lucas，1988)。这项投资有成本，包括直接成本(如学费)、放弃的收益、与学习相关的心理成本和其他相关费用。尽管如此，人力资本的私人回报也有很多，例如，获得更高的收入(Mincer，1958)、更好的工作和更低的失业概率。进一步的积极影响包括更高的社会地位和社会声望、更好的健康、更高的社会资本、更高的文化资本以及其他个人重视的利益。人力资本的综合积极效应促使个人投资于人力资本，以最大限度地提高其一生的幸福感。因此，人力资本理论认为，教育水平越高，收入水平就越高。尽管教育回报受到许多外部因素的影响，但许多实证研究发现了这种正相关关系。例如，增加一年的学校教育所带来的全球平均回报率为 10%(Psacharopoulos and Patrinos，2004)。

总的来说，个人是一个更大的市场的一部分，这个市场以对教育产品的需求和供给为特点，而最终我们可以观察到这一市场均衡过程的结果。因此，教育的消费和投资特点使其与其他耐用品相似。因此，教育不能用静态模型来描述。因此，长期视角是人力资本概念的内在特征。因此，投资于人力资本的决策必须根据预期的未来收益折现值和所涉及的成本作出。

此外，人力资本可能不仅有重要的私人回报，也有重大的社会回报(参见 Lange and Topel，2006)。上述两类人力资本外部性可以定义为"单位人力资本的私人和外部边际效益之和"(Lange and Topel，2006：461)。人力资本外部性从不同的角度进行了分析。特别是，如乌萨瓦(Uzawa，1965)和卢卡斯(Lucas，1988)等增长理论家提出了个体间互动的积极效应，这一效应使得人力资本的社会回报高于私人收益。具有较高人力资本禀赋的个人可以提高他人的生产率，从而使人力资本积累提高全要素生产率。另一方面，也有可能产生与生产率没有直接联系的正外部性，例如犯罪率较低(Lochner and Moretti，2004)、更高的政治参与(Friedman，1962)、与消费相关的外部性以及更高的经济增长(Sturm，1993；Hanushek and Kimko，2000；参见 Brewer et al.，2010)。①

211 　　这些对人力资本的社会回报已被各国政府普遍认识到。因此，从长远来看，政府在教育方面的公共支出增加了。在这种情况下出现的一个基本问题是如何分配这些稀缺资源，使人力资本产出最大化。国家可能无法以有效的方式配置这些资源，因为在标准经济理论中，市场为配置稀缺资源提供了一种有效的方法。尽管如此，市场还是有可能未完成相应的任务，从而导致市场失灵。不同的原因可能导致这种失灵(Brewer et al.，2010)。第一，市场可能不是完全竞争的。因此，市场可能会被一个或多个能够定价的代理人所控制。在教育领域，学校教育市场还远远不够完善。第二，市场中可能出现信息不对称。特别是由于缺乏信息，产品或服务的质量可能并不总是为消费者所感知到。在教育方面，父母可能没有足够的信息，并可能没有意识到教育的真正价值。此外，他们可能会选择那些在社会上不太理想的学校(例如，偏爱具有某种社会或族裔特征的学校，而不是学校的质量)。虽然市场可以满足家长的偏好，但所获得的解决方案对整个社会可能不是最优的。第三，外部性的存在表明，消费和生产可能产生不包括在价格中的影响。例如，他人的知识和学习可以对个人产生积极的影响。此外，个人投资于教育的决策可能会带来积极的收益，但也会给社会带来成本。然而，个人在作出投资决策时并没有把所有这些因素都考虑进去。即使社会效益高于

---

① 相比之下，另一部分文献表明，也可能存在负外部性，因为人力资本不会提高生产率，只会由于信号效应(signaling effects)而浪费宝贵的资源(如 Spence，1973)。然而，兰格和托佩尔(Lange and Topel，2006)并未发现重要的负面影响，正面影响仍占主导地位。

成本,个人仍然有可能选择不投资和达到社会最优的受教育程度。在这种情况下,政府可以进行干预,通过义务教育规定使一定的最低限度的教育成为义务教育。最后,由于公共产品是非竞争性和非排他性的,市场可能无法充分提供公共产品。在某种程度上,公共产品的概念适用于教育。例如,教育领域的服务消费往往并不排除其他方面。学生由老师和其他学生一起接受教育。图书馆给许多人提供了借阅书籍的机会。因此,在一个完全竞争的市场中,教育可能得不到充分的供应,其他公共产品也是如此。①因此,这导致"人们普遍认为,如果放任教育服务市场自行其是,它就会失败"(Johnes,1993:14)。

因此,各国政府已进行干预,以避免出现这一领域市场失灵的后果。它们管理教育部门,承担重要的财政负担,并经营教育设施。国家的这种参与可能导致某些领域的教育成果不尽如人意。②然而,国家的目标可能并不总是最大限度地提高人力资本水平。学校教育从来不是中立的,而是一个社会化的过程,它与人力资本一起产生信念。因此,所谓阶层冲突模型的作者认为,在教育领域,社会不同阶层之间存在着斗争。一个国家中占主导地位的精英群体被假定利用正规教育将他们的社会、文化和经济价值观和结构强加给社会的其他部分(Bowles and Gintis,1976;Carnoy and Levin,1985;Fuller and Rubinson,1992)。从更积极的角度解释,人们还可以认为,"公立学校教育可以促进不同社会群体之间的社会凝聚力,并通过提供一套核心的共同准则,促进个人之间的信任和互动,缓解族裔间的紧张关系"(Gradstein et al.,2005:5)。

更广泛地说,政府不需要提供学校教育,但可以资助私营部门提供教育。政府可以将简单的技能培训外包给私立学校,并使用代金券或授权书来补贴这些私人机构。然而,政府无法控制(文化和意识形态)信仰,私人机构(如特

212

---

① 另外,完全竞争市场的假设意味着资本市场应该是完美运作的。在这种情况下,父母应该总能找到一种资助子女教育的方法。然而,情况也并非如此(Johnes,1993)。

② 例如,公立学校的存在可能导致这些学校在某些地理区域的垄断。从市场的角度来看,学校可能因此没有受到市场压力,无法确保质量标准和低运营成本。最近的一些改革旨在改善现状,并在一定程度上重组国家对这一部门的参与(Brewer et al.,2010)。

定宗教和社会团体)在学校能够产生可能挑战政府和政治制度的信仰①。此外,平等主义原则(egalitarian principles)赋予了国家提供教育的道义责任,以确保所有儿童都能获得某种最低程度的教育,以便每个儿童在今后的生活中都能有平等的机会。然而,对国家而言,对学校的外部监督成本高昂,而且很难有效实施。因此,有人认为,鉴于教育固有的社会化和平等化的方面,政府需要在适当的范围内直接进行教育(Pritchett, 2003; Gradstein et al., 2005)。

此外,应该提到的是,有不同类型的学校和培训形式。更一般地说,根据琼斯(Johnes, 1993)的研究,人们可以区分一般性人力资本(general human capital)和专业性人力资本(specific human capital)。一般性人力资本可以被定义为可用于任何工作环境并提高个人生产力的技能和知识。一般性人力资本可以用计算和识字等技能形式来度量。另一方面,专业性人力资本只能用于特定的工作环境,以提高个人的生产力。例如,工匠的某些特殊技能不能应用于其他职业。同样,如果一个人为一名垄断者(Monopsonist)工作,他也不能将通过培训获得的技能转让给另一个雇主。

213 更一般地说,人力资本投资[贝克尔(Becker, 1993)的术语]可以通过企业的在职培训(类似于前文所述,也可分为一般性和专业性人力资本培训)、学校教育、提供信息和提高健康水平等形式进行。②学校被认为是提供培训的专门机构,而公司除提供培训外,还要生产商品。因此,贝克尔认为,在许多情况下,公司和学校是"专业技能(particular skills)的替代性来源。随着时间的推移,这种转变就证明了这一点,例如,法律领域的培训由律师事务所

---

① 例如,米尔顿·弗里德曼还建议:"如果大多数公民没有最低程度的识字能力和知识,没有普遍接受一些共同价值观,一个稳定和民主的社会就是不可能的。教育可以促进这两个方面。"(Friedman, 1962:86; Gradstein et al., 2005:5)他进一步认为,"19世纪和20世纪初美国的主要问题不是促进多样性,而是创造对稳定社会至关重要的共同价值观的核心……移民们正在美国泛滥……说不同的语言,观察不同的风俗。公立学校在这项任务中发挥重要作用,尤其是将英语作为一种共同语言来实施"(Friedman, 1962:96; Gradstein et al., 2005:9)。

② 根据斯威特兰(Sweetland, 1996)的研究,教育领域可以进一步细分:"分为小学、中学和更高层次的正规教育(Cohn and Geske, 1990),家庭和工作中的非正规教育(Schultz, 1981),在职培训和学徒制(Mincer, 1974),中等和高等专业职业教育(Corazzini, 1967)。"(Sweetland, 1996:341)

的学徒制转向法学院,工程领域的培训由在职经验转向工程学校……同样,学习与工作、学习与时间之间存在互补要素"(Becker,1993:51)。互补性的程度部分取决于现有的形式化知识的数量。在某些情况下,学校可以被视为一种特殊的公司形式。因此,学校教育(如上文所述)的效果与一般性培训的效果相同。

此外,除了在职培训和学校教育之外,还有其他的机会来积累人力资本和提高生产力。特别是,这些因素与对信息的投资有关。例如,关于工资和就业机会的更多信息可能会对雇员未来的收入产生积极影响。因此,增加有关经济、社会和政治制度的信息和知识可能会提高生产力和收入。

最后,对健康的投资也可能提高人的生产力。身心健康对收入有着显著的影响。在大部分历史时期(并且在一些国家至今如此),体力一直是预期收入的重要影响因素(至少对于相当一部分人而言如此)。然而,在更发达的国家中,知识和技能已经取代了体力,成了预期收入的重要影响因素。同样,心理健康也对生产力和产出有着重要影响(参见 Layard,2005)。

传统教育与技能传播

学徒制

几个世纪以来,技术技能的代际传播一直是保持生产力水平的核心,而新技能(通常与新技术一起)在空间上的传播是提高生产力水平的关键。许多世纪以来,学徒制(apprenticeship)一直是培训和获取技术知识的最重要的来源(Epstein,2004)。例如,在英国,"在近代早期的英格兰,家庭、农业或工业学徒和住家佣人占成年男性人口的15%—20%"(Humphries,2006:79,引自 Stone,1966)。"在16世纪末和17世纪,大约三分之二的英格兰男性劳动力曾在一个较大的城市(主要是伦敦)当学徒。"(Epstein,1998:707;参见 Rappaport,1989)即使在18世纪,非农业部门的学徒也占总劳动力的7.5%到10%(Humphries,2006;Wallis,2008)。

学徒制是一个师傅和他的"学生"之间签订的一份合同(根据工艺和国

214

家的不同,期限为 3 年至 7 年)(Epstein,1998；Wallis,2008)。如果没有一份保证投资回报的合同,很少有商人愿意与年轻人分享他们的技能,因为这些年轻人可能一旦完成技能学习就离开,并为更高的薪水而工作。

此外,从 17 世纪开始,师傅们要求学徒预付保证金。在 18 世纪的英格兰,贸易行业的保证金通常在 5—10 英镑之间(约为 2000 年购买力水平下的 500 英镑到 1 000 英镑之间),在专业部门的保证金约为 50 英镑(约为 2000 年购买力水平下的 5 000 英镑)(Minns and Wallis,2013)。除了工艺的性质和行会的威望,保证金也会根据家庭关系、经验、预期未来收入以及其他因素而有所不同,这些因素表明了学徒的退出概率和生产力水平。

上述保证金相当于一个工匠一年的工资,因此学徒通常依赖于父母和其他家庭成员的经济帮助。例如,一个年轻人在农业部门工作两年才能挣到 5 英镑。虽然在许多情况下必须支付这一保证金,但学徒食宿免费,且能获得一些生活费(18 世纪大约每年 5 英镑),还能接受技能培训。这项培训还为同事和潜在客户提供了重要的非正式联系,这可能有助于未来收回开办店铺所需的昂贵成本,这通常是保证金初始成本的 10—20 倍(Campbell,1747；Minns and Wallis,2013)。

行会的作用

学徒制起源于 11 世纪开始存在的手工艺行业协会(Lauterbach,1994；Epstein,2004)——尽管行业协会对学徒制的控制程度各不相同,在德国许多地区,行会的控制能力往往比英格兰更强。在西班牙和法国的一些地区,学徒制主要由师傅和学徒们自己决定(Wallis,2008)。行会是有严格规定的工匠协会,创造了类似卡特尔的条件。行会有许多职能,特别是"监督工作表现、工作条件和教学质量；通过强制成员资格、法定处罚和投反对票来强制执行合同；在寡头垄断的劳动力市场中保护学徒,保证其专门技能培训的质量"(Epstein,2004：382)。大多数行会试图限制某一作坊物色其他作坊训练有素的学徒,保护学徒免受过度虐待,从而促进适当的培训(Epstein,1998：691—692)。到了 16 世纪,英格兰开始实行国家技术培训制度(Humphries,2006：75)。因此,与其他角色一样,行会在以人力资本形式生产知识方面具有影响力。

行会为跨区域的专业技能供应提供了一个信息库和网络。虽然这些网络有限,而且缺乏效率,但这一网络中信息的传播有助于显示对技能需求的变化,因此,如果有必要,也可以通过网络提供技能供应(Epstein,1998:694)。搜索者(Searchers)在全国各地漫游,评估实践和需求。作为行会的一部分或是作为独立人士的熟练工人,走遍全国提供他们的技能。换句话说,行会是在整个经济中传播知识(以人力资本的形式)的一种手段。

事实上,自中世纪以来,许多欧洲统治者试图吸引这些技术工人到他们的城市,特别是在文艺复兴时期和宗教改革之后,尤其是那些来自敌方的工人。17世纪50年代,技术工人移民的发展达到了顶峰,重商主义国家(mercantilist states)和行会试图阻止技术工人移民。然而,由于缺乏行政能力和激励措施,这些尝试大多没有成功(Harris,1998)。因此,爱泼斯坦认为,"随着时间的推移,技术领先地位从南欧转移到西北欧……很大程度上归功于技术移民"(Epstein,2004:385)。

除了政府和行会的反对外,其他因素也导致了技术知识转让的局限性:贸易保密、信息成本、运输成本以及缺乏足够高的技能基础,使移民的知识和发明很难在当地融合。然而,在这种知识基础足够牢固的情况下,技术移民所转移的一个国家积累的知识可以与当地知识相结合,往往使该国在技术上领先。随着时间的推移,城市化和国家竞争降低了信息成本和运输成本,使技术更容易传播(Epstein,2004)。

行会经常与扼杀创新联系在一起。有时,在鼓励知识体现在人力资本而非物质资本方面,它们可能是一股强大力量。然而,它们也管制发明创造和技术的传播。有证据表明,中世纪晚期之后,在日益激烈的竞争和不断扩大的市场面前,行会对技术创新的阻碍有所减弱(Epstein,1998:694)。此外,手工艺行会确实"通过三种方式增加技术的供应:通过为技术变革创造有利的环境;通过培训促进技术专业化并通过工匠流动促进技术重组;通过向发明家提供垄断租金"(Epstein,1998:701)。[①]因此爱泼斯坦(Epstein,1998:

---

① 一个有趣的问题是,是否也有人鼓励发明技术来避开行会。爱泼斯坦提到,发明家们有一种动机,要向行会隐瞒他们的发明。然而,"虽然技术秘密经常被保存在工匠家族中,但重大突破不太可能经得起行会的长期审查。另一方面,发明家必须权衡行会提出的临时性准垄断性租金与可能从竞争对手或政府获得一次性专利使用费(扣除转让成本)"(Epstein,1998:704)。

216 704)得出一个或有争议的结论(因为可能需要更多的证据才能完全得以证实):两种对立力量,即发明的垄断性支持体系和对技术劳动力竞争市场的需求为技术创新和扩散提供了健康的源泉。

然而,政府越来越意识到有必要干预这些技能的传播。因此,政府建立了一个新的结构——界定了法律框架,并规范了学徒培训制度。例如,1869年普鲁士的法令正式废除了行会——更普遍地说,国家将行会视为权力的竞争机构(Smits and Stromback, 2001; Epstein, 2004)。尽管行会可能已经被正式废除,但斯米茨和斯特龙巴克认为,在德国,它们只是"转变为手工业协会(chambers of crafts),并保留了对学徒制度的实质性控制"(Smits and Stromback, 2001:17)。因此,培训的组织和方式不是由国家决定的,而是留给这些自我管理的协会决定的。在德国,这可能是一个"高度限制性的行会管理制度向一个允许工业化向前发展的监管制度的转变"(Smits and Stromback, 2001:17)。

学徒制的衰落

虽然学徒制和职业技能在工业革命之前和期间发挥了重要作用(Mokyr, 2009; Minns and Wallis, 2013),但造成的社会变革在18世纪末和19世纪引发了学徒培训危机(Lauterbach, 1994),这一危机指,至少在德国,学徒培训的质量被忽视了。与此同时,英格兰学徒制的持续时间在18世纪末下降到4年(Wallis, 2008)。①

在工业革命期间,结构性变化改变了对人力资本的需求(Weedon, 2003:62)。泽拉(Zeira, 2009:63)认为:"工业化改变了生产所需的人力资本类型。在工业革命之前,人力资本主要是特定职业的,而工业革命创造了对更一般的人力资本的需求,包括读、写和计算能力。因此,虽然学徒制可以在工业革命之前提供大部分所需的人力资本,但在工业革命之后,对拥有更广泛和灵活的人力资本的人群的需求越来越大,这些人力资本只能在学校获得。"同样,科林斯和霍尔沃森(Collins and Halverson, 2010:23)补充说:

---

① 20世纪60年代初,在这种培训形式衰落之后,一篇评论总结了当时的情况:"学徒制几乎消失了,部分原因是现在效率低下,部分原因是学校现在履行了许多职能。毫无疑问,执行学徒协议的困难加速了它的消失。从法律上讲,它们已经有了契约服务的味道。"(Schultz, 1961:10)

"工业革命后,学校强调学习那些儿童作为聪明公民和工人所需的基本技能,并学习不同学科的知识。"因此,学徒制失去了部分地位,因为社会对人力资本的需求不断变化。 217

其下降的部分原因还在于其他教育形式的变化。原则上,这种专门技术知识的传播可以采取不同的形式:通过印刷媒体、专利或移民。爱泼斯坦(Epstein,2004)认为,尤其是在早期,文本并不是传播专业技术知识的一种非常成功的方法,因为手册往往不完整,并且没有包括一些实际中如何将新技术付诸实践的必要信息。然而,书面教育的成本随着时间的推移而逐渐降低。最终与学校教育相比,学徒制成了更昂贵的选择。明斯和沃利斯(Minns and Wallis,2013)估计,18世纪的教育成本约为每年1英镑。[①]最终,在18世纪,关于工艺技能的书籍成为第三大类书籍(第一大类是宗教,第二大类是法律),这凸显了阅读技能对商人和工匠的重要性(Cook,2006)。

促进人力资本转型

古腾堡革命

欧洲教育转型的关键在于其降低书籍和文字记录的价格的能力。在印刷机发明之前,书籍生产涉及手抄本的生产。除其他成本外,这是一项非常耗时的工作,正如克拉克所说明的(Clark,2007;另见 Clark and Levin,2001):抄写员每天能够抄写3 000字(明文),意味着抄完一部《圣经》需要126个工作日(Clark,2007)。由于手工抄写文本比印刷文本需要更多空间,因此每个字所占的面积也是后者的两倍,这进一步增加了所用材料的成本

---

① 他们用以下方式估计这个数字:"假设年轻人随着年龄的增长,其收入与成年人收入的比例会增加(14岁时为20%,15岁时为40%,16岁时为60%,17岁时为70%,18岁时为80%,19岁时为90%,20岁时为100%)(参见 van Zanden,2009b:160),省级非熟练成人工资为每天1先令,年轻人每年工作228天(Voth,2001),折现率为7.5%,学徒期收入损失的现值与每年5英镑的最低生活收入相比约为26英镑。"(Minns and Wallis,2013:344)

（Clark，2007）。因此，一本书的价格一般超过一个普通人一年的工资，毫无疑问，书籍是奢侈品（van Zanden，2009a）。

　　然而，自6世纪起，修道院的发展促进了手抄本的供求（参见图3.2）。额外需求来自12世纪至15世纪整个欧洲城市的扩张。城市的特点是更加精细的劳动分工，并在经济和军事上产生了对能够保存记录、接受管理培训以及能够进行沟通的劳动力的需求。政府机构不断扩大，口头传统逐渐被书面文字所取代。因此，越来越多的年轻人开始学习阅读。此外，为了进行高级培训，人们设立了大学，从而为大学自身创造了更多需求（Venezky，1996；另参见 Hippe，2013a）。此外，随着纸张使用量的增加，规模经济和模仿效应（learning effects）也降低了图书材料的价格（van Zanden，2009a）。直至印刷机发明前夕，由于需求上升和成本下降，手抄本的产量增加（参见图3.2）。据估计，仅在古腾堡的印刷机（Chassant，1846）问世前不久，就有超过1万名抄写员在巴黎和奥尔良从事手抄本制作。

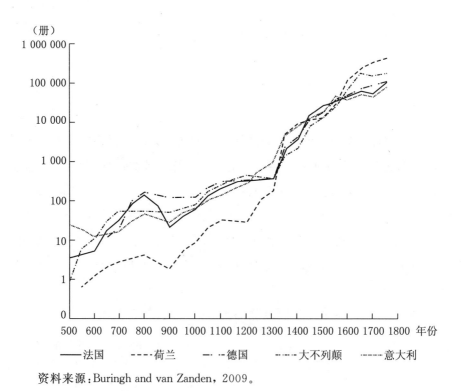

资料来源：Buringh and van Zanden，2009。

图3.2　500—1750年间欧洲西部每百万居民的图书产量

1446 年至 1450 年间,约翰内斯·古腾堡在美因茨发明了印刷机,这在一定程度上受到了对书面文件不断增长需求的刺激。事实上,古腾堡并不是唯一一个试图改进现有手抄本生产系统的人。各种不同的方法均曾被探索过,包括木版印刷和表格印刷。然而,古腾堡的印刷机被证明在质量和成本上优于其他书籍生产方式(Guellec,2004)。因此,印刷机不是偶然发明的,而是经过古腾堡多年的努力追求而发明的。①

印刷机发明于美因茨,这一事实并不是偶然发生的,因为这座城市是莱茵河流域的一部分,莱茵河流域在当时相当工业化,特别是在冶金方面。因此,宽泛而论,印刷机被发明的这一时间是上述几个需求因素的结果。这些因素再次受到欧洲(特别是德国)纸张供应情况的制约。此外,不断增长的市场使得印刷机的发展相对于手抄本生产的竞争日益激烈(Guellec,2004)。

印刷机从根本上改变了图书生产和知识传播的世界。它使书籍的生产速度更快、成本更低。有学者(Cuijpers,1998)指出,在 14 世纪 60 年代,印刷书籍比手抄书籍便宜 50%—80%。此外,印刷机是一种技能和资本密集型技术。因此,这项高科技创新完全符合欧洲经济的需求,而欧洲经济的特点是劳动力成本高(与中国经济形成对比)(van Zanden,2009a)。因此,这项新技术迅速传遍了整个欧洲。

印刷机的普及使图书生产、知识传播和人力资本积累得到了惊人的增长。在这里介绍的最早的几个世纪(500—700 年),欧洲的总体图书产量仅限于每世纪 1.2 万本手抄本,而在 18 世纪,这一数字增加到了 10 亿册(Buringh and van Zanden,2009)。图书产量决定性的大幅度增长显然发生在印刷机发明之后。数据显示,15 世纪后半叶欧洲出版的书籍(和手抄本)比印刷机发明前的整个 1000 年还要多。图书价格的根本性下降也凸显了知识生产的这种根本性变化。图书价格的下降使得一个受过教育的人能够消费更多的书,这反过来又增加了学习阅读的动力(并降低了成本)。此外,书籍产量的增加本身就创造了规模经济,进一步降低了图书生产成本,导致了更高的降价幅度。图 3.3 展示了范赞登(van Zanden,2009a)对 1460—1800 年间

① 事实上,印刷机最早是在古朝鲜发明的。更多详情,请参见希佩(Hippe,2015)的研究。

荷兰图书实际价格（即用生活成本指数来平减图书价格）的估计。

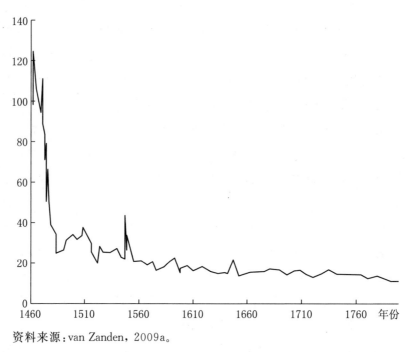

资料来源：van Zanden，2009a。

图 3.3　1460—1800 年间荷兰图书实际价格估计（以 1460—1474 年的价格定为基数 100）

　　图书实际价格的大幅下跌非常明显。范赞登（van Zanden，2009a，参考自 Cuijpers，1998）用古腾堡版《圣经》作为参照点来说明这一变化。一本古腾堡版《圣经》的手抄原版的价格约为一个工人一年的工资。然而 18 世纪末以前，一本质量相当的《圣经》的售价仅相当于一个木匠不到 12 天的工资（而且质量较低的《圣经》的价格仅相当于一个木匠一天的工资）。[①]因此，范赞登得出结论，"在 1455 年至 1485 年的一代人中，书价可能已经（按实际价值计算）下降了 85％—90％，这是一次与当前信息和通信技术（ICT）发展相媲美的通信价格革命"（van Zanden，2009a：182）。[②]

220

---

① 价格的下跌也对新教思想的传播产生了重大影响。例如，路德 1522 年翻译的《新约》甚至对劳动者来说都是负担得起的（Stoíber，2004）。

② 类似地，克拉克（Clark，2004：8）计算出"中世纪一页标准文本的估计价格是 1700—1759 年间的 50 倍"。

早期私人对书籍和识字的需求

显然,随着古腾堡印刷机的扩散,图书价格的大幅下降对增加书面文字的传播至关重要。16世纪初,大多数欧洲国家的识字率低于10%,德国国家的识字率可能低于1%(Engelsing,1973；Becker and Woessmann,2008)。然后,在未来三个世纪,特别是在西欧,例如德国、荷兰、瑞典和英格兰,能够更容易地获得书籍使识字率得以提高(参见图3.4所示的英格兰识字率的变化)。然而,如果没有阅读的强烈需求,18世纪下半叶的识字率将不会达到50%(Mitch,1992b)。

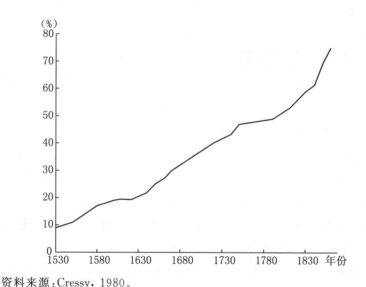

221

资料来源:Cressy,1980。

图3.4　1530—1870年间英格兰的识字率

事实上,对识字、算术和普通教育的需求源于许多不同的私人和社会/公共资源(如Cipolla,1969；Fuller and Rubinson,1992；Mitch,1992a；Galor,2011)。商业需求(即来自贸易部门)、精神需求(来自教会)、军事需求(创建更高效的军队)、工业需求(例如提高劳动生产率)、父母需求(例如改善子女未来的职业前景)、地位需求(使自己成为精英阶层的一部分)和"信仰形成"需求(增加社会控制和推进国家建设)都是投资教育的私人或社会驱动力。

米奇(Mithch,1992b)强调,识字水平的早期进步是由私人需求带来的,而不是国家的任何直接行动的结果。"印刷业的成功也许应该与社会更普遍的变化有关。中世纪末期以资产阶级的崛起为标志。现在,中产阶级控制了新的经济和商业部门,他们也打算参与和他们有关的政治决策,并通过更加关注文化来彰显其社会成功,从而使文化与中产阶级的利益相统一。"(Gilmont,1999:215)事实上,拥有图书的家庭比例从 1560 年的十分之一、1580 年的四分之一、1590 年的三分之一增加到 1620 年的将近二分之一(Morgan,1997:14)。同样,个人图书馆的平均规模也在增长(Gilmont,1999)。藏书量的增加使我们能够洞悉不同职业和社会地位之间的收入弹性。"在 1500 年至 1525 年间,医生的藏书量从 26 本增加到 62 本;法学家的平均藏书量从 25 本增加到 55 本;商人的藏书量从 4 本增加到 10 本;工匠的藏书量从 1 本增加到 4 本。"(Morgan,1997:13—14)

222

在整个历史上,以识字或算术为形式的基础教育在经济事务中变得越来越重要。库克(Cook,2006:71)认为,"在早期,除了社会精英以外,几乎所有人都不识字,彼时的例外之一就是在商贸行业中有许多识字的劳动力",特别是出于记录的需要。例如,在 1478 年,读写能力成为获得英格兰金匠资格的先决条件(Anderson,1965;Venezky,1996)。城市化产生了一个需要更多的簿记员、管理人员和办事员,以及更复杂的官僚体制的经济环境。更普遍地说,"对识字的需求……继续受到实际效用的驱动,首先出现在与市场经济最密切相关的行业中(Thomas,1986),以及新技术正在推动变革的领域,例如航海和战争"(Venezky,1996:59)。

与此同时,对精神指引的需求以及与之相关的宗教竞争是印刷品激增的关键因素,特别是从 16 世纪初开始。如前文所述,中世纪欧洲修道院数量的增加反映了精神指引的供给和需求的增长。

由于印刷成本较低,马丁·路德可以大胆地提议每个人都应阅读《圣经》。考虑到当时只有不到 1% 的德国人能够阅读,他的雄心壮志似乎只是一个乌托邦式的设想(Engelsing,1973;Becker and Woessmann,2008)。然而,更重要的一点是,在印刷机发明后的最初 70 年,即 1450 年左右,《圣经》是用拉丁语印刷的。大多数人不能够阅读,尤其当《圣经》是拉丁文的时候,阅读就更困难了。虽然以前就有《圣经》的译本(13 世纪《圣经》被译成古法语、西班牙语、加泰罗尼亚语和德语,1383 年《威克里夫圣经》被译成英语),

但这些翻译通常是被禁止的,因此很难获得,而且成本极高(Biller and Hudson,1996)。第一本印刷的非拉丁语《圣经》是由伊拉斯谟于1516年译成希腊语的。然而,正是马丁·路德1521年将伊拉斯谟的希腊语《圣经》翻译成德语,才使得《圣经》能够以较低的成本获得使用,使图书市场充满活力(参见图3.5)。1526年,荷兰出版了一本《圣经》;1530年苏黎世出版了另一本德语《圣经》,1532年用意大利语出版,1535年用法语出版(Gilmon,1999)。因此,从16世纪20年代起,推动欧洲对书籍需求的最强大动力之一就是将《圣经》翻译成欧洲语言。

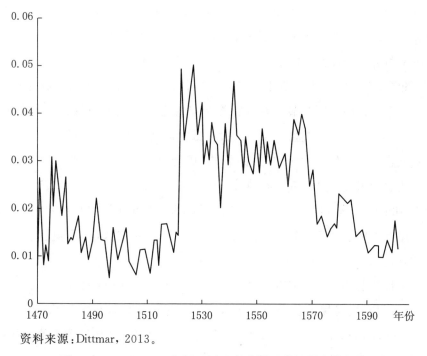

资料来源:Dittmar,2013。

图3.5　1470—1600年间《圣经》在欧洲图书总量中的份额

早期大众教育的精神需求

为了确保所有人都能读《圣经》,马丁·路德主张建立义务教育学校,并声称地方统治者有责任去建立这些学校。这实际上意味着从宗教权威向世俗权威的转变。因此,一系列促进学校教育的法令在新教地区获得通过,其实施情况受到控制(Becker and Woessmann,2009)。例如,1528年在布伦瑞

223

克通过了第一个具有里程碑意义的教会规章,支持创建新学校和确定学校课程。这一举措很快就被其他地区模仿(例如 1557 年的萨克森、1559 年的符腾堡、1564 年的吕讷堡)(Green,1979)。然而,路德的说教并没有使大众教育得到普及(Stone,1969;Ramirez and Ventraensca,1992)。

路德还敦促家长重视对孩子的教育,送他们上学。例如,他写道:"我看到老百姓对维持学校教育不屑一顾,他们让孩子不再接受教育指导,转而只关心如何饱腹,除此之外,他们不愿或是不能考虑他们正在做的是如此可怕和不符合基督教教义的事情,以及他们如此服侍魔鬼的行为在任何地方都造成了如此巨大和致命的伤害。"(Luther,1909:526;引自 Becker and Woessmann,2009:541)因此,路德对道德义务的坚持可能改变了父母和统治者对教育孩子的益处的信念(Becker and Woessmann,2009)。

起初,天主教会试图禁止翻译《圣经》。同样,国家也对出版物进行审查。亨利八世的经历凸显了在推行控制信息生产和传播的政策上的困难。在 16 世纪早期,能在英格兰读到的大多数出版物是在欧洲大陆印刷的。在亨利八世与天主教会决裂之后,路德的同情者对亨利在神学改革方面的无所作为感到沮丧,并"用在安特卫普印刷的极具攻击性的小册子'轰炸'英格兰"(Gilmont,1999:216)。由于无法审查这些在欧洲大陆的出版物,亨利八世鼓励在英格兰建立印刷厂,这一鼓励持续了 20 年之久,从而他能够更好地监督他们的活动(Gilmont,1999)。

尽管天主教会的反宗教改革(counter-reformation)①试图推翻路德的许多教义,但它最终接受了提高识字水平的理想和学校教育的理念(Ramirez and Ventraensca,1992)。宗教竞争②和失去更大份额的"精神和道德指导市场"的威胁,可能是接受这一理念的一个重要因素。"面对新教的竞争,天主

---

① 参见埃克隆德等人(Ekelund et al.,2002)关于新教改革的经济学解释,以及埃克隆德等人(Ekelund et al.,2004)对反宗教改革经济学的探索。

② 宗教竞争是否会导致个人更多或更少的宗教参与,这个问题仍然存在争议。一方面,有人认为各种宗教的存在导致某一特定宗教的可信性降低,从而减少了宗教参与(Chaves and Gorski,2001)。另一方面,亚当·斯密等作者建议,非国家赞助的宗教团体必须为其信徒提供特别照顾,提高宗教活动的质量和参与率(Iannacone et al.,1997)。更多信息请参见 Höhener and Schaltegger,2012。

教地区的宗教和世俗当局也加大了提供普及教育的力度。值得注意的是，欧洲学校教育落后最严重的地区是西班牙和意大利，反宗教改革彻底胜利并消除了宗教竞争"(Glenn，2012:140)。

　　总的来说，教会在未来300年的学校教育供给中扮演了重要角色。它们的重要性仅随民族国家的崛起而下降。在19世纪，宗教当局担心国家提供的教育将是世俗的，教育内容与宗教观点不符(Boli，1992)。法国的天主教会就是这样。在法国中央政府发展出一个现代、有组织的实体(Archer，1979)之前，法国的入学率相对较高，因为天主教会对控制儿童的社会化过程充满兴趣。后来，教会与国家的竞争进一步提高了法国的教育水平(Fuller and Rubinson，1992)。因此，法国的儿童入学率在19世纪30年代约为三分之一，到19世纪80年代达到80%(参见 Galor，2011)。

　　在其他地方，特别是在新教地区，国家与教会合作。特别是早期全球阅读领域的先驱瑞典，在17世纪通过了一项教会法，出于宗教的目的提高识字率。因此，威尼斯基认为，"教会和国家通过定期的教区考试，对未能教育子女的父母处以罚款，以及剥夺那些不能阅读和背诵教义的成年人的圣餐和婚姻权利"，从而到1750年，几乎所有人都具备了阅读能力(Venezky，1996:48)。同样，在普鲁士，国家与路德教会也进行了合作(Soysal and Strang，1989)。①

225

　　一般来说，在国家力量薄弱的地方，它必须更多地依赖教会的基础设施，赋予教会更多的权力和影响力(Vincent，2000)。美国提供了另一例证：一个相对落后的中部州拥有较高的入学率。迈耶(Meyer，1989)提出，这一事实可以通过对学校教育和识字水平的特殊信念(由于新教)及其对国家建设的积极影响来解释。这些思想起源于英格兰，并传播到美国。精神需求再一次成为教育的重要驱动力。

---

① 更宽泛地说，作者认为正规教育的价值观接近于新教的价值观，正如韦伯(Weber，1958)所强调的那样："正规教育强调个人社会化和成就，而新教强调个人与上帝之间不可调和的关系和个人的灵魂救赎。"(Soysal and Strang，1989:279)

教育需求

大众教育的利弊

尽管一些早期的改革者提倡大众教育,但在 1800 年以前,正规教育并不普及。相反,大多数教育是在相对非正式的环境中提供的。奇波拉(Cipolla, 1969)引用了拉申(Rashin, 1958)的研究,强调当时人们接受教育并识字的机会非常多。研究显示,在 1883—1884 年俄罗斯帝国的莫斯科省,7 123 名具有阅读能力的工厂工人的分布情况是,38%的工人在乡村、城镇或地区学校获得识字能力,36%的工人在校外获得识字能力,10%的工人在工厂学校获得识字能力,9%的工人由神职人员教授,7%的工人在服兵役期间获得识字能力(Rashin, 1958)。

米奇(Mitch, 1992b,引自 Briggs, 1978;Mitch, 1982)声称,在 16 世纪至 19 世纪的许多欧洲国家,私立学校的收费水平是工人阶级家庭负担得起的。他进一步指出,即使没有国家的帮助,私立学校也可以实现全民识字。

然而,不同的阶级往往对教育有不同的需求。中产阶级为他们的子女寻求中等或高等教育以提升社会地位,而工人们可能不会寻求超过初级水平的教育,因为他们没有看到教育的好处。这样,阶级之间以及国家不同地区之间的教育差异就会加剧,获得地位更高的工作的机会往往局限于特定的社会群体,从而阻碍了社会阶层之间的流动。

这一点说明,许多国家的统治精英们担心更多的教育机会将对他们的政治、经济和社会地位构成威胁。这些精英担心教育会使工人们不满于他们那种仿佛"与生俱来"的命运。因此,一些人认为教育会引导他们寻求更多的权利,使他们更容易反抗统治(Graff, 1991;Lindert, 2004)。

尽管有这些上层阶级的担忧,但由于军事和工业原因,大众教育的需求一直在增长。事实上,征兵制(military conscription)的支持者对大众教育特别感兴趣。在 16 世纪对炮手有着重大需求(Cipolla, 1969)。由于炮手必须识字才能完成他们的职业工作,许多欧洲政府为他们的教育建立了专门的学校。在那里,他们学会了读、写、算,以及一些弹道基础知识。瑞典促进大

226

众教育,以灌输国家忠诚、教授纪律、缓解民众之间的社会紧张关系。他们的领导人发现,识字的士兵在战争中也更高效(Malmström,1813)。同样,拿破仑也意识到了这一点,并促进了对新兵的教育。后来,他的敌人也利用这种洞察力建立了一支受过教育的军队(Vincent,2000)。例如,战败的普鲁士成功地改革了其教育制度。这可能是普鲁士(和其他德意志国家)在1870年赢得普法战争的原因之一。"1870年,法国军队中新兵的文盲率超过了20%,而普鲁士军队的文盲率仅为3%。"正如法国人当时所说:"我们在色当战役中输给了普鲁士校长。"(Cipolla,1969:23—24;另见Fourrier,1965)奇波拉说:"那些培养越来越多有读写能力的士兵的社会比那些没有这样做的国家具有决定性的优势。"(Cipolla,1969:23)因此,文森特指出:"在欧洲,大多数潜在的参战国都确保它们的新兵能够阅读武器说明,并给他们的家人写信。"(Vincent,2000:10)换言之,军事目标在19世纪国家提供教育方面发挥了作用。

工业革命时期的书籍

在古腾堡革命之后,直到19世纪,基础性技术才发生了重大变化(Chappell,1970)。19世纪之后,工业革命对印刷材料的供应产生了巨大的影响。蒸汽动力早在1810年就开始被用于印刷过程。同时,人们首次成功地尝试了用机器生产(纸浆纤维)纸,用于大规模生产的机器在19世纪40年代进入市场。在19世纪下半叶,纸张生产和印刷机器(特别是莱纳排铸机*)的进一步发展大大缩短了印刷的时间和资金成本(Cook,2006)。这些变化对出版图书的数量产生了影响。

威登更详细地分析了1836—1916年间英格兰的图书产量。他认为1846—1916年间,"图书产量增加了四倍,价格下降了一半"(Weedon,2003:57;另见图3.4)。

19世纪书籍和印刷品生产发生这些重大变化的决定因素是什么?威登 227
认为,技术改造在这个过程中是必不可少的。她强调,纸张是书籍生产成本的重要组成部分,现在可以用机器来生产。从1866年到1896年,纸张的成

---

*　一种整行铸造排字机。——译者注

本下降了三分之二,使得图书生产成本降低了很多。

报业的增长更为壮观。奇波拉(Cipolla,1969)强调:"在1831年的英国,报社的月均发行量约为324万份(相当于每千名居民中约137份)。到1882年,月均发行量已达到1.35亿份(每千名居民中约3 700份)。"(Cipolla,1969:107)①为了展望英国报纸的发行,默奇(Murch,1870)指出,1831年发行的报纸约为3 864.8万份,1864年增加到5.460 59亿份(即增加1313%)。不仅报纸印刷量增加,报纸生产成本也有所下降。例如,从19世纪60年代到90年代,新闻报纸的价格仅为原先的十分之一(Cook,2006)。换句话说,蒸汽动力正在彻底改变各种形式的印刷媒体。

工业对教育的需求

工业对识字的需求发展较慢。在工业革命的第一阶段,工业对熟练劳动力的需求相当有限(Galor,2011)。一些工厂工人需要识字和计算,但大多数工序仍由文盲工人处理(Landes,1969;Galor,2011)。此外,不断发展的工厂制度增加了幼儿受教育的机会成本,因为他们可以在工厂就业(Cipolla,1980;Venezky,1996),这导致教育水平停滞不前。迄今为止的证据表明,正规教育在英国工业革命中的作用并不重要(Mitch,1999)。

然而,贝克尔等人(Becker et al.,2011)发现了教育在20[*]世纪后半叶普鲁士工业化追赶中的重要作用。此外,工业现代化导致了对熟练劳动力的需求,并在工业革命的第二阶段创造了对教育的需求(Galor and Weil,2000;Galor,2011)。毫无疑问,到19世纪后半叶,工业家们发现,为了有效地使用机器,工人们越来越需要接受教育。

人力资本在生产过程中变得更加重要,因为它是物质资本和技术进步的补充。熟练工人的劳动生产率也较高(Galor et al.,2009;Galor,2011)。此外,受过教育的人被认为更容易适应技术变革,并对新的想法持开放态度(Cipolla,1969)。在此期间,技术进步迅速,对人力资本的需求也随之上升。

228

---

① 来自法国的数据强调了报纸产量的急剧增长:"1840年,巴黎所有期刊的月发行量不到300万份。到1882年,发行量已经达到4 400万份。"(Cipolla,1969:107)

* 原文为20世纪,应为19世纪。——译者注

因此,泽拉认为,"生产的机械化和生产规模的增加都极大地改变了生产和销售的整体特征。现在它需要新的技能,如阅读、写作和算术。为了操作并保养机器,需要一些科学和工程知识,至少要拥有一些识字技能,来保证工人能够阅读手册,并就机器当中的问题与生产商沟通"(Zeira,2009:602)。

米奇(Mitch,1992a)估计,在1870年左右,一个识字的工人比一个不识字的工人多获得13%的收入。较低阶层的成员越来越多地参与竞争,争取更高级别的工作,在日常生活中使用识字技能的机会越来越多,这无疑刺激了个人努力接受教育。更宽泛地说,劳动人口部门的结构变化对识字要求有其自身的影响,因为农业长期以来不太需要识字(表3.1)。最后,由于儿童人数减少,人口结构的转变进一步增加了对每个儿童投资的需要。

表3.1　1841—1891年间英格兰男性人口具备识字水平在职业有用性中的不同比例

识字的职业有用性分类	1841 年	1851 年	1871 年	1891 年
要求识字	4.9	5.6	7.9	11.1
识字很可能有用	22.5	22.8	25.3	26.1
识字可能有用	25.7	24.2	24.5	25.9
识字不太可能有用	46.9	47.0	42.3	37.0

注:"有用性"是指识字在工作环境中有用的程度。
资料来源:Mitch,1992a。

根据加洛尔等人(Galor et al.,2009)的研究,资本家对促进公共教育很感兴趣,因为在工业革命的第二阶段,他们的工厂需要熟练工人。相比之下,大地主宁愿阻止教育扩张,因为工业化会威胁到他们的社会地位。除这一原因外,如果公共教育得以促进,劳动者将更倾向于迁移到收入更高的城市中心,且更不愿意接受现有的工作条件。最后,土地所有者往往是那些为了改善教育系统而不得不纳税的人,他们不想承担这种财政负担(另参见 Baten and Hippe,2017)。

因此,资本家不顾土地所有者的利益,积极游说公共教育,试图影响政府干预教育领域的行动。特别是技术教育被视为提供熟练工人的重要途径。英格兰的例子可以说明这一点,虽然作为工业化的领头羊,但它在提供公共教育方面开始得较晚。根据加洛尔(Galor,2011)的研究,当其他国家(如德国或法国)在工业领域变得更具创造性和创新性时,政府改变了之前的放任政策。据1867年巴黎展览会的一名评审团成员所说,这次展览表明

229

英格兰工业界的进步不够。原因在于"人们一致认为法国、普鲁士、奥地利、比利时和瑞士拥有良好的工业教育体系,而英格兰却没有"(Green,1990:296;Galor,2011:476)。后来,教育委员会的副主席认为,"能否迅速提供基础教育将决定我们的工业繁荣。如果我们仍然让我们的工人不具备技术……我们将在世界竞争中被人赶超"(Hart,1971:223—224;Galor,2011:477)。因此,加洛尔(Galor,2011)认为,英格兰政府最终屈服于资本家的需求,扩大了公共教育。

随着工业化的进程,公众越来越意识到,必须获得更多与现代生产工艺有关的现代技能和知识。因此,鲁宾逊和拉尔夫(Rubinson and Ralph,1984)在对1890年至1970年美国的分析中发现,技术变革对学校教育规模(即入学率)的扩大有着显著的影响。然而,他们承认,在工业革命之前,教育和识字在美国已经很重要。它们是总人口不同部分之间地位竞争过程的一部分(根据族裔血统、职业地位、宗教信仰等)。此外,技术变革的重要性随着时间的推移而减弱,因为学校教育系统更多的是出于政治考虑而扩大的。

民族国家提供大众教育的动机

除了军事和工业原因外,文盲也开始被视为一个国家的耻辱(Cipolla,1969),这给那些不想落后于"文明"领导人的政府施加了压力。因此,在这种情况下,国际声誉和竞争可以被视为影响政府政策的因素。此外,人们越来越相信,大众教育在形成民众信仰、指导和可能控制他们的行为方面是有作用的。

拉米雷兹和文特因斯卡(Ramirez and Ventraensca,1992:49)认为,大众学校建设的后期阶段是一个民族国家的项目,强调其整体的跨国性。他们认为,大众教育是围绕着类似的意识形态和组织形式发展和标准化的。它允许民族国家与个人建立联系。因此,民族国家的兴起与大众教育有着内在的联系。与民族国家相关的公共生活越来越有序,以前的跨国人口也转变成了民族国家的公民。教育也由此成为民族国家自己的一个机构,教育有自己的目标、利益和利益相关者。"几乎所有的欧洲政府都采取了使其人口同质化的措施:确定国家宗教、驱逐少数群体、建立一种民族语言,最终组织大规模公共教育。"(Tilly and Tilly,1973:44,引自 Alesina and Spolaore,2005:184)后来,前殖民地也以类似的方式在20世纪下半叶实现了建国的目标。

根据这一观点,阿莱西纳和赖克(Alesina and Reich,2013)认为,政府所针对的同质化程度取决于其特定的政体。特别是它们区分了民主政体、"安全"的非民主政体和"不安全"的非民主政体。例如,在法国,旧制度统治势力强大,但对追求同质化不感兴趣。法国大革命推翻了政权,但其他精英很快上台执政。尽管如此,更多民主的威胁需要加强国家建设和同质化的努力。使人口同质化的一个重要途径是语言同质化,因此政府将法语作为学校唯一使用的语言。意大利和英格兰的案例同样说明,大众教育被视为国家建设的需要。同样,在去殖民化后的许多非洲国家,只有在(重新)组织了一个或多或少有效率的民族国家之后,才实现了上学人口的比例的重大上升。入学率的提升有多方面的好处。它产生了强调国家建设进程正在进行中的一种信号效应。此外,它的目的是表明进步的理想得到了精英们的拥护,使他们的统治更具合法性和可信度。因此,学校的建立在几个维度上也具有重要的象征意义(Ramirez and Ventraensca,1992)。

政府干预教育

如何根据政府对教育的影响程度对欧洲国家进行分类?米奇(Mitch,1992b)区分了两类欧洲国家。首先,工业化的领军国家(如英格兰、法国、德国)在大众教育开始之前的几个世纪里,识字率逐渐提高(英格兰参见图3.4)。[1]这一渐进过程可能涉及当地需求,而当地需求则由当地供给来满足。其次,后工业化国家(如俄罗斯、意大利、西班牙)的识字率要低得多,但后来这些国家的识字率提高得更快。事实上,各国政府的目标是缩小与欧洲主要国家的差距。因此,在这些国家,中央政府的作用更为重要,而地方精英在提高教育水平方面的决定性影响较小。

索伊萨尔和斯特朗(Soysal and Strang,1989)采用不同的方法,根据社会内部在教育问题上的冲突和竞争,将欧洲国家分为三类。第一类是"国家主义教育建设",包括普鲁士和斯堪的纳维亚国家(丹麦、挪威、瑞典)。在这些

---

[1] 计算能力的进化也是如此(A'Hearn et al.,2009)。

情况下，国家能够利用国家教会的专门知识和物质基础设施。事实上，在19世纪以前，教育设施主要由教会提供（Vincent，2000）。因此，国家和教会之间的合作至关重要。

231　　第二，法国、荷兰、瑞士、英国、美国等国都进行了"教育社会化建设"（societal construction of education），这些国家有许多利益冲突的重要利益集团。这些利益集团由宗教秩序（如英国和荷兰）或地方特色（如美国）所建构。因此，一个集中的、全国性的教育体系建立得比较晚，但是在国家介入之前，学校教育已经有了相当大的发展。

　　最后，葡萄牙、意大利、希腊、西班牙等国进行了"虚有其表的教育建设"，这意味着虽然这些国家义务教育法的通过时间相对较早，但几十年来没有实际行动。实行义务教育的年份和1870年时的入学率说明了这种差异（表3.2）。例如，尽管希腊早在1834年就实行了义务教育，但由于实施不力，1870年的小学入学率仅为20％。在这个国家和其他进行"虚有其表的教育建设"的国家，没有教育竞争，入学率也相对较低。此外，国家能力较弱，在其领土上执行自己制定的法律法规的权力太小。

表 3.2　实行义务教育的时间与 1870 年小学入学率

国　家	实行义务教育的年份	1870 年小学入学率（％）
普鲁士	1763	67
丹　麦	1814	58
希　腊	1834	20
西班牙	1838	42
瑞　典	1842	71
葡萄牙	1844	13
挪　威	1848	61
奥地利	1864	40
瑞　士	1874	74
意大利	1877	29
英　国	1880	49
法　国	1882	75
爱尔兰	1892	38
荷　兰	1900	59
卢森堡	1912	—
比利时	1914	62
美　国	—	72

资料来源：Soysal and Strang，1989。

另一个问题涉及国家教育政策的有效性。国家行动何时有效？米奇（Mitch，1992b）指出，如果需求很低，一个州的教育政策可能不会非常有效。即使国家保证了充足的教育供给，但由于家长们缺乏兴趣，甚至会遭到家长们的抵制，教室仍然有一半是空的。此外，在识字率高、私立学校数量庞大的情况下，国家政策相当无效。在这种情况下，米奇（Mitch，1992b）认为公共政策举措是多余的，在许多情形下，已经存在的私立学校只是变成了公立学校。相比之下，当存在明显的供应短缺无法满足大众的需求时，国家的政策可能相当有效。另外，在当地精英违背当地居民的意愿，阻止提供教育设施时，国家政策可以克服当地的阻力。除此之外，公共政策在初始教育水平出现的时候可能是有效的，但这一水平还必须进一步提高。在这方面，国家政策（特别是在英格兰、法国和德国）的目标是建设新学校，规范和改进教学，降低或取消学费，以及制定义务教育法。全国扫盲运动（例如在 17 世纪的斯堪的纳维亚国家）也可能是提高教育政策效力的一个重要工具。

因此，米奇强调，有效的教育政策需要协调教学设施需求和政策措施的影响。两者都取决于大众对识字的态度和社会内部的权力关系。[①]因此，教育政策需要依靠民众和地方精英的支持才有成效。在缺少其中一个或两个因素的情况下，国家公共政策往往效果不佳。因此，地方机构和地方精英发挥了重要作用。由此，林德特（Lindert，2004）指出，许多早期在大众教育中表现优异的人拥有分权的教育系统（decentralized education systems）。例如，他认为普鲁士的教育体系基本上基于自下而上的结构。[②]分权教育体系的其

①　他区分了三种情况：平等主义（egalitarian）、精英（elite）和专制（autocratic）的权力分配形式。在平等主义的情况下，多数人的偏好是由精英来实现的。因此，政策措施很可能只是多余的或不能满足私人需求。在这些社会中，获得教育意味着预期社会地位的提高，从而提升大众的教育需求。当社会权力更加集中，但仍有向上流动的可能时（如法国和德国），公共教育政策的效力可能更高。最后，在更加专制的政体中，当权力极度集中（例如在西班牙和葡萄牙），群众生活水平低下时，公共行动是无效的。一方面，需求量很低，政府的行为被认为是对家庭生活的侵犯。另一方面，地方精英阻止了国家层面的教育改革（Mitch，1992b）。

②　总的来说，普鲁士国王并不是大众教育传播的热心推动者。他们"为阻碍学校教育和自由思想的传播，做了很多，说了很多"（Lindert，2004：118）。

他例子包括美国和加拿大。在所有这些国家,地方政府都能够征收地方税,为学校系统提供资金。因此,地方行动者能够选择是否愿意推广和接受教育,并可能失去在国家层面上存在的利益。结果是地方领导人受到当地辩论和当地需求的影响。因此,地方资助也意味着教育上的地区差异可能变得更加显著。结果是,在第一阶段,权力下放使最适宜地区的教育水平得以提高,而在第二阶段,则往往无法提高落后地区的教育水平。在后一阶段,政府需要避免这种市场失灵①,并集中实施更高的教育支出。②

为了避免教育部门的市场失灵,国家可以采取哪些具体措施?首先,国家可以提供充足的教育供给。从理论上讲,私营部门在教育的供给侧上也完全负有责任:根据林德特(Lindert, 2014)的说法,至少在过去600年里,初等教育的投资为私人和社会带来了高回报。然而,他指出,私营部门从来没有解决过"资本约束"的问题,即普及教育投资要通过儿童未来收入的增加来偿还。为此,国家必须介入,以避免对教育投资的不足。然而,学校、教师和教育设施的供给给政府带来了重要的成本。这就是国家在历史的大部分时间里无法为公共教育提供资金的原因之一。事实上,由于国家官僚机构效率低下等原因,它并不具备必要的财政能力。另一方面,投资教育以及因此增加税收的意愿取决于统治阶级的利益。只要这些统治阶级,特别是土地所有者反对教育改革,在这一领域的进展就会受限或根本不存在(另见Baten and Hippe, 2017)。因此,林德特(Lindert, 2014)认为,向更大一部分人口提供投票权,令政府对教育投资的构成和态度发生了重大变化。因此,在过去的两个世纪里,政府在教育方面的开支大幅增加。较高的支出并不一定意味着入学率的提高,但两者往往有较强的相关性(参见 Fuller, 1983;Walters and O'Connell, 1988)。

---

① 此处假设所有地区都能从较高教育水平中受益。

② 一些研究表明,人力资本库兹涅茨曲线的存在,使库兹涅茨(Kuznets, 1955)的思想适用于教育。换言之,在经济发展的后期,人力资本不平等在早期阶段增加,随后人力资本不平等减少。关于经验贡献,参见 De Gregorio and Lee, 2002;Castello and Domenech, 2002;Lim and Tang, 2008;Morrison and Murtin, 2013。关于理论模型,请参见 Galor and Tsiddon, 1996;Glomm and Ravikumar, 1998;Matsuo and Tomoda, 2012。

其次，国家可以创造教育需求。因此，投资于学校的质量和信誉可能对需求和入学率产生重要影响。学校的质量取决于几个因素，尤其是教师的素质。这些教师的供给取决于他们的工资和教师职业的社会地位（Cipolla，1969）。[①]因此，确保教师的质量可以成为一个重要的政策目标。此外，国家可以从政治上构建工作组织。例如，它有权为进入公共和私营部门的工作岗位制定最低教育标准。如果父母或他们的子女想进入这个高薪就业市场，他们必须投资于教育。因此，国家可以以政治导向的方式创造公共需求。同样，国家可以减少送孩子上学的机会成本（例如，通过限制童工和通过促使儿童接受学校义务教育的法律）。

234

最后，国家可以利用与教育相关的意识形态和象征性复合物（如经济和社会机会，以及国家建设、个人发展和进步等西方观念），通过相应的信息传递活动（signaling activities）（如扫盲运动）推进大众教育（Fuller and Rubinson，1992）。

然而，在一些国家，政府参与提高教育质量和数量的行动似乎已经太晚了。例如，米奇（Mitch，1986）指出，19世纪的英格兰可能就是这样。因此，英国在教育方面的投入是否太少（而且太迟）？为了更好地掌握公共支出与经济产出的比较，可以通过公共教育投资占国内生产总值的比例来衡量。卡彭铁尔（Carpentier，2007）展示了英国与其他正在追赶的国家的相对地位。他特别考虑了英国、法国和美国之间的差异（参见图3.6）。与其他工业化国家相比，英国在19世纪末之前的比值似乎相当低。这说明了这样一种说法，即由于缺乏教育，英国在工业革命第二阶段的主要劣势是缺少熟练工人。1870年，在这三个国家中美国是最领先的国家，其教育支出占其国内生产总值的近1%。法国紧随其后，差距约为0.5%，而英国则远远落后。英国后来意识到了这一点，政府更为明确地增加了支出。

---

① 整个欧洲的工资水平差别很大。然而，在大多数情况下，它们似乎一直很低。因此，奇波拉（Cipolla，1969）认为教师的平均工资与19世纪以前的工匠相当。此外，在19世纪，欧洲各国教师的社会地位仍有很大差异。例如，在德国（尤其是普鲁士）公众对教师非常尊重（Cipolla，1969）。因此，社会声望和收入可能是教育高质量的原因，长期以来教师职业的传统也许同样是一个重要因素。相比之下，19世纪的英格兰和意大利南部，校长和情妇的名声并不好，威望也不高。

法国也增加了在教育方面的相对支出，在随后的十年里一直是这三个国家的领头羊。在随后的第一次世界大战前，英国成了占比最高的国家。然而，教育支出比例的真正腾飞只发生在 20 世纪 50 年代至 70 年代之间，从那时起，这三个国家的教育支出占国内生产总值的比例大多在 4％至 6％之间。

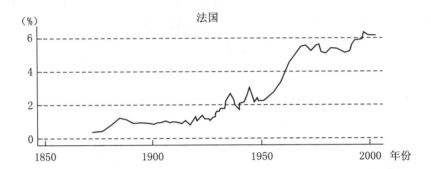

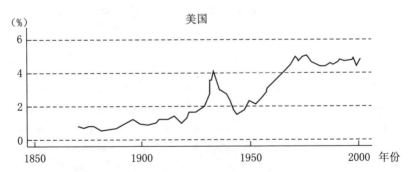

资料来源：Carpentier，2007；另见 Diebolt，2000；Diebolt and Fontvieille，2001。

**图 3.6　1870—2003 年间英国、法国和美国的公共教育
支出占国内生产总值的比重**

　　这些数据说明了公共教育支出的演变。然而,它们并不包括私人对教育的投资。对教育的总体投资可能远高于单纯的公共投资。林德特(Lindert,2004)提供了1850—1910年间一些国家各级教育总支出(即公共和私人)的估计数(参见图3.7)。

　　数据显示,在19世纪后半期,德国的整体教育投资最高,其次是美国。法国的教育投资水平似乎要低得多,并且在19世纪末和20世纪初,与领先国家的差距进一步扩大。意大利和英国的数据相对不确定一些,不过数据显示它们处于一个中间的位置。

236

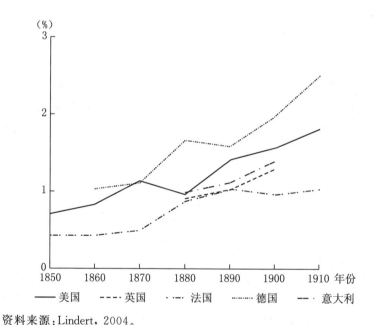

资料来源:Lindert,2004。

图3.7　1850—1910年间公共和私人支出占国内生产总值的比重

　　下一个合乎逻辑的步骤是观察教育投资的构成。私人教育投资是高于还是低于公共支出?因此,随着时间的推移,公共投资是否取代了私人投资?图3.8说明了公共和私人投资(占国内生产总值的比例)在这些国家的相对重要性(详情参见Lindert,2004)。

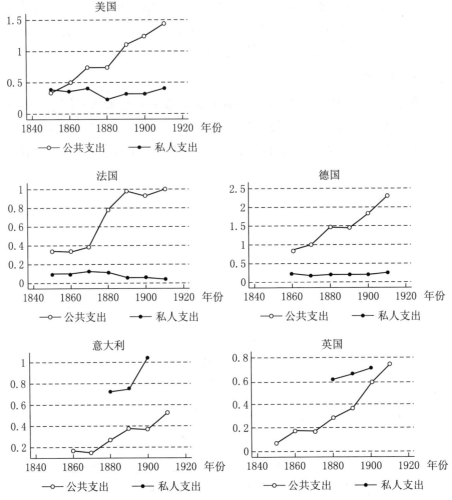

注:纵轴是指按现行价格计算的各级教育支出占国内生产总值的百分比。1890年英国私人支出占比值为插补值。

资料来源:摘自 Lindert,2004。

图 3.8　1850—1910 年间公共支出和私人支出占国内生产总值的比重

在教育投资的演变中,出现了三种不同的模式。第一种模式以美国为代表,在 19 世纪 50 年代,美国的私人教育支出和公共教育支出或多或少处于同一水平,然而公共支出占国内生产总值的比重(几乎)持续上升,而私人支出却停滞不前。最初略高的私人支出水平可能意味着公共支出部分取代了私人支出。第二种模式以法国和德国为代表,在整个时期当中,法德两国的公共教育支出远高于私人支出。由于政府提供教育的力度增加,这一差距也同样扩大了。最后一种模式以意大利和英国为代表,19世纪末,意大利和英国的私人支出似乎更高。因此,初步的数据证据表明,这两国政府支出仅在20世纪成为教育投资的主要形式,比其他国家晚得多。

世界人力资本转型与国家

近两个世纪世界人力资本水平的变化趋势

在本节讨论国家的作用之前,对世界上长期的人力资本转型作一个总体概述似乎很重要。我们可以从数字计算能力开始(Crayen and Baten,2010)。这里的数字计算能力是用年龄堆积法(age heaping method)来衡量的,这种方法衡量的是会算数的人口比例。[1]在19世纪初,工业国家的数字计算能力在所有国家中是最高的。紧随其后的是东亚,其数字计算能力与19世纪80年代的工业国家相似。紧随东亚的是东欧/中亚国家,这些国家在20世纪初达到了最高的数字计算能力水平。因此,这三个地区的数字计算水平在19世纪末达到最高。直到20世纪中叶,世界上没有其他地区能够达到这样的水平。紧随其后的区域中最先进的地区是拉丁美洲/加勒比地区,该地区受到工业化国家教育政策的启发。世界落后地区是东南亚、撒哈拉以南非洲和中东/北非。南亚国家在整个时期的算术水平最低。

数字计算能力只是衡量人力资本水平的一个指标。识字率无疑是衡量长期教育最常见的变量(另见 Diebolt and Hippe,2017,2018a,2018b;Hippe and Perrin,2017;Diebolt et al.,2018)。自1870年以来的总体趋势

---

① 它使用人口普查和其他可比数据的年龄分布中的一种特殊堆积现象来计算算术水平。更具体地说,向人口普查员报告的年龄个位数为0或5的人,这导致年龄分布出现显著峰值。原因是他们不能计数,也不知道自己的确切年龄,所以他们把它四舍五入。这是一个众所周知的现象,可以在历史资料和今天的一系列发展中国家中找到。更多信息,请参见埃亨等人(A'Hearn et al.,2009)、希佩和巴滕(Hippe and Baten,2012)、希佩(Hippe,2012,2013b,2014)的研究。

(参见图 3.9)在许多方面与计算能力中确定的趋势非常相似。尤其是识字率
再次由西方国家领跑。西方与其他国家识字率的差距似乎比计算能力更重
要。造成这种情况的一个重要原因是,起初识字率远远低于基本的数字计算
能力。这种情况与测量的基本概念有关:数字计算能力指标代表非常简单的
计数技能,这甚至比识字技能更为基础。不论在哪个时期,紧随西方的都是东
亚国家(即韩国、日本和中国)和东欧。东欧国家的识字率在 1910—1950 年间
有了大幅增长。与韩日不同的是,中国直到 20 世纪后半叶才大幅提高识字水
平,此后这一增长幅度稍有下降。拉丁美洲的发展总体上与中国相似。与中
国相比,拉美国家在 1910 年到 1950 年期间,识字率有所提高,但之后的提高
速度则更为缓慢。中国则恰恰相反。19 世纪 70 年代几乎全民文盲的国家
或社会均来自南亚、"其他亚洲"国家和非洲。虽然"其他亚洲"国家到
2010 年能够缩小与领先区域的差距,但南亚和非洲取得了重大但仍不充分
的进展。然而,在未来几十年里,它们似乎有可能加入所有其他地区。

239

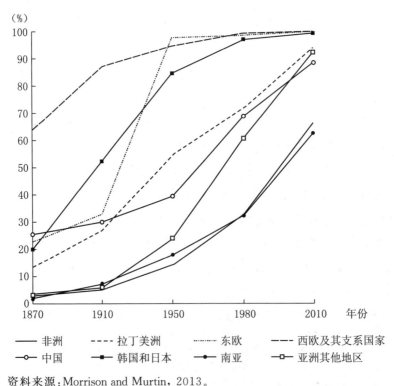

资料来源:Morrison and Murtin, 2013。

图 3.9　1870—2010 年间世界各地区识字率的演变

采用另一个标准指标——小学教育年限——得出的结论非常相似（参见
Morrison and Murtin，2013）。显然，这一变量与国家的关系更为密切，因为
在所研究的时间区间内，大多数学校教育是由国家提供的。在许多情况下，
小学教育年限这一指标的增长不如识字率提升那样显著，但这在一定程度
上是由于指标的性质所导致的。不过，从识字率数据中可以看出的趋势也
可以在这里找到。1870 年，西方的小学教育年限约为 3 年，而所有其他地区
的小学教育年限为 0 至 1 年。在 2010 年，存在三种不同的小学学制：西方、
韩国、日本和东欧约为 6 年；拉丁美洲、中国和其他亚洲国家约为 5 年；南亚
和非洲约为 3.5 年。从长远来看，除那些领先的国家和地区外，其他国家和
地区都在逐渐向领先的国家和地区趋同。

　　小学教育是衡量基本人力资本的一项指标。因此，它类似于识字和数
字计算能力。如果我们要扩大人力资本的概念，使之包括掌握更先进的技
能，我们也应该考虑到中等教育的作用。因此，总受教育年限指标可以使
我们更全面地了解基本和更高级的人力资本水平（参见图 3.10）。然而，
很明显，这一变量的一个重要部分是由初等教育水平构成的，如图 3.9 所 240
示。因此，平均总受教育年限的大多数趋势与初等教育的结果相一致。格
局中最明显的变化是东欧的演变。在初等教育方面，到 1980 年，东欧已经
达到了与西方和韩日相似的水平。在中小学教育方面，仍然存在大约
1.5—2 年的重要差距。此外，这一差距并没有缩小，实际上一直扩大到
2010 年。

　　人们也可以用另一种方式来看待这些数据。技术前沿（technological
frontier）的概念在增长文献中非常重要（例如，Vandenbussche et al.，2006）。
同样的观点也适用于人力资本。如果我们把在人力资本领先的国家和地区
（即西方）看作人力资本前沿的标志，我们可以计算出其他地区到这一前沿
的简单距离（使用总的受教育年限）。从这个角度来看，很明显西方和"其他
国家"之间的差距在 1870—1910 年间一直存在，而且非常大。1910 年后，只
有韩国和日本在人力资本积累方面取得了重大进展，逐渐追上了西方。
1910 年后，各国向人力资本前沿的趋同速度各不相同，但（除韩日外）所有国
家仍相距甚远。

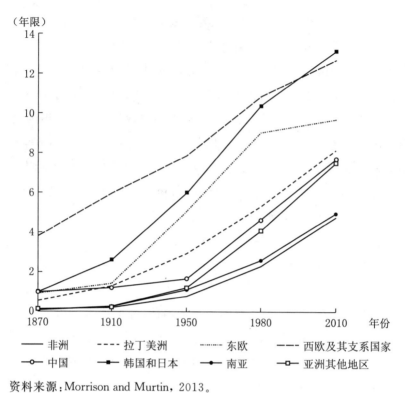

（年限）

资料来源：Morrison and Murtin，2013。

图 3.10　1870—2010 年间世界各地区总受教育年限的演变 *

　　因此，前述分析中使用的所有指标都表明，在过去的 200 年里，人力资本水平从相对较低的水平上升到了更高的水平。在学校教育方面，在 1870—2010 年间，所有地区都发生了这种转变。在 19 世纪下半叶，西方国家的教育水平已经相对较高（因此，我们需要回到 19 世纪初才能看到整个趋势），但与当前的水平相比，这些水平仍然非常低。人力资本转型是近 200 年来的一个现象，国家在这一转变中发挥了重要作用。

241

---

*　关于中国平均受教育年限问题，原文献使用的是联合国开发计划署《人类发展报告》中的数据，而非中国官方发布的人口普查报告数据。二者所用的统计方法口径有所不同，人口普查数据使用现行学制年份为系数，《人类发展报告》使用近似于实际调查结果为系数，统计口径为"25 岁以上人口的平均受教育年限"，2010 年中国第六次全国人口普查显示，中国的平均受教育年限为 9.08 年。——译者注

人力资本与国家

在考虑不同的指标时,国家参与从低水平的大众教育向高水平教育的转变是显而易见的。通过义务教育条例是一个明显的标志,它表明一个国家打算(至少是象征性地)提高其教育水平。图3.11显示了世界区域内通过义务教育条例的国家的累计份额的演变。西欧似乎是国家教育法的"领头羊",到1880年达到了50％左右。其次是美洲和东欧,它们在文化上都与西欧国家有联系。下一个缓慢跟进的是亚洲和太平洋地区。从20世纪10年代起,或者更晚些时候,中东开始大力推行国家教育。20世纪30年代至

242

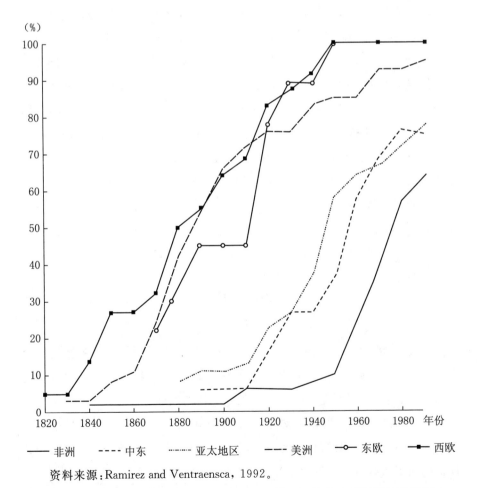

资料来源:Ramirez and Ventraensca,1992。

图3.11　1820—1990年间每十年不同区域通过义务教育条例的国家比例

50 年代,亚太与中东两个地区几乎齐头并进,均呈现出了惊人的增长。当然亚洲和太平洋地区领先了约 10 年。50 年代之后,这两个地区的进步就不那么引人注目了。在非洲,转折点出现在 20 世纪 50 年代和非殖民化时期,此后几乎达到了前两个地区的水平。因此,拉米雷斯和博利-本内特(Ramirez and Boli-Bennett,1982)认为存在一种加速现象,即一个国家的独立日期与通过义务教育机关法律的时间之间存在相关性:一个国家越年轻,通过义务教育法的速度越快(Adick,2003)。总的来说,在世界许多地方,从几乎不存在的官方法律参与公共教育,到几乎普及义务教育的转变是非常明显的。

我们还可以考虑另一个与国家参与有关的指标。它是某一区域内建立中央教育机构的国家的累积比例(Ramirez and Ventraensca,1992)。在某些方面,这一指标显示出类似的趋势。直到 19 世纪 70 年代,西欧在这一领域一直处于领先地位。在接下来的一个世纪里,拥有中央教育机构的国家所占比例显著增加。因此,到 20 世纪 90 年代,世界上所有主要地区几乎都有了中央教育机构——除了过去的"领头羊"西欧,在过去 200 年中,在那里,义务教育法和国家集中控制教育一直存在争议。因此在 20 世纪 90 年代,相当一部分西欧国家仍然没有成立国家控制的中央教育机构。相比之下,在西欧之后的世界其他地区,建立中央教育机构的想法被认为是必要的。这些地区的经验特点是,更加坚信并更少抵制中央政府政策的必要性。它再次强调了(部分是新创建的)民族国家与这些国家的大众教育之间的联系。

结　语

"知识经济"的扩张提供了一种使全球经济走上更可持续发展轨道的潜在途径。有鉴于此,本章旨在更好地了解导致当今工业化国家人力资本转型的市场和制度力量,即"知识经济"关键支柱的发展。

为此,我们试图回答以下问题:在过去 1000 年里,是什么因素推动了欧洲人力资本的需求和供给?人力资本的形成是否存在市场失灵?国家和其他机构在提供教育方面发挥了什么作用?为什么政府和公众愿意在这项公益事业上投入巨资?为了更好地理解导致人力资本转型的因素,我们收集

243

了大量关于欧洲教育史和更广泛的人力资本形成的证据。

欧洲人力资本转型历史的一个主要特征是,在15世纪古腾堡印刷机发展之后,以及19世纪随着印刷业的进一步机械化,书面教育(written education)的价格下降。这激励了书面教育的发展,意味着传统的工作技能得到了更广泛的识字和算术教育以及随后改进的补充。

然而,正如米奇(Mitch,1992b)所做的那样,这种叙述方式也试图强调需求在推动早期人力资本转型中所起的基本作用。转型期的早期需求通常由"奢侈"服务驱动,其中一些消费者的支付意愿相对较高,从而形成小众市场(Fouquet,2008)。就教育而言,这与精神指导的需求有关。最初阅读《圣经》的需求(拉丁语或大多数欧洲人的母语)是由路德和其他宗教改革倡导者所激发的。换言之,利用一场技术革命,一个有说服力的声音(伴随着越来越多的追随者)可以引发信仰的转变,从而刺激对现代经济增长的关键来源之一的最初(非物质)需求。

随着时间的推移,对书面教育的需求源于许多其他来源,与商业、军事、工业、父母、地位和"信念形成"因素有关。因此,领先国家的人力资本水平(特别是识字率)增长的第一阶段可以用供需的相互作用来解释。这为中上层阶级提供了基本的教育水平。与这一经验相吻合的是,使用信息和通信技术的成本不断下降,使发展中国家能够加快对人力资本的投资,并设法赶上工业化国家。然而,如果发展中经济体的人力资本转型以与欧洲转型相似的方式展开,那么某些人口群体将被抛在后面。也就是说,虽然发展中经济体的中上层阶级可能会受到高等教育,但较贫穷的阶层将难以提高他们的人力资本水平。因此,如果没有政府的重大努力,教育和最终的收入不平等可能会加剧。

事实上,人力资本转型的第二阶段(即从19世纪开始大众识字的普及和大众学校的建设)尤其受到国家的推动。在某些情况下,冲击(如战争、国际竞争力的丧失)在改变人们对教育价值的信念和刺激人力资本的公共投资方面发挥了关键作用。例如,普鲁士更积极地接受教育的举动是由拿破仑战争的失败所引发的。同样,英国的实业家在19世纪末开始意识到,他们的能力要跟上外国竞争对手(特别是德国和美国),有赖于有一支受过良好教育的劳动力队伍。

然而,总的来说,在那些必须赶上人力资本领域"领头羊"的国家中,国

244

109

家的作用更为重要。尤其是在欧洲落后的经济体中,市场失灵是一种现象,即尽管较高的人力资本水平将带来巨大的社会和经济效益,但教育并不是由私营部门提供的。国家财政能力的建设(包括建立高效的官僚机构)和社会精英对公共教育投资的抵抗不断下降,往往是国家干预的重要先决条件。一旦国家介入教育部门,建立了一个大众化的公立教育体系,随着时间的推移,这种市场失灵至少在一定程度上得到了解决。当然,在认识到人力资本投资的重要性之后,还需要采取有效的实施战略和公共财政支持(通常约占国内生产总值的 2%—5%)。

对大众教育的实施和财政支持往往在得到承认后迅速得到落实的原因之一是,国家与宗教机构和其他非政府组织一样,都重视"信仰形成"和对教育提供的控制。国家建设的愿望意味着灌输价值观和文化属性(如语言),这将鼓励后代认同国家,也是公共教育投资的重要推动力(Pritchett,2003)。换言之,教育(对政府)的这种次要利益很可能是人力资本转型的第二阶段的关键。

考虑到潜在的未来转型,重要的是考虑政府可能从转型中获得的利益。发现委托-代理问题的存在并为政府寻找直接利益,可能是激励政府官员制定有效实施策略和寻求公共财政支持的有力手段。

牢记这一目标,重要的是要记住主要的转型通常是长期的过程。欧洲的人力资本转型(这里的定义是识字率从 10% 提高到 90%)历经 400 年的时间,从路德的印刷版《圣经》翻译成欧洲各国语言版的《圣经》,一直到第一次世界大战。在日本和韩国,大约用了 100 多年(从 1850 年到 1960 年)。在南亚和非洲,这可能需要 100 年左右的时间。因此,即使是在今天实施基础教育计划的国家,实现转型的速度也是有限的。这部分是因为新一代人需要接受教育,而这需要几十年的时间。

然而,即使是在教育领域,既得利益集团也可能会抑制成功的转型。因此,在任何政策中都必须确定和考虑这些既得利益。事实上,中央政府在教育政策上与一系列利益相关者互动,特别是宗教当局(在欧洲是教会)、精英(地主和资本家)、父母、意识形态运动(包括自由派和保守派)以及地方当局。任何这些利益相关者都可以改变转型的速度和性质。另一方面,如果政府从转型中获得直接利益,那么这些既得利益很可能会更快地被克服。

参考文献

A'Hearn, B., Crayen, D., Baten J. (2009) "Quantifying Quantitative Literacy: Age Heaping and the History of Human Capital", *J Econ Hist*, Cambridge University Press, 68(3):783—808.

Adick, C. (2003) "Globale Trends weltweiter Schulentwicklung: Empirische Befunde und theoretische Erklärungen", *Z Erzieh*, 6(2):173—187.

Aghion, P., Howitt, P. (1992) "A Model of Growth through Creative Destruction", *Econometrica*, 60:323—351.

Aghion, P., Howitt, P. (1998) *Endogenous Growth Theory*. MIT Press, Cambridge.

Alesina, A., Reich, B. (2013) "Nation Building", NBER working paper 18839, Feb.2013.

Alesina, A., Spolaore, E.(2005) *The Size of Nations*. MIT Press, Cambridge.

Anderson, C. A. (1965) "Literacy and Schooling on the Development Threshold: Some Historical Cases", in Anderson, C. A., Bowman, M.J.(eds) *Education and Economic Development*. Aldine, Chicago, pp.347—362.

Ang, J.B., Madsen, J.B.(2011) "Can Second-generation Endogenous Growth Models Explain the Productivity Trends and Knowledge Production in the Asian Miracle Economies?", *Rev Econ Stat*, 93(4):1360—1373.

Archer, M.(1979) *Social Origins of Educational System*. Sage, Beverly Hills.

Barro, R.J.(1991) "Economic Growth in a Cross Section of Countries", *Q J Econ*, 106(2): 407—443.

Barro, R.J., Lee, J.W. (1993) "International Comparisons of Educational Attainment", *J Monet Econ*, 32:363—394.

Baten, J., Hippe, R. (2017) "Geography, Land Inequality and Regional Numeracy in Europe in Historical Perspective", *J Econ Growth*, 23(1):79—109.

Becker, G.S. (1964) *Human Capital: A Theoretical and Empirical Analysis with Special Reference to Education*, 1st edn. University of Chicago Press, Chicago.

Becker, G. S. (1981) *A Treatise on the Family*. Harvard University Press, Cambridge.

Becker, G.S. (1993) *Human Capital: A Theoretical and Empirical Analysis with Special Reference to Education*, 3rd edn. University of Chicago Press, Chicago.

Becker, S.O., Woessmann, L.(2008) "Luther and the Girls: Religious Denomination and the Female Education Gap in Nineteenth-century Prussia", *Scand J Econ*, 110(4):777—805.

Becker, S. O., Woessmann, L. (2009) "Was Weber Wrong? A Human Capital Theory of Protestant Economic History", *Q J Econ*, 124(2):531—596.

Becker, S.O., Hornung, E., Woessmann, L.(2011) "Education and Catch-up in the Industrial Revolution", *Am Econ J Macroecon*, 3(3): 92—126.

Benhabib, J., Spiegel, M.M.(1994) "The Role of Human Capital in Economic Development: Evidence from Aggregate Cross-country and Regional U. S. Data", *J Monet Econ*, 34(2):143—173.

Biller, P., Hudson, A.(eds) (1996) *Heresy and Literacy*, 1000—1530. Cambridge University Press, Cambridge.

Boli, J. (1992) "Institutions, Citizenship, and Schooling in Sweden", in Fuller, B., Rubinson, R. (eds) *The Political Construction of Education. The State, State Expansion and Economic Change*, Praeger, New York.

Bolt, J., van Zanden, J. L. (2014) "The Maddison Project: Collaborative Research on Historical National Accounts", *Econ Hist Rev*, 67(3):627—651.

Bowles, S., Gintis, H. (1976) *Schooling in Capitalist America: Educational Reform and the Contradictions of Economic Life*. Basic Books, New York.

Brewer, D. J., Hentschke, G. C., Eide, E.R.(2010) "Theoretical Concepts in the Economics of Education", in Brewer, D. J., McEwan, P. J. (eds) *Economics of Education*. Elsevier, Oxford.

Briggs, J. (1978) *An Italian Passage*. Yale University Press, New Haven.

Buringh, E., van Zanden, J. L. (2009) "Charting the 'Rise of the West': Manuscripts and Printed Books in Europe, a Long-term Perspective from the Sixth through Eighteenth Centuries", *J Econ Hist*, 69(2):409—445.

Campbell, R. (1747) The London Tradesman, Being a Compendious View of All the Trades, Professions, Arts, Both Liberal and Mechanic, Now Practised in the Cities of London and Westminster. T. Gardner, London.

Carnoy, M., Levin, H. (1985) *Schooling and Work in the Democratic State*. Stanford University Press, Stanford.

Carpentier, V. (2007) *Education Policymaking: Economic and Social Progress*. mimeo, London.

Castello, A., Domenech, R. (2002) "Human Capital Inequality and Economic Growth: Some New Evidence", *Econ J*, 112:187—200.

Chappell, W. (1970) *A Short History of the Printed Word*. Nonpareil Books, Boston.

Chassant, L. A. (1846) "Dictionnaire des abréviations latines et françaises usitées dans les inscriptions lapidaires et métalliques, les manuscrits et les chartes du Moyen Âge", Cornemillot, Evreux.

Chaves, M., Gorski, P. S. (2001) "Religious Pluralism and Religious Participation", *Annu Rev Sociol*, 27:261—281.

Ciccone, A., Papaioannou, E. (2009) "Human Capital, the Structure of Production, and Growth", *Rev Econ Stat*, 91(1):66—82.

Cipolla, C. M. (1969) *Literacy and Development in the West*. Penguin Books, Baltimore.

Cipolla, C. M. (1980) *Before the Industrial Revolution: European Society and Economy, 1000—1700*. Norton, New York.

Clark, G. (2004) "Lifestyles of the Rich and Famous: Living Costs of the Rich versus the Poor in England, 1209—1869", in Paper Presented in Conference "Towards a Global History of Prices and Wages". Available online at http://www.iisg.nl/hpw/papers/clark.pdf.

Clark, G. (2007) *A Farewell to Alms*. Princeton University Press, Princeton.

Clark, G., Levin, P. (2001) "How Different was the Industrial Revolution? The Revolution in Printing, 1350—1869", Working Paper. University of California, Davis.

Cohen, D., Soto, M. (2007) "Growth and Human Capital: Good Data, Good Results", *J Econ Growth*, 12:51—76.

Cohn, E., Geske, T. G. (1990) *The Economics of Education*. Pergamon Press, New York.

Collins, A., Halverson, R. (2010) "The Second Educational Revolution: Rethinking Education in the Age of Technology", *J Comput Assist Learn*, 26:18—27.

Cook, S. D. N. (2006) "Technological Revolutions and the Gutenberg Myth", in Hassan, R., Thomas, J. (eds) *The New Media Theory Reader*. McGraw-Hill, Berkshire [originally published in *Internet Dreams* (1997), MIT Press, Cambridge, MA].

Corazzini, A. J. (1967) "When Should Vocational Education Begin?", *J Hum Resour*, 2: 41—50.

Council of the European Union(2009) "Council conclusions of 12 May. 2009 on a Strategic Framework for European Cooperation in Education and Training('ET 2020')", C119/2, online. Last accessed on 22 Nov.2017. http://www.cedefop.europa.eu/EN/Files/ET_2020.pdf.

Crayen, D., Baten, J. (2010) "Global Trends in Numeracy 1820—1949 and Its Implications for Long-run Growth", *Explor Econ Hist*, 47:82—99.

Cressy, D. (1980) *Literacy and the Social Order: Reading and Writing in Tudor and Stuart England*. Cambridge University Press, Cambridge, UK.

Cuijpers, P. M. H. (1998) Teksten als koopwaar: vroege drukkers verkennen de markt: een kwantitatieve analyse van de productie van Nederlandstalige boeken（tot circa 1550）en de 'lezershulp' in de seculiere prozateksten. De Graaf，Nieuwkoop.

De Gregorio，J.，Lee，J.W.（2002）"Education and Income Inequality：New Evidence from Cross-country Data"，*Rev Income Wealth*，51：395—416.

De La Fuente，A.，Doménech，R.（2006）"Human Capital in Growth Regressions：How Much Difference Does Data Quality Make?"，*J Eur Econ Assoc*，4：1—36.

Demeulemeester，J. L.，Diebolt，C.（2011）"Education and Growth：What Links for Which Policy?"，*Hist Soc Res*，36(4)：323—346.

Diebolt，C.（2000）"Die Erfassung der Bildungsinvestitionen im 19. und 20"，*Jahrhundert. Z Erzieh*，3(4)：517—538.

Diebolt，C.，Fontvieille，L.（2001）"Dynamic Forces in Educational Development：A Long-run Comparative View of France and Germany in the 19th and 20th Centuries"，*Compare*，31(3)：295—309.

Diebolt，C.，Hippe，R.（2017）"Regional Human Capital Inequality in Europe，1850—2010"，*Région et Développement*，45：5—30.

Diebolt，C.，Hippe，R.（2018a）"Remoteness Equals Backwardness? Human Capital and Market Access in the European Regions：Insights from the Long Run"，*Educ Econ*，26(3)：285—304.

Diebolt，C.，Hippe，R.（2018b）"The Long-run Impact of Human Capital on Innovation and Economic Development in the Regions of Europe"，*Appl Econ*. https：//doi. org/10. 1080/00036846.2018.1495820.

Diebolt，C.，Hippe，R.，Jaoul-Grammare，M.(2018) *Bildungsökonomie. Eine Einführung aus historischer Perspektive*［Education Economics. An Introduction in Historical Perspective；in German］. Springer，Wiesbaden.

Dittmar，J.（2013）"New Media，Firms，Ideas，and Growth：European Cities after Gutenberg"，National Bureau of Economic Research，Cambridge，MA.

Ekelund，R. B.，Hébert，R. F.，Tollison，R. D.（2002）"An Economic Analysis of the Protestant Reformation"，*J Polit Econ*，110(3)：646—671.

Ekelund，R. B.，Hébert，R. F.，Tollison. R.D.(2004) "The Economics of the Counter-reformation：Incumbent-firm Reaction to Market Entry"，*Econ Inq*，42(4)：690—705.

Engelsing，R.（1973）*Analphabetentum und Lektüre：Zur Sozialgeschichte des Lesens in Deutsch- land zwischen feudaler und industrieller Gesellschaft*. Metzler，Stuttgart.

Epstein，S. R.（1998）"Craft Guilds，Apprenticeship，and Technological Change in Preindustrial Europe"，*J Econ Hist*，58(3)：684—713.

Epstein，S. R.（2004）"Property Rights to Technical Knowledge in Premodern Europe，1300—1800"，*Am Econ Rev*，94(2)：382—387.

Fouquet，R.（2008）*Heat，Power and Light：Revolutions in Energy Services*. Edward Elgar Publications，Cheltenham/Northampton.

Fouquet，R.，Broadberry，S.（2015）"Seven Centuries of European Economic Growth and Decline"，*J Econ Perspect*，29(4)：227—244.

Fourrier，C.（1965）*L'Enseignement Francais de 1789 à 1945*. Institut Pédagogique National，Paris.

Friedman，M.（1962）*Capitalism and Freedom*. University of Chicago Press，Chicago.

Fuller，B.（1983）"Youth Job Structure and School Enrollment，1890—1920"，*Sociol Educ*，56：145—156.

Fuller，B.，Rubinson，R.（1992）"Does the State Expand Schooling? Review of the Evidence"，in Fuller，B.，Rubinson，R.（eds）*The Political Construction of Education：The State，School Expansion and Economic Change*，Praeger，New York.

Galor，O.（2005）"From Stagnation to Growth：Unified Growth Theory"，in Aghion，P.，Durlauf，S.N.（eds）*Handbook of Economic Growth*，vol. 1A. North Holland，Amsterdam，pp. 171—293.

Galor，O.（2011）"Inequality，Human Capital Formation，and the Process of Development"，in Hanushek，E. A.，Machin，S.，

113

Woessmann, L. (eds) *Handbook of the Economics of Education*, vol.4. Elsevier, Oxford, pp.441—493.

Galor, O., Moav, O. (2002) "Natural Selection and the Origin of Economic Growth", *Q J Econ*, 117:1133—1192.

Galor, O., Tsiddon, D. (1996) "Income Distribution and Growth: The Kuznets Hypothesis Revisited", *Economica*, 63:103—117.

Galor, O., Weil, D. N. (2000) "Population, Technology and Growth: From the Malthusian Regime to the Demographic Transition", *Am Econ Rev*, 90(4):806—828.

Galor, O., Moav, O., Vollrath, D. (2009) "Inequality in Landownership, the Emergence of Human-capital Promoting Institutions, and the Great Divergence", *Rev Econ Stud*, 76:143—179.

Gennaioli, N., La Porta, R., Lopez-de-Silanes, F., Shleifer, A. (2013) "Human Capital and Regional Development", *Q J Econ*, 128(1):105—164.

Gilmont, J.F. (1999) "Protestant Reformations and Reading", in Cavallo, G., Chartier, R. (eds) *A History of Reading in the West*. Polity Press, Oxford, pp.213—237.

Glenn, C.L. (2012) "Educational Freedom and Protestant Schools in Europe", in Jeynes, W., Robinson, D.W. (eds) *International Handbook of Protestant Education*. Springer Science Business Media B.V., Dordrecht, pp.139—161.

Glomm, G., Ravikumar, B. (1998) "Increasing Returns, Human Capital, and the Kuznets Curve", *J Dev Econ*, 55:353—367.

Gradstein, M., Justman, M., Meier, V. (2005) *The Political Economy of Education: Implications for Growth and Inequality*. MIT Press, Cambridge.

Graff, H. J. (1991) *The Literacy Myth*. Transaction Publishers, New Brunswick.

Green, H. (1979) "The Education of Women in the Reformation", *Hist Educ Q*, 19:93—116.

Green, A. (1990) *Education and State Formation*. Macmillan, Hampshire.

Grossman, G.M., Helpman, E. (1991) *Innovation and Growth in the Global Economy*. MIT Press, Cambridge.

Guellec, D. (2004) "Gutenberg revisité. Une analyse économique de l'invention de l'imprimerie", *Rev Écon Polit*, 114(2):169—199.

Hamilton, K., Liu, G. (2014) "Human Capital, Tangible Wealth, and the Intangible Capital Residual", *Oxf Rev Econ Policy*, 30(1):70—91.

Hanushek, E., Kimko, D. (2000) "Schooling, Labor Force Quality, and the Growth of Nations", *Am Econ Rev*, 90(5):1184—1208.

Hanushek, E. A., Woessmann, L. (2008) "The Role of Cognitive Skills in Economic Development", *J Econ Lit*, 46(3):607—668.

Harris, J.R. (1998) *Industrial Espionage and Technology Transfer. Britain and France in the Eighteenth Century*. Ashgate, Aldershot.

Hippe, R. (2012) "How to Measure Human Capital? The Relationship between Numeracy and Literacy", *Econ Soc*, 45(8):1527—1554.

Hippe, R. (2013a) "Are you NUTS? The Factors of Production and Their Long-run Evolution in Europe from a Regional Perspective", *Hist Soc Res*, 38(2):324—348.

Hippe, R. (2013b) "Spatial Clustering of Human Capital in the European Regions", *Econ Soc*, 46(7):1077—1104.

Hippe, R. (2014) "Human Capital and Economic Growth: Theory and Quantification", *Econ Soc*, 49(8):1233—1267.

Hippe, R. (2015) "Why Did the Knowledge Transition Occur in the West and not in the East? ICT and the Role of Governments in Europe, East Asia and the Muslim World", *Econ Bus Rev*, 1(1):9—33.

Hippe, R., Baten, J. (2012) "Regional Inequality in Human Capital Formation in Europe, 1790—1880", *Scand Econ Hist Rev*, 60(3):254—289.

Hippe, R., Fouquet, R. (2018) "The Knowledge Economy in Historical Perspective", *World Econ*, 18(1):75—107.

Hippe, R., Perrin, F. (2017) "Gender

Equality in Human Capital and Fertility in the European Regions in the Past", *Investigaciones de Historia Económica—Econ Hist Res* 13(3): 166—179.

Höhener, J., Schaltegger, C. A. (2012) "Religionsökonomie: eine Übersicht", *Perspekt Wirtsch*, 13(4):387—406.

Humphries, J. (2006) "English Apprenticeship: A Neglected Factor in the Industrial Revolution", in David, P. A., Thomas, M. (eds) *The Economic Future in Historical Perspective*. Oxford University Press, Oxford, pp.73—102.

Hurt, J. (1971) *Education in Evolution*. Paladin, London.

Iannaccone, L. R., Finke, R., Stark, R. (1997) "Deregulating Religion: The Economics of Church and State", *Econ Inq*, 35:350—364.

Johnes, G. (1993) *The Economics of Education*. Macmillan Press, London.

Jones, C. I. (2002) "Sources of U. S. Economic Growth in a World of Ideas", *Am Econ Rev*, 92:220—239.

Krueger, A.B., Lindahl, M. (2001) "Education for Growth: Why and for Whom?", *J Econ Lit*, 39(4):1101—1136.

Kuznets, S. (1955) "Economic Growth and Income Inequality", *Am Econ Rev*, 45:1—28.

Landes, D. S. (1969) *The Unbound Prometheus: Technological Change and Development in Western Europe from 1750 to the Present*. Cambridge University Press, Cambridge.

Lange, F., Topel, R. (2006) "The Social Value of Education and Human Capital", in Hanushek, E. A., Welch, F. (eds) *Handbook of the Economics of Education*, vol.1, pp.459—509.

Lauterbach, U. (1994) "Apprenticeship, History and Development of", in Husén, T., Postlethwaite, T. N. (eds) *The International Encyclopedia of Education*, 2nd edn. Pergamon, Oxford, pp.310—318.

Layard, R. (2005) "Mental Health: Britain's Biggest Social Problem?" LSE Research Online. http://cep.lse.ac.uk/textonly/_new/staff/layard/pdf/RL414_Mental_Health_Britains_Biggest_Social_Problem.pdf.

Lim, A. S. K., Tang, H. W. (2008) "Human Capital Inequality and the Kuznets Curve", *Dev Econ*, 46:26—51.

Lindert, P.H. (2004) *Growing Public. Social Spending and Economic Growth since the Eighteenth Century*, vol.I. Cambridge University Press, Cambridge.

Lindert, P.H. (2014) "Private Welfare and the Welfare State", in Neal, L., Williamson, J.G. (eds) *The Cambridge History of Capitalism*. Cambridge University Press, Cambridge, pp.464—500.

Lochner, L., Moretti, E. (2004) "The Effect of Education on Criminal Activity: Evidence from Prison Inmates, Arrests and Self-reports", *Am Econ Rev*, 94(1):155—189.

Lucas, R.E. (1988) "On the Mechanics of Economic Development", *J Monet Econ*, 22: 3—42.

Luther, M. (1909) "Eine Predigt, daß man Kinder zur Schule halten solle(A Sermon on Keeping Children in School)", in *Dr. Martin Luthers Werke: Kritische Gesamtausgabe*, vol. 30, Part 2. Verlag Hermann Böhlhaus Nachfolger, Weimar.

Madsen, J. B. (2010) "The Anatomy of Growth in the OECD since 1870", *J Monet Econ*, 57(6):753—767.

Madsen, J. B., Saxena, S., Ang, J. B. (2010) "The Indian Growth Miracle and Endogenous Growth", *J Dev Econ*, 93(1):37—48.

Malmström, P. (1813) *Essai sur le système militaire de la Suède*. Charles Delén, Stockholm.

Mankiw, N. G., Romer, D., Weil, D. N. (1992) "A Contribution to the Empirics of Growth", *Q J Econ*, 107(2):408—437.

Matsuo, M., Tomoda, Y. (2012) "Human Capital Kuznets Curve with Subsistence Consumption Level", *Econ Lett*, 116:392—395.

McLaughlin, E., Hanley, N., Greasley, D., Kunnas, J., Oxley, L., Warde, P. (2014) "Historical Wealth Accounts for Britain: Progress and Puzzles in Measuring the Sustainability of Economic Growth", *Oxf Rev Econ Policy*, 30(1):44—69.

Meyer, J.W.(1989) "Conceptions of Christendom: Notes on the Distinctiveness of the West", in Kohn, M.(ed) *Cross-national Research in Sociology*. Sage, Newbury Park, pp.395—413.

Mincer, J.(1958) "Investment in Human Capital and Personal Income Distribution", *J Polit Econ*, 66:281—302.

Mincer, J.(1974) *Schooling, Experience, and Earnings*. Columbia University Press, New York.

Minns, C., Wallis, P.(2013) "The Price of Human Capital in a Pre-industrial Economy: Premiums and Apprenticeship Contracts in 18th Century England", *Explor Econ Hist*, 50(3): 335—350.

Mitch, D.(1982) "The Spread of Literacy in 19th Century England", PhD dissertation, University of Chicago.

Mitch, D.(1986) "The Impact of Subsidies to Elementary Schooling on Enrolment Rates in Nineteenth-Century England", *Econ Hist Rev*, 39(3):371—391.

Mitch, D.(1992a) *The Rise of Popular Literacy in Victorian England. The Influence of Private Choice and Public Policy*. University of Pennsylvania Press, Philadelphia.

Mitch, D.(1992b) "The Rise of Popular Literacy in Europe", in Fuller, B., Rubinson, R.(eds) *The Political Construction of Education: The State, State Expansion and Economic Change*, Praeger, New York.

Mitch, D.(1999) "The Role of Education and Skill in the British Industrial Revolution", in Mokyr, J.(ed) *The British Industrial Revolution: An Economic Perspective*, 2nd edn. Boulder, Westview, pp.241—279.

Mokyr, J.(2009) "Intellectual Property Rights, the Industrial Revolution, and the Beginnings of Modern Economic Growth", *Am Econ Rev*, 99(2):349—355.

Morgan, N.S.(1997) "Pen, Print and Pentium", *Technol Forecast Soc Chang*, 54:

11—16.

Morrisson, C., Murtin, F.(2013) "The Kuznets Curve of Human Capital Inequality: 1870—2010", *J Econ Inequal*, 11(3):283—301.

Murch, J.(1870) "Five Years' Retrospect of Literature, Science and Art", Bath Express and County Herald Office, William Lewis.

Nelson, R.R., Phelps, E.S.(1966) "Investment in Humans, Technological Diffusion, and Economic Growth", *American Economic Association Papers and Proceedings*, 56(1—2):69—75.

Peretto, P.(1998) "Technological Change and Population Growth", *J Econ Growth*, 3(4): 283—311.

Pritchett, L.(2001) "Where Has All the Education Gone?", *World Bank Econ Rev*, 15: 367—391.

Pritchett, L.(2003) "When Will They Ever Learn?" Why All Governments Produce Schooling, BREAD Working Paper no.031.

Psacharopoulos, G., Patrinos, H.A.(2004) "Returns to Investment in Education: A Further Update", *Educ Econ*, 12(2): 111—134.

Ramirez, F., Boli-Bennett, J.(1982) "Global Patterns of Educational Institutionalization", in Altbach, P., Arnove, R., Kelly, G.(eds) *Comparative Education*. Macmillan, New York, pp.15—37.

Ramirez, F., Ventraensca, M.J.(1992) "Building the Institution of Mass Schooling: Isomorphism in the Modern World", in Fuller, B., Rubinson, R.(eds) *The Political Construction of Education*: The State, State Expansion and Economic Change. Praeger, New York.

Rappaport, S.(1989) *Worlds within Worlds: Structures of Life in Sixteenth-century London*. Cambridge University Press, Cambridge.

Rashin, A.G.(1958) *Formirovanie Rabochego Klassa Rossii*. Sotsekgiz, Moscow.

Romer, P.M.(1986) "Increasing Returns and Long-run Growth", *J Polit Econ*, 94(5): 1002—1037.

Romer, P.M.(1990) "Endogenous Technological Change", *J Polit Econ*, 99(5):71—102.

Rubinson, R., Ralph, J.(1984) "Technical Change and the Expansion of Schooling in the United States, 1890—1970", *Sociol Educ*, 57: 134—151.

Schultz, T.W.(1961) "Investment in Human Capital", *Am Econ Rev*, 51:1—16.

Schultz, T.W.(1971) *Investment in Human Capital*. Free Press, New York.

Schultz, T.W.(1975) "The Value of the Ability to Deal with Disequilibria", *J Econ Lit*, 13(3):827—846.

Schultz, T.W.(1981) *Investing in People: The Economics of Population Quality*. University of California Press, Los Angeles.

Segerstrom, P.S., Anant, A.C.T., Dinopoulos, E.(1990) "A Schumpeterian Model of the Product Life Cycle", *Am Econ Rev*, 80(5): 1077—1091.

Sianesi, B., van Reenen, J.(2003) "The Returns to Education: Macroeconomics", *J Econ Surv*, 17(2):157—200.

Smits, W., Stromback, T.(2001) *The Economics of the Apprenticeship System*. Edward Elgar, Cheltenham.

Solow, R.M.(1956) "A Contribution to the Theory of Economic Growth", *Q J Econ*, 70(1):69—94.

Soysal, Y.N., Strang, D.(1989) "Construction of the First Mass Education Systems in Nineteenth-century Europe", *Sociol Educ*, 62(4):277—288.

Spence, M.(1973) "Job Market Signaling", *Q J Econ*, 87:355—379.

Stöber, R.(2004) "What Media Evolution Is: A Theoretical Approach to the History of New media", *Eur J Commun*, 19:483—505.

Stone, L.(1969) "Literacy and Education in England, 1640—1900", *Past Present*, 42: 69—139.

Sturm, R.(1993) "How Do Education and Training Effect at Country's Economic Performance?", *A Literature Review*, RAND, Santa Monica.

Swan, T.W.(1956) "Economic Growth and Capital Accumulation", *Econ Rec*, 32:334—361.

Sweetland, S.R.(1996) "Human Capital Theory: Foundations of a Field of Inquiry", *Rev Educ Res*, 66(3):341—359.

Thomas, K.(1986) "The Meaning of Literacy in Early Modern England", in Baumann, G.(ed) *The Written Work: Literacy in Transition*. Claredon Press, Oxford, pp.97—131.

Tilly, C., Tilly, L.(1973) *The Rebellious Century, 1830—1930*. Harvard University Press, Cambridge.

Uzawa, H.(1965) "Optimum Technical Change in an Aggregative Model of Economic Growth", *Int Econ Rev*, 6:18—31.

Van Zanden, J.L.(2009a) *The Long Road to the Industrial Revolution: The European Economy in a Global Perspective, 1000—1800*. Koninklijke Brill NV, Leiden.

Van Zanden, J.L.(2009b) "The Skill Premium and the 'Great Divergence'", *Eur Rev Econ Hist*, 13(1):121—153.

Vandenbussche, J., Aghion, P., Meghir, C.(2006) "Growth, Distance to Frontier and Composition of Human Capital", *J Econ Growth*, 11:97—127.

Venezky, R.L.(1996) "The Development of Literacy in the Industrialized Nations of the West", in Barr, R., Kamil, M.L., Mosenthal, P., Pearson, D.(eds) *Handbook of Reading Research*, vol.2. Lawrence Erlbaum Associates, Mahwah.

Vincent, D.(2000) *The Rise of Mass Literacy: Reading and Writing in Modern Europe*. Polity, Cambridge.

Voth, H.J.(2001) "The Longest Years: New Estimates of Labor Input in England, 1760—1830", *J Econ Hist*, 61(4):1065—1082.

Wallis, P.H.(2008) "Apprenticeship and Training in Premodern England", *J Econ Hist*, 68(3):832—861.

Walters, P., O'Connell, P.J.(1988) "The Family Economy, Work, and Educational Participation in the United States, 1890—1940", *Am J Sociol*, 93:1116—1152.

Weber，M.(1958) *The Protestant Ethic and the Spirit of Capitalism*. Charles Scribner's Son, New York.

Weedon，A.(2003) *Victorian Publishing：The Economics of Book Production for a Mass Market，1836—1916*. Ashgate Publishing, Al-dershot.

Young，A.(1998) "Growth without Scale Effects"，*J Polit Econ*，106(1):41—63.

Zeira，J.(2009) "Why and How Education Affects Economic Growth"，*Rev Int Econ*，17：602—614.

第四章

工业化进程中的教育与社会经济发展

萨沙·贝克尔　卢德格尔·韦斯曼

摘要

本章讨论了关于工业化过程中教育如何影响社会经济发展的实证研究的最新进展。早期的研究认为,在英国工业革命开始时,正规教育并没有起到什么作用,但最近的研究证据对正规教育的作用给出了正面评价。普鲁士和其他欧洲国家的证据表明,教育在"赶超国"工业化的第一和第二阶段中发挥了重要作用。虽然基础性教育似乎与新工业技术的传播特别相关,但有证据表明,高级别的人力资本也发挥了作用。此外,人口的教育水平可以解释新教和天主教经济历史差异的主要部分。在工业化过程中,除了经济发展,教育也影响到其他社会方面的发展。教育扩张,特别是高等中学的扩张,似乎是工业化第二阶段长达十年的世俗化进程背后的重要力量。此外,人口转型期间生育率下降与父母一代和子女一代受教育程度的提高密切相关,后者表明存在儿童数量和质量之间的显著权衡。

关键词

教育　工业化　经济发展　经济史　19世纪　人力资本　学校教育　新教
世俗化　人口转型　生育

引　言

在人类历史的大部分时间里,绝大多数人几乎没有受过正规教育。例如,据估计,在 16 世纪早期,拥有读写能力的德国人占比最多只有 1‰(Engelsing,1973)。在过去一个世纪经济发展的动力中,实际上并不包含大众教育,这与他们微薄而停滞不前的经济命运不谋而合。在现代,大众教育的扩张明显促进了经济发展(Goldin,2016)。除了教育程度之外,人口的实际基本技能似乎在第二次世界大战以来的全球经济增长中起着至关重要的作用(Hanushek and Woessmann,2008,2012,2016)。然而,尚不太清楚的是, 教育在经济停滞和现代增长之间的过渡时期,特别是在工业化开始和扩散时期的作用。

本章汇集了工业化阶段教育如何影响人类发展的证据。传统上,经济史学家往往对工业化过程中人口教育水平所起的作用持怀疑态度。例如,尽管乔尔·莫基尔(Joel Mokyr,1990:240)非常生动地强调“如果说英格兰在工业革命中领导了世界其他地区,那也并非缘于英格兰的正规教育”。然而,在过去的十年里,计量史学的研究促进了我们对教育在工业化过程中的作用的理解,在我们看来,这也改变了我们对教育在工业化过程中的作用的理解,特别是在英格兰之后工业化的国家。这些最新进展将是本章第一书讨论的重点。在讨论这些近期的研究时,我们将区分工业化的第一阶段和第二阶段以及不同教育水平的影响。

虽然了解经济繁荣改善的根源显然至关重要,但教育在工业化过程中促进人类发展的作用肯定超出了经济范畴。因此,本章还旨在涵盖教育对人口的社会经济发展影响的一些其他方面。第二节将着重探讨教育在新教经济史上的特殊作用。第三节从宗教领域出发,探讨教育对宗教本身的影响,考察其在世俗化进程中的作用。最后一节将涵盖教育促进人口结构转型的证据,说明儿童和母亲的教育进步在生育率下降中所起的作用。

教育与经济发展

我们从工业化时期教育对经济发展的作用开始。工业革命大概标志着现代历史上最根本的技术变革。工业化时期的特点是蒸汽机和机械纺纱等发明的扩散、适应和改进，工厂制度的兴起所引发的深刻的技术变革，以及随之而来的家庭和市场的社会变化（参见 Mokyr，1999）。我们遵循最新的经济理论，这一理论倾向于将工业化分为两个阶段。在第一阶段，对教育的要求很低，技术变革是为了节省所需的技能；而在工业化的第二阶段，随着技术变革增加了对人力资本的需求，技能越来越与生产相关（参见 Galor，2005）。

256 教育与工业化的关系

为了提供一些概念背景，我们首先从理论角度讨论了教育对工业化可能发挥作用的几个方面。人口教育水平可能促进工业化的第一个方面是可直接大量使用技能。如果一个工厂的任务需要一定最低水平的技能，例如阅读基本说明和进行基本计算的能力，那么建立和经营一个工厂就需要工人具备基本的文化素养。正规教育还可以传授与工厂生产相关的行为特征和非认知技能，如认真负责、纪律严明、井然有序和坚持不懈（例如 Field，1989）。此外，工业生产创造了需要识字和计算技能的服务性工作岗位，如会计、商业交易、银行和律师（例如 Laqueur，1974；Anderson and Bowman，1976）。

教育的第二个相关方面，特别是在工业追赶（industrial catch-up）的背景下，可能是它在采用新技术方面的作用。纳尔逊和费尔普斯（Nelson and Phelps，1966:69）在讲述他们的技术扩散追赶模型时认为："教育对于那些需要适应变化的功能来说可能尤其重要。在这种情况下，有必要学会跟踪和理解新的技术发展。"在技术不断变化的动态环境中，教育通过培养"处理非均衡状况的能力"（Schultz，1975）发挥着特殊的作用，即感知到某种给定的非均衡状况，正确评估其属性，以确定是否值得采取行动，以适当地重新分配资源（另见 Welch，1970）。当技术变革是颠覆性（disruptive）的而不是渐进性(incremental)的时候,这种能力尤其重要,就像工业革命期间新兴的大多数行业一样,当然纺织行业可能例外。

　　教育促进工业发展的第三个方面是它对创业和创新的作用(例如Kocka,1977)。教育可以传授提高技术知识所必需的更高水平的科学技能和创新能力。虽然这似乎是高等教育的首要任务,但覆盖广大群众的基础教育体系可能是筛选最有能力的企业家和研究人员的先决条件。因此,兰德斯(Landes,1980:118)认为,"小学教育本身就很重要……作为招募人才的手段……人才库越大,就越有机会找到有天赋和原创性的科学家和技术人员"。在工业化第二阶段,教育的这一作用在具有根本性技术突破的部门(例如某些电气和化学工业)可能尤其重要。

　　促进采用新的工业化技术和组织模式所需的具体技能是多方面的和具有通用性的,而不是仅应用于某一特定工艺,所需的具体技能作为对世界运作一般理解的最优描述。它们从基本的"3R"开始,即阅读(reading)、写作(writing)和算术(arithmetic),这是商业交流、查阅实用手册、解码指令、调试新流程以及阅读国外书籍所必需的——所有这些都是在给定的历史背景下进行的相关行动(Anderson and Bowman,1976)。这些具体技能也可能包括适应社会的过程和创造一个有抱负心的人类个性,这有利于采用新技术(Easterlin,1981)。与此相关的是,识字可以使人们产生对非常规可能性的认识(Anderson and Bowman,1976)。

257

　　尽管工业化最初可能产生对未受过教育的劳动力(通常是童工)的需求,以完成某些行业的日常工作。但在工业化的两个阶段中,在培养适应不断变化的条件并开发和使用新工业技术的能力方面,教育所起的作用最终可能具有重大意义。

工业化第一阶段的证据

　　虽然这些观点表明教育在工业化中具有潜在的作用,但在英国工业革命第一阶段中,正规教育的作用的初步证据并不支持这一观点。恰恰相反,米奇(Mitch,1993:307)总结了他对人力资本在第一次工业革命中作用的开创性评论,他说:"教育不是工业革命期间英国经济增长的主要因素。"这些早期研究似乎支持了如下观点:工业化第一阶段并不需要大量的教育投入。

不过,必须承认的是,英国早期的证据受到数据的严重限制。尤其是研究不得不主要依赖于在工业革命期间(但不是在这之前)观察到的有限的教区样本,这些样本包括婚姻登记册上的签名信息,并以此作为教育水平的代理变量。此外,英国关于教育作用的大部分证据是针对纺织业的,这一行业可能相当特殊,因为纺织业的创新比其他新兴产业更具渐进性,颠覆性更小(参见 Komlos, 2000)。

无论如何,最近的证据要求重新评估教育在英国工业革命中的作用。根据一个覆盖面更广的新数据库,马森和穆尔廷(Madsen and Murtin, 2017)得出结论,教育自 1270 年以来一直是英国经济增长的关键驱动力,其贡献在第一次工业革命前后同样重要。从更加广泛的资料来源中获得的英国教育年限新数据的趋势表明,教育促进了工业化之前的发展,尽管在工业化初期(De Pleijt, 2018)之后并未持续下去。关于书籍制作的证据也表明,英国在1750 年之前的几个世纪里成为欧洲最具文化素养的国家之一(Baten and van Zanden, 2008)。从更广义的人力资本的角度来看,凯利等人(Kelly et al., 2014)发现,在工业革命前夕,英国工人的身体素质和机械技能水平高于欧洲大陆工人。

工业化第一阶段的其他证据来自那些在工业化早期旨在赶上英国成为技术领先者的国家。如上文所述,受纳尔逊和费尔普斯(Nelson and Phelps, 1966)启发的一系列技术扩散模型表明,教育可能是吸收新技术和适应变化的关键因素。许多描述性研究着眼于在英国以外特定地区纺织部门工业化过程中,教育所起到的作用,例如 1830—1861 年间加泰罗尼亚的棉纺厂(Rosés, 1998)、1842 年前后马萨诸塞州洛厄尔的纺织公司(Bessen, 2003),以及 1861—1914 年间意大利南部的纺织厂(A'Hearn, 1998)。

利用从前工业化时期的 1816 年到工业化第一阶段过程中的 1849 年334 个县的入学率和工厂就业数据,贝克尔等人(Becker et al., 2011)研究了教育在技术追赶中的作用,并以 19 世纪中期之前在工业化第一阶段中技术上暂时落后的普鲁士为例。他们的证据表明,普鲁士最初受过良好教育的地区对来自英国的外部技术变革所创造的机会有着更为成功的反应。有趣的是,在纺织业,正规教育只对工业化起到了次要作用,而纺织业的创新颠覆性较小,童工现象更为普遍。相比之下,在工业革命的第一阶段,基础学校教育与金属工业以及金属和纺织业以外的其他行业（如橡胶、纸张和食品行业）的就业有很大的关系。

　　这种截面上的相关性本身并不一定反映教育与工业化的因果关系。事实上，工业化进程本身可能会引起教育需求的变化。一方面，工厂生产可能会增加对低技能劳动力的需求，将辍学儿童吸引到工厂工作（Sanderson，1972）。另一方面，在工业化提高生活水平的情况下，对广大人口来说，可能已经更加负担得起教育支出。

　　为了避免这种内生性的偏误，贝克尔等人（Becker et al.，2011）将1816年普鲁士工业化之前的教育水平作为1849年教育水平的工具变量。这一工具变量不受工业化过程中教育需求变化的影响，因此单独识别了与工业化过程同时决定的那部分教育水平的差异。工具变量模型将分析局限于工业时代的教育变化与前工业时代的教育变化有关的部分，证实了普鲁士的教育对工业化第一阶段的重要影响。工具变量识别中的有效性被以下事实所证实：这一结果非常稳健，即使加入了一组在工业化之前与经济发展状况密切相关的异常丰富的控制变量。这表明，工业化前教育水平不太可能涵盖与随后的工业化有关的其他措施的影响。

工业化第二阶段的证据

　　在贝克尔等人（Becker et al.，2011）对普鲁士工业化对教育的作用的分析中，他们还研究了从1849年到1882年工业化的第二阶段。在工业化第二阶段，新的工业技术可能增加了对人力资本的需求（Galor and Moav，2006），这在横截面分析中造成了潜在的内生性偏差。再次利用工业化前教育水平作为工业化第二阶段教育水平的工具变量，并广泛控制工业化前教育发展的变量，证据表明，在工业化第二阶段的1882年，基础教育与非纺织业就业份额显著相关。

　　为了进一步解决人们对事前存在的遗漏变量可能影响横截面研究结果的担忧，贝克尔等人（Becker et al.，2011）还估算了涵盖1816年、1849年和1882年三个观测时段的面板数据模型。结果证实了教育对工业化的影响，而县域固定效应排除了"横截面研究结果仅仅捕捉到县域间不可观察到的异质性"这一发现。

259

研究结果表明,普鲁士当时是世界上教育系统最领先的国家(Lindert, 2004),尤其是成功地赶上并最终在许多领域超越了工业化领军国家英国,这一现象并非偶然。事实上,普鲁士的教育系统的领先似乎已经转化为整个 19 世纪的技术追赶。

许勒尔(Schüler, 2016)进一步研究了教育扩张的特殊机制,她使用了 1886 年和 1891 年普鲁士前两次小学教育普查所提供的学校投入数据。她的研究结果表明,在工业化的普鲁士西部地区,以教师单位成本为代表的教师质量,以及在较小程度上的教育基础设施支出,对以人均所得税为代表的收入变化有积极影响。相比之下,班级规模并没有产生任何影响,尽管按照现代标准,彼时的班级规模非常大。对经济部门结构的一项调查表明,收入的增加可能源于向高技能、高收入职业的转变。

除了英国和普鲁士,桑德贝里(Sandberg, 1979)提出的证据与一种解释一致,即教育是 19 世纪末瑞典追赶进程中的一个主导因素。在一项跨国分析中,奥罗克和威廉森(O'Rourke and Williamson, 1996)得出结论:在 1870—1913 年间,学校教育对 16 个国家的跨越式发展有一定的影响。泰勒(Taylor, 1999)利用 7 个国家同期的面板数据证实了这一结果。

不同层次的教育

如上所述,不同层次的教育可能影响工业化进程的不同方面。特别是,基础教育可能证明对一般生产与技术的传播和应用很重要,而更高层次的教育可能对创新特别重要。

贝克尔等人(Becker et al., 2011)通过对普鲁士基础教育成果的测量[即 1849 年的小学和中学教育年限(根据入学率计算)和 1882 年的成人识字率]对工业化影响进行研究。相比之下,在他们的分析中,高中入学率和大学的存在与工业化没有显著的关系。这些结果可能在一定程度上反映了这样一个事实:在当时,基础教育以外的教育还不是很普遍,因为在整个 19 世纪,高中入学率不超过 5%,普鲁士的大学也不超过八所。无论如何,研究结果表明,与 19 世纪普鲁士的相对区域工业化最为相关的是基础教育的跟随者机制,即它强调基础教育对技术扩散的作用,而不是更高技能或创业渠道。

钦尼雷拉和施特雷布（Cinnirella and Streb，2017）在对普鲁士数据的分析中发现，人力资本的各个维度在工业化第二阶段的创新和经济发展中发挥着重要作用。他们特别指出，人口的识字率和手工艺大师的密度都与更高的专利活动有关，因此也与技术变革和收入增加有关。虽然中学的入学率与专利申请没有显著关联，但实际上它们与所得税收入所代表的收入呈正相关。

巴腾和范赞登（Baten and van Zanden，2008）建立了一个前工业化时期欧洲人均图书数量（作为高级识字技能的代理变量）的数据集。他们的研究结果表明，18世纪（1750—1800年）人均图书产量较高的国家在19世纪（1820—1913年）经济增长较快。他们还指出，初始图书产量较高的国家在前工业化时代经历了更快的工资增长。

有两篇论文证明了高技能人力资本在工业化进程中的重要作用。迈森察尔和莫基尔（Meisenzahl and Mokyr，2012）强调了技术能力，尤其体现在人力资本分布的上尾部，是形成英国经济领导地位的一个关键因素。斯奎恰里尼和福伦达（Squicciarini and Voigtlánder，2015）关注法国的工业化，他们使用18世纪中叶的百科全书订阅作为知识精英存在的代理变量。他们发现，用户密度作为衡量高技能知识的指标，可以预测法国工业化开始后的城市发展。一个主要的机制似乎是提高创新工业技术的生产率。相比之下，尽管在横截面上与发展有关，但在他们的分析中，识字水平并不能预测城市的发展。

教育与新教经济史

教育在工业化过程中所起的经济作用，对不同基督教国家的相对经济表现产生了有趣的影响：它为新教经济史提供了一个解释。

新教经济史的人力资本理论

马克斯·韦伯（1904—1905）在《新教伦理与资本主义精神》一文中提出了一个著名的论断，即特定的新教伦理通过使新教徒更加努力地工作和储

261 蓄而促进经济成功。作为新教徒相对经济繁荣的另一个假设,贝克尔和韦斯曼(Becker and Woessmann, 2009)提出了一个简单的人力资本理论:较高水平的教育使新教徒更具生产力,从而促进了他们的经济繁荣。核心论点是,马丁·路德曾敦促他的信众们推进教育,使他们能够阅读上帝的话——《圣经》。

如前所述,在路德的有生之年,大约99%的人不会读写(Engelsing, 1973)。在这种情况下,路德于1524年出版了《致德意志诸城议员以建立和维护基督教学校书》。在这本小册子中,他向新教统治者施压,要求他们修建和维护学校。由此,他尝试增加教育的供给。他还在1530年发表了一篇题为"关于让孩子们继续上学的布道"的布道文(Luther, 1530)。在这一布道文中,路德对家长们发表了演讲,试图鼓励教育的需求方。

对路德来说,《圣经》是上帝的话,是上帝与人类之间的直接联系。因此,他希望所有基督徒都能自己阅读上帝的话。但是,若要能够阅读上帝的话,首先需要能够阅读,新兴的新教教会必须确保民众识字。在这一程度上,在"德国教育家"(Praeceptor Germaniae)菲利普·梅立希通(Philip Melanchthon)的领导下,新教改革者在教堂参观期间定期视察新教城市和教会,以确保他们已经引入了适当的教育制度。正如迪特马尔和迈森察尔(Dittmar and Meisenzahl, 2018)所示,许多新教城市出台了城市一级的法令,这些条例规定了生活的许多方面,这些"宪法"对公共教育至关重要。

巧合的是,这种新教对教育的推动,在经济领域可能同样产生了作用,即作为人力资本推动着经济发展。因此有人认为,阅读《圣经》的教导可能产生了受过教育的劳动力,使新教徒更有生产力,从而带来经济繁荣。

根据第一次普鲁士人口普查的县级数据,贝克尔和韦斯曼(Becker and Woessmann, 2010)的研究显示,1816年,新教徒人口占多数的县,其入学率约为三分之二。在天主教徒人口占多数的县,这一比例不到50%。新教在工业化之前已经带来了更多的教育。而工业化在普鲁士起源的年份通常被认为是1830年左右。到1871年,普鲁士统计局首次收集人口识字率数据时,贝克尔和韦斯曼(Becker and Woessmann, 2009)发现,在新教徒人口占多数的县,识字率为90%,比天主教徒人口占多数的县高8个百分点。

由于这一发现在理论上可能是反向因果关系的结果——如果更多热心于教

育的县接纳新教主义——因此,贝克尔和韦斯曼(Becker and Woessmann, 2009)使用工具变量策略,利用新教改革扩散的"同心圆"结构来识别因果关系。作为工具变量,他们利用县到维滕贝格(新教改革的发源地)的距离来预测1871年新教徒的比例。仅使用该工具变量所预测的新教徒比例变化的那一部分,他们发现,新教徒比例越高,识字率越高。

新教对教育的积极影响在其他方面也有所体现。使用瑞士的数据,博帕 262
特等人(Boppart et al., 2013)证实了新教在一些教育指标方面有持续性的积极影响,尤其是在相对保守的地区。在瑞士的数据中,新教对阅读技能的影响特别大,但也存在于其他方面(Boppart et al., 2014)。戈尔丁和卡茨(Goldin and Katz, 2009)指出,在1910—1938年的美国,以中等教育为主导的地区新教徒人口比例较高。同样,戈和林德特(Go and Lindert, 2010)报告说,在某些记述中,新教相对于天主教在1850年美国各州的一些学校教育成果中有着积极的影响。1871年的爱尔兰,不同新教派别的文盲率在7%至14%之间,而天主教徒的文盲率为40%(Cipolla, 1969)。1880年的芬兰,只有1.3%的路德会教徒不具备读写能力,而天主教徒的这一比例则高达54.4%(Markussen,1990)。另外,在1900年,新教和识字能力之间有着非常密切的联系(参见Becker and Woessmann, 2009)。因此,许多国家的证据支持新教与教育之间的积极联系。

19世纪的教育与新教经济发展

贝克尔和韦斯曼(Becker and Woessmann, 2009)的研究继续证明,新教徒对教育的追求也有经济上的影响:更高学历的劳动力确实让新教徒更有生产力。事实上,他们发现新教国家的薪水更高,所得税收入更高,制造业和服务业的劳动力比例也更高。他们评估了这些经济结果的差异中有多少可以由追溯到新教改革传播的外生部分的教育差异来解释。他们的点估计(point estimates)表明,一旦收入差异根据识字率差异进行调整,剩下的差异就不再系统地与宗教派别相关。因此,如果教育对经济产出的影响与在其他环境下的表现相同,那么研究结果表明,新教徒地区较高的识字率至少可以解释他们相对于天主教地区的经济优势。事实上,他们与这样一个假设相一致——即使不是全部差异,识字率也可以在相当程度上解释新教徒的经济领先地位。同样,在识字率和新教解释经济结果的简单"赛马"中,识字率有着巨大而显著的影响,新教失去了与经济结果的所有联系,这表明新教的整个经济效应可能是通过增加人力资本来实现的。这些新教改革所带来的经济后果可能不是直接有意的,而是由改革带来的一种未曾料想到的结果——一种确实具有长期影响的结果。

因此,在解释新教经济成功的过程中,教育可能是马克斯·韦伯具体的新教职业伦理的替代品。一旦新教徒和天主教国家之间的识字率差异得到控制,那么经济结果上的差别就很小了。这意味着其他解释可能站不住脚,虽然它们更符合韦伯的论点,例如工作努力和储蓄倾向的差异,至少在普鲁士新教改革的中心地带并非如此。

进一步的分析表明,新教对经济成果的影响似乎仅限于大城市以外的地区。坎托尼(Cantoni,2015)没有发现宗教改革对德国城市规模增长的影响,这与一种解释一致,即在不受宗教派别影响的城市中,识字率相对较高。

针对特定性别的发展

有趣的是,现有的证据表明,在新教推动教育的过程中女孩比男孩获益更多。早在1520年,即新教改革开始3年之后,路德出版了他主要的小册子之一——《致德意志民族基督教贵族有关改善基督教产业书》(Luther,1520)。他写道:"愿上帝保佑,每个城镇都有一所女子学校,每天给女孩们上一小时的福音书。"

在这一号召之后,当地的教会法令也随之出台。尤其是一位主要的新教改革者约翰内斯·布根哈根(Johannes Bugenhagen),他在1528年为布伦瑞克市制定的教会条例中包括了为女孩提供阅读技能的条例,这为后来的制度制定了标准。在这项条例中,布根哈根要求该市同时拥有四所男子学校和四所女子学校。在他为维滕贝格制定的教会条例中,他把女孩上学的要求扩展到写作和计算。

反过来,教会条例似乎促进了学校教育的有效改变,格林(Green,1979)就以勃兰登堡选民中教会官员访问当地教区为例进行了记录。勃兰登堡后来成为普鲁士的核心州,在1539年(改革开始时)到1600年间,女子学校的数量增加了10倍多。对女孩进行教育的要求与一个世纪后的天主教思想形成了鲜明的对比。例如,在当时德国最大的天主教州巴伐利亚,直到 1614 年,仍然有人强烈反对农村学校(参见 Gawthrop and Strauss,1984)。

由于新教改革者试图使女孩接受教育,1816 年普鲁士基础教育中的性别差距以及 1871 年成人识字率的性别差距确实有所缩小(Becker and Woessmann,2008)。有趣的是,尽管义务教育法在 19 世纪缩小了两个教派在小学教育中的性别差距,但宗教派别对性别差距的影响模式在 20 世纪的中等和高等教育中继续出现。例如,1908 年普鲁士妇女被大学录取的第一年,新教教派的女学生人数是天主教教派的 8 倍多。

性别模式在跨国数据中也很明显。1970 年,在所有欧洲国家中,新教徒在人口中所占比例较高,这与较高的教育性别均等指数有关,该指数以女性和男性受教育年限的比率来衡量(Becker and Woessmann,2008)。

264

教育与世俗化

工业化时期不仅在经济方面带来了变化,而且还带来了更广泛的社会发展,我们将在下面两个小节中重点介绍这些发展。一个是与现代化和宗教的作用有关。另一个是关于家庭的作用和家庭中孩子的数量。

高级中学的扩张与宗教参与

工业化与对教育的新需求齐头并进。不同类型的高等学校提供义务教育层次之上的教育,新的教材可能会挑战旧的真理。教会在这个社会中的角色也受到了影响。卡尔·马克思(Karl Marx,1844)把宗教描述为"人民的鸦片",它能够有效缓解经济状况不佳的病痛。如果他是对的,那么物质条件的改善可能会减少对宗教慰藉的需求,从而减少去教堂的人数。贝克尔和韦斯曼(Becker and Woessmann,2013)利用 19 世纪末和 20 世纪初普鲁士人口普查数据分析了这一点。他们在普鲁士各县的样本中没有发现收入增加对去教堂的人数的影响。

一个同样突出的假设将教育和宗教联系起来。教育日益走向中心的事实也对教会的作用提出了挑战。和大卫·休谟等人一样,西格蒙德·弗洛伊德

(Sigmund Freud，1927)在《一个幻觉的未来》(*The Future of an Illusion*)一书中认为，教育和科学的进步会导致宗教的衰落(参见 McCleary and Barro，2006)。

　　然而，来自横截面数据的证据通常与这一观点相悖，并发现教育与去教堂的人数之间存在正相关关系(Iannacone，1998)。许多研究使用现代跨国数据或是个人面板数据得出的结果正负参半。然而，我们仍不清楚，在长达数十年的社会逐渐走向世俗化的重要历史阶段(特别是在工业化时期)这些结果是如何转化的。

　　只有少数研究真正着眼于长期，它们追溯了几十年来的发展。弗兰克和扬纳科内(Franck and Iannacone，2014)构建了一个1925—1990年间10个国家的跨国面板数据集，以确定参加教堂活动的决定因素。他们利用丰富的面板数据进行面板固定效应估计。在大多数结果中，他们没有发现教育程度对参加教堂活动的显著影响。但是在他们的模型中，他们发现了政府教育支出和参加教堂活动之间的联系，这可能表明了政府如何塑造学校教育内容的特殊作用。

　　贝克尔等人(Becker et al.，2017)进一步向前追溯到19世纪和20世纪之交德国工业化的第二阶段。他们以新教参加圣餐的人数来衡量教会在社会上的影响力，发现这一时期，教会在社会中的影响力显著下降，每十年下降约2个百分点。与此同时，高级中学教育的发展，可能确实与参加教堂活动的下降有关。到了19世纪末，义务教育(6—14岁)的入学率基本达到百分之百，这使得小学和中学的入学率几乎没有变化。分析的重点是高级中学(Höhere Unterrichts-Anstalten)，这些学校使学生受教育的年龄达到18岁。高级中学入学率的差异似乎与教育对世俗化的影响特别相关，因为高级中学最有可能传达世俗化假设所强调的那种科学思维。高级中学仅限于男生，而女生单独的高级中学类型(Höhere Mädchenschulen)则有不同的分析重点。

　　德国工业化进程中高级中学的扩张是否影响了德国人对曾经作为社会支柱之一的教会的依恋？贝克尔等人(Becker et al.，2017)使用的数据覆盖了1890—1930年间德国的61个城市。城市特别值得关注，因为高级中学一般都在城市里，而在农村地区只提供最基本的教育。《德国城市统计年鉴》的多个版本提供了高级中学入学率和其他城市水平特征的数据。参加教堂活动的数据由霍尔谢尔(Hölscher，2001)收集。这些关于参与圣餐的独特数据最初是作为德国新教地区教会的一部分统计数据而被收集的,并涉及教会地区。这些数据通常超出城市边界,但可以与城市级别的数据相关联。

从横截面数据来看,高级中学入学率较高的城市参加教堂活动较多。然而,这很可能是由与之相关的未被观察到的、不因时间变化而改变的城市特征驱动的。利用城市固定效应,并根据时间的变化从城市内部进行特征识别,以便将参加教堂活动的变化与高级中学入学率的变化联系起来,似乎更有说服力。事实上,一旦使用了城市固定效应,就会出现一种负向关系:高级中学入学人数增加较多的城市,参加教堂活动的比率下降幅度较大。在控制经济发展指标(如反映城市收入的城市人均所得税收入)以及城市化总人口(增速)时,这一点也适用。

与面板固定效应估计值类似,一阶差分估计也给出了高级中学入学率和参加教堂活动之间负相关的相同发现。这一研究结果在控制一系列替代性指标后仍然是稳健的,比如控制行业结构变化、福利支出、政治投票份额和不同的收入衡量标准等。

动态面板数据方法表明,参加教堂活动的变化随着高级中学入学率的变化而变化。高级中学入学率在大约 10 年之后的滞后效应最为强烈,这一结果反驳了反向因果偏误的挑战,并表明高级中学教育对宗教参与的影响随着时间的推移而日益增加。相比之下,滞后的教堂活动参与率并不能预测高级中学的入学率。研究结果在具有滞后因变量的模型中也很稳健,可以解释随时间的推移教堂活动参与率的持续性。

使用高级中学的供给作为高级中学入学的工具变量也可以得到类似的结果。这一识别策略通过利用城市中高级中学的开设和关闭所引起的高级中学入学变化,从而减轻了来自需求侧导致的内生性方面的担忧。

不同层次的教育

接下来一个令人着迷的问题便是,学校教育与世俗化之间的联系是否仅仅由高级中学所推动,不同类型的高级中学是否会有所不同。从第一个问题开始,人们可能会想,大学是否扮演了与高级中学相似的角色,同样导致教堂活动参与率的下降? 为了验证这一点,贝克尔等人(Becker et al.,

2017)使用了新大学创办的指标以及大学生在城市人口中的比例。模型中的两个变量的系数均不显著,高级中学入学率的系数也没有受到实质影响。

另一个令人感兴趣的问题是教会学校和世俗学校的作用。在样本观测期间,一些高级中学从宗教附属学校转变为非宗教性的学校。这可能与宗教课程的改变有关。如果是这样,高级中学入学的主要影响可能是课程和教育内容的变化,而不是受教育程度本身的提高(参见 Franck and Iannacone,2014)。为了解决这个问题,贝克尔等人(Becker et al.,2017)将新教徒高级中学在城市中的比例作为额外控制变量。这个变量在模型中同样不显著,也不会给主要结果带来实质影响。控制天主教或世俗高级中学的比例也是如此。

当我们审视不同类型的高级中学时,一个有趣的问题是,究竟是批判性思维还是科学知识在起作用? 这是解释高级中学入学率和教堂出席率之间负向联系的两个待检验机制。最直接面向科学知识的是新兴实科中学(Oberrealschule)。他们的课程侧重于自然科学,学生们学习的科学事实可能削弱了他们对自然现象的宗教解释的信仰。古典文法高中(Gymnasium)则侧重古典语言和文学等人文类课程。它可能只向学生灌输了有限的现代科学知识,但却引发了学生对教会作为一个整体机构的批判性思考。在较小程度上,同样的情况也适用于以现代语言为课程重点的新兴文法高中(Realgymnasium)。

267 引入不同类型高中入学率的回归检验,验证了教育扩张与教堂出席率下降之间的关系。对于古典文法学校与课程主要集中于自然课程的新兴实科中学而言,这一负相关关系同样强烈。这种模式更符合一般批判性思维传递的主导作用的假说,即就读于高级中学,可能会破坏对制度化教会的信仰,而非学习自然科学事实的特定知识在起作用。

总的来说,研究结果表明,新教对教育的推动可以追溯到几个世纪以前,可能最终并意外地导致了新教徒对教会的依附减少。

坎托尼等人(Cantoni et al.,2018)的新研究令人着迷,他们在新教与世俗化之间的联系方面给出了一些相关性的证据,虽然没有直接说明教育本身和世俗化的影响,但是他们的证据表明,在宗教改革之后的 16 世纪,世俗当局从宗教改革期间关闭的修道院中获得了大量财富。新教教会大学的毕业生越来越多地从事世俗职业,尤其是行政职业。新教教会大学的学生越来越多地学习世俗学科,尤其是那些为参加公共部门的工作而开设的学位,而不是为教会专门开设的神学。

教育与人口结构转型

与工业化同时发生的另一个重大变化是人口结构转型(demographic transition),即生育率和死亡率的下降。人口结构转型经常被孤立地研究,但是统一增长理论模型在统一的框架内模拟了从马尔萨斯停滞(Malthusian stagnation)到可持续增长的转变(参见 Galor,2005)。其中许多模型的一个关键特点是工业化进程中出现的新技术增加了对教育的需求,反过来又在19世纪末引发了人口结构转型。儿童数量与质量的权衡(trade-off)是统一增长理论的核心内容。虽然现代数据中大量记录了儿童数量与质量的权衡,但直到最近,才有了在人口结构转型之前或转型期间的历史数据中追溯儿童数量与质量关系的尝试性研究。

儿童教育与生育之间的权衡

贝克尔等人(Becker et al.,2010)首次证明了人口结构转型前存在对儿童数量与质量的权衡。他们使用普鲁士的数据,支持统一增长理论的一个中心原则,即这是一种长期的权衡。他们利用1849年的数据,即早在19世纪后期普鲁士人口转型之前,儿童数量与质量的权衡业已出现。这一分析依赖的基础数据来自普鲁士统计局1849年进行的全方位人口和教育普查,这一普查收集了普鲁士330多个县的独特微观区域数据。他们使用普通最小二乘估计,使用县一级儿童与妇女比率(作为生育率的衡量指标)对县一级学校入学率(作为教育衡量指标)进行回归分析,反之亦然。控制多种其他因素后的回归分析均显示生育率与受教育程度呈负相关。

268

为了得到因果关系,并与儿童数量和质量权衡理论逻辑紧密地联系起来,这需要教育价格、父母对教育的偏好和/或抚养子女的成本有外生变化(exogenous variation),作者们采用了工具变量进行估计。具体而言,土地所有权不平等和到维滕贝格的距离被用作初等教育的工具变量,以识别教育对生育率的影响。利用土地所有权不平等的这一想法建立在盖勒等人研究（Galor et al.，2009）的基础上,在那篇文章中,他们提出了一个理论模型,其中土地所有权分配的不平等对促进人力资本的制度实施产生了负面影响[参见钦尼雷拉和奥尔南 Cinnirella and Hornung，2016)所展示的普鲁士的证据]。由于土地和人力资本之间的互补性很低,大地主不会从人力资本的积累中获益,他们将阻碍教育的提供。第二个工具变量为到维滕贝格的距离,依照了前文所述的贝克尔和韦斯曼（Becker and Woessmann，2009）的研究,他们在那篇文章中揭示了与维滕贝格距离更近的地方新教徒比例更高,也预示着更高的教育成就。将这些工具变量中的任何一个或两个结合起来使用,均证实了教育对生育率的负面影响。

当探讨生育对教育的影响这一反向因果关系时,作者们采用了成年人性别比作为生育的工具变量。成年人性别比是衡量婚姻市场紧张程度的一个指标,这一指标影响了结婚率和生育率。作者们利用这一工具变量,证实了生育率对教育的负面影响。

贝克尔等人（Becker et al.，2010）在教育和生育之间建立了相互因果关系。他们得出结论:在人口结构转型之前,1849 年的横截面数据已经显示了儿童数量与质量的权衡的存在。基于这一观点,他们更进一步希望了解1849 年的入学率是否能够预测 1880—1905 年的生育率转型。事实证明确实如此。1849 年小学入学率较高的县,在普鲁士人口转型时期生育率下降更快。

贝克尔等人（Becker et al.，2012）进一步向前追溯,他们使用 1816 年普鲁士的数据,表明即使使用更早期的横截面数据,也存在儿童数量与质量的权衡。

最近在其他国家也发现了类似的儿童数量与质量权衡的结果。迪耶博等人（Diebolt et al.，2017）使用了 1851 年法国省级层面的数据。他们的研究结果表明,法国人口转型期间生育率的下降导致了教育投资的增加。然而,他们的数据并没有证实这种相反的关系,他们将这一结果解释为,教育对生育率的影响可能需要一段时间才能生效。

最近,费尼霍（Fernihough，2017）、克伦普和韦斯多夫（Klemp and Weisdorf，2018）在发现历史数据中儿童数量与质量的权衡的证据方面取得了进展。费尼霍（Fernihough，2017）使用了1911年爱尔兰人口普查的个人数据，根据标准数量-质量模型，预测上学的儿童来自小家庭。这些结果也与布利克利和兰格（Bleakley and Lange，2009）对美国的研究结果一致，他们使用了1910年的数据。然而，1910年处于美国生育率转型的主要时段之后。克伦普和韦斯多夫（Klemp and Weisdorf，2018）追溯了更久远的年代，挖掘了生活在16—19世纪的英国人的家谱数据。他们利用由生育能力差异引起的外生变化，发现兄弟姐妹数量的增加导致成年人识字率的下降。

　　公平地说，现在有充分的证据表明，在工业化之前和工业化期间，教育与生育率之间存在着联系，这种联系在许多国家均存在。

　　除了儿童数量与质量的权衡之外，人口结构转型开始前较高的教育水平预测了人口转型期间生育率下降的速度（Becker et al.，2010）。米尔坦（Murtin，2013）利用覆盖了1870—2000年的100多年跨国数据，研究人口转型的长期经济决定因素。正如统一增长理论预测的那样，他发现小学教育是生育率转型最有力的决定因素。

妇女教育与生育

　　儿童数量与质量的权衡是教育与生育之间联系最明显的体现。它直接从理论出发，考虑父母在同一代人内优化子女数量和教育水平、将数量和质量联系起来所面临的权衡。

　　然而可以想象，代际因素也很重要。贝克尔等人（Becker et al.，2013）结合来自1816年、1849年和1867年三次普鲁士人口普查的县级数据，估计人口结构转型前妇女受教育程度与生育率之间的关系。尽管控制了几个需求和供给因素，他们发现妇女教育对生育率有负向影响。他们使用土地所有权集中产生的教育变化进行工具变量估计，并控制县级固定效应进行面板估计，二者均表明妇女教育与生育率之间具有因果关系。

　　法国也发现了类似的证据。墨菲（Murphy，2015）使用了法国19世纪最后一个季度的省级数据。他利用区域的差异研究生育率的相关因素，估计了各种固定效应模型。他的研究结果证实了教育，尤其是女性教育所起的重要作用。他使用成年男性的识字率以及成年女性和男性之间的文化差距作为婚姻生育的预测因子。从这个意义上说，他的研究更接近于（父母)教育对他们生育能力的代际影响,而不是儿童数量与质量的权衡。总之,教育通过几种途径在人口转型中发挥了重要作用。

结　语

最近在计量史学研究方面的进展进一步加深了我们对工业化过程中教育与社会经济发展之间联系的理解。我们可以把最近的研究结果总结如下。

第一,尽管教育在英国工业革命中的作用一直是学术界争论的话题,但来自普鲁士和法国等追赶国的证据表明,教育帮助这些国家赶上了工业领先国英国。在工业化第一阶段,关于教育在追赶国的重要作用的研究结果,可能需要修改文献中的通用解释,即工业化第一阶段据称对教育的要求较低。

第二,最近的研究还指出,在教育和经济发展方面的地区差异是由教派差异引起的。普鲁士新教地区的识字率高于天主教地区,瑞士的数据也证实了这一结果。这些普鲁士各县教育上的差异转化为进一步的经济发展上的差异,指出了对经济发展中的教派差异的另一种解释,而不是韦伯的新教伦理,即教育程度的差异可能是一个可信的替代解释,而不是对工作的不同态度或不同的储蓄行为。

第三,教育的扩张也影响了世俗化。由于高等中学入学率的提高,德国城市的教堂出席率下降。这些学校可能传达了一般性的批判性思维,而这些批判性思维可能削弱了人们对教会作为一个机构的信仰。

第四,教育与生育率相互作用,因此成为19世纪人口结构转型的一个因素。在儿童数量与质量的权衡的背景下,父母在每个孩子的教育投资与子女数量之间进行了权衡。在19世纪,教育的回报越来越高,这意味着父母越来越倾向于少生子女,同时让子女接受更多的教育。同时,受教育程度越高的父母生育的子女就越少,因此教育对生育率下降有双重影响。

虽然采用一般性的观点,但我们非常重视普鲁士工业化时期的调查结果,这不仅是因为普鲁士的人口普查数据比大多数其他国家更早(1816

年)(参见 Becker et al.，2014)。25 年前，人口统计学家已经对普鲁士县级数据进行了分析(参见 Galloway et al.，1994)。最近，这些发现得到了来自其他国家的证据的补充，这些国家早期历史记录的大规模数字化工作起步较晚。

当然，在工业化过程中，教育对人类发展的影响远不止于本章提到的这些。例如，钦尼雷拉和许勒尔(Cinnirella and Schüler，2018)表明，中央教育支出份额对 1886—1911 年普鲁士多生育主义政党的选票产生了积极影响，这表明公立小学教育可能起到观念灌输的作用，有助于在德意志帝国的背景下建设国家。毫无疑问，教育在工业化过程中的作用给未来的计量史学研究留下了许多有待解决的问题。

参考文献

271

A'Hearn, B. (1998) "Institutions, Externalities, and Economic Growth in Southern Italy: Evidence from the Cotton Textile Industry, 1861—1914", *Econ Hist Rev*, 51(4): 734—762.

Anderson, C.A., Bowman, M.J. (1976) "Education and Economic Modernization in Historical Perspective", in Stone, L. (ed) *Schooling and Society: Studies in the History of Education*. Johns Hopkins University Press, Baltimore, pp.3—19.

Baten, J., van Zanden J.L. (2008) "Book Production and the Onset of Modern Economic Growth", *J Econ Growth*, 13(3): 217—235.

Becker, S.O., Woessmann, L. (2008) "Luther and the Girls: Religious Denomination and the Female Education Gap in Nineteenth-century Prussia", *Scand J Econ*, 110(4): 777—805.

Becker, S.O., Woessmann, L. (2009) "Was Weber Wrong? A Human Capital Theory of Protestant Economic History", *Q J Econ*, 124(2): 531—596.

Becker, S.O., Woessmann, L. (2010) "The Effect of Protestantism on Education before the Industrial-ization: Evidence from 1816 Prussia", *Econ Lett*, 107(2): 224—228.

Becker, S.O., Woessmann, L. (2013) "Not the Opium of the People: Income and Secularization in a Panel of Prussian Counties", *Am Econ Rev*, 103(3): 539—544.

Becker, S.O., Cinnirella, F., Woessmann, L. (2010) "The Trade-off between Fertility and Education: Evidence from before the Demographic Transition", *J Econ Growth*, 15(3): 177—204.

Becker, S.O., Hornung, E., Woessmann, L. (2011) "Education and Catch-up in the Industrial Revolution", *Am Econ J Macroecon*, 3(3): 92—126.

Becker, S.O., Cinnirella, F., Woessmann, L. (2012) "The Effect of Investment in Children's Education on Fertility in 1816 Prussia", *Cliometrica*, 6(1): 29—44.

Becker, S.O., Cinnirella, F., Woessmann, L. (2013) "Does Women's Education Affect Fertility? Evidence from Pre-demographic Transition Prussia", *Eur Rev Econ Hist*, 17(1): 24—44.

Becker, S.O., Cinnirella, F., Hornung, E., Woessmann, L. (2014) "iPEHD—The Ifo Prussian Economic History Database", *Hist Methods*, 47(2): 57—66.

Becker, S.O., Nagler, M., Woessmann, L. (2017) "Education and Religious Participation: City-level Evidence from Germany's Secularization Period 1890—1930", *J Econ Growth*, 22(3):273—311.

Bessen, J.(2003) "Technology and Learning by Factory Workers: The Stretch-out at Lowell, 1842", *J Econ Hist*, 63(1):33—64.

Bleakley, H., Lange, F.(2009) "Chronic Disease Burden and the Interaction of Education, Fertility, and Growth", *Rev Econ Stat*, 91(1):52—65.

Boppart, T., Falkinger, J., Grossmann, V., Woitek, U., Wüthrich, G.(2013) "Under Which Conditions Does Religion Affect Educational Outcomes?", *Explor Econ Hist*, 50(2): 242—266.

Boppart, T., Falkinger, J., Grossmann, V.(2014) "Protestantism and Education: Reading(the Bible) and Other Skills", *Econ Inq*, 52(2):874—895.

Cantoni, D.(2015) "The Economic Effects of the Protestant Reformation: Testing the Weber Hypothesis in the German Lands", *J Eur Econ Assoc*, 13(4):561—598.

Cantoni, D., Dittmar, J., Yuchtman, N. (2018) "Reformation and Reallocation: Religious and Secular Economic Activity in Early Modern Germany", *Q J Econ*, 133(4):2037—2096.

Cinnirella, F., Hornung, E.(2016) "Landownership Concentration and the Expansion of Education", *J Dev Econ*, 121:135—152.

Cinnirella, F., Schüler, R.M.(2018) "Nation Building: The Role of Central Spending in Education", *Explor Econ Hist*, 67:18—39.

Cinnirella, F., Streb, J.(2017) "The Role of Human Capital and Innovation in Economic Development: Evidence from Post-Malthusian Prussia", *J Econ Growth*, 22(2):193—227.

Cipolla, C.M.(1969) *Literacy and Development in the West*. Penguin, Harmondsworth.

de Pleijt, A.M.(2018) "Human Capital Formation in the Long Run: Evidence from Average Years of Schooling in England, 1300—1900", *Cliometrica*, 12(1):99—126.

Diebolt, C., Menard, A.-R., Perrin, F. (2017) "Behind the Fertility-education Nexus: What Triggered the French Development Pro-cess?", *Eur Rev Econ Hist*, 21(4):357—392.

Dittmar, J., Meisenzahl, R.R.(2018) "Public Goods Institutions, Human Capital, and Growth: Evidence from German History", *Rev Econ Stud*(forthcoming).

Easterlin, R.A.(1981) "Why Isn't the Whole World Developed?", *J Econ Hist*, 41(1):1—19.

Engelsing, R.(1973) *Analphabetentum und Lektüre: Zur Sozialgeschichte des Lesens in Deutschland zwischen feudaler und industrieller Gesellschaft*. Metzler, Stuttgart.

Fernihough, A.(2017) "Human Capital and the Quantity-quality Trade-off during the Demographic Transition", *J Econ Growth*, 22(1):35—65.

Field, A.J.(1989) *Educational Reform and Manufacturing Development in Mid-nineteenth Century Massachusetts*. Garland, New York.

Franck, R., Iannaccone, L.R.(2014) "Religious Decline in the 20th Century West: Testing Alternative Explanations", *Public Choice*, 159(3—4):385—414.

Freud, S.(1927[1961]) "The Future of an Illusion", Strachey, J.(ed). W.W.Norton, New York. [Original version (in German) published in *Psychoanalytischer Verlag*, 1927].

Galloway, P.R., Hammel, E.A., Lee, R.D.(1994) "Fertility Decline in Prussia, 1875—1910: A Pooled Cross-section Time Series Analysis", *Popul Stud*, 48(1):135—158.

Galor, O.(2005) "From Stagnation to Growth: Unified Growth Theory", in Aghion, P., Durlauf, S.N.(eds) *Handbook of Economic Growth*, vol.1 A. North Holland, Amsterdam, pp.171—293.

Galor, O., Moav, O.(2006) "Das Human-Kapital: A Theory of the Demise of the Class Structure", *Rev Econ Stud*, 73(1):85—117.

Galor, O., Moav, O., Vollrath, D. (2009) "Inequality in Land Ownership, the Emergence of Human Capital Promoting Institutions, and the Great Divergence", *Rev Econ Stud*, 76(1):143—179.

Gawthrop, R., Strauss, G.(1984) "Protestantism and Literacy in Early Modern Germany", *Past Present*, 104:31—55.

Go, S., Lindert, P. H. (2010) "The Uneven Rise of American Public Schools to 1850", *J Econ Hist*, 70(1):1—26.

Goldin, C. (2016) "Human Capital", in Diebolt, C., Haupert, M. (eds) *Handbook of Cliometrics*. Springer, New York.

Goldin, C., Katz, L. F. (2009) "Why the United States Led in Education: Lessons from Secondary School Expansion, 1910 to 1940", in Eltis, D., Lewis, F. D. (eds) *Human Capital and Institutions: A Long-run View*. Cambridge University Press, New York.

Green, L. (1979) "The Education of Women in the Reformation", *Hist Educ Q*, 19(1):93—116.

Hanushek, E. A., Woessmann, L. (2008) "The Role of Cognitive Skills in Economic Development", *J Econ Lit*, 46(3):607—668.

Hanushek, E. A., Woessmann, L. (2012) "Do Better Schools Lead to More Growth? Cognitive Skills, Economic Outcomes, and Causation", *J Econ Growth*, 17(4):267—321.

Hanushek, E. A., Woessmann, L. (2016) "Knowledge Capital, Growth, and the East Asian Miracle", *Science*, 351(6271):344—345.

Hölscher, L. (2001) "Datenatlas zur religiösen Geographie im protestantischen Deutschland: Von der Mitte des 19", *Jahrhunderts bis zum Zweiten Weltkrieg*, 4. vols. Walter de Gruyter, Berlin.

Iannaccone, L. R. (1998) "Introduction to the Economics of Religion", *J Econ Lit*, 36(3):1465—1495.

Kelly, M., Mokyr, J., Gráda C. Ó. (2014) "Precocious Albion: A New Interpretation of the British Industrial Revolution", *Annu Rev Econ*, 6(1):363—389.

Klemp, M., Weisdorf, J. (2018) "Fecundity, Fertility and the Formation of Human Capital", *Econ J* (forthcoming).

Kocka, J. (1977) "Entrepreneurship in a Late-comer Country: The German Case", in Nakagawa, K. (ed) *Social Order and Entrepreneurship*. University of Tokyo Press, Tokyo, pp.149—198.

Komlos, J. (2000) "The Industrial Revolution as the Escape from the Malthusian trap", *J Eur Econ Hist*, 29(2—3):307—331.

Landes, D. S. (1980) "The Creation of Knowledge and Technique: Today's Task and Yesterday's Experience", *Daedalus*, 109(1):111—120.

Laqueur, T. W. (1974) "Debate: Literacy and Social Mobility in the Industrial Revolution in England", *Past Present*, 64:96—107.

Lindert, P. H. (2004) *Growing Public: Social Spending and Economic Growth since the Eighteenth Century*, 2 vols. Cambridge University Press, Cambridge.

Luther, M. (1520) "An den christlichen Adel deutscher Nation von des christlichen Standes Besserung" (To the Christian Nobility of the German Nation Concerning the Reform of the Christian Estate), in *Dr. Martin Luthers Werke: Kritische Gesamtausgabe*, vol.6. Verlag Hermann Böhlhaus Nachfolger, Weimar, 1888.

Luther, M. (1524) "An die Ratsherren aller Städte deutschen Landes, dass sie christliche Schulen aufrichten und halten sollen" (To the Councilmen of All Cities in Germany That They Establish and Maintain Christian Schools), in *Dr. Martin Luthers Werke: Kritische Gesamtausgabe*, vol.15. Verlag Hermann Böhlhaus Nachfolger, Weimar, 1899.

Luther, M. (1530) "Eine Predigt, daß man Kinder zur Schule halten solle" (A sermon on keeping children in school), in *Dr. Martin Luthers Werke: Kritische Gesamtausgabe*, vol.30, Part 2. Verlag Hermann Böhlhaus Nachfolger, Weimar, 1909.

Madsen, J. B., Murtin, F. (2017) "British Economic Growth since 1270: The Role of Education", *J Econ Growth*, 22(3):229—272.

Markussen, I. (1990) "The Development of Writing Ability in the Nordic Countries in the Eighteenth and Nineteenth Centuries", *Scand J Hist*, 15(1):37—63.

Marx, K. (1844) "Zur Kritik der Hegel'schen Rechtsphilosophie: Einleitung", in Jahrbücher, D-F. (ed) *Arnold Ruge, Karl Ma-*

rx. *Bureau der Jahrbücher*, Paris, pp.71—85.

McCleary, R.M., Barro, R.J.(2006) "Religion and Economy", *J Econ Perspect*, 20(2):49—72.

Meisenzahl, R.R., Mokyr, J.(2012) "The Rate and Direction of Invention in the British Industrial Revolution: Incentives and Institutions", in Lerner, J., Stern, S.(eds) *The Rate and Direction of Inventive Activity Revisited*. University of Chicago Press, Chicago.

Mitch, D.(1993) "The Role of Human Capital in the First Industrial Revolution", in Mokyr, J.(ed) *The British Industrial Revolution: An Economic Perspective*. Westview, Boulder, pp.267—307.

Mokyr, J.(1990) *The Lever of Riches: Technological Creativity and Economic Progress*. Oxford University Press, Oxford.

Mokyr, J.(1999) "The New Economic History and the Industrial Revolution", in Mokyr, J.(ed) *The British Industrial Revolution: An Economic Perspective*, 2nd edn. Westview, Boulder, pp.1—127.

Murphy, T. E.(2015) "Old Habits Die Hard(Sometimes): Can département Heterogeneity Tell Us Something about the French Fertility Decline?", *J Econ Growth*, 20(2):177—222.

Murtin, F.(2013) "Long-term Determinants of the Demographic Transition, 1870—2000", *Rev Econ Stat*, 95(2):617—631.

Nelson, R.R., Phelps, E. S.(1966) "Investment in Humans, Technological Diffusion, and Economic Growth", *Am Econ Rev*, 56(2):69—75.

O'Rourke, K. H., Williamson, J. G.(1996) "Education, Globalization and Catch-up: Scandinavia in the Swedish Mirror", *Scand Econ Hist Rev*, 43(3):287—309.

Rosés, J.R.(1998) "Measuring the Contribution of Human Capital to the Development of the Catalan Factory System (1830—61)", *Eur Rev Econ Hist*, 2(1):25—48.

Sandberg, L. G.(1979) "The Case of the Impoverished Sophisticate: Human Capital and Swedish Economic Growth before World War I", *J Econ Hist*, 39(1):225—241.

Sanderson, M.(1972) "Literacy and Social Mobility in the Industrial Revolution in England", *Past Present*, 56:75—104.

Schüler, R.M.(2016) "Educational Inputs and Economic Development in End-of-nineteenth-century Prussia", Ifo Working Paper 227. Ifo Institute, Munich.

Schultz, T. W.(1975) "The Value of the Ability to Deal with Disequilibria", *J Econ Lit*, 13(3):827—846.

Squicciarini, M. P., Voigtländer, N.(2015) "Human Capital and Industrialization: Evidence from the Age of Enlightenment", *Q J Econ*, 130(4):1825—1883.

Taylor, A.M.(1999) "Sources of Convergence in the Late Nineteenth Century", *Eur Econ Rev*, 43(9):1621—1645.

Weber, M.(1904/05) "Die protestantische Ethik und der 'Geist' des Kapitalismus", Arch Sozialwiss Sozialpolitik 20:1—54 and 21:1—110. Reprinted in: *Gesammelte Aufsätze zur Religionssoziologie*, 1920:17—206. [English translation: *The Protestant Ethic and the Spirit of Capitalism*, translated by Talcott Parsons, 1930/2001, London: Routledge Classics.]

Welch, F.(1970) "Education in Production", *J Polit Econ*, 78(1):35—59.

第五章

经济史视角中的性别

乔伊斯·伯内特

摘要

本章探讨了计量史学如何帮助我们回答五个关于女性在经济史中的作用的问题:女性在经济中的参与程度如何? 为什么女性的收入比男性少? 为什么男性和女性从事不同的工作? 什么决定了性别角色? 女性在经济增长中扮演了什么角色? 这些答案表明,理解女性的角色对于理解经济史至关重要。

关键词

女性工作　女性工资　劳动力参与　性别差距　职业隔离　性别角色
性别规范　女性力量

引　言

　　计量史学的研究能为性别研究提供什么？虽然一个答案可能是，它可以量化工资和就业方面的性别差异，但事实上，计量史学可以提供更多的信息。计量史学提供了一种方法来理解我们观察到的性别差异的原因。其方法是运用经济学理论对过去进行假设，然后用数据对这些假设进行检验。计量史学方法帮助我们回答了那些似乎不需要定量分析的解释性问题，例如为什么存在性别差距，或者为什么不同社会的性别角色不同。同时，它帮助我们回答了另一些问题：为什么我们会观察到行为中的性别差异，或者行为规范如何随着时间的推移而变化。在计量史学的研究之前，文化和女性工作之间的关系通常被视为一个方向：性别意识形态解释了女性的工作和她们的报酬。计量史学为我们提供了一个窗口，让我们了解性别意识形态是如何被决定的，并且扭转了这种因果关系，它们还展示了经济现实如何决定不同社会的性别角色。为了证明计量史学如何影响我们从历史的视角对性别的理解，笔者将探讨经济史中五个关于性别的问题的答案。

女性参与经济活动的程度如何？

　　在经济学中，女性工作的历史往往被写成一部劳动参与率不断提高的历史。在美国，1890 年女性劳动参与率为 18％，其中已婚女性劳动参与率不到 5％，到 21 世纪初已增长到约 60％（Costa，2000）。同样，在英国，已婚女性的劳动参与率从 1900 年的 10％上升到 1998 年的 74％。虽然这种增长是惊人的，但只关注 20 世纪会误导读者，因为它给人的印象是在 20 世纪之前，女性劳动参与率很低。历史学家纠正了这一错误，指出事实上过去女性劳动参与率相当高，20 世纪初的低参与率并不是历史的常态，而是对长期确立的女性经济活动模式的短暂偏离。戈尔丁（Goldin，1995）指出，在许多国家，女性劳动参与率与人均国内生产总值之间呈 U 形关系，这表明在工业化过程中女性劳动参与率先下降后上升。美国和英国的历史证据符合这一假设:在这两个国家,已婚女性的劳动参与率在 19 世纪下降,然后在 20 世纪上升。

任何试图确定过去女性参与程度的尝试性研究都必须面对这样一个事实,即我们对劳动力参与的定义既不公正又不合时宜。如果一个人为工资而工作,他(她)将被算作劳动力的一部分。自由职业者(self-employed)和居家工作(work from home)的人也包括在内,但今天,这些类别只包含小部分劳动者。家庭生产(home production)以用于家庭内部消费的商品未被包括在内,即使这些活动在经济上是生产性的。虽然经济学家知道,家庭生产应该算作一个国家经济产出的一部分,但他们没有调整国内生产总值的衡量标准,他们认为家庭生产太难估价。在承认这一失败之后,劳动参与常常被描述为"外出工作"。然而,这样的定义对于性别史学家来说是有问题的。

劳动参与的现代定义对女性不公平,因为它将通常由女性完成的工作定义为不具有经济生产力的工作。受雇于日托机构的儿童保育员被视为参与经济活动,而照顾自己孩子的母亲则不被认为在参与经济活动。如果将这部分计算在内,家庭生产将使国内生产总值增长 25%—40%。由于没有计算家务劳动,我们忽视了历史上很大一部分生产活动是由女性完成的劳动。2003 年,女性完成的家务劳动量几乎是男性的两倍,而 1965 年女性的家务劳动量是男性的三倍半。劳动参与在描述过去女性的工作方面做得尤其糟糕。一位 17 世纪的妇女整天都在挤牛奶、纺纱、帮丈夫做手艺、准备家庭饭菜,虽然没有一份获得薪水的工作,但她仍然每日都在劳作。

不把家庭生产视为工作也是不合时宜的。在 19 世纪初,家庭主妇被认为是生产性劳动者,但在那个世纪,经济学家们不重视妇女的贡献,而男性工会则认为男性的工资应该高到足以养活一个家庭,这两个因素的结合导致了对家庭主妇的重新定义,即家庭主妇是受抚养人,而不是生产性劳动者(Folbre, 1991)。在英国,1861 年的人口普查将没有明确职业的妻子和寡妇归入"从事家务工作的人"一类。而到 1881 年,妻子被归入"没有特定职业的人"一类。我们认为家庭生产不是工作的假设本身就是一个将家庭妇女的工作定义为非生产性工作的历史过程的结果。

劳动参与的概念也不合时宜,因为在过去,无论男女,大多数人生产他们自己使用的商品。每个家庭自己种植粮食,自己制作衣服。家庭也自制肥皂、扫帚和家具。为获得工资而工作的人相对较少,而且大多数人并不是完全靠工资生活的。在16世纪,三分之二的英国农村居民有足够的土地来生产自己的食物,而且不必为工资而工作。在那些为工资而工作的人中,绝大多数人饲养动物,因此至少自己生产了一些食物。随着时间的推移,家庭专业化程度越来越高,从市场上购买的消费品比例也越来越大,因此最终自给自足成为一种少数现象,而非常态。由于忽视了家庭生产,劳动参与这一概念忽视了过去男性和女性所做的大部分工作。

　　除了劳动参与概念本身具有的缺陷外,20世纪以前的女性劳动参与率的度量也非常不完善。大多数度量方法是基于人口普查或税务记录,这些记录系统地忽视了女性的工作。因为女性从事许多不同种类的兼职工作,或者仅仅因为她们是女性而没有被记录为有职业。有时女性工作没有被记录下来,因为丈夫合法地代表了他的妻子。中世纪英格兰的法庭记录经常把男性列为支付酿酒罚款的人,即使实际上是他们的妻子做了酿造工作(Bennett, 1996)。阿姆斯特丹1742年的税务登记册将各类船长列为商店的所有者;当船长们出海时,这些商店肯定是由他们的妻子经营的,但没有提到妻子(de Vries and van der Woude, 1997)。许多历史研究已经识别出了那些由雇主支付工资,但在人口普查中没有职业的劳动者。如果这些错误得到纠正,1900年的女性劳动参与率并没有第一次出现的那么低,但仍然存在U形模式,即女性劳动参与率在19世纪下降,在20世纪增加。

　　虽然报告的职业往往更多的是对当时性别意识形态的一种表述,而不是女性实际承担的工作的陈述,但我们经常可以找到资料说明女性实际参与工作的其他证据,例如在法庭案件中证人的陈述。事实上,这些记录可能比官方职业清单更准确地记录了女性的工作情况。利用法院记录审查女性工作的研究实例包括厄尔对伦敦的研究(Earle, 1989)、奥格维对德国的研究(Ogilvie, 2003)和阿格伦对瑞典的研究(Agren, 2017)。所有这些研究都表明女性广泛参与生产性工作。

　　如果我们把所有的生产活动都包括在内,那么在前工业时代,女性几乎是普遍参与工作,甚至贵族妇女也参与纺织生产。如果用劳动以换取薪水来衡量,那么女性劳动参与仍然很普遍。18世纪初,伦敦法庭上的证人被问

278

147

到他们是如何谋生的,54%的女性证人声称她们完全靠自己的工作报酬维持生活,18%的人至少部分靠挣取薪水维持生活,只有28%的人声称没有带薪工作(Earle,1989)。农村地区的有偿就业可能不那么普遍,但仍远高于1900年前后的10%。霍雷尔和汉弗莱斯(Horrell and Humphries,1995)研究了1787年至1865年英格兰贫困家庭的预算,发现在大约一半的家庭中,妻子有现金收入来贡献家庭收入。在17世纪的荷兰,在鱼市和鳗鱼市场上,女性的数量超过男性,蒙塔古指出:"一般来说,在商店和贸易活动中,女性更多。"(van den Heuvel,2007:41,98)哈夫顿(Hufton,1975:10)得出结论,在18世纪的法国,"没有女孩会因结婚而放弃工作"。女性的职业比男性的职业更不可能出现在官方记录中,不仅因为男性被视为一家之主,妻子是丈夫的助手,还因为女性经常将许多不同的兼职活动结合在一起。尽管如此,女性确实参与了劳动。

如果说在1800年以前,女性参与市场经济的比例如此之高,那么为什么在19世纪却下降了呢? 多种因素综合在一起导致了这种下降。其中一个原因很简单,就是男性的收入增加了。尽管人们对1760—1830年间英国的实际工资是否上涨存在大量争论,但人们普遍认为,1850年以后,英国的工资水平有所上升。在19世纪后半叶的荷兰,男性收入上升,女性劳动参与率下降(Botar,2017)。劳动力供给通常会随着非劳动收入的增加而下降(休闲是一种正常的商品),因此我们预计女性劳动力供给会随着男性收入的增加而下降。劳动参与率下降的另一个原因是,女性外出工作的社会接受度越来越低。工会成员主张提高工资,主张男性应获得养活一个家庭所需的工资,使他们能够养活自己的家属。他们这样做造成了这样一种情况:如果有人看到一个男人的妻子在外面工作,他就失去了地位,因为这意味着他无法养活自己的家庭。莫基尔(Mokyr,2000)认为,疾病知识的增加和细菌的发现导致对清洁的需求增加。家庭通过将妻子的劳动从劳动力市场转移到家务劳动来提升清洁度。对女性参与率下降的一种不太乐观的解释是,对女性劳动力的需求正在下降,因此女性无法找到工作(Humphries and Sarasua,2012)。如果忽略家庭生产,1900年前后,已婚妇女的市场参与率降到历史最低水平,当时英国已婚妇女的劳动参与率约为10%,美国为6%(Costa,2000:106)。

　　对 20 世纪女性市场参与率的上升有着更广泛的研究,但大多数研究描述的是这些变化,而不是找出其原因。确定参与率上升的原因很难,因为大多数重要变量都是女性劳动参与率变化的原因和结果。生育率下降、教育水平提高、文化期望的不断变化,这些都是女性市场参与率上升的原因,但同样是女性劳动参与率增长的结果。女性在年轻时根据她们对未来机会的期望,对教育和生育作出重要的终身决定,这令分析变得更加困难,因此在某个时间点上,不同群体的女性行为也会有所不同。

　　虽然男性收入的增加往往会阻碍女性的劳动参与率,但在 20 世纪,女性的劳动供给是基于自身工资的正向反应。这意味着替代效应(the substitution effect),即女性工作占主导地位的原因是工作更有回报,而非收入效应,即收入较高的女性会将部分收入用于休闲。然而,女性的工资在 19 世纪也在上升,当时她们的劳动参与率在下降(Goldin,1990)。19 世纪与 20 世纪的不同变化趋势表明,要么其他因素很重要,要么工资和劳动力供给之间的关系随着时间的推移而改变。盖勒(Galor,2005)认为有一个阈值,跨越这个阈值之后,女性工资对劳动力供应转为正效应。

　　由于女性工资在 20 世纪随着女性劳动参与人数的增加而增加,因此对女性劳动力的需求必然增加。从农业和制造业向服务业的经济部门结构转型以及文书工作的女性化,增加了对女性劳动力的需求,因为女性在服务业方面具有比较优势,而且女性更喜欢白领工作而不是蓝领工作。女性通过提供更多的劳动供给来应对需求的增长,同时她们在市场上能挣到更高的工资。在 20 世纪后期,女性进入了广泛的职业领域。当然,女性受教育程度的提高使她们能够从事这些职业,而这本身也可能是女性期望提升劳动参与率的结果。避孕措施的改进,特别是避孕药的合法化,使女性更愿意在 20 多岁时进行人力资本投资,从而增加了职业学校的女性人数(Goldin and Katz,2002)。较便宜的儿童保育费也有助于增加女性的劳动参与率。在欧洲,以带薪产假和补贴保育儿童为形式的公共政策同样鼓励女性参与劳动。

280

　　虽然我们可能预期家居科技的进步,如水管、洗衣机、冰箱和吸尘器会减少对家庭生产的需求,但证据表明并非如此。这些创新并没有减少妻子做家务的时间,因为家庭要么把工作从带薪佣人转移到家庭主妇身上,要么随着家居技术的进步,进一步提高了清洁标准。然而,省时的电器可能会对下一代女性产生影响。刘易斯(Lewis,2015)发现,电气化对女性就业没有直接影响,但它与女孩入学率的提高以及下一代女性劳动参与率和收入的提高有关。

20世纪以来,人们对女性外出工作的态度发生了很大变化,这种变化在某种程度上是由于女性劳动参与率的增加。美国人中认为"已婚妇女即使有一个能够养活自己的丈夫,也应该外出赚钱"的比例从20世纪40年代约20%上升到80年代约80%(Fernandez,2013:473)。1968年,只有大约三分之一的年轻女孩预期自己35岁时将在外工作,而到了20世纪80年代,超过80%的年轻女孩预期自己35岁时将在外工作(Goldin et al.,2006)。考虑到她们改变了的职业期望,年轻女性在教育上投入更多,并推迟生育。此外,母亲在劳动力大军中更有可能参与劳动。盖伊(Gay,2017)表明,在第一次世界大战中法国死亡率较高的地区,女性劳动参与率也较高,这些女性的女儿劳动参与率也较高。男性的偏好也很重要,如果一个男性的母亲参与劳动,那么他更可能有一位参与劳动的妻子,而第二次世界大战的战争动员对战争期间这代的母亲产生了暂时性影响,但对下一代产生了永久性影响(Fernandez et al.,2004)。

女性劳动参与率的提高是20世纪的事情,而不是早期发生的事情。1900年前后市场参与度低是历史上的反常现象。如果我们将供家庭使用的商品的生产和服务涵盖在内,那么过去认为19世纪末和20世纪初很低的女性参与率也会高得多。女性参与劳动不是一项新发明,而是一种长期的习惯。对女性和男性来说,工作并获取报酬在历史上一直是正常存在的状态。

为什么女性的收入比男性少?

除了极少数例外,女性的收入一直低于男性。对一些人来说,这种女性收入低于男性的惊人一致证明了工资是由社会深层结构决定的。女性较低的工资被归因于社会、习俗或制度的父权制结构。另一种假设是,女性的工资低于男性,是因为女性的生产率较低。经济学理论认为,工资等于劳动的边际产出,即当工人被雇用时,企业产出值增加。如果女性的边际生产率低于男性,那么竞争激烈的市场将为她们支付更低的工资。即使女性和男性做同样的工作和付出同样的努力,她们的生产率也可能比男性低。女性的边际生产率可能较低,因为她们的技能较少(这本身是由社会决定的),或者因为她们的身体与男性不同。女性的体力不如男性,而且与两性其他差异不同,在这一方面,男性和女性体力分布区间上很少存在重合;女性平均最大提取重物能力比男性平均水平低 2.5 个标准差(Burnette,2008)。纵观历史长河,许多生产任务都取决于力量,因此女性力量较弱会导致她们生产率低下。

由于有多种假设预测女性的收入将低于男性,我们需要检验其他证据来确定哪个假设是正确的。当然,没有理由期望同一个假设在任何时间、任何地点都是正确的。未来的计量史学家肯定会对这里呈现的图片进行改进。目前的数据表明,在 1900 年以前的大多数职业中,性别差距是由市场力量而不是社会习俗决定的。

如果工资是按社会习俗决定的,我们预计它们的变化会相对缓慢,而且它们不会对需求的变化作出反应。我们可以利用数据拒绝这一假说。与有时所说的相反,女性的工资几十年来没有固定在同一水平上,并且事实上经常变化。图 5.1 显示了英国某个农场的女性夏季工资在未来一定年限内保持不变的可能性。未来一年工资保持不变的概率为 76%,这表明工资从一年到下一年发生变化的概率为 24%。15 年后,没有变化的概率只有 50%。这种灵活性表明,女性的工资不是由社会习俗决定的。还有证据表明,女性的工资对不断变化的经济环境作出反应。由于黑死病,女性和男性的工资均迅速发生了变化。对于西班牙纳瓦拉的非熟练建筑工人来说,男性的日薪从 1348 年的 9 便士跃升到 1349 年的 17.8 便士,然后在 1353 年略微下降到 15 便士。女性的工资增长稍慢,但在这段时间里增加了两倍,从 1348 年的 4 便士增长到 1349 年的 7 便士和 1353 年的 12 便士(Hamilton,1936)。我们还观察到英格兰农业工资在工业革命中的地区变化。1750 年前后,英格兰北部女性的工资低于南部。然而,在接下来的一百年里,北部的工厂生产如雨后春笋般迅速发展,北方女性的工资也迎来上涨,而南部则停滞不前,那里的女性失去了手工纺纱等传统工作,因此到了 19 世纪初,英格兰西北部的女性农场工资高于英格兰南部(Burnette,2004)。

282

保持工资稳定的概率

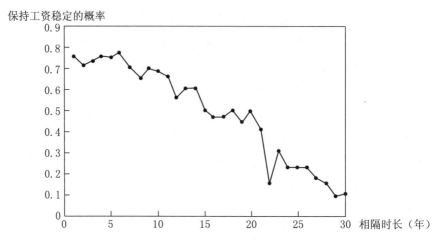

注:基于50个英国农场的样本。对于每个农场,笔者都记录了女性劳工的夏季日薪。图中显示了同一农场相隔X年的两份工资相同的概率。

资料来源:Burnette,2008。

图5.1　随着时间的推移女性农业工资的持续性

工资与生产率不一致的现象也有可能出现,因为许多时候工资是由政府规定的。政府制定工资的例子不胜枚举,其中一些规定比其他规定更有效。黑死病爆发后,英国政府制定了最高工资标准,试图阻止工资上涨。然而,鉴于这一时期工资大幅上涨,这一尝试基本上没有成功。近代早期的德国执行的纺纱工和女裁缝的最高工资更为成功。行会和国家联合起来执行最高计件率,没收承诺向纺纱厂支付更高工资的商人的羊毛和纱线(Ogilvie,2003)。德国人在控制工资方面更为成功,因为他们通常对社区活动有更多的控制权,包括谁可以住在社区里,以及谁可以结婚。因此,在市场竞争激烈的地方,市场工资似乎占了上风,而非市场工资只有在垄断势力很大的地方才能实施。

有人认为体力不能解释性别工资差距,因为这种差距随着时间的推移发生了巨大变化(Bardsley,1999;van Zanden,2011)。在英格兰,日常临时工的男女工资比率在14世纪90年代最高,为0.90,在19世纪40年代最低,为0.32(Humphries and Weisdorf,2015)。然而,所观察到的工资比率变化与体力是决定工资比率重要因素之一的假说并行不悖。我们没有理由期望市场价格在几个世纪内保持不变,就像土地或粮食的市场价格保持不变一样。

体力的重要性因任务而异。它对犁地很重要,对织布有点重要,对手工纺纱一点也不重要。如果我们把经济中的所有任务按这个比例排列,一个高效的经济体会将需要较少体力的任务分配给女性,将需要更多体力的任务分配给男性。雇主将遵守市场工资比率,如果其任务中的生产率比率高于市场工资比率,则雇佣女性;反之则雇佣男性。雇主只有在工资比率与生产率比率相等的情况下才会既雇佣男性又雇佣女性,因此,男女经常做不同的工作,只是偶尔才一同工作,我们对此不应该感到吃惊。那么,市场工资比率由不同任务的需求和可用的男女工人人数决定。相对于体力密集型任务的需求而言,当可供选择的男性数量有限时,体力能够获得额外的溢价。如果一个社会对体力密集型任务的需求很高,而边际任务是耕地,那么性别工资差距就会更大;而如果社会对体力密集型任务的需求很低,边际任务是编织,那么性别工资差距就会更小。由于劳动力市场是地方性的,我们希望在每个城镇找到不同的工资比率和不同的劳动分工。即使体力确实决定了男女工资比率,我们也不应期望这个比率随着时间或地点的变化而保持不变。

283

　　虽然英格兰男女工资比率从 1300 年的 80% 下降到 1800 年约 40%,但并不是持续性下降。日工的性别工资差距在 1400 年至 1600 年间增加,随后到 1750 年一直下降,然后再次上升(Humphries and Weisdorf, 2015)。在 15 世纪,羊毛工业的扩张推高了羊毛价格,使养羊比耕种农田更有利可图。后期的证据表明,养羊业的扩张与农业中对女性劳动力需求的下降有关,从而降低了女性的相对工资(Burnette, 1999)。如果在 15 世纪,养羊业对女性劳动力的需求也有同样的效应,那么我们预计在这段时间内,男女工资差距会有所扩大。1600 年后,英格兰性别差距的缩小对应于纺纱需求的增加,这是由于从羊毛织物向被称为"新布料"(new draperies)的轻薄精纺纺织品的转变,增加了对纺纱工的相对需求。穆尔德鲁(Muldrew, 2012)估计,对于旧羊毛织物产业,其中 59% 的工人是纺纱工,而对于"新布料"产业,其中 83% 是纺纱工。纺纱需求的增加本应减少市场为体力支付的溢价(即男性工资溢价)。但是 1764 年珍妮纺纱机问世后,机器迅速使手摇纺纱机失去用武之地,由此导致对女性工人需求的下降,这也解释了 1750—1850 年间女性相对工资的下降。因此,随着时间的推移,性别工资比率的变化与体力相关的差距保持一致,因为体力的市场价格可以改变。

在对比不同性别工人的生产率所获得的报酬时,我们应当比较产出,而不是投入。如果一个男性工人和一个女性工人做一个小时同样的工作,他们提供相同的投入(一个小时的劳动),但不一定有相同的产出。如果一个女性工人在一个小时内收获的粮食少于一个男性工人,同时她每收获一单位粮食获得的报酬与男性相同,那么她每小时的收入就会更少。有证据表明,当以相同的计件工资率工作时,女性每小时的收入确实更少,因为她们每小时生产得更少。对于19世纪的美国制造业,戈尔丁(Goldin,1990)发现,在相同的计件工资率下,女性的生产量是男性的80%。

284 检验生产率假设的一种方法是利用企业层面的数据来估计生产率比率,然后直接检验工资比率是否等于生产率比率。少数研究已经对历史和现代劳动力市场进行了这样的研究。表5.1总结了这些研究的结果。大多数研究发现,女性员工的边际产出低于男性员工,这一差异反映了她们的相对年龄、工作经验以及体力,不过有两项研究发现,女性的生产率至少与男性相同。一般来说,生产率比率会随着时间的推移而上升,20世纪的生产率比率高于19世纪的生产率比率。有证据表明,在20世纪的美国和1870年的加拿大,工资比率低于生产率比率,存在工资歧视。在其他国家和19世纪的美国,没有证据表明存在工资歧视。1900年,美国制造业在白领工人中表现出工资歧视,但在蓝领工人中却没有。

表 5.1　有关歧视性工资的检验

年　份	国　家	行　　业	工资比率 (女性工资/ 男性工资)	生产率比率 (女性生产率/ 男性生产率)	资料 来源
1832	美　国	制造业	0.46	0.42	a
1839—1845	法　国	棉纺织业	0.54	0.63	b
1839—1845	法　国	毛纺织业	0.49	0.43	b
1839—1845	法　国	棉毛织业	0.51	0.53	b
1850	美　国	制造业	0.49	0.41	a
1860	美　国	制造业	0.55	0.53	a
1870	加拿大	制造业	0.38	0.49*	c
1900	美　国	制造业,蓝领工人	0.55	0.45	a

年　份	国　家	行　　业	工资比率（女性工资/男性工资）	生产率比率（女性生产率/男性生产率）	资料来源
1900	美　国	制造业,蓝领工人	0.48	1.17*	a
1966	美　国	制造业	0.53	0.75*	d
1977	美　国	制造业	0.54	1.01*	d
1986—1993	挪　威	制造业	0.82	0.83	e
1989	以色列	制造业	0.77	0.82	f
1990	美　国	制造业	0.55	0.84*	g
2002	美　国	制造业	0.72	0.84*	a

注：*生产力比率显著高于工资比率,存在工资歧视。

资料来源：(a) Burnette, 2015；(b) Cox and Nye, 1989；(c) McDevitt et al., 2009；(d) Leonard, 1984；(e) Haegeland and Klette, 1999；(f) Hellerstein and Neumark, 1999；(g) Hellerstein et al., 1999。

　　表 5.1 中的证据支持戈尔丁(Goldin,1990)的说法,即 20 世纪初美国在文书工作者中间出现了工资歧视。当工人第一次被雇佣时,男女工资差距可以忽略不计,但随着工作经验的增长,男性的公司年收入比女性多。对这一工资歧视的解释包括公司向男性而非向女性提供激励。戈尔丁(Goldin,1986)指出,公司为男性和女性选择了不同的工资系统,向预期辞职的女性支付计件工资,并向预期在公司工作时间更长的男性提供随任期延长而增加的工资,以阻止他们离职并鼓励男性努力工作。欧文(Owen,2001)认为,男性较低的离职率是公司内部劳动力市场政策的结果。她发现,男性的离职率最初高于女性,但在 20 世纪 20 年代,男性的离职率下降得比女性更快,在这段时间,研究的样本公司开始采用集中化雇佣决策,并开始奖励终身制。欧文认为,女性从养老金和公司住房等激励措施中的获益不如男性,因此,当企业贯彻"内部劳动力市场策略"时,男性流动率下降幅度大于女性,对劳动力需求状况的敏感性降低。因此,工资歧视似乎源于这样一个事实,即男性(而非女性)受益于内部劳动力市场政策,这些政策旨在奖励男性在公司持续不懈地工作这一行为。2002 年美国制造业估计的生产率比率表明,在 35 岁以下的工人中,工资比率接近生产率比率,但随着工人年龄的增

285

长，这些比率有所不同。虽然随着年龄的增长，男性和女性的生产能力也有类似的增长，但男性工资的增长幅度远远高于女性，因此，在年长工人中存在着严重的工资歧视(Burnette，2015)。

工资歧视并不是女性可能面临的唯一形式的歧视。如果女性由于歧视而被限制在低工资的职业中，她们的收入就会减少，因为存在大量低工资职业的劳动供给，降低了这些职业的边际产出，而且我们找不到工资歧视的证据。由于职业隔离是一种不同类型的歧视，我们需要问为什么女性通常从事比男子收入低的职业。

男性和女性为何从事不同的工作？

纵观历史，女性和男性通常从事不同的工作。在使用犁的社会里，男性主导着农业工作。在用锄头耕种土地的地方，女性承担了更多的田间劳动。女性生产大多数纺织品，但有时男性也在纺织品生产中做某些工作。手工纺纱是女性的工作，而修整工作(如漂洗和剪毛)通常是男性的工作，手工织布工作则男女均会做。日常的家务活(如做饭、打扫卫生、打水和照顾孩子)一般都是女性的工作。女性还烹饪大部分的食物、调制饮料，尽管男性也参与其中，特别是在生产规模较大的地方。例如当酿造业从麦芽酒到啤酒的转变引入了大规模生产时，男性接管了酿造业(Bennett，1996)。

虽然工作中存在明显的性别差异，但我们不应夸大差异的程度。阿格伦(Agren，2017)认为，瑞典男性和女性的工作并不像职业头衔所显示的那样不同。虽然男性被贴上了"医生"的标签，而女性没有，但男性和女性都为病人提供护理。虽然不同的性别之间完成任务的频率有所不同，但很少有单一性别才能完成的任务。男人偶尔会提供托儿服务，而女人有时会骑马、铲土或砍树。

即使女性为市场而不是为家庭消费而生产，她们通常也专门生产食品、饮料和服装。厄尔(Earle，1989)利用1700年伦敦法院的证人陈述来考察男性和女性的工作。大多数女性声称，她们至少有一部分靠自己的工作维持生计，她们所做的大部分工作都涉及清洁或准备食物与衣物。与家政服

286

务、纺织服装、食品供应和护理有关的工作占该样本中所有妇女工作的五分之四。这样的观察使一些历史学家得出结论：女性被局限于与家庭生产有关的职业。即也许妇女被允许参与劳动，进入市场获取报酬，但她们只限于进入与家庭有关的领域，因为那些领域被视为只适合女性。然而，这一说法忽视了男性在一定程度上也参与了食物和衣物的生产。戈德堡（Goldberg，1992）发现，14世纪晚期的英格兰城镇中，大约四分之三的女性户主受雇于食品业或纺织业和服装业，但她也报告说，45％的户主（主要是男性）从事这些行业。直到1841年，将近一半的英国男性从事与食品和饮料（包括农业）、纺织品和服装业或与家政服务相关的行业（相比之下，女性从事该行业的比例为89％）。当然两性间也有区别，女性比男性更集中于家务劳动，女性不太可能从事报酬最高、地位最高的职业，但差别只是程度。

女性在家工作，男性在外工作的说法也是如此。工作地点的性别差异并不像意识形态所展现的那么大。奥格尔维（Ogilvie，2003）在德国教堂法庭的会议记录中发现，被提及的女性有45％的时间居家，而男性居家的时间为39％。哈纳沃特（Hanawert，1986）发现，在中世纪的英格兰，21％的女性在家中意外死亡，而有8％的男性在家中意外死亡。诚然，女性比男子更可能待在家里，但我们不应得出女性被限制在家里的结论。

关于为什么女性从事的工作不同于男性的一个假设是，女性进入某些职业受到了限制，因此男性垄断了最赚钱的职业，而女性则局限于报酬较低、地位较低的职业。在前工业时期，行会是职业限制最有可能的来源。当行会强大的时候，他们可以决定谁可以进入他们的行业。随着工业化的发展，工会和专业组织取代行会成为职业限制的来源。由于法律和继承惯例，女性可能很难进入资本密集型的职业，这使得她们对财富的控制力较低，获得信贷的机会也比男性少。这种程度的限制使女性无法从事报酬较高的职业，女性的收入比她们本来应得的收入要少。

我们观察到的另一种解释是，女性选择的工作与男性不同，因为她们通过这样做使自己的收入最大化。女性不会选择工作量对体力最敏感的职业，比如犁地，而会选择那些体力影响不大或根本不重要的职业，比如纺纱。根据这一解释，职业分类并不会减少女性的收入，因为如果一个女性真的选择了犁地，那么她就不会有很高的生产率，而且这样做的收入也会比从纺织

287

生产或食物烹饪中获得的收入少。根据这种观点,男女工作的差异只是对男女不同比较优势的反应。

这两个假设都有证据的支持,当然哪个假设更为重要也取决于地点和工作类型。总的来说,比较优势在低技能工作中或是在竞争更激烈的社会(如英格兰和低地国家)中更为重要。而职业进入限制对技术性工作和德国等监管更为严格的社会更为重要。

男性在有体力要求的工作中具有的相对优势可以解释一些更广泛的历史工作模式。例如,女性很少犁地、用镰刀割草或是挖煤,因为这些工作需要很强大的上肢力量。在许多不同的社会中,男性从事以犁为基础的农业,而女性与纺织业有着广泛的联系,这与比较优势一致。在最早的西方文学作品之一荷马史诗《奥德赛》中,我们观察到女性从事纺织生产(纺纱和织布),而男性从事农业和战争。在中国,女性与纺织业和男性与农业之间也存在着联系。在纺织生产中,手工纺纱一直是女性的工作。手工织布需要一定的体力,有时是女性的工作,有时是男性的工作,这取决于经济对体力的需求。大约在 1000 年,欧洲的织布机变得更重,男性开始织布。在工业革命期间,女性和儿童继续用珍妮纺纱机和纺织机纺纱,但随着走锭纺纱机(spinning mule)的发明,成年男性开始纺纱,因为操作走锭纺纱机需要很多的体力,至少在早期是这样。后来的纺纱机械化大大减少了所需纺纱工人的数量,许多女性开始从事手工织布的工作。

在少数情况下,尽管某些家务活需要体力,但是那些家务还是被分配给了她们。在风力和水力磨坊建成之前,中世纪早期的女性使用手工磨盘将谷物磨成面粉。洗衣尽管需要体力,但也是女性的工作。洗衣可能比编织需要更多的体力,这表明在 19 世纪的欧洲,洗衣效率还有提升的空间。

对女性就业的限制由特定机构实施时最为有效,而若仅仅是文化期望则效果最差。虽然许多人表达了性别角色的偏好,但这种期望似乎并不足以在有利可图的情况下阻止雇主雇用妇女。还有很多雇主的行为方式与他们自己的意识形态不一致的例子。1833 年,康沃尔郡的一位农场主表示,"这个地区的农场主有义务雇佣男人来做女性和儿童应该做的事情"("Rural Queries", Newlyn East, Cornwall)。1876 年,一家织物仓库的老板告诉议会委员会:"我们通常反对雇佣已婚妇女,因为我们认为每个男人都应该养活

288

自己的妻子,而不必让她去工作。"但他也承认雇佣了 49 名已婚妇女,并补充说:"我们希望已婚妇女的现状不受影响。"(引自 Rose,1992:32)虽然两人都明确具有理想中的性别角色的想法,但他们很愿意以与他们的意识形态相冲突的方式行事。经验证据还表明,雇主愿意根据工资的变化而改变其劳动力的性别构成。在 18 世纪 70 年代,在那些女性工资高的地区,农场主雇佣更多的男性,而在那些男性工资较高的地区,农场主则雇佣更多的女性。

制度障碍有时在限制女性就业方面更为有效。当行会或工会有足够的力量来执行他们的规定时,他们就能够阻止女性从事某些职业。德国的行会在国家的支持下,将除商人妻子外的所有女性排除在贸易行业之外。英格兰纺纱业者使用暴力手段,阻止女性从事纺纱工作。要求一份大学文凭,则是将女性排除在医学和法律之外的有效方法,因为彼时大学教育尚未向女性开放。女性经商也可能受到其法律地位的限制。一般来说,这种壁垒在英国和低地国家最弱,而在德国最强。

在英格兰,职业限制相对较弱。许多行会都有女性成员,一些行会的规章具有很大的包容性(Power,1975)。女孩可以当学徒,女人也可以当学徒,但实际上很少有人这样做。在 18 世纪,只有 4%的学徒(不包括教区学徒)是女孩,只有大约 3%的学徒能成为女性熟练工(Simonton,1991)。不过,并不是所有的行会都对女性开放,有些行会特别禁止雇佣未经学徒制训练的女性。然而,即使他们试图限制女性的工作,英格兰行会也没有什么权力去这么做。在 19 世纪 90 年代,只有 38%的伦敦商人是行会成员。大量的织布工没有经历学徒制就从事这一行业。到 19 世纪初,只有 5%—10%的织布工做过学徒。在利兹,不是行会成员的布料制造商有自己的布料销售大堂(Burnette,2008)。因此,女性从事着广泛的工作。女性制作钉子和螺丝钉,有些人做拍卖师或商人。在 1841 年的人口普查中,只有 23%的职业完全由男性从事(Burnette,2008)。

低地国家的女性也相对自由地进入市场。由于许多荷兰男性要么出海,要么因出海的高死亡率而不幸死亡,因此在荷兰城镇中,女性的人数超过了男性,而且许多城镇的生意都是由女性操办的。在一些荷兰市场,一半以上的卖家是女性(van den Heuvel,2007)。在低地国家,行会并不特别强大,也许是因为有太多的城市在争夺贸易和工业。在 14—15 世纪,贸易中心从布鲁日转移到安特卫普,然后再转移到阿姆斯特丹,每次都转移到一个行会权力更小的城镇。后来,在16—18世纪,荷兰行会的数量增加了。然而,这些行会的权力仍然有限。在16世纪,城市试图禁止在农村发展新工业,甚至在1531年从中央政府获得了对新农村工业的禁令,但这一禁令被证明是不可执行的(de Vries and van der Woude,1997)。虽然一些荷兰行会对女性不开放,但许多行会都有女性成员,少数行会则全部由女性组成。豪达的织麻工人行会和乌得勒支运河拉板行会均全部由女性成员组成(Schmidt,2009;de Vries and van der Woude,1997)。排斥女性的尝试往往被证明是失败的。尽管裁缝行会在17世纪末试图排除女性,但它们没有成功,并最终接纳女性加入行会。1788—1789年间,在豪达,三分之一的行会成员是女性,这主要是因为作为最大行业协会的裁缝行会接纳了女裁缝,其84%的成员是女性(Schmidt,2009)。

然而,即使在这些相对开放的经济体中,也并非所有的工作都能向女性提供,而正是那些技能需求最高的职业才有效地排斥了女性。到了19世纪,在限制女性就业方面,工会和专业组织比行会更为重要。虽然许多男性工会试图阻止女性就业,但只有工会才能最有效地做到这一点。苏格兰煤矿工人在1836年试图禁止女性劳工,但失败了。一般来说,低技能工人的工会(如手摇织布工等)都不能成功阻止女性就业。但是在技术性职业中,工会则更成功地要求雇主不要雇佣妇女。苏格兰印花布印刷工和英格兰毛纺厂不接受女性工人。纺纱机工会也成功地将女性排斥在外,即使自动棉纺机已经降低了对机器使用的体力要求。英格兰排版工人工会相对强大,因此英格兰的女排版工人比爱丁堡或瑞典少。裁缝业也是如此,直到1834年工会在一次罢工中失败,女性才大量进入裁缝业。

一些专业行业也成功地将女性排除在外,通常做法是控制许可证或要求正规教育文凭(此时一些文凭尚未对女性开放)。医学界在历史上是对女性开放的。近代早期女性充当治疗师,有时加入理发师和外科医生同业公会(the barber-surgeons guild),而在18世纪之前,所有的助产士都是女性。在16世纪的诺维奇,73名医生中有10名是女性(Burnette,2008)。然而,在18世纪和19世纪,女性被迫退出医学界。英国皇家内科医学院只招收受过大学教育的男性,并通过让公众相信其他未获大学文凭的人不具备资格,而逐渐淘汰他们的竞争对手。从17世纪开始到19世纪,男性在这一职业中的主导地位达到顶峰,医学家们以某种方式使人们相信女性没有资格充当助产士。在神职人员中,进一步专业化也排挤了女性。虽然英国教会直到1994年才允许女性担任牧师,但贵格会和卫理公会在传教活动初期都有女传教士。然而,随着这些传教活动逐渐立稳脚跟,并开始保留正式的神职人员名单,女传教士不再受欢迎。因此,即使在英国这样一个相对开放的社会,女性也无法参与那些最专业化的职业。

在德国,职业限制更为严重。虽然14世纪的行会接纳女性,科隆也有一些全部由女性组成的行会,但随着时间的推移,行会对女性的工作施加了限制,认为女性待在家里最为合适。到了18世纪,德国行会势力强大,对就业保持着严格的控制。除了农业、纺织、家务劳动和体力劳动之外,所有职业都由行会控制,只有男性才被允许成为行会学徒(Ogilvie,2003),这意味着女性的工作选择范围很窄。结果,女性有时会做一些体力密集型的工作,比如犁地,而这并不是她们的比较优势。这一制度使男性受益,因为他们的工作受行会保护,竞争较少,因此收入更高。除了限制女性可以从事的职业范围外,行会还利用工资条例来维持纺纱工和女裁缝的低工资。17世纪和18世纪纺纱机的计件价格低于市场价格,因此需要行会积极地执行这一工资条例。

法国行会在排斥女性就业职业选择方面不如德国行会,法国女性也不局限于从事报酬最低的职业。妻子结婚后与丈夫一起工作,丧偶后有权继续在这一行业工作。许多女性行会成员也不是本行业师傅的遗孀,而是其他行业男性的妻子或寡妇。有些行会完全由女性组成。在13世纪的巴黎,100个行会中至少有5个只有女性成员(Power,1975)。在18世纪的巴黎,亚麻布商行会和女裁缝行会都是女性。其他行会也包括大量的女性成员。在圣马洛,大约四分之一的女性在17世纪早期销售亚麻布,而在18世纪初,这一数字大约有一半(Collins,1989)。在里昂,10%的行会师傅是女性(Schmidt,2009)。即使在某些行业,男性确实将女性排除在行会之外,但男性还是面临着来自行会系统之外的女性在生产领域的激烈竞争。在巴黎,裁缝公会将女性排除在会员之外(虽然这些男性成员也在使用自己妻子和女儿的劳动),但他们面临着来自声称有权为妇女和儿童生产服装的女裁缝公会和未加入行会工人的激烈竞争。在18世纪,地方政府不愿执行行会规则,这是导致行会衰弱的原因。14世纪,巴黎的医生试图将女性排除在外。1322年,杰奎琳·费利西·德阿尔米尼亚(Jacqueline Felicie de Alminia)因无证行医而被起诉。然而,排斥措施似乎并不十分成功;这不是杰奎琳第一次因行医而被起诉,当时在巴黎还有其他几名妇女在行医(Power,1975)。

法律地位对女性的制约程度也因国家而异。已婚女性通常被认为是"丈夫的附庸",即除了丈夫之外没有任何法律地位,因此她们没有财产,也不能签订合同。这类法律似乎限制了她们从事商业活动的能力,但在许多情况下,它们并不像看上去那样具有约束力。已婚女性可以被视为"独身女性"(feme sole)来逃避这些限制。"独身女性"的概念在西欧很普遍,但在实践中,各国女性在享有多少自由方面存在差异。一个极端的例子是荷兰,那里的任何已婚的经商女性都享有独身女性的地位。在英国,起初女性也有这一地位,但随着时间的推移,这一约束强度逐渐下降,尽管女性在婚姻内仍可通过法院强制执行的合同来维持对自己的财产的控制。菲利普斯(Phillips,2006)认为,对于女性从商而言,独身财产制度并不是一个显著的障碍,有时甚至是一个优势。在英国和低地国家,未婚女性和寡妇可以从事自己的合法业务,而德国甚至限制了这些女性的权利。德国法律规定,所有女性在法庭上都必须由一名男性法定代表人(Kriegsvogt)代理,此人应是她的法定代表人。在实践中,男性法定代表人通常是为了社区男性的利益而采取行动的,而这一制度未能保护妻子免受虐待或寡妇的土地被征用(Ogilvie,2003)。

291

虽然一些性别分工由比较优势决定,但有些是制度限制了女性可以从事的工作。这种限制的程度因时因地而异。

什么决定了性别角色?

性别规范(gender norms)显然存在。与之相关的问题便是,这些规范从何而来,在多大程度上影响人们的行为。计量史学通过论证性别角色的经济根源并考察其持续性,对我们理解性别角色作出了很大贡献。性别角色确实会影响人们的行为,但也会受到人们行为的影响,并不独立于经济激励。

尽管过去几十年发生了迅速的变化,但传统的性别角色仍然很重要。菲斯曼等人（Fisman et al.，2006）发现在选择伴侣时，女性更注重智力，而男性更注重外表，并且男性会避开比自己更有追求抱负的女性。与"丈夫应该比妻子挣得多"这一惯例相违背的婚姻往往会付出代价。收入高于丈夫的女性不太可能拥有幸福的婚姻，也更容易离婚，花在家务上的时间相对较多。潜在收入高于丈夫的女性比其他女性更容易退出劳动力市场，或减少工作时间（Bertrand et al.，2015）。行为的文化决定因素可能比我们意识到的更深。一般来说，男性比女性更喜欢竞争，但这种差异是文化上的。在父权制社会，男性比女性更有可能选择竞争，而在母系社会中，女性更可能参与竞争（Gneezy et al.，2009）。

虽然性别规范显然很重要，但我们不应夸大它们在决定行为方面的重要性。人们经常说一套，做一套，而性别意识形态在实践中常常被忽视（Vickery，1993）。如上文所述，我们观察到雇主会雇佣女性，即使雇主本人在意识形态上反对这一做法。有时，女性会主动隐藏自己的经济角色，以顺应社会的期望，从而弥合意识形态与现实之间的鸿沟。索菲·亨舍尔（Sophie Henschel）在丧偶时继承了丈夫的机车公司，事实上她是公司的决策者，但在公开声明中，她的儿子被列为企业负责人，并强调了索菲的慈善事业（Beachy，2006）。像洗衣或寄宿这样的工作之所以受女性欢迎，部分原因可能是工作是在家里完成的，女性就可以在不违反公共惯例的情况下挣钱。

由于性别角色出现在意识形态的陈述中，人们普遍认为性别角色的起源是意识形态的。本内特和卡拉斯（Bennett and Karras，2013：5）声称，中世纪的性别角色"植根于当时的三大宗教，即基督教、犹太教和伊斯兰教，以及科学教义和政治传统"。他们没有提到经济激励因素。然而，最近计量史学的发展表明，性别角色本身在某种程度上是由经济激励驱动的职业分类的结果。

一些研究表明，在经济水平较高的地区，女性的经济地位更高。两篇论文表明，女性经济地位较低的地区，男孩的数量也高于女孩。有利于男孩的性别比例通常被视为社会偏爱男性的一种表现，这可能是选择性堕胎或差别护理导致女孩死亡人数增加的结果。这种方法的一个优点是，当我们问人们对性别角色的看法时，我们不必怀疑他们是否隐瞒了他们的真实观点。钱的研究（Qian，2008）利用了这样一个事实：茶叶种植使用更多的女性劳动

292

力,水果种植使用更多的男性劳动力。她指出,当改革提高了经济作物的价格时,在茶叶种植区,女孩的生存率相对于男孩的生存率提高了,但在水果种植区却没有。卡兰萨(Carranza,2014)表明,印度有些地区土壤更加肥沃,耕作时间更长,除草时间更少,在这些地区女性参与农业的比例较低,6岁以下的女孩数量相比于男孩较少。

经济激励影响到目前的性别规范,这些规范所产生的影响会持续一段时间。计量史学研究表明,目前的结果受到遥远过去经济环境的影响。由于耕作需要很大的体力,在使用犁的地区,男性专门从事农业劳作,女性从事更多的家务工作。然而,使用锄头耕种的地区,女性参与农业的比例更大。艾莱辛那等人(Alesina et al.,2013)发现,在前工业化时期使用犁的地区,今天的女性劳动参与率较低,且性别态度不太平等。汉森等人(Hansen et al.,2015)的结果显示,在农业历史较长的国家,今日女性劳动参与率较低。他们声称,选择种植谷物还是根系作物比是否使用犁更重要,因为种植谷物需要女性更多地参与加工。在中国,编织棉布历来是女性的工作,而14世纪的技术进步增加了女性的织造收入,从而提高了她们的社会地位。这些对女性的积极态度已经持续了几个世纪。薛的研究(Xue,2016)显示,在中国气候上更适合棉纺织的地区,如今的性别比更加均衡(有着相对较多的女孩),他们的居民不太可能表达对男性优越性的看法。如果几千年前的农业实践能够解释当前的态度和结果,那么文化规范就必须有一定的持续性。因此,文化规范对行为很重要,尽管这些规范不是外生的,而是为了针对女性劳动力的经济需求而形成的。

其他研究表明,在较短的时间范围内,性别规范同样存在一定持续性。费尔南德斯和福利(Fernandez and Fogli,2009)证明,1970年美国第二代女性的劳动参与受到其父亲原籍国的影响。父亲原籍国的女性劳动参与率越低,在美国出生的女儿劳动参与率就越低。女性也受到丈夫的族群血统的影响。一个女性其丈夫的父亲原籍国的女性劳动参与率越低,她工作的可能性就越小。盖伊(Gay,2017)发现,在第一次世界大战死亡率较高的地区长大的法国女性,年轻时其母亲参与工作的可能性更大,成年后女性自己也更可能进入劳动力市场。格罗让和哈塔尔(Grosjean and Khattar,2015)证明,在19世纪男性多于女性的澳大利亚地区,由于罪犯的输入,女性更容易结婚,不太可能外出工作,更不可能从事高收入职业。这些影响具有持久性。在过去男女性别比例较高、女性劳动参与率较低的地区,如今的人们更倾向于认为女性应该待在家里,且女性不太可能从事高薪职业。这些研究表明,尽管性别角色持续存在,但与我们过去意识到的不同,这些规范更多是由经济激励决定的。因此,这些证据虽然承认文化规范对我们的行为有一定的影响力,但却暗示这些规范有经济根源。

当然,公认的性别规范是可以改变的。薛(Xue,2016)指出,即使继承了儒家的价值观,中国棉花生产和提高女性经济生产率的地区也更加重视女性。有时,性别规范变化很快。在20世纪70年代,希望在35岁时外出工作的年轻女性比例翻了一番。接触女性领导人可以在相对较短的时间内减少歧视。比曼等人(Beaman et al.,2009)的研究显示,在西孟加拉邦为女性保留三分之一的地方议会席位仅仅10年之后,在要求有一名女性领导人的村庄里,男性对女性领导人的评价更加正面。

因此,有证据表明,性别规范具有可塑性和持久性。性别角色随着新技术或新思想的变化而变化,在某些情况下变化很快。然而,尽管有这种可塑性,几千年前的经济活动仍对今天的行为产生了可衡量的影响。持续性与可塑性之间如何并行不悖呢?一种可能的解决办法是假设性别角色很难改变,但一旦发生改变,就会迅速变化。如果存在多个均衡点,并且需要相当大的冲击才能脱离一个均衡点时,就会发生这种情况。薛(Xue,2016)认为,性别角色的变化只是对环境中相对较大的变化的反应,而不是对微小变化的反应。另一种可能是,性别角色在几个世纪里没有改变,因为导致性别角色变化的基本经济因素并没有改变,但随着环境的变化,这种情况很快就发生了变化。然而,似乎令人难以置信的是,持续性可以用某些社会历经几千年也未曾经受大的冲击来解释。

一些经济学家试图解释为什么有些社会经历了比其他社会更多的变化。朱利亚诺和纳恩(Giuliano and Nunn,2017)表明,对于世界上经历过不太稳定天气的地区的人来说,意识形态的变化更快。这是有道理的,因为在环境变化更大的社会里,传统就不那么有价值了。与外国人接触也减少了偏见的持续存在。福伦达和福特(Voigtlaènder and Voth,2012)表明,反犹主义在1350—1930年间持续存在,但这种观点在汉萨同盟城市中的持续性较低,这

294

表明与外国人的贸易往来减少了偏见。

将持续性的证据与迅速变化的证据相协调的一种路径是注意到,目前对持久性的研究表明,它只存在很小的效应。通常由遥远的过去所解释的差异相当小。历史上对犁的使用解释了女性劳动参与率6％的变化和女性企业所有权11％的变化(Alesina et al.,2013)。即使有地理控制变量,格罗让和哈塔尔(Grossjean and Khattar,2015)也只能解释2011年对女性工作态度2％的变化和女性劳动参与率3％的变化。薛(Xue,2016)发现,前现代纺织品生产解释了2000年0.15％的性别比变化,只能解释3％—5％性别价值观的变化。虽然过去的经济激励可以与今天行为发生概率的微小变化相联系,但这些影响显然不是当今女性工作最重要的决定因素。

女性在经济增长中扮演了什么角色?

或许计量史学文献最令人惊讶的发现是女性的经济赋权,即"女性力量"(girl power),它是现代经济增长的重要基础。这不是一个好的副产品,而是发展过程的一部分。西北欧女性的高收入导致晚婚、低生育率和人力资本增加,从而导致收入增加。在统一增长理论中,19世纪的技术变革导致对人力资本和女性劳动力的需求增加(Galor,2005)。在"女性力量"的故事中,黑死病造成的人口冲击以及土地和劳动力相对价格的变化产生了更高的女性工资,这反过来又增加了人力资本的负担。不同的作者用不同的方式讲述了这个故事,接下来我们试图将不同的文献合成一个连贯的故事。

故事开始于黑死病后的西北欧,当时畜牧业正在扩张。瘟疫造成劳动力稀缺,土地相对充裕,从而使畜牧业更加有利可图。对于为什么向畜牧业的转变主要集中在西北欧,人们给出了各种解释。福伦达和福特(Voigtländer and Voth,2013)指出,南欧在地理上不太适合养牛,而东欧并没有转向畜牧业,因为它们的粮食生产力更高,而且种植粮食仍然有利可图。德·普雷特和巴腾(De Pleijt and Baten,2017)认为,向畜牧农业的转变集中在人口对乳糖耐受性更强的地区。

鉴于他们的身体禀赋,男性在粮食生产方面具有相对优势,犁地和收割等任务需要上半身力量,而女性在乳制品生产方面具有相对优势。因此,乳制品产量增加的地区也出现了对女佣人需求的增加。黑死病致使大量人口死亡后,女性相对男性的工资比率上升,这些较高的工资使妇女有了依靠自己的工资生活的选择。天主教会制定的婚姻规则——要求双方同意,这让女性和男性都有权决定自己的婚姻——也有助于女性独立(de Moor and Van Zanden,2010)。由此产生的女性自主性的增加被称为"女性力量"。

　　有两个原因可以解释为何女性权力地位的增加会促进经济增长。首先,女性独立导致晚婚,从而降低生育率,进而使人均收入增加。其次,女性力量也促使对女性及其子女的人力资本投资水平的提高。这些机制是相辅相成的,但可以独立发挥作用。

　　较高的女性工资与较高的结婚年龄、较大比例的女性保持单身以及已婚夫妇与父母分开生活有关,所有这些都是欧洲婚姻模式的特征。有了高工资的市场工作机会,女性可以在等待合适配偶的同时养活自己。此外,作为挤奶女工的女性通常采取全年住在雇主家进行服务的形式,这种工作更适合单身工人,鼓励晚婚。福伦达和福特(Voigtlaènder and Voth,2013)估计,由于转向畜牧业,英格兰女性平均晚了4年结婚。生育率的下降有两个原因。第一,生育率较低是"结婚年龄较高"这一事实自然会导致的结果。由于非婚姻关系的伴侣选择生育的概率相对较低,而婚内进行生育几乎无限制,因此结婚越晚,生育率就会越低。第二,赋予女性权力也产生了降低生育率的动机。女性较高的时间机会成本增加了生孩子的成本,并鼓励了从孩子的数量向孩子的质量的转变。低生育率缓解了人口压力,提高了人力资本,因为子女较少的父母对每个子女的投资更多。

　　女性赋权(female empowerment)也直接增加了人力资本投资。在这个意义上,人力资本不一定是正规学校教育,因其对大多数工作来说相对不重要。在这种情况下,人力资本应被视为获得"有用的知识"(Mokyr,2009)。妇女较高的工资和劳动参与率鼓励了对女孩的人力资本投资。反过来,更有技能的母亲可以将更多的人力资本传递给子女。我们可以预期到女性有更大的议价能力,以增加所有儿童的教育,并增加对女孩的相对支出。现代研究表明,母亲比父亲更有可能把收入花在孩子的教育上(Qian,2008),祖母更可能把钱花在孙女身上(Duflo,2003)。生育率较低、教育水平较高的国家进入了良性循环：对儿童质量的投资增加了收入，反过来又鼓励了对儿童质量的投资。

计量史学家通过年龄堆积法来测量算术能力，证明了女性力量的提高导致更高的人力资本。具有数字计算能力的个人更可能报告他们的实际年龄，而不是四舍五入到最接近5的倍数。因此，在那些年，报告年龄更集中在40岁而非39岁或41岁的国家，比报告年龄平均分布的国家，平均而言数字计算能力更差。巴腾等人（Baten et al.，2017）证明，在东欧，二十几岁女性结婚较少的地区，以及土壤不太适合粮食生产的地区，数字计算能力更高。德普雷特和巴腾（de Pleijt and Baten，2017）对欧洲18个国家进行了比较，结果表明，耐乳糖人群较多的地区结婚年龄较高，因此数字计算能力也较高。［女性权力和人力资本之间的联系也在其他情况下得到了证明。钱（Qian，2008）指出，在20世纪中国，女性收入的增加提高了男孩和女孩的受教育程度。］

高人力资本反过来对经济增长至关重要。虽然莫基尔（Mokyr，2009）不强调正规教育在英国工业革命中的重要性，但他确实强调了钟表制造等行业中发展起来的机械技能以及在学徒制中获得的技能和科学知识。人力资本与增长之间联系的统计证据来自德·普雷特和范赞登（de Pleijt and van Zanden，2016）的研究，他们证明，书籍消费量（即人力资本的度量指标）是1300—1800年间欧洲国内生产总值最重要的决定因素。

这一过程也可以解释17世纪英格兰和低地国家领先于欧洲其他国家的"小分流"（little divergence）。上述许多变化在18世纪的"马尔萨斯间奏曲"（Malthusian intermezzo）中被逆转（van Zanden，2011）。女性的相对工资减少，结婚年龄降低，生育率上升。不知何故，尽管发生了逆转，英格兰还是第一个经历了工业革命"大分流"（great divergence）的国家，距离"女性力量"的崛起还有好几个世纪。两者之间的任何联系都需要很长的滞后时间。幸运的是，对于我们的故事而言，工业革命的起源可以追溯至更早开始的历史进程。莫基尔（Mokyr，2009）认为，从弗朗西斯·培根开始的科学革命，为工业革命的巨大成就奠定了基础。范赞登（van Zanden，2009）强调欧洲书籍产量的增长，甚至在印刷机出现之前就开始了，这既是人力资本增长的证据，也同样为人力资本增长作出了贡献。在西北欧，1500—1800年间的识字率持续上升。1350—1800 年间,欧洲各地的数字计算能力都有所提高,尽管在早期几个世纪里的数据很少(A'Hearn et al.,2009)。虽然从黑死病到现代经济增长的开始有几个世纪的时间,但如果我们相信工业革命是由几个世纪以来人力资本的逐步积累而实现的,那么这个故事还是有意义的。

丹尼森和奥希尔维(Dennison and Ogilvie,2014)指出结婚年龄最高的国家不一定是最先发展起来的国家,这对"女性力量"的故事提出了质疑。丹麦和冰岛的结婚年龄比英格兰高,但英格兰首先实现了现代经济增长。然而,虽然结婚年龄通常被用来衡量"女性力量",但这不是一回事。关键的变化是女性的独立性:女性获得了通过雇佣劳动养活自己的能力,以及自己决定是否结婚以及和谁结婚的能力。这种权力导致了更高的结婚年龄,但由于其他原因而出现的高结婚年龄不会产生同样的效果。丹尼森和奥希尔维指出,在一些表现出欧洲婚姻模式特征的国家,女性的经济权力有限,这导致她们怀疑婚姻与女性地位之间的因果关系。在德国,结婚年龄很高,但女性被禁止从事高薪工作,也不允许她们自由选择居住地点或是否结婚。解决这一困境的方法是将女性的经济实力视为根本原因,将欧洲婚姻模式视为副产品。虽然较高的结婚年龄对降低生育率很重要,但人力资本机制并不要求这样做。女性工资和劳动参与率的提升可以促使人力资本的形成,即使结婚年龄没有提高。同样,如果没有独立性的话,高收入和高结婚年龄是不够的。因此,"女性力量"能够促进人力资本积累与经济增长,这确实是赋予女性权力的好处之一。

结　语

在经济史中,女性在我们的认识中已经从一个边缘角色变成了中心角色。如果不考察女性的遭遇,我们就无法理解经济增长。总的来说,如果我们不认真对待女性的贡献,我们就无法理解过去。计量史学的统计学方法一直是揭示和证明女性在历史中的重要性的核心。统计学方法不仅衡量了女性的工作和工资水平,而且确定了性别规范的来源,并证明了这些规范的重要性和持久性。

参考文献

A'Hearn, B., Baten, J., Crayen D. (2009) "Quantifying Quantitative Literacy: Age Heaping and the History of Human Capital", *J Econ Hist*, 69(3):783—808.

Agren, M.(2017) *Making a Living, Making a Difference: Gender and Work in Early Modern European Society*. Oxford University Press, Oxford.

Alesina, A., Giuliano, P., Nunn, N. (2013) "On the Origins of Gender Roles: Women and the Plough", *Q J Econ*, 128(2): 469—530.

Bardsley, S.(1999) "Women's Work Reconsidered: Gender and Wage Differentiation in Late Medieval England", *Past Present*, 165 (1):3—29.

Baten, J., Szoltysek, M., Campestrini, M.(2017) "'Girl Power' in Eastern Europe? The Human Capital Development of Central and Eastern Europe in the Seventeenth to Nineteenth Centuries and Its Determinants", *Eur Rev Econ Hist*, 21(1):29—63.

Beachy, R.(2006) "Profit and Propriety: Sophie Henschel and Gender Management in the German Locomotive Industry", in Beachy, R., Craig, B., Owens, A.(eds) *Women, Business, and Finance in Nineteenth-century Europe*. Berg, Oxford.

Beaman, L., Chattopadhyay, R., Duflo, E., Pande, R., Topalova, P.(2009) "Powerful Women: Does Exposure Reduce Prejudice?", *Q J Econ*, 124(4):1497—1540.

Bennett, J.(1996) *Ale, Beer and Brewsters in England: Women's Work in a Changing World, 1300—1600*. Oxford University Press, Oxford.

Bennett, J., Karras, R.M.(2013) "Women, Gender, and Medieval Historians", in Bennett, J., Karras, R.M.(eds) *The Oxford Handbook of Women and Gender in Medieval Europe*. Oxford University Press, Oxford.

Bertrand, M., Kamenica, E., Pan, J.(2015) "Gender Identity and Relative Income within Households", *Q J Econ*, 130(2): 571—614.

Botar, C.(2017) "Dutch Divergence? Women's Work, Structural Change, and Household Living Standards in the Netherlands, 1830—1914", PhD dissertation, Wageningen University.

Burnette, J.(1999) "Labourers at the Oakes: Changes in the Demand for Female Day-laborers at a Farm near Sheffield during the Agricultural Revolution", *J Econ Hist*, 59(1): 41—67.

Burnette, J.(2004) "The Wages and Employment of Female Day-laborers in English Agriculture, 1740—1850", *Econ Hist Rev*, LVII (4):664—690.

Burnette, J.(2008) *Gender, Work, and Wages in Industrial Revolution Britain*. Cambridge University Press, Cambridge.

Burnette, J.(2015) "The Paradox of Progress: The Emergence of Wage Discrimination in US Manufacturing", *Eur Rev Econ Hist*, 19(2):128—148.

Carranza, E.(2014) "Soil Endowments, Female Labor Force Participation, and the Demographic Deficit of Women in India", *Am Econ J Appl Econ*, 6(4):197—225.

Collins, J.(1989) "The Economic Role of Women in Seventeenth-century France", *Fr Hist Stud*, 16(2):436—470.

Costa, D.(2000) "From the Mill Town to the Board Room: The Rise of Women's Paid Labor", *J Econ Perspect*, 14(4):101—122.

Cox, D., Nye, J.V.(1989) "Male-female Wage Discrimination in Nineteenth-century France", *J Econ Hist*, 49(4):903—920.

de Moor, T., van Zanden, J.L.(2010) "Girl Power: The European Marriage Pattern and Labour Markets in the North Sea Region in the Late Medieval and Early Modern Period", *Econ Hist Rev*, 63(1):1—33.

de Pleijt, A., Baten, J. (2017) "Girl Power Generates Superstars in Long-term Development: Female Autonomy and Human Capital Formation in Early Modern Europe", EEHS conference.

de Pleijt, A., van Zanden, J. L. (2016) "Accounting for the 'Little Divergence': What Drove Economic Growth in Pre-industrial Europe, 1399—1800?", *Eur Rev Econ Hist*, 20(4):387—409.

de Vries, J., van der Woude, A. (1997) *The First Modern Economy: Success, Failure, and Perseverance of the Dutch Economy 1500—1815*. Cambridge University Press, Cambridge.

Dennison, T., Ogilvie, S. (2014) "Does European Marriage Pattern Explain Economic Growth?", *J Econ Hist*, 74(3):651—693.

Duflo, E. (2003) "Grandmothers and Granddaughters: Old-age Pensions and Intra-household Allocation in South Africa", *World Bank Econ Rev*, 17(1):1—25.

Earle, P. (1989) "The Female Labour Market in London in the Late Seventeenth and Early Eighteenth Centuries", *Econ Hist Rev*, 42(3): 328—353.

Fernandez, R. (2013) "Cultural Change as Learning: The Evolution of Female Labor Force Participation over a Century", *Am Econ Rev*, 103(1):472—500.

Fernandez, R., Fogli, A. (2009) "Culture: An Empirical Investigation of Beliefs, Work, and Fertility", *Am Econ J Macroecon*, 1(1): 146—177.

Fernandez, R., Fogli, A., Olivetti, C. (2004) "Mothers and Sons: Preference Formation and Female Labour Force Dynamics", *Q J Econ*, 119(4):1249—1299.

Fisman, R., Iyengar, S., Kamenica, E., Simonson, I. (2006) "Gender Differences in Mate Selection: Evidence from a Speed Dating Experiment", *Q J Econ*, 121(2):673—697.

Folbre, N. (1991) "The Unproductive Housewife: Her Evolution in Nineteenth-century Economic Thought", *Signs*, 16(3):463—484.

Galor, O. (2005) "From Stagnation to Growth: Unified Growth Theory", in Aghion, P., Durlauf, S. (eds) *Handbook of Economic Growth*, vol.1A. Elsevier, North Holland.

Gay, V. (2017) *The Legacy of the Missing Men: The Long-run Impact of World War I on Female Labor Force Participation*. Unpublished.

Giuliano, P., Nunn, N. (2017) "Understanding Cultural Persistence and Change", NBER Working Paper 23617.

Gneezy, U., Leonard, K. L., List, J. (2009) "Gender Differences in Competition: Evidence from a Matrilineal and a Patriarchal Society", *Econometrica*, 77(5):1637—1664.

Goldberg, P. J. P. (1992) *Women, Work and Life-cycle in a Medieval Economy: Women in York and Yorkshire c. 1300—1520*. Clarendon Press, Oxford.

Goldin, C. (1986) "Monitoring Costs and Occupational Segregation by Sex: A Historical Analysis", *J Labor Econ*, 4(1):1—27.

Goldin, C. (1990) *Understanding the Gender Gap*. Oxford University Press, New York.

Goldin, C. (1995) "The U-shaped Female Labor Force Function in Economic Development and Economic History", in Schultz, T. P. (ed) *Investment in Women's Human Capital and Economic Development*. University of Chicago Press, Chicago.

Goldin, C., Katz, L. (2002) "The Power of the Pill: Oral Contraceptives and Women's Career and Marriage Decisions", *J Polit Econ*, 110(4):730—770.

Goldin, C., Katz, L., Kuziemko, I. (2006) "The Homecoming of American College Women: The Reversal of the College Gender Gap", *J Econ Perspect*, 20(4):133—156.

Grosjean, P., Khattar, R. (2015) "It's Raining Men! Hallelujah?", Unpublished.

Haegeland, T., Klette, T. J. (1999) "Do Higher Wages Reflect Higher Productivity? Education, Gender and Experience Premiums in a Matched Plant-worker Data Set", in Haltwanger, J., Lane, J., Spletzer, J., Theeuwes, J., Troske, K. (eds) *The Creation and Analysis* of *Employer-employee Matched Data*. Elsevier, Amsterdam.

Hamilton, E. J. (1936) *Money, Prices, and Wages in Valencia, Aragon, and Navarre, 1351—1500*. Harvard University Press, Boston.

Hanawalt, B. (1986) "Peasant Women's Contribution to the Home Economy in Late Medieval England", in Hanawalt, B. (ed) *Women and Work in Preindustrial Europe*. Indiana University Press, Bloomington.

Hansen, C. W., Jensen, P., Skovsgaard, C. (2015) "Modern Gender Roles and Agricultural History: The Neolithic Inheritance", *J Econ Growth*, 20(4):365—404.

Hellerstein, J., Neumark, D. (1999) "Sex, Wages, and Productivity: An Empirical Analysis of Israeli Firm-level Data", *Int Econ Rev*, 40(1):95—123.

Hellerstein, J., Neumark, D., Troske, K. (1999) "Wages, Productivity, and Worker Characteristics: Evidence from Plant-level Production Functions and Wage Equations", *J Labor Econ*, 17(3): 409—446.

Horrell, S., Humphries, J. (1995) "Women's Labour Force Participation and the Transition to the Male-breadwinner Family, 1790—1865", *Econ Hist Rev*, XLVIII(1):89—117.

Hufton, O. (1975) "Women and the Family Economy in Eighteenth-century France", *Fr Hist Stud*, 9(1):1—22.

Humphries, J., Sarasua C. (2012) "Off the Record: Reconstructing Women's Labor Force Participation in the European Past", *Fem Econ*, 18(4):39—67.

Humphries, J., Weisdorf, J. (2015) "The Wages of Women in England, 1260—1850", *J Econ Hist*, 75(2):405—447.

Leonard, J. (1984) "Antidiscrimination or Reverse Discrimination: The Impact of Changing Demo-graphics, Title VII, and Affirmative Action on Productivity", *J Hum Resour*, 19(2):145—174.

Lewis, J. (2015) *"Short-run and Long-run Effects of Household Electrification"*, Unpub-lished.

McDevitt, C., Irwin, J., Inwood, K. (2009) "Gender Pay Gap, Productivity Gap and Discrimination in Canadian Clothing Manufacturing in 1870", *East Econ J*, 35(1):24—36.

Mokyr, J. (2000) "Why 'More Work for Mother?' Knowledge and Household Behavior, 1870—1945", *J Econ Hist*, 60(1):1—41.

Mokyr, J. (2009) *The Enlightened Economy: An Economic History of Britain 1700—1850*. Yale University Press, New Haven.

Muldrew, C. (2012) "'Th'ancient Distaff' and 'Whirling Spindle': Measuring the Contribution of Spinning to Household Earnings and the National Economy in England, 1550—1770", *Econ Hist Rev*, 65(2):498—526.

Ogilvie, S. (2003) *A Bitter Living: Women, Markets, and Social Capital in Early Modern Germany*. Oxford University Press, Oxford.

Owen, L. (2001) "Gender Differences in Labor Turnover and the Development of Internal Labor Markets in the United States during the 1920s", *Enterp Soc*, 2(1):41—71.

Phillips, N. (2006) *Women in Business, 1700—1850*. Boydell Press, Woodbridge.

Power, E. (1975) *Medieval Women*. Cambridge University Press, Cambridge.

Qian, N. (2008) "Missing Women and the Price of Tea in China: The Effect of Sex-specific Earnings on Sex Imbalance", *Q J Econ*, 123 (3):1251—1285.

Rose, S. (1992) *Limited Livelihoods: Gender and Class in Nineteenth-century England*. University of California Press, Berkeley.

"Rural Queries", Report of His Majesty's Commissioners for Inquiry into the Administration and Practical Operation of the Poor Law, Appendix B, British Parliamentary Papers, 1834 (44) XXX.

Schmidt, A. (2009) "Women and Guilds: Corporations and Female Labour Market Participation in Early Modern Holland", *Gend Hist*, 21(1):170—189.

Simonton, D. (1991) " Apprenticeship:

Training and Gender in Eighteenth-century England", in Berg, M.(ed) *Markets and Manufactures in Early Industrial Europe*. Routledge, London.

van den Heuvel, D.(2007) *Women and Entrepreneurship: Female Traders in the Northern Netherlands, c. 1580—1815*. Aksant, Amsterdam.

van Zanden, J.L.(2009) *The Long Road to the Industrial Revolution: The European Economy in a Global Perspective, 1000—1800*. Brill, Leiden/Boston.

van Zanden, J. L.(2011) "The Malthusian Intermezzo: Women's Wages and Human Capital Formation between the Late Middle Ages and the Demographic Transition of the 19th

Century", *Hist Fam*, 16(4):331—342.

Vickery, A.(1993) "Golden Age to Separate Spheres? A Review of the Categories and Chronology of English Women's History", *Hist J*, 36(2):383—414.

Voigtländer, N., Voth, H.J.(2012) "Persecution Perpetuated: The Medieval Origins of Anti-Semitic Violence in Nazi Germany", *Q J Econ*, 127(3):1339—1392.

Voigtländer, N., Voth, H.J.(2013) "How the West Invented Fertility Restriction", *Am Econ Rev*, 103(6):2227—2264.

Xue, M.(2016) *"High-value Work and the Rise of Women: The Cotton Revolution and Gender Equality in China"*, Unpublished.

第六章

1850—1940 年
大西洋经济中的国际移民

蒂莫西·哈顿　扎卡里·沃德

摘要

本章重点分析了 1850—1913 年间的大规模移民时代及其直至 1940 年的巨大影响。这引起了几代经济史学家的兴趣,并仍然是一个高度热门的研究领域。在本章中,我们集中讨论从欧洲到新大陆的移民,因为这是大部分研究文献的对象。我们对这些文献进行了概述,重点放在以下几个关键主题上:移民的决定因素、移民政策的发展、移民的选择和同化、大规模移民的经济影响及其至今的遗产。我们解释了一些曾被普遍接受的信念是如何被重新审视和修订的,以及我们在认识上的变化是如何受到方法论进步的影响的,而方法论的进步反过来又使新的和更全面的数据的可用性成为可能。尽管取得了这些进展,但仍有一些问题存在争议或未解决,并且根据计量史学的传统,我们在本章最后一节中对更多的未来研究进行了展望。

关键词

大规模移民　大西洋经济　迁入移民与迁出移民

引　言

　　本章概述了国际移民的计量史学研究。我们主要研究从19世纪中叶到1913年的大规模移民时期以及随后两次世界大战期间的欧洲移民。在这段时间里,欧洲和亚洲内部也有其他重要的移民活动,但我们的重点是所谓的"泛大西洋经济"(greater Atlantic economy),尤其是到美国的移民活动。这改变了世界经济,这也是大量计量史学文献关注的焦点。近年来,尽管有些问题仍然存在争议,但是新见解的不断涌现,使旧有的解释受到挑战。计量史学应用的新方法和研究当代经济的经济学家们采用的方法具有很强的相似性。因此,计量史学在论述自己观点时,得到了新的、更全面的数据支持。

　　我们首先概述总体移民流向的决定因素,这是已高度成熟的一类文献,近年来已经不太活跃。这包括推拉变化(the push-pull variety)的时间序列分析,以及侧重于比较原籍国或地区之间外移民强度横截面差异的研究。移民流动由移民政策所塑造,这种政策在20世纪初变得越来越严格。我们回顾了有关移民政策形成的文献,重点讨论了政治经济学的决定因素。然后我们转向与来源国人口相比,国际移民是"积极选择"还是"消极选择"的问题*。这种基于机构记录数据的微观层面的分析一直是近期文献关注的焦点,并挑战了移民是"积极选择"的传统观点。移民的自我选择影响了关于移民同化的旧有争论,我们回顾了最新研究,它标志着比旧有文献更悲观观点的回归。然后我们讨论移民在美洲新大陆目的地的经济影响以及移民对旧大陆的影响。学术传统上还关注工资和生活水平,新文献也用各种方法进行了检验,得出了一系列不同的结果。最后,我们简要回顾了最近的一篇文献,该文献试图将目前的经济结果解释为大规模移民时代的长期后果。

---

*　"积极选择"意味着那些具有更高技能和收入的人选择移民;"消极选择"则相反。——译者注

国际移民的决定因素

从1850—1940年间估计有5 000万移民从欧洲来到了新大陆(图6.1),其中大约五分之三的人移民到美国,而更少的人则流向南美洲和英国自治领。长期以来,人们对是什么决定了移民每年的去向产生了兴趣,这是杰罗姆(Jerome, 1926)和托马斯(Thomas, 1941)的著作内容。这些文献试图用时间序列模型来解释跨大西洋移民的周期,这些模型关注移民来源国和目的地国经济状况的变化。这一"推动"与"拉动"力量决定移民迁移的文献在20世纪六七十年代盛行一时。但随后古尔德(Gould, 1979)对这些文献进行了批判性的评论。正如他指出的那样,当包括来源国和目的地国的工业生产等周期性指标时,后者通常在系数的大小和重要性方面占主导地位。总的来说,这些研究表明,人口迁移的短期起伏主要受"拉动"因素而非"推动"因素影响。在加入工业生产等周期性变量时,代表移民动机的其他变量

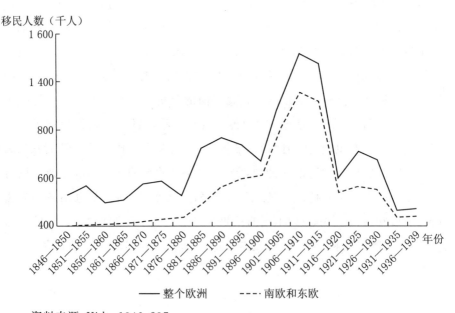

资料来源:Kirk, 1946:297。

图6.1 1846—1939年间的欧洲移民(每五年间的平均值)

（如国内外的收入或工资）往往不具有统计上的显著性。古尔德（Gould，1979：668）总结说："总的来说，这篇文献令人失望，因为它不仅没有产生重要的新见解……而且在证实或否认旧的解释方面只取得了有限的成功。"

很难相信，移民决定完全是由目的地的条件决定的，也很难相信移民的决定不取决于更高工资或收入的预期。移民必须是通过对预期收益的某种评估来决定的，因此也是必须通过对国内外情况一些并不十分精确的比较来决定的。但是第一代研究缺乏一个自洽的移民决策的基本模型，这使得我们难以解释其系数。哈顿（Hatton，1995）利用一个基本的经济学框架建立了一个模型，在这个模型中，具有代表性的潜在移民基于对国内外未来预期收入的比较进行决策。按照托达罗（Todaro，1969）的方式，一个地区的预期收入取决于工资率和就业概率。后者解释了商业周期的影响，如果移民是厌恶风险的，而且国外比国内的不确定性更大，这将有助于解释周期性条件的主导因素，特别是在迁入的目的地。此外，通常用于吸收序列相关的时间序列动态可以通过适应性期望的形成来解释。

许多研究已经使用了这个框架，或者可以利用这个框架进行解释。对1870—1913 年间从英国移出的移民的估计表明，国内外的工资差距和就业率都与模型一致（Hatton，1995）。虽然短期波动主要是由商业周期造成的，但长期趋势可以由来源国和目的地国之间缓慢变化的收入差距造成。例如，1876—1880 年和 1909—1913 年间，美国与爱尔兰的工资比率下降了17%，这导致爱尔兰向美国的移民人数从长期来看下降了 4‰（Hatton and Williamson，1998：83）。这些模型的另一个重要变量是目的地国以前的移民数量。移民网络或侨民的这种强大的拉动效应通常被认为降低了新移民的成本和风险。就爱尔兰而言，移民人口与本国人口比例的下降又使移民人数减少了 4‰。新移民往往通过先前移民的汇款或预付机票得到帮助。与此相一致，马杰和汤普森（Magee and Thompson，2006）发现，1880—1913 年间流向英国的汇款取决于移民数量和英语目的地国的平均收入。

运输的直接成本也很重要，但由于缺乏合适的数据，大多数计量经济学研究没有这些数据。1850 年后，随着从帆船到蒸汽的转变，海上航行的成本下降，有效价格下降得更厉害，航行时间更短（Keeling，1999；Cohn，2005；Sánchez Alonso，2007），更不用说往返海港的陆路旅行的改善。在北大西洋航线上,机票价格的大幅波动与航运卡特尔(shipping cartels)的效益变化有关。德尔塔斯等人(Deltas et al.,2008)使用 1899—1913 年的季度数据发现,在卡特尔保持价格上涨的时候,前往美国和加拿大航线上的乘客数量下降了 22%。其他成本因素也很重要。1911—1913 年间,澳大利亚援助移民计划大大降低了英国移民的成本,这导致英国向澳大利亚的移民潮(Pope,1981)。对于西班牙移民来说,西班牙银币比塞塔在 1882—1905 年间的贬值增加了西班牙移民的成本,这产生了相反的效果。桑切斯·阿隆索(Sánchez Alonso,2000a)发现,这几年移民减少了 30%。

305 　　时间序列模型相当好地解释了具有稳定模式的移民流向的起起落落,这可能是它们没有成为近期许多文献关注焦点的一个原因。一个更大的挑战是,如何解释最早开始的那些移民活动,以及原籍国与流入地之间的移民密度差异。在西欧国家中,年均总移民率差异很大,爱尔兰为 12‰,法国为不足 1‰。移民的趋势也有所不同。爱尔兰移民率从 19 世纪 60 年代开始下降,德国、挪威和瑞典的移民率从 19 世纪 80 年代开始下降,意大利、西班牙和东欧一些国家的移民率迅速上升,直至在 1914 年战争爆发。一个特征事实是,在现代经济增长的初期,移民率往往从低水平开始上升,在几十年后达到高峰,然后缓慢下降。这种长期的移民波动,虽然通常并不完全如此,但至少在一些欧洲国家已被证实存在(Akerman,1976;Hatton and Williamson,1998:Chap.3)。

　　多项研究表明,人口趋势很重要。对于那些目光最为长远和成本最低的人群(即年轻人和单身人士)来说,移民的现值将是最大的。埃利斯岛的记录显示,1900—1910 年间,移民到美国的平均年龄是 26 岁,其中三分之二是男性,而且大多数是单身(Bandiera et al.,2013)。哈顿和威廉森(Hatton and Williamson,1998:Chap.3)利用 12 个欧洲国家十年平均移民率发现,滞后 20 年的出生率对移民率有很大的正向影响。斯堪的纳维亚国家的年度时间序列数据也支持这一观点(Quigley,1972;Larsen,1982;Hatton and Williamson,1998:Chap.4)。有趣的是,格林伍德(Greenwood,2007)发现,较高的当前出生率往往会降低育儿阶段的移民率,这可能反映了家庭移民的更高成本。然而,人口因素对意大利和西班牙等国的影响较小(Sánchez Alonso,2000b;Hatton and Williamson,1998:113),因为其他限制因素更为重要。

　　就在国内发展步伐加快之际,移民的势头往往越来越大。在早期阶段,大多数移民太穷而不能移民,尽管移民的动机很大,但经济发展有助于缓解"贫困约束"(poverty constraint)。因此,从长远来看,随着国内工资的增长,移民人数增加,而从不利的方面来看,国内工资的进一步提高降低了移民的积极性。法伊尼和本图里尼(Faini and Venturini, 1994)利用19世纪70年代至1913年意大利的年度时间序列数据发现,国内人均收入的增加对移民有积极影响。桑切斯·阿隆索(Sánchez Alonso, 2000b)也利用西班牙的数据得到了类似发现。证据还表明,随着以前能够提供援助的移民数量的增加,"贫困约束"变得不那么具有约束力(Hatton and Williamson, 2005:65)。这种相互作用有助于解释为什么随着发展步伐的加快,来自爱尔兰的移民(曾于饥荒后大量移民)减少,而来自同样贫穷的意大利(初始移民数量较少)的移民人数却在增加。博林和欧拉纽斯(Bohlin and Eurenius, 2010)利用1881—1910年瑞典各县移民调查的面板数据,发现了贫困和移民人数之间相互作用的正向关系。在微观层面上也可以看到贫穷的制约因素。在1832—1857年德国黑森-卡塞尔地区(the Hesse-Cassel region),韦格(Wegge, 1998)发现处于移民网络庇护中的移民携带的现金较少。到了20世纪20年代,这些影响减弱了,但阿姆斯特朗和刘易斯(Armstrong and Lewis, 2017)提供了证据,证明对存款的需求会推迟人们移民加拿大。

306

　　在大规模移民时代,有许多政治和经济事件驱使移民寻求庇护,包括19世纪40年代末的爱尔兰大饥荒、1848年失败的政治革命、1866—1868年的瑞典和芬兰饥荒、20世纪10年代的墨西哥革命和19世纪80年代对犹太人的宗教迫害、20世纪初以及两次世界大战之间的这段时期。莫基尔和奥格拉达(Mokyr and Ó Gráda, 1982)以及科恩(Cohn, 1995)研究了大饥荒期间的移民流动,布斯坦(Boustan, 2007)和斯皮策(Spitzer, 2014)研究了犹太移民。虽然在短期内的冲击促进了移民,然后移民潮又有所消退,但其影响往往通过先前移民存量对后续流动的强大影响而持续存在。

　　目前已有研究对"潜在移民是如何在新大陆的不同目的地中进行选择的"这一问题关注较少。不同目的地之间已存在的移民群体、殖民地关系、共同语言和文化亲和力的差异意味着它们往往并不容易相互替代(Taylor,

1994）。但是，在英语国家内部往往有更大的选择余地，比如美国和加拿大（Green et al.，2002），南美洲内部也是如此。巴尔德拉斯和格林伍德（Balderas and Greenwood，2010）利用从 12 个移民来源国到 3 个移民目的地国的年度时间序列数据，研究了移民到一个目的地对移民到其他目的地的影响。他们利用工具变量，找到了阿根廷和巴西之间替代效应的证据，但没有发现这两个国家和美国之间的替代效应。东道国的政治环境也很重要。贝尔托基和斯特罗齐（Bertocchi and Strozzi，2008）研究了政治制度对 11 个欧洲国家和 3 个新大陆国家（阿根廷、加拿大和美国）在 1870—1910 年间每十年平均数据上的影响。除了经济和人口统计变量外，他们发现移民与政治参与（民主和选举权）以及移民权利（获得公民身份、土地和教育的机会）呈正相关。

　　许多移民往往在几年后会迁移回国。传统估计表明，移出人口与移入人口的比例约为 40%（Gould，1980；Kuznets and Rubin，1954）。然而，在班迪耶拉等人（Bandiera et al.，2013）最近的估计中，这个数字要高得多。根据埃利斯岛的记录，他们计算出 1900—1910 年的移民总数比官方公布的数字高出大约 20%。将这一流入量与人口普查中移民存量的变化进行比较，结果表明移出量占移入量的 60%，而此前的数值为 40%。在接下来的十年里，当移民数量几乎没有变化时，同样计算得出的移出移入比率为 75%—80%。这些移民中的一些人可能是短期访客，但即使如此，如此高的返乡率还是让人质疑将移民视为一劳永逸的决策，相反，这表明"循环式移民"（circular migration）占了很大比例。事实上，沃德（Ward，2016）发现，1897—1914 年间，重复入境者（repeat entrants）（先前在美国的外国出生者）占所有外国出生者的 10%—20%。这些人主要不是文献中经常提到的"候鸟工人"（golondrina）或南欧的季节性工人，相反，重复入境者通常来自北欧和西欧，他们拥有较高的技能，这表明循环式移民并非由低技能劳动力主导。

307

移民政策

　　第一次世界大战前的那段时期被视为泛大西洋经济中的自由移民时代，

但仅限于有限的一些移民。美国在 1882 年和 1907 年严格限制了来自中国和日本的移民。来自世界上最贫穷地区的移民不受限制,只是因为来自那些地区移民的"威胁"并不紧迫。1885 年,加拿大对中国移民征收入境税,随后又提高了税率。澳大利亚殖民地也采取了类似的政策,1901 年,新成立的澳大利亚联邦遵循了 1897 年开普殖民地和纳塔尔的政策,引入了一项听写测试,旨在将非欧洲人拒于门外。1907 年新西兰和 1910 年加拿大都采用了这一方法。其他更渐近的变化包括入境税和对罪犯、精神错乱者和"可能被提起公诉"①的人的入境限制。而阿根廷、澳大利亚和巴西等一些国家对移民提供的积极引导措施最终被减少或撤销。

面对不断的反移民压力,从第一次世界大战开始,各个国家就开始实行更为激进的限制。1917 年,美国对所有移民实行识字能力测试,并禁止来自"亚洲禁区"(Asiatic Barred Zone)的移民。随后不久,美国于 1921 年首次实行移民数量配额制度,这一制度在 1924 年法案及其 1929 年修正案颁布后,变得更加严格。如图 6.1 所示,20 世纪 20 年代的国际移民与 1914 年前的几十年相比明显下降,大部分是政策造成的。美国移民的减少最为剧烈;对于 1921 年配额所涵盖的来源国,移民在接下来的一年减少了三分之二。通过将这些配额与过去出生的外国人口的来源构成联系起来,如表 6.1 所示,配额对所谓的"新移民"(new immigrant)国家产生了重要的影响。虽然美国限制移民政策的急剧转向最为人瞩目,但其他国家也随之采取了类似的政策。1923 年,加拿大正式区分了来自优先国家和非优先国家的移民。南非和巴西采取了不断升级的限制措施,最终分别于 1930 年和 1934 年实行移民配额制度。甚至英属海外领地也对来自英国的移民采取了严格的限制措施,例如 1930 年的澳大利亚、1931 年的新西兰和 1932 年的加拿大颁布的移民政策。

---

① 例如,1882 年《美国移民法案》引入了人头税(1891 年延长);1903 年的法案对无政府主义者、乞丐、癫痫患者和妓女移民施加了限制。

表 6.1　战前和战后的移民配额

	1908—1914 年的年度移民人数	配额分配		
		1921 年	1924 年	1929 年
比利时	5 186	1 563	512	517
丹　麦	6 117	5 694	2 789	1 181
法　国	8 209	5 729	3 954	3 086
德　国	31 292	68 059	51 227	25 957
爱尔兰	27 571	—	28 567	17 853
意大利	202 222	42 057	3 845	5 802
荷　兰	6 625	3 607	1 648	3 153
挪　威	11 874	12 202	6 453	2 377
葡萄牙	9 166	2 520	503	440
西班牙	5 021	912	131	252
瑞　典	16 642	20 042	9 561	3 314
英　国 （1921 年数据包含爱尔兰）	42 658	77 342	34 007	65 721

资料来源：Greenwood and Ward，2015：79。

自由移民政策的退潮有时被视为对不断增长的移民人数的强烈反对（Williamson，1998）。但是背后的政治经济机制为何？正如福尔曼·佩克（Foreman Peck，1992：360）所言：任何国际移民政治经济学都有两个关键问题：(1)谁从移民中得利，谁会受损？(2)谁能对此做些什么呢？第一个问题的答案取决于谁最有可能在劳动力市场上面临来自外国移民的直接竞争。随着来自南欧和东欧的移民人数的增加，这些移民越来越可能成为低技能工人。在 19 世纪 60 年代，平均而言，向美国移民的人口来源地相当于一个人均国内生产总值占美国 95％的国家。到了 20 世纪，这一比例已经下降到 50％，加拿大和阿根廷的移民也出现了类似的下降（Hatton and Williamson，2007：223）。另一方面，资本和土地的所有者以及那些技术和教育程度较高的工人，不太可能赞成对移民的限制。

为了检验这些效应，蒂默和威廉森（Timmer and Williamson，1998）编制了一份 1870—1930 年间五个新大陆国家移民政策的年度指数。他们发现，在阿根廷、巴西、加拿大和美国，更具限制性的政策与非技能性工资的相对下降有关。在移民来源更加多样化的加拿大和美国，正是由于来自低工资国家的移民人数增加,而这些新移民的来源国在族群和宗教方面与早期移民潮中的移民有所不同,这加速了移民大门的关闭。对美国来说,这与强制实行移民配额制是一致的,这种配额制度从根本上减少了来自南欧和东欧的移民。在移民来源不那么多样化的阿根廷和巴西,所有外国出生人口比例的上升也导致了移民限制措施。

尽管移民政策在经济衰退中通常会变得更为严格(Shughart et al.,1986),然而在经济衰退之前,当一种逐渐积累的反对移民的苗头出现的时候,经济衰退会对限制移民产生更为决定性的影响。这可能有助于解释美国实行紧急移民配额的原因,因为战后移民潮的复苏与失业率同步增加——失业率从 1920 年的 5.2% 上升到 1921 年的 11.7%。美国在 20 世纪 20 年代初是失业率最高的国家之一,但随着大萧条期间失业率的上升,其他新大陆国家的大门也关闭了。此外,另一个因素可能也很重要。在两次世界大战之间,国际资本流动性急剧下降。因此,资本流入在抵消移民工资效应方面的影响将比 1914 年之前要小(参见下文)。由于这个原因,比起资本追逐劳工的时代,工人们可能更反对移民(Hatton and Williamson, 2007)。

乍一看,福尔曼·佩克第二个问题的答案取决于谁有投票权。随着选举权的扩大,这一权利通常自上而下渗入更低的收入阶层中,稀释了土地所有者和资本家的政治权重,并赋予城市蓝领工人更大的发言权。在世纪之交,北美洲的投票率约为成年人口的三分之一(男性的投票率要高得多),而拉丁美洲的投票率却不到 10%(Engerman and Sokoloff, 2005)。在美国,严格的移民限制比(相对民主的)英属海外领地来得早,英属海外领地选择保持开放,至少对来自英国本土的移民开放。另一方面,在独立的拉丁美洲,选举权的范围要窄得多,移民被排除在外,同时,大农场主(Latifundia)保留了对权力的控制,对移民的限制来得比预期的要早。桑切斯·阿隆索(Sánchez Alonso, 2013)分析了 1870—1930 年间阿根廷新创建的移民政策指数。她发现,移民人数的增加、移民相对于本地人教育水平的下降以及不平等程度的加剧,都是导致限制政策转向的部分原因。但是,限制性移民政策不是通过投票产生的,而是由于罢工和长期的劳工动乱。

针对移民政策背后的政治经济机制,美国的情况得到了最详细的研究。就当地工人的态度而言,理查森(Richardson, 2005)利用堪萨斯州劳工局在

309

1895—1897 年间对 2 000 名蓝领工人进行的调查所获得的数据进行了分析。他发现,绝大多数人希望限制或完全禁止移民。工会会员对移民的反对意见比非工会会员更强烈。有趣的是,收入处于中等水平的人比收入最低的人更反对移民。意料之中的结果是,第一代或第二代移民最不支持限制。还有一些证据表明,在移民人口增长迅猛的县,对移民的反对意见更加强烈。

这种反移民情绪是如何转化为限制性移民政策的? 戈尔丁(Goldin,1994)在一篇有影响力的论文中研究了美国国会的投票模式。从 1897 年开始,一系列包含识字能力测试的法案未能通过成为法律,直到 1917 年众议院和参议院都推翻了威尔逊总统的否决。截至 1906 年,来自南方的代表和其他农村地区的代表一同支持限制移民,而关键的战场是东部和中西部的城市。戈尔丁发现,在 1915 年,如果一个地区外国出生人口增长越快,或是前十年他们所在城市的工资率增长越慢,议员们就更有可能投票推翻总统对限制移民法案的否决。但是,移民在该地区的比例越高(是占比水平,而不是占比变化),投票支持限制移民法案的可能性就越小,尤其是当比例达到 30% 时。塔贝里尼(Tabellini,2017)发现,1910—1930 年间有更多的移民移入,尤其是来自"新"来源国的移民移入,减少了对民主党的选举支持,导致更保守的国会议员当选,增加了他们投票支持 1924 年移民配额的可能性。

比亚瓦希和法奇尼(Biavaschi and Facchini,2017)分析了 1897—1924 年间所有 14 项移民法案的众议院投票情况,并按届会(session)和国会选区(congressional district)进行了固定效应估计。他们发现,如果一个地区制造业的就业份额越大,且该地区城市的就业比例越低,议员投票赞成限制的可能性就越小。议员的个人特征也很重要,因为北方民主党和那些非常春藤联盟背景的人更有可能投票支持限制。有趣的是,他们还发现,尽管外国出生人口比例较高的地区,议员投票支持限制的可能性较小,但在州居住法使移民更难入籍和获得投票权的情况下,这一效应被削弱。这与舍尔策(Shertzer,2016)的研究结果一致,即如果移民利益集团与其他具有一定规模的少数族裔合作,形成联盟,那么移民的入籍率更高。

当代关于移民政策的争论激发了人们对过去如何制定移民政策的兴趣。

最近的计量史学研究发现了一系列影响,这些影响与定性描述中制定移民政策的政治经济学解释基本一致。通过利益集团政治,移民本身有着复杂的影响。虽然过往大量且组织成熟的移民倾向于更自由的移民政策,但最近的移民流入却产生了相反的效果。在某些情况下,战争和经济衰退等冲击也可能引发移民反弹。由于大多数证据是来自美国的,所以目前仍然不太清楚这些影响会如何在政治和制度背景不同的国家发挥作用。

移民选择

谁会移民,以及那些移民如何与留守本国的人口相比较,是文献中长期关注的一个问题。外国移民的选择与外国移民在东道国劳动力市场的命运、外国移民对本国出生者工资和收入的影响以及外国移民的长期影响均有关,这些问题将在后面的章节中进一步探讨。外国移民的特征可以用多种方式来衡量。一个衡量办法是原籍国的构成,正如我们所看到的,移民的原籍国构成向欧洲较贫穷地区的转移,这引起了决策者的担忧。另一个因素是移民的人口结构,移民到美国的年轻男性越来越多,这些年轻男性的抚养负担低,劳动参与率高。但是,最近的计量史学文献的关注焦点是这些外国移民如何根据技能或能力进行选择。

分析这一问题的基本框架是由博尔哈斯(Borjas,1987)在罗伊模型(the Roy model)的基础上修订而成的。在这个模型中,移民的动机取决于个人的技能水平以及目的地国与母国对技能回报率的比较。如果目的地国的技能回报率更高,则技术熟练者更可能移民;如果来源地的技能回报率更高,则非技术人员移民的可能性更大。但是还必须考虑移民的成本,移民成本的增加将使贫穷、技术水平较低的工人的移民净现值减少,而非使技能和收入较高的工人的移民净现值减少。这一框架特别适用于大规模移民时代,即那个限制性移民政策出现之前的时代,也是一个大多数移民因经济原因而不是为了逃避饥荒、战争或政治迫害而迁移的时代。如果美国内战之后变得比欧洲国家更加不平等,那么这将有利于任何欧洲国家技术工人的移民。另一方面,交通成本的下降,尤其是先前移民援助的增加,都会起到相

311

反的作用。

对移民选择的不同理论进行检验首先需要度量选择,这可能由于许多原因而十分困难。首先,在历史数据中衡量移民质量的指标通常很粗糙,很少包括我们感兴趣的关键指标,如能力、创业精神或对风险的态度。一种获得对移民生产率的总体性衡量指标的方法是使用其工资水平,但由于研究人员无法观察到移民在原籍国的工资,因此需要用移民前的一些变量来测量移民选择,或是估计反事实工资。尽管存在这些方法上的问题,但由于最近人口普查和移民抵达记录的数字化,这类文献取得了重大进展。入境记录记载了移民在任何同化力量导致职业或其他可观察到的变化之前的情况,这使得(大部分情况下)我们可以将移民与来源国人口普查数据中观察到的务工人员进行直接比较。然而,如果船长粗心大意地填写这一记录,船舶记录中的信息质量可能会较低,到达记录中的变量可能并不总是与普查数据中的变量相匹配。因此,一些研究者将各国的人口普查联系起来,让我们能够观察移民在移民前后的特征。

使用入境记录或人口普查数据进行研究的主要发现是,在大规模移民时代,到美国的欧洲移民是中性或消极* 选择的。阿布拉米茨基等人(Abramitzky et al., 2013)利用19世纪末挪威移民到美国的个人人口普查数据发现,他们被消极地选择了,因为那些移民者的父亲比留在本国的人的父亲的财富要少。根据年龄堆积法所报告的入境记录和爱尔兰人口普查(Mokyr and Ó Gráda, 1982),1850年以前的爱尔兰移民也被发现存在负向选择;20世纪初,根据相关的人口普查记录(Connor,2016),到美国的爱尔兰移民存在"消极选择"(Connor,2016)。20世纪早期的意大利移民比留在本国的普通意大利人身高更矮,这表明他们的健康环境比留在本国的人差(Spitzer and Zimran,2017)。

大多数研究是根据可观察到的特征来度量移民的选择,但是对不可观察特征的移民选择则更难度量。此外,尚不清楚对可观察特征和不可观察特征的选择是否相关,很可能来自明显贫困家庭的低技能移民也雄心勃勃并具有高度的创业精神。阿布拉米茨基等人(Abramitzky et al.,2012)使用一

---

* "消极"意味着技能和收入水平更低的人才选择移民。——译者注

种创新方法来衡量不可观察到的选择：他们比较了不加入兄弟固定效应和加入兄弟固定效应的移民回报率。其观点是，如果移民与一个正或负的遗漏变量相关，那么通过比较移民的职业和留在本国人员的职业来对移民回报率进行简单估计存有偏差；然而，我们可以通过估计家庭内部一对兄弟之间的移民回报率来找出这种偏差的方向，以控制不可观察的家庭间的因素。阿布拉米茨基等人（Abramitzky et al.，2012）发现，不加入兄弟固定效应的移民回报率估计比加入兄弟固定效应的估计结果更为负向，并将上述简单的移民回报率估计的负面偏差解释为对移民负向选择的反映。对不可观察特征的负向选择与其他对可观察特征（如父亲的财富）的负向选择的研究结果是一致的，这可能表明可观察的选择度量是不可观察选择的一个很好的代理变量。

前述有关移民大部分是"中性选择"或"消极选择"的发现能在罗伊模型的框架下被理性解释吗？斯托尔兹和巴腾（Stolz and Baten，2012）通过比较不平等测度和移民选择测度，对来自大规模移民时代的数据进行罗伊模型检验。他们使用了计量史学文献中众所周知的不平等和选择测量方法：对于不平等的测度，他们使用了身高数据的变化量；对于移民选择的测度，他们使用了移民相对于来源地中留守的人来说，0岁或5岁的年龄堆积数（Steckel，1995，2008；Tollnek and Baten，2016）。不同移民来源的相对不平等系数为罗伊模型提供了有力的支持：从更为平等的来源地迁徙到目的地的移民在计算能力上更具"消极选择"特点。他们还发现，共享一种通用语言与"积极选择"有关，而战争和动荡的起源导致"消极选择"。后一种效应也可能适用于饥荒，这将有助于解释为什么会有人对来自19世纪中叶的爱尔兰移民进行消极选择。另一方面，不论是原籍国经济贫困预测对移民选择产生正效应，还是亲友效应预测对移民选择产生负效应，都无法得到一致确认。

流动性或财富限制对移民选择性的影响是一个谜，但似乎在19世纪变得不那么重要了，如果没有其他原因的话，那就只有来自先前移民不断增长的援助。例如，1908年，92％到美国的移民在抵达美国时与亲戚或朋友团聚，约三分之一的人由亲友为其买票。因此，虽然贫困约束（poverty constraints）在一定程度上限制了一些移民，但对许多移民没有约束力。然而，在大规模移民的早期阶段,财富限制效应可能更强,当时移民网络尚未发展壮大,且交通成本尚未降低(这一降低要等到美国内战后,蒸汽技术开始传播之时)(Cohn,2009)。如前所述,韦格(Wegge,1998)表明,19世纪中叶来自德国黑森-卡塞尔地区的身处移民网络中的人很少需要现金来移民,这意味着他们依赖先前移民的帮助。尽管爱尔兰移民总体上是"消极选择",但在大饥荒期间,最贫穷的人移民的能力较低,更可能挨饿(Mokyr and Ó Gráda,1982;Cohn,1995)。还有其他证据表明,贫困约束制约了技能层次分布较低的移民。虽然意大利移民总体上是"消极选择",但来自最贫穷的省份中的移民却是"积极选择"的,这表明成本限制了最贫困人口的移民(Spitzer and Zimran,2017)。

另一些研究着眼于移民技能水平的驱动因素,科瓦鲁维亚斯等人(Covarrubias et al.,2015)使用1899—1932年间美国移入人口数据确定来源国收入和移民成本对移入人口技能构成的相对重要性。他们发现,较高的原籍国收入水平增加了移民的总人数,但略微降低了他们的素质,这表明贫困约束得到了缓解。另一方面,交通成本对移入人口的技术水平影响甚微,当然这可能是因为成本是由货运运费而非旅客票价衡量的。至少对某些职业而言,自20世纪20年代初起对移民施行的严格限制导致移民的选择更为积极(即移民的技术水平更高)。因为隐含的政策成本对较低技术人员更大。因此,移民配额不仅具有国家间效应(between-country effect,由于移民配额对原籍国施加不同程度的限制),还由于技术较低的个体更可能受到限制,因此存在国家内部效应(within-country effect)(Covarrubias et al.,2015;Massey,2016)。

或许政策制定者和经济学家更感兴趣的是移民净流量的质量,而不仅仅是移入人口的质量。正如我们所看到的,自从数百万移民返回欧洲以来,移民净流量的质量取决于移民返乡的选择。有证据表明,返乡移民的平均技术水平低于永久移入移民的平均技术水平,这一模式既适用于来源国内部,也存在于来源国之间(Abramitzky et al.,2014;Ward,2017a)。①由于罗伊

---

① 阿布拉米茨基等人(Abramitzky et al.,2016b)提供了关于挪威返乡者的新的微观数据,研究表明,尽管返乡者相对于流动者和非流动者都是消极选择,但返回挪威的移民获得了更高的回报,这反映了临时性移民的正向回报。

模型预测移民返乡的选择应与移民流入的选择相反（Borjas and Bratsberg，1996），因此移民返乡的"消极选择"看起来是一个谜。这可能是因为那些选择回国的人更容易在美国劳动力市场上受到负面冲击，或是因为回国后遭受职业降级（occupational downgrading）。

最近的文献挑战了在定性描述中通常提出的观点，即进入美国的移民总体上是"积极选择"的。相反有证据表明，移民总体上呈轻微的"消极选择"，但不同移民来源国和地区各有不同。到目前为止，对于大规模移民时代而言，几乎没有关于其他新大陆目的地可比性的证据，但有理由认为，结果可能会有所不同。例如，意大利到阿根廷的移民识字率相对较高，尤其与来自西班牙和葡萄牙的移民相比（Sánchez-Alonso，2007）。1877—1913 年间移民到澳大利亚的职业构成比移民到加拿大和美国的技术水平更高（Pope and Withers，1994）。

移民同化

这些关于移民选择性的新发现引发了其他广泛争论的问题。沿着博尔哈斯（Borjas，1987）的讨论，移民的选择性与他们被同化到美国劳动力市场紧密相关。移民同化所探讨的问题与移民选择性的文献类似，但是选取的参照点有所不同。移民同化这类文献不是将移民与其原籍国的非移民进行比较，而是将移民与出生在目的地国的本地人进行比较。这种比较通常是关于工资或职业状况的，但也可以从不同的角度进行，如地理位置、生育率或结婚率。在本节中，我们将主要关注职业、工资和就业等标准的经济指标。

文献中的一个经典发现是，在 1950 年后的几十年里，移民最初的工资比本地人低，在移民之后的几十年里逐渐与本地人的工资水平趋同（Chiswick，1978）。这一发现通常在人力资本框架下进行解释：在移民抵达目的地国时，由于其在原籍国内获得的人力资本没有完全跨国转移，因此会损失一些价值，但在抵达目的地国之后，他们会获得移民目的地国家特有的人力资本，如语言流利性。移民与本地人（这与选择问题有关）工资水平趋同的另一个原因是，移民被认为具有不同的能力、抱负和动力，这意味着他们在整个生命周期中的收入增长速度会比本地人更快。然而，考虑到群体效应和选择性返乡移民（Borjas，1985；Lubotsky，2007），在随后的文献中，这种移民同化的乐观观点已被下调。

19世纪末美国劳动力市场中的移民同化现象是利用各州劳工局一系列报告中关于移民和本地人的收入数据进行研究的。初步结果似乎支持了修正主义者的观点，即移民的年龄收入曲线并不比本地的人更为陡峭，而且在整个生命周期中，移民甚至可能进一步落后于本地的同龄人（相关案例，参见 Hanes，1996）。相比之下，哈顿（Hatton，1997）表明，研究结果部分取决于年龄-收入曲线的形状，以及这些样本中的移民通常比本地出生的人年龄大。考虑到这一点，16岁之前到达目的地的移民的年龄收入情况与本地出生的人非常相似。那些成年移民最初收入较低，且随着年龄的增长而增加，但未能超过当地人。然而，这些结果来自对蓝领工人子样本的横截面分析，它们没有解释队列效应（cohort effects）或选择性返乡迁移。①

315　这一观点现已作进一步修改。阿布拉米茨基等人（Abramitzky et al.，2014）发现移民的平均技能和技能升级速度与本地人相同。这些研究结果的差异是由数据结构造成的：早期文献中使用的横截面数据和重复横截面数据都高估了移民的同化率，这是因为队列质量下降和返乡移民的"消极选择"。阿布拉米茨基等人（Abramitzky et al.，2014）通过将1900—1920年间美国人口普查中的移民联系起来，利用新的面板数据改进重复截面估计的结果。由于面板数据中的移民在整个时间段内都是相同的，这与重复横截面方法中使用的伪队列相反，选择性返乡移民不会使估计产生偏差。阿布拉米茨基等人（Abramitzky et al.，2014）利用重复横截面重现了正向同化的发现，但一旦使用面板数据估计，这种模式就会消失，这意味着早期研究中的正同化率主要由消极选择的返乡移民驱动。②

---

① 然而，对美国移民委员会报告中按原籍国分组的数据以及1900年和1910年人口普查中队列职业进展进行的分析得出了类似的结论（Hatton，2000；Minns，2000）。关于这类研究更详细的文献回顾，参见 Hatton，2011。

② 阿布拉米茨基等人（Abramitzky et al.，2014）重点关注欧洲移民在人口流动中的重要性。对于非欧洲移民来源，科萨克和沃德（Kosack and Ward，2018）估计了墨西哥移民的同化率，希尔格（Hilger，2016）估计了亚洲移民后代的结果。

这些结果的一个局限性是 1900—1920 年的人口普查没有记录工资,只记录了职业状况;移民同化可能对收入的影响更大。但是,考虑到移民同化的人力资本模型,移民后缺乏相对的职业升迁仍然令人惊讶,这表明移民后的人力资本没有价值,或者移民相对于美国本土出生的美国人而言更不具有雄心或动力。沃德(Ward,2018)探讨了移民后一项重要的人力资本,即使在今天也非常有价值——英语流利性,并发现英语技能的获得与职业的小幅提升有关。虽然英语技能职业回报率较低的原因尚不清楚,但这可能与 20 世纪初的经济结构有关:技能溢价相对较低,需要沟通技能的工作也不那么普遍。

尽管对英语流利程度的工资回报在当时并不高,但当时人们确信它的重要性(Jenks and Lauck,1926)。这是 20 世纪一二十年代"美国化"运动的一个促成因素,该运动的目的是通过教育项目将移民同化到美国社会中(United States Immigration Commission,1911;Bandiera et al.,2018)。然而,目前还不清楚美国化运动的效果如何:莱拉斯-穆尼和舍尔策(Lleras-Muney and Shertzer,2015)认为,1940 年义务教育和"只教英语"(English-only)的法律对提高移民收入无效。此外,这些法律也引起了目标人群的强烈反对。例如,在禁止德语教学的州,德裔美国人更有可能给孩子起德语名字,且不太可能在第二次世界大战中提供志愿服务(Fouka,2015)。[1]虽然旨在同化移民的计划可能并不有效,但有证据表明,看起来像美国人在经济上很重要:比亚瓦希等人(Biavaschi et al.,2017)发现,采用一个听起来更美国化的名字会带来很大的职业回报;阿布拉米茨基等人(Abramitzky et al.,2016a)发现,与使用更多外文名字的兄弟相比,外文名字较少的移民二代的收入更高(另见 Goldstein and Stecklov,2016;Carneiro et al.,2015)。此外,成为公民与职业地位的改善相关(Catron,2017)。这与亚历山大和沃德(Alexander and Ward,2018)的研究结果相一致,即与他们已经移民的兄长相比,移民时相对年幼的兄弟更容易融入社会,与当地人的工资差距也更小。

移民同化文献只有来自美国的有限证据,因为美国人口普查直到 1940 年才记录到收入。因此,虽然移民与本地白人有着相似的职业,但他们

---

① 麦金农和帕伦特(MacKinnon and Parent,2012)也对新英格兰地区法裔美国人的这种抵制同化行为进行了研究。

可能没有类似的收入。幸运的是,1911—1931 年间加拿大的人口普查中包括了收入信息。利用这一数据,英伍德等人(Inwood et al.,2016)表明移民在整个生命周期中的升迁速度比本地人快——这一结果与美国缺乏基于职业的同化不同。加拿大的结果与加拿大特有的人力资本和英语技能的积极回报是一致的。然而,这一结果必须谨慎解释,因为加拿大的随机样本形成了一个重复的横截面,不清楚它们的移民同化结果是由于真正的升迁还是由于选择性的返乡迁移。

与前往美国的移民相比于本地人缺乏向上的职业流动性不同,前往南美洲的欧洲人获得了更多的成功。佩雷斯(Pérez,2017)利用一个包括了移民和本地人的人口普查数据发现,欧洲人移民到阿根廷后,他们的职业升迁速度比本地人快,在移民几十年后,最终的技能水平比当地人高。重要的是,这种模式存在于追踪同一个体的过程中,这避免了选择性返乡迁移可能导致高估职业流动率的问题。第一代人的这种相对优势也持续到第二代欧洲人身上,他们比当地人的后代更有可能识字和拥有财产。

移民中的职业代际延续性不仅在阿根廷持续存在,在美国也是如此(Abramitzky et al. 2014)。此外,这与"大熔炉"(melting pot)的类比形成对比,"大熔炉"理论往往认为对移民后代而言,父母或祖父母的出生国并不能很好地预测他们的职业。沃德(Ward,2017b)将移民代际流动的文献从第二代延伸到第三代,并表明 1940 年移民的孙辈往往与 1880 年的第一代移民处于同一职业类别。原籍国的平均技能水平比标准的多代际模型(standard multigenerational model)预测得更为持久,这表明来源国之间的职业差异需要三代以上的时间才能消失。因此,虽然在社会同化方面,"大熔炉"可能是会起到一定作用,但职业代际的强烈延续性意味着它在经济同化方面可能收效甚微(Abramitzky et al.,2016a)。

移民的影响

移民辩论中最具争议的问题之一是移民对经济的总体影响,特别是对非移民工资和收入的影响。在大规模移民时代,人们使用了各种方法来估计移民对原籍国和目的地国平均工资的影响。泰勒和威廉森(Taylor and Williamson，1997)估计了 1870—2010 年间国际移民对 5 个新大陆国家和 12 个旧世界国家的影响。他们首先计算迁入移民或迁出移民对该国劳动力的累积影响，然后利用劳动力需求弹性来估计对实际工资的长期影响。对于新大陆国家，他们发现，如果 1870 年后没有迁入移民，1910 年美国的实际工资会高出 9%，澳大利亚高出 17%，阿根廷则高出 27%。与估计的反事实相比，从欧洲国家迁出的移民增加了实际工资，但幅度较小，这与移民对劳动力增长的影响较为轻微相对应。根据这些估计，新大陆和旧世界之间的实际工资差距下降了 11%，而在没有移民的反事实估计下，这个差距将增加 10%。

　　一些研究通过使用多部门的可计算一般均衡模型进行更丰富的调整，该模型包括三个生产要素(土地、劳动力和资本)并考虑国际贸易。举个例子，奥罗克等人(O'Rourke et al.，1994)估计，如果 1851 年以后没有国际移民，1910 年美国的城市工资将高出 34.0%，英国则低了 12.2%。[①]在要素密集度变得更加相似的情况下，移民往往是贸易的替代品，因此贸易的增长不如没有移民的情况下增长得快。但更重要的是对国际资本流动性的假设。由于资本流动性良好，而非完全缺乏弹性的资本(如上文所述)，移民对工资的影响要小得多，因为资本追逐劳动力以利用劳动力回报的初期增长。因此，在资本完全流动的情况下，1910 年美国的没有移民的反事实估计的工资仅高出 9.2%(因为流入的资本较少)，而英国的工资则比实际工资低 6.6%(因为资本留在国内)。

　　像上述尝试取决于对经济结构的假设，尤其是劳动力报酬递减的假设，在这一假设下，劳动力需求曲线向下倾斜。在经济学文献中，试图检验这些影响的尝试结果喜忧参半，并导致了对如何建模和估计一个经济体内移民移入对劳动力市场影响的重大分歧。已有研究采取了多种方法，包括在国家层面利用资金流入的技能组合的差异(Borjas，2003)，跨地理区域的移民数量的差异(Altonji and Card，1991)或技能组合和区域相结合(Card，2001)。最近，奥塔维亚诺和佩里(Ottaviano and Peri，2012)认为，即使在同一技能组内，移民和本地人也不是完美的替代品，这倾向于减少博尔哈斯

318

---

① 　哈顿(Hatton，2011)更详细地回顾了这方面的其他研究。

(Borjas，2003)所估计的移民对本地人可比工资的直接负面影响。①

有几项研究不是估计移民对本地人的直接影响，而是探讨移民对总体平均收入的影响(包括本地人和移民)。戈尔丁(Goldin，1994)用职业和城市的平均工资证明，外国出生人口比例增加1％会导致非技术工人的工资下降1％—1.5％——这一影响比单纯的职业构成转移到更多移民的预期所产生的影响要大。比亚瓦希(Biavaschi，2013)研究了1929—1957年州一级的时间序列，发现移民移入对收入有负效应，而移民移出对收入则有正效应。利用20世纪20年代移民配额带来的移民移入减少这一冲击，谢(Xie，2017)发现，在县一级，外国出生人口比例下降1％，制造业工资将增加2％——这一影响再次无法用职业构成变化来解释。国家层面的时间序列的研究估计发现，大规模移民的影响在美国扩大了技能溢价，而在欧洲缩小了技能溢价(Anderson，2001；Betrán and Pons，2004)，这一结果与一般均衡模型中发现的对不平等的影响相一致(Betrán et al.，2010)。

一些研究遵循当代经济学文献，试图利用微观数据来确定移民对本地人收入(而不是平均收入)的影响。格林(Green and Green，2016)根据奥塔维亚诺和佩里(Ottaviano and Peri，2012)的方法，使用1911—1931年间加拿大人口普查中按职业划分的收入的微观数据来估计移民对本地人的影响。他们的估计表明，移民对本地人的收入没有太大影响，因此在20世纪初没有造成加拿大不平等程度的加剧。这与移民对美国的负面影响形成对比(使用不同的方法)。但鉴于加拿大和美国之间移民移入量的相似性，应用于美国数据的相同方法似乎会产生同样的零效应。不幸的是，直到1940年，美国人口普查中都没有关于收入的数据，因此任何关于移民对工资影响的分析都必须使用高于个人水平的工资数据。

运用微观数据区分美国本地人和移民结果的研究必须借助于职业地位，

---

① 奥塔维亚诺和佩里(Ottaviano and Peri，2012)的方法是指定一个经济结构模型，其中新移民、长期移民和本地人是不同类型的劳动力。此外，在教育和劳动力市场经验方面，他们按技能区分劳动力，利用数据测算了不同劳动力类型之间的替代弹性，并对结构模型进行了估计。达斯曼等人(Dustmann et al.，2016)批评这一方法，因为移民抵达时遭遇职业降级，移民的有效技能水平低于其观察到的技能水平，这意味着在将移民分配到教育经验单元时存在误设。

而这些研究往往会发现移民对本地人收入的负效应较小，或是发现了正效应。例如，费列（Ferrie，1999）使用了 1850 年和 1860 年与美国相关的数据，并估计外来移民导致低技能本地人在职业阶梯上更快地上升，而移民对高技能的本地人有负效应。阿格尔和汉森（Ager and Hansen，2017）表明，由于 20 世纪 20 年代移民配额导致移民移入减少，本地人更多地进入低技能工作岗位，这表明更多的移民会对本地人职业升迁产生正效应（如采用职业分数衡量），这一发现也被塔贝里尼（Tabellini，2017）证实。除了缺乏本地工资微观数据的测量问题外，这些研究使用了不同的实证方法，但是所得到的移民对本地人的影响尚不清楚，这与探讨当代移民影响的文献相似（Dustmann et al.，2016）。

　　除了工资和职业之外，移民对经济的影响还有其他几个方面，如高移民地区的人员外流、产出结构的变化以及技术的运用或发明。据哈顿和威廉森（Hatton and Williamson，1998：Chap.8）估计，每 100 名移民移入美国东北部各州，就会有约 40 名本地人流动到其他州。柯林斯（Collins，1997）指出，由于第一次世界大战和移民配额的减少，非洲裔美国人开始了从南部到北部的大规模移民。20 世纪初，移民往往与城市地区相关，但移民在农村地区也有重要影响。例如，在 1910—1940 年间，移入一个县的外来移民减少，会使当地种植的作物结构转向更少劳动密集型和更多资本密集型的作物，尽管这并非由于采用了劳动节省型技术（Lafortune et al.，2015）。除农业外，创新也受到重要影响：莫泽等人的研究（Moser et al.，2014）表明，20 世纪 30 年代从德国逃到美国的犹太科学家的移入使化学专利大量增加，没有证据表明这对先前的美国科学家产生了消极或积极的溢出效应。

　　移入新大陆的大量移民意味着对移民输出国也产生了重大影响。对于爱尔兰，哈顿和威廉森（Hatton and Williamson，1998：Chap.9）发现，从 19 世纪 60 年代起，移民引起的人口流失导致了更迅速的工资增长。劳动力成本上升也导致农业内部从人力耕作向机械化的转变（O'Rourke，1991）。在瑞典，较高的移民迁出率与更多的人均发明有关（Andersson et al.，2016）。从来源国移出的影响可能不仅仅是劳动力的流失，那些离开的人仍然由于汇款或最终携带在国外获得的储蓄返乡而对来源地产生重要影响。如前文所述，汇款通常用于资助进一步的移民，但汇款的流动也促进了欧洲外围国家

319

的金融发展（Esteves and Khoudour Castéras，2011）。定性证据还表明，意大利的返乡移民由于携带回国内的储蓄而提高了农产品价格（Wyman，1993；Cinel，1991）。挪威的相关人口普查数据显示，返乡移民由于短暂的出国而提高了他们的职业地位，很可能是因为带回了储蓄（Abramitzky et al.，2016b）。因此，虽然移民对新大陆劳动人口的影响似乎相当复杂，但对于那些留在旧大陆的人来说，经济影响基本上是积极的。[①]

移民史的遗产

与移民相关的文献主要关注的是估计移民移入的直接后果，但历史上的移民有可能在 100 多年后产生重要的长期影响。人们常常断言，移民给后代留下了显著的正向遗产。最近有本书的书名为"了不起的人们——移民如何塑造我们的世界并将决定我们的未来"（Goldin，2011）。虽然这种描述性叙述往往强调积极的一面，但经济学文献为移民对生产力和经济增长、不平等和社会凝聚力的长期影响提供了更细致的解释。

文献强调两种长期影响。一方面，种族和出生地的多样性带来的技能和知识在生产上是互补的，并可能带来更高的收入。例如，在跨国分析中，阿莱西纳等人（Alesina et al.，2016）发现，在有着一系列控制措施的情况下，尤其是在移民人口中出生地的更大多样性，会导致更高的人均收入和更多的专利活动。另一方面，多样性可能会降低群体间的交流和整体信任水平，也可能意味着对不平等的态度以及对福利政策和公共产品的偏好上的差异。阿莱西纳等人（Alesina et al.，1999）发现，在 1990 年的美国各市县中，种族分化与较高的公共支出相关，但这些支出用于提供公共品的比例较低。同样，在大规模移民时代，阿格尔和布吕克纳（Ager and Brückner，2013）估计，与专业化带来的收益一致，种族分化对县级收入有积极影响，但另一方面，极化会倾向

[①] 另一方面，移民对当代社会的影响却不那么明显。对于极端情形下的瑞典，近四分之一的人口流失到新大陆，卡拉贾和普拉维茨（Karadja and Prawitz，2016）的研究表明，资金流出较多的地区有更高的罢工参与率和福利支出水平，以及更多支持左翼政党，他们认为这是由于公民拥有更大的政治权利。

于减少收入。塔贝里尼(Tabellini, 2017)发现,1910 年至 1930 年,移民人数较多的城市的就业率和制造业产出较高,但税率和公共支出较低,同时,移民与本地人之间的文化距离更大。[①]

如果文化、人力资本或其他特征在各代人之间相互关联,那么可能会产生长期影响,这些影响源于当今人口的祖先,并最终源于他们的祖先移民的祖籍国。虽然很难将过去移民的影响从其他机制中分离出来,但最近的一篇文献研究了长期以来移民所带来的影响。这反映了经济学中更宽泛的趋势,即估计过去重大事件和特征如何影响今天的经济结果的因果效应——这些事件和特征塑造了文化和制度,并影响到了现在的经济结果。正如斯波劳雷和瓦克齐亚格(Spolaore and Wacziarg, 2013)所指出的,这些文献越来越关注移民带来的人力资本。因此,对经济发展至关重要的不是一个国家的地理位置或资源,而是其人口特征。

321

普特曼和韦尔(Putterman and Weil, 2010)以当前人口的祖先血统进行加权,检验了自 1500 年以来移民原籍国政治组织对今天经济发展的影响。他们发现,如果一个国家中移民的祖籍国彼时拥有更加先进的国家组织,那么今天该国的人均国内生产总值就更高,但祖先的分化程度越大,今天的不平等程度就越高。有趣的是,他们发现祖先的影响比那些目前外国出生的混血儿更大。这与一系列研究结果一致,即过去的人力资本水平对制度质量有积极影响,并能预测当前的生活水平(Glaeser et al., 2004;Easterly and Levine, 2016;Chanda et al., 2014;Spolaore and Wacziarg, 2013)。人力资本的持久性是一种机制,通过这种机制,移民冲击具有长期影响,但文化特征也很重要。阿尔甘和卡于克(Algan and Cahuc, 2010)表明,信任水平在几代人之间持久存在,例如,瑞典移民过去有很高的信任度,他们今天将这种信任传递给了后代。

大部分祖先之间的融合发生在大规模移民时代,即使在国家内部,这也可能在目前产生不同的影响,反映出过去的定居模式。富尔福德等人(Fulford et al.,

---

① 产出是指制造业增加值加上农业增加值的总和。分化程度衡量了两个随机选择的个体来自不同背景的可能性,而极化程度则从双峰分布来衡量种族之间分布的差异。更多讨论见 Ager and Brückner, 2013。罗德里格兹-彼塞和冯贝尔普施(Rodríguez-Pose and von Berlepsch, 2017)将分析扩展到 2000 年,认为 19 世纪末的分化与 2000 年的县域收入呈正相关,而极化程度则呈负相关。

2015)通过估算 1850—2010 年间历次人口普查中美国各县人口的祖先来探索这些影响。他们使用面板数据进行分析,发现在那些移民祖籍来自高收入水平、高教育程度和高信任程度的地区的县,他们的收入更高。而且,祖先的影响在大规模移民时代之后一直持续到现在,强度几乎没有变化。与其他研究一致,他们发现尽管仅看祖先分化的程度对人均国内生产总值有正效应,但如果以信任、节俭和合作的态度加权测量祖先分化程度,那么血统则会产生负效应。这与一种观点相一致,即虽然多样性本身有正效应,但态度上的多样性却没有正效应。

移民产生长期影响的一个途径是加强海外经济联系。布尔沙迪等人(Burchardi et al., 2017)探索了一个县的人口血统与对其原籍国的外商直接投资的相关性。他们使用工具变量策略来预测不同国家的祖先,结果表明,外国后裔的数量翻一番,当代与该国进行外国直接投资的可能性增加 4%。[①]他们在文中作出了颇具挑衅性的论断:如果没有 1882 年《排华法案》(the Chinese Exclusion Act)和 1917 年的亚洲禁区限制,对中国的外国直接投资将更大。这一发现与邓利维和哈钦森(Dunlevy and Hutchinson, 1999)关于国际贸易的短期研究相一致,他们表明 1870—1910 年间,一个国家更多的移民与更多的国际贸易有关。外国直接投资与一国后裔的数量相关的一个原因是国家间信息摩擦的减少(Burchardi et al., 2017)。

不同于通过祖先这一渠道将历史移民与现代结果联系起来,塞奎拉等人(Sequeira et al., 2017)衡量了一个县在 1860—1920 年间的外国出生人口比例(无论来源)与 2010 年的县级结果之间的关系。[②]使用工具变量的实证策略来预测各县的外国出生人口比例,他们发现 1860—1920 年间外籍出生人口比例较高的县在 2010 年具有更高的收入和教育水平,这一结果不仅仅是由于各县重新分

---

① 布尔沙迪等人(Burchardi et al., 2017)将推动因素(以该国向美国的总移出量为代表)和拉动因素(从其他大陆进入特定某县的外国出生人数为代表)混合在一起,计算一个县的外籍出生人数。

② 参见罗德里格兹-彼塞和冯贝尔普施(Rodríguez-Pose and von Berlepsch, 2014)关于长期类似关系的研究,他们没有用与铁路的互动和到达十年的时间来检验移民,而是用各种不同的工具来检验这种关系,例如与纽约的距离和标准的轮班份额工具。他们还发现,移民对现代成果具有长期的积极影响,他们在另一篇论文中进一步探讨了移民原籍国的影响(Rodríguez-Pose and von Berlepsch, 2015)。

配所致的。①这种影响不依赖于 2010 年这一特定年份,只追溯到其后数十年间也可得到类似结果。1860—1920 年间移民较多的县在 1930 年人均制造业产值更高,每亩农田价值更高,专利也更多。阿克西吉特等人(Akcigit et al.,2017)通过发现 1880—1940 年间外国专家较多的地区在 1940—2000 年间拥有更多的专利和引用,从而证实移民对发明的积极影响。

在大规模移民时代,移民影响持续存在的部分原因可能是移民本身的持续存在。从特定来源地移民的长期传统,通过削弱与东道国人口的沟通差距,使得来自同一来源地的后续移民更容易被同化(Hatton and Leigh,2011)。但也许更重要的是移民对教育和人力资本的影响。如班迪拉等人(Bandieral et al.,2018)发现,在移民比例较高的州,尤其是移民来自没有义务教育经历的原籍国,这些州引入义务教育的时间较早。从移民刺激这些国家建构项目的程度来看,这些项目可能会产生持久影响。

对于那些与美国状况不同的移民流入国而言,长期影响可能会有所不同。然而,有证据表明,从长期来看,从欧洲到巴西和阿根廷的移民带来了更高的收入。罗恰等人(Rocha et al.,2017)研究了欧洲移民在巴西各城市的长期影响,主要关注从 19 世纪 70 年代由国家资助建立的旨在吸引移民的定居点。由于人力资本的积累,这些城市经历了向制造业和随后向服务业的更快转变。到 2000 年,他们的人均收入比没有定居点的城市高出 15%。对阿根廷来说,经济影响似乎更大。利用各县的数据,并将边境军事行动作为是否移民到某地的工具变量,德罗勒(Droller,2017)发现,1895—1914 年间的移民与目前人均收入的两倍多的水平有关。此外,正如现在受教育年限增加和熟练工人比例提高所反映的那样,人力资本的持续性是一种机制。

移民可能会对社会结果产生一系列的影响,并通过文化规范的持久性传递给后代(Nunn,2012)。移民对性别构成的影响就是一个例子。对于 1920—1940 年间的美国,安格里斯特(Angrist,2002)发现,在资金流入严重偏向男性的地方,第二代女性的劳动参与率较低,更有可能结婚并拥有技能

①　为了将移民对其他因素的影响与长期经济增长区分开来,他们考察不稳定的移民时间序列与各县同铁路网相连时间差异的相互作用;他们认为,一些县或多或少地接受了移民不是由于县的特定因素,而是因为该县在移民繁荣的十年间恰好有铁路相连。

更加熟练的配偶（Angrist，2002）。拉福蒂纳（Lafortune，2013）指出，男性为了提高自己在婚姻市场上的吸引力，会加大对教育的投资，以应对潜在婚姻伴侣的缺失。这些失衡往往会随着时间的推移而消失，但其影响却挥之不去。格罗斯让和哈塔尔（Grossjean and Khattar，2015）研究了19世纪中期澳大利亚高男女比例的遗留问题，这一高比例最初源于罪犯的运输。他们发现，纵观各郡，历史上较高的性别比例与女性劳动参与率较低、从事高技术工作的女性较少以及对女性的态度更为保守相关。

总的来说，研究文献几乎一致认为，在大规模移民时代，移民在国内和各国之间都产生了积极的经济成果。这一点更加引人注目，因为在大规模移民时代，移民在他们的选择和同化方面似乎并不例外。主要的传导机制是刺激人力资本的形成，这不仅发生在移民及其后裔之间，而且作为一种正外部性，对更广泛的人口也产生影响。我们可以推测，人力资本扩散也有助于解释为什么长期来看，移民分化的负面效应（有时被视为当代效应）变得不值一提。

结　语

在本章中，我们考察了大量集中在大规模移民时代及其后来的移民退潮上的研究。关于"在时间序列意义上，移民流向的决定因素"的文献相对比较成熟，并不是近期大量研究的重点。另一方面，关于移民限制的政治经济学的计量史学文献还比较少，值得进一步关注。最近一轮关于移民选择和移民同化的研究浪潮修正了先前存在的观点，"移民都是本国最优秀的人"这一观点不再占据统治地位。尽管外来移民对迁入国劳动力市场的影响仍存在争议，但至少有一些证据表明，他们具有与本土出生者大致相当的特征，并在相对平等的条件下竞争。因此，更值得注意的是，大规模移民时代的长期遗产本应具有积极影响，尤其是对美国而言。

这类文献已经取得了许多进展，不仅在方法论和数据上，而且在提出的问题和给出答案的精妙性上都独具一格。显然，还有进一步研究的空间来深化这些见解。但是，研究的重点已经主要地转向了移民在美国的经历以及他们对美国的影响,这强烈地反映在本章介绍的研究中。未来研究的最大潜力可能在于其他新大陆国家,而过去对这些国家的关注较少。我们的讨论也完全忽略了在亚洲的移民,这些移民数量巨大,留下了持久的遗产,但没有得到相应的关注。也许未来可以专门讨论这一点,但目前仍然缺乏足够的文献。

参考文献

Abramitzky, R., Platt Boustan, L., Eriksson, K.(2012) "Europe's Tired, Poor, Huddled Masses: Self-Selection and Economic Outcomes in the Age of Mass Migration", *Am Econ Rev*, 102(5): 1832—1856.

Abramitzky, R., Platt Boustan, L., Eriksson, K.(2013) "Have the Poor Always Been Less Likely to Migrate? Evidence from Inheritance Practices during the Age of Mass Migration", *J Dev Econ*, 102:2—14.

Abramitzky, R., Platt Boustan, L., Eriksson, K.(2014) "A Nation of Immigrants: Assimilation and Economic Outcomes in the Age of Mass Migration", *J Polit Econ*, 122(3):467—506.

Abramitzky, R., Platt Boustan, L., Eriksson, K.(2016a) "Cultural Assimilation during the Age of Mass Migration", NBER Working Paper 22381.

Abramitzky, R., Platt Boustan, L., Eriksson, K.(2016b) "To the New World and Back Again: Return Migrants in the Age of Mass Migration", NBER Working Paper 22659.

Ager, P., Brückner, M.(2013) "Cultural Diversity and Economic Growth: Evidence from the US during the Age of Mass Migration", *Eur Econ Rev*, 64(C):76—97.

Ager, P., Hansen, C.W.(2017) "Closing Heaven's Door: Evidence from the 1920s U.S. Immigration Quota Acts", Unpublished Paper, University of Copenhagen.

Akcigit, U., Grigsby, J., Nicholas, T.(2017) "Immigration and the Rise of American Ingenuity", *Am Econ Rev*, 107(5):327—331.

Akerman, S.(1976) "Theories and Methods of Migration Research", in Rundblom, H., Norman, H.(eds) *From Sweden to America: A History of the Migration*. University of Minnesota Press, Minneapolis.

Alesina, A., Baqir, R., Easterly, W.(1999) "Public Goods and Ethnic Divisions", *Q J Econ*, 114(4): 1243—1284.

Alesina, A., Harnoss, J., Rapoport, H.(2016) "Birthplace Diversity and Economic Prosperity", *J Econ Growth*, 21(2):101—138.

Alexander, R., Ward, Z.(2018) "Age at Arrival and Assimilation during the Age of Mass Migration", *J Econ Hist*. (forthcoming).

Algan, Y., Cahuc, P.(2010) "Inherited Trust and Growth", *Am Econ Rev*, 100(5): 2060—2092.

Altonji, J.G., Card, D.(1991) "The Effects of Immigration on the Labor Market Outcomes of Less-skilled Natives", in Abowd, J.M., Freeman, R.B.(eds) *Immigration, Trade, and the Labor Market*. University of Chicago Press, Chicago, pp.201—234.

Anderson, E.(2001) "Globalisation and Wage Inequalities, 1870—1970", *Eur Rev Econ Hist*, 5(1): 91—118.

Andersson, D., Mounir, K., Prawitz, E.(2016) *Mass Migration, Cheap Labor, and Innovation*. Unpublished Paper, Uppsala University.

Angrist, J.(2002) "How Do Sex Ratios Affect Marriage and Labor Markets? Evidence from America's Second Generation", *Q J Econ*, 117(3):997—1038.

Armstrong, A., Lewis, F.D.(2017) "Transatlantic Wage Gaps and the Migration

Decision: Europe-Canada in the 1920s", *Cliometrica*, 11(2):153—182.

Balderas, J. U., Greenwood, M. J. (2010) "From Europe to the Americas: A Comparative Panel-data Analysis of Migration to Argentina, Brazil and the United States, 1870—1910", *J Popul Econ*, 23 (4):1301—1318.

Bandiera, O., Rasul, I., Viarengo, M. (2013) "The Making of Modern America: Migration Flows in the Age of Mass Migration", *J Dev Econ*, 102(C):23—47.

Bandiera, O., Mohnen, M., Rasul, I., Viarengo, M. (2018) "Nation-building through Compulsory Schooling during the Age of Mass Migration", *Econ J*. (forthcoming).

Bertocchi, G., Strozzi, C. (2008) "International Migration and the Role of Institutions", *Public Choice*, 137(1—2):81—102.

Betrán, C., Pons, M. A. (2004) "Skilled and Unskilled Wage Differentials and Economic Integration, 1870—1930", *Eur Rev Econ Hist*, 8(1):29—60.

Betrán, C., Ferri, J., Pons, M. A. (2010) "Explaining UK Wage Inequality in the Past Globalisation Period, 1880—1913", *Cliometrica*, 4(1):19—50.

Biavaschi, C. (2013) "The Labor Demand was Downward Sloping: Disentangling Migrants' Inflows and Outflows, 1929—1957", *Econ Lett*, 118(3):531—534.

Biavaschi, C., Facchini, G. (2017) "Immigrant Franchise and Immigration Policy: Evidence from the Progressive Era", Unpublished Paper, University of Nottingham.

Biavaschi, C., Giulietti, C., Siddique, Z. (2017) "The Economic Payoff of Name Americanization", *J Labor Econ*, 35 (4):1089—1116.

Bohlin, J., Eurenius, A-M. (2010) "Why They Moved-Emigration from the Swedish Countryside to the United States, 1881—1910", *Explor Econ Hist*, 47(4):533—551.

Borjas, G. J. (1985) "Assimilation, Changes in Cohort Quality, and the Earnings of Immigrants", *J Labor Econ*, 3(4):463—489.

Borjas, G. J. (1987) "Self-selection and the Earnings of Immigrants", *Am Econ Rev*, 77 (4):531—553.

Borjas, G. J. (2003) "The Labor Demand Curve is Downward Sloping: Reexamining the Impact of Immigration on the Labor Market", *Q J Econ*, 118(4):1335—1374.

Borjas, G. J., Bratsberg, B. (1996) "Who Leaves? The Outmigration of the Foreign-born", *Rev Econ Stat*, 78(1):165—176.

Boustan, L. P. (2007) "Were Jews Political Refugees or Economic Migrants? Assessing the Persecution Theory of Jewish Emigration, 1881—1914", in Hatton, T. J., O'Rourke, K. H., Taylor, A. M. (eds) *The New Comparative Economic History: Essays in Honor of Jeffrey G. Williamson*. MIT Press, Cambridge, MA, pp.267—290.

Burchardi, K. B., Chaney, T., Hassan, T. A. (2017) Migrants, Ancestors, and Investments. NBER Working Paper 21847.

Card, D. (2001) "Immigrant Inflows, Native Outflows, and the Local Labor Market Impacts of Higher Immigration", *J Labor Econ*, 19(1):22—64.

Carneiro, P. M., Lee, S., Reis, H. (2015) "Please Call Me John: Name Choice and the Assimilation of Immigrants in the United States, 1900—1930", London: Cemmap Working Paper 28/15.

Catron, P. (2017) "The Citizenship Advantage: Immigrant Socioeconomic Attainment across Generations in the Age of Mass Migration", Unpublished Paper, University of Pennsylvania.

Chanda, A., Cook, C. J., Putterman, L. (2014) "Persistence of Fortune: Accounting for Population Movements, There Was No Post-Columbian reversal", *Am Econ J Macroecon*, 6(3):1—28.

Chiswick, B. R. (1978) "The Effect of Americanization on the Earnings of Foreign-born Men", *J Polit Econ*, 86(5):897—921.

Cinel, D. (1991) *The National Integration of Italian Return Migration, 1870—1929*. Cambridge University Press, Cambridge.

Cohn, R. L. (1995) "Occupational Evidence on the Causes of Immigration to the United States, 1836—1853", *Explor Econ Hist*, 32(3):383—408.

Cohn, R. L. (2005) "The Transition from Sail to Steam in Immigration to the United States", *J Econ Hist*, 65(2):469—495.

Cohn, R. L. (2009) *Mass Migration under Sail: European Immigration to the Antebellum United States*. Cambridge University Press, Cambridge.

Collins, W. J. (1997) "When the Tide Turned: Immigration and the Delay of the Great Black Migration", *J Econ Hist*, 57(3):607—632.

Connor, D. (2016) "The Cream of the Crop? Inequality and Migrant Selectivity in Ireland during the Age of Mass Migration", University of California Los Angeles, Unpublished Paper.

Covarrubias, M., Lafortune, J., Tessada, J. (2015) "Who Comes and Why? Determinants of Immigrants' Skill Level in the Early 20th Century U.S", *J Demogr Econ*, 81:115—155.

Deltas, G., Sicotte, R., Tomczak, P. (2008) "Passenger Shipping Cartels and Their Effect on Transatlantic Migration", *Rev Econ Stat*, 90(1):119—133.

Droller, F. (2017) "Migration, Population Composition, and Long Run Economic Development: Evidence from Settlements in the Pampas", *Econ J.* (forthcoming).

Dunlevy, J. A., Hutchinson, W. K. (1999) "The Impact of Immigration on American Import Trade in the Late Nineteenth and Early Twentieth Centuries", *J Econ Hist*, 59(4):1043—1062.

Dustmann, C., Schönberg, U., Stuhler, J. (2016) "The Impact of Immigration: Why Do Studies Reach Such Different Results?" *J Econ Perspect*, 30(4):31—56.

Easterly, W., Levine, R. (2016) "The European Origins of Economic Development", *J Econ Growth*, 21(3):225—257.

Engerman, S. L., Sokoloff, K. L. (2005) "The Evolution of Suffrage Institutions in the New World", *J Econ Hist*, 65(4):891—921.

Esteves, R., Khoudour-Castéras, D. (2011) "Remittances, Capital Flows and Financial Development during the Mass Migration Period, 1870—1913", *Eur Rev Econ Hist*, 15(3):443—474.

Faini, R., Venturini, A. (1994) "Italian Emigration in the Pre-war Period", in Hatton, T. J., Williamson, J. G. (eds) *Migration and the International Labor Market, 1850—1939*. Routledge, London, pp.72—90.

Ferrie, J. P. (1999) *Yankeys Now: Immigrants in the Antebellum US 1840—1860*. Oxford University Press, New York.

Foreman-Peck, J. (1992) "A Political Economy of International Migration, 1815—1914", *Manch Sch*, 60(4):359—376.

Fouka, V. (2015) "Backlash: The Unintended Effects of Language Prohibition in US Schools after World War I", Stanford University, Unpublished Paper.

Fulford, S. L., Petkov, I., Schiantarelli, F. (2015) "Does It Matter Where You Came from? Ancestry Composition and Economic Performance of US Counties, 1850—2010", IZA, Bonn. Discussion Paper. 9060.

Glaeser, E. L., La Porta, R., Lopez-De-Silanes, F., Shleifer, A. (2004) "Do Institutions Cause Growth?", *J Econ Growth*, 9(3):271—303.

Goldin, C. D. (1994) "The Political Economy of Immigration Restriction in the United States", in Goldin, C., Libecap, G. (eds) *The Regulated Economy: A Historical Approach to Political Economy*. University of Chicago Press, Chicago, pp.223—258.

Goldin, I. (2011) *Exceptional People: How Migration Shaped Our World and Will Define Our Future*. Princeton University Press, Princeton.

Goldstein, J. R., Stecklov, G. (2016) "From Patrick to John F.: Ethnic Names and Occupational Success in the Last Era of Mass Migration", *Am Sociol Rev*, 81(1):85—106.

Gould, J. D. (1979) "European Inter-continental Emigration: Patterns and Causes", *J*

Eur Econ Hist, 8(3):593—679.

Gould, J.D. (1980) "European Inter-continental Emigration. The Road Home: Return Migration from the USA", *J Eur Econ Hist*, 9(1):41—112.

Green, A.G., Green, D.A. (2016) "Immigration and the Canadian Earnings Distribution in the First Half of the Twentieth Century", *J Econ Hist*, 76(2):387—426.

Green, A.G., MacKinnon, M., Minns, C. (2002) "Dominion or Republic? Migrants to North America from the United Kingdom, 1870—1910", *Econ Hist Rev*, 55(1):666—696.

Greenwood, M.J. (2007) "Modeling the Age and Age Composition of Late 19th Century U.S. Immigrants from Europe", *Explor Econ Hist*, 44(2):255—269.

Greenwood, M.J., Ward, Z. (2015) "Immigration Quotas, World War I, and Emigrant Flows from the United States in the Early 20th Century", *Explor Econ Hist*, 55(1):76—96.

Grosjean, P., Khattar, R. (2015) "It's Raining Men! Hallelujah?", University of New South Wales, Unpublished Paper.

Hanes, C. (1996) "Immigrants' Relative Rate of Wage Growth in the Late 19th Century", *Explor Econ Hist*, 33(1):35—64.

Hatton, T.J. (1995) "A Model of U.K. Emigration, 1870—1913", *Rev Econ Stat*, 77(3):407—415.

Hatton, T.J. (1997) "The Immigrant Assimilation Puzzle in Late Nineteenth-century America", *J Econ Hist*, 57(1):34—62.

Hatton, T.J. (2000) "How Much Did Immigrant 'Quality' Decline in Late Nineteenth Century America?", *J Popul Econ*, 13(3):509—535.

Hatton, T.J. (2011) "The Cliometrics of International Migration: A Survey", *J Econ Surv*, 24(5):941—969.

Hatton, T.J., Leigh, A. (2011) "Immigrants Assimilate as Communities, Not Just as Individuals", *J Popul Econ*, 24(2):389—419.

Hatton, T.J., Williamson, J.G. (1998) *The Age of Mass Migration: Causes and Economic Impact*. Oxford University Press, New York.

Hatton, T.J., Williamson, J.G. (2005) *Global Migration and the World Economy: Two Centuries of Policy and Performance*. MIT Press, Cambridge, MA.

Hatton, T.J., Williamson, J.G. (2007) "A Dual Policy Paradox: Why Have Trade and Immigration Policies Always Differed in Labor Scarce Economies?", in Hatton, T.J., O'Rourke, K.H., Taylor, A.M. (eds) *The New Comparative Economic History: Essays in Honor of Jeffrey G. Williamson*. MIT Press, Cambridge, MA, pp.217—240.

Hilger, N. (2016) "Upward Mobility and Discrimination: The Case of Asian Americans", NBER Working Paper 22748.

Inwood, K., Minns, C., Summerfield, F. (2016) "Reverse Assimilation? Immigrants in the Canadian Labour Market during the Great Depression", *Eur Rev Econ Hist*, 20(3):299—321.

Jenks, J.W., Lauck, W.J. (1926) *The Immigration Problem: A Study of American Immigration Conditions and Needs*, 6th edn. Funk and Wagnalls, New York.

Jerome, H. (1926) *Migration and Business Cycles*. National Bureau of Economic Research, New York.

Karadja, M., Prawitz, E. (2016) "Exit, Voice, and Political Change: Evidence from Swedish Mass Migration to the United States", Uppsala University, Unpublished Paper.

Keeling, D. (1999) "The Transport Revolution and Trans-Atlantic Migration, 1850—1914", *Res Econ Hist*, 19:39—74.

Kirk, D. (1946) *Europe's Population in the Interwar Years*. League of Nations, Geneva.

Kosack, E., Ward, Z. (2018) "El Sueño Americano? The Generational Progress of Mexican Americans in US History", Australian National University, Unpublished Paper.

Kuznets, S., Rubin, E. (1954) *Immigration and the Foreign Born*. National Bureau of Economic Research, Cambridge, MA.

Lafortune, J. (2013) "Making Yourself Attractive: Pre-marital Investments and the Returns to Education in the Marriage Market", *Am Econ J*, 5(2):151—178.

Lafortune, J., Tessada, J., González-Velosa, C.(2015) "More Hands, More Power? Estimating the Impact of Immigration on Output and Technology Choices Using Early 20th Century US Agriculture", *J Int Econ*, 97(2): 339—358.

Larsen, U. M. (1982) " A Quantitative Study of Emigration from Denmark to the United States, 1870—1913", *Scand Econ Hist Rev*, 30(2):101—128.

Lleras-Muney, A., Shertzer, A. (2015) "Did the Americanization Movement Succeed? An Evaluation of the Effect of English-only and Compulsory Schooling Laws on Immigrants", *Am Econ J Econ Pol*, 7(3):258—290.

Lubotsky, D.(2007) "Chutes or Ladders? A Longitudinal Analysis of Immigrant Earnings", *J Polit Econ*, 115(5):820—867.

MacKinnon, M., Parent, D.(2012) "Resisting the Melting Pot: The Long Term Impact of Maintaining Identity for Franco-Americans in New England", *Explor Econ Hist*, 49(1):30—59.

Magee, G. B., Thompson, A. S. (2006) "The Global and Local: Explaining Migrant Remittance Flows in the English-speaking World, 1880—1914", *J Econ Hist*, 66(1):177—202.

Massey, C.G.(2016) "Immigration Quotas and Immigrant Selection", *Explor Econ Hist*, 60(1):21—40.

Minns, C. (2000) " Income, Cohort Effects, and Occupational Mobility: A New Look at Immigration to the United States at the Turn of the 20th Century", *Explor Econ Hist*, 37(4):326—350.

Mokyr, J., Ó Gráda, C. (1982) "Emigration and Poverty in Pre-famine Ireland", *Explor Econ Hist*, 19(4):360—384.

Moser, P., Voena, A., Waldinger, F. (2014) "German Jewish Émigrés and US Invention", *Am Econ Rev*, 104(10):3222—3255.

Nunn, N.(2012) "Culture and the Historical Process", *Econ Hist Dev Reg*, 27 (S1): S108—S126.

O'Rourke, K.H.(1991) "Rural Depopulation in a Small Open Economy: Ireland 1856—1876", *Explor Econ Hist*, 28(4):409—432.

O'Rourke, K.H., Williamson, J.G., Hatton, T.J.(1994) "Mass Migration, Commodity Market Integration and Real Wage Convergence", in Hatton, T. J., Williamson, J. G. (eds) *Migration and the International Labor Market*, 1850—1939. Routledge, London, pp.203—220.

Ottaviano, G.I.P., Peri, G.(2012) "Rethinking the Effect of Immigration on Wages", *J Eur Econ Assoc*, 10(1):152—197.

Pérez, S.(2017) "The (South) American Dream: Mobility and Economic Outcomes of First- and second-generation Immigrants in 19th-century Argentina", *J Econ Hist*, 77(4): 971—1006.

Pope, D.H.(1981) "Modelling the Peopling of Australia, 1900—1930", *Aust Econ Pap*, 20:258—282.

Pope, D., Withers, G. (1994) "Immigration and Wages in late Nineteenth Century Australia", in Hatton, T. J., Williamson, J. G. (eds) *Migration and the International Labor Market*, 1850—1939. Routledge, London, pp.240—262.

Putterman, L., Weil, D.N.(2010) "Post-1500 Population Flows and the Long-run Determinants of Economic Growth and Inequality", *Q J Econ*, 125(4):1627—1682.

Quigley, J.M.(1972) "An Economic Model of Swedish Emigration", *Q J Econ*, 86(1): 111—126.

Richardson, G.(2005) "The Origins of Anti-immigrant Sentiments: Evidence from the Heartland in the Age of Mass Migration", B. E. Press, Topics in Economic Analysis & Policy, 5, Art 11.

Rocha, R., Ferraz, C., Soares, R. R. (2017) "Human Capital Persistence and Development", *Am Econ J*, 9(4):105—136.

Rodríguez-Pose, A., von Berlepsch, V. (2014) "When Migrants Rule: The Legacy of Mass Migration on Economic Development in the United States", *Ann Assoc Am Geogr*, 104(3):628—651.

Rodríguez-Pose, A., von Berlepsch, V. (2015) "European Migration, National Origin and Long-term Economic Development in the United States", *Econ Geogr*, 91(4):393—424.

Rodríguez-Pose, A., von Berlepsch, V. (2017) "Does Population Diversity Matter for Economic Development in the Very Long-term? Historic Migration, Diversity and County Wealth in the US", CEPR, London. Discussion Paper 12347.

Sánchez-Alonso, B. (2000a) " European Emigration in the Late Nineteenth Century: The Paradoxical Case of Spain", *Econ Hist Rev*, 53(2):309—330.

Sánchez-Alonso, B. (2000b) "Those Who Left and Those Who Stayed behind: Explaining Emigration from the Regions of Spain, 1880—1914", *J Econ Hist*, 60(3):730—755.

Sánchez-Alonso, B.(2007) "The Other Europeans: Immigration into Latin America (1870—1914).Revista de Historia Economica", *J Iberian Latin Am Econ Hist*, 25(3):395—426.

Sánchez-Alonso, B.(2013) "Making Sense of Immigration Policy: Argentina, 1870—1930", *Econ Hist Rev*, 66(2):601—627.

Sequeira, S., Nunn, N., Qian, N. (2017) "Migrants and the Making of America: The Short- and Long-run Effects of Immigration during the Age of Mass Migration", NBER Working Paper 23289.

Shertzer, A.(2016) "Immigrant Group Size and Political Mobilization: Evidence from European Migration to the United States", *J Public Econ*, 139:1—12.

Shughart, W., Tollinson, R., Kimenyi, M.(1986) "The Political Economy of Immigration Restrictions", *Yale J Regul*, 51(4):79—97.

Spitzer, Y.(2014) "Pogroms, Networks, and Migration: The Jewish Migration from the Russian Empire to the United States 1881—1914", Brown University, Unpublished Paper.

Spitzer, Y., Zimran, A.(2017) "Migrant Self-selection: Anthropometric Evidence from the Mass Migration of Italians to the United States, 1907—1925", Unpublished Paper, Northwestern University.

Spolaore, E., Wacziarg, R.(2013) "How Deep are the Roots of Economic Development?", *J Econ Lit*, 51(2):325—369.

Steckel, R. H. (1995) "Stature and the Standard of Living", *J Econ Lit*, 33(4):1903—1940.

Steckel, R.H.(2008) "Biological Measures of the Standard of Living", *J Econ Perspect*, 22(1):129—152.

Stolz, Y., Baten, J.(2012) "Brain Drain in the Age of Mass Migration: Does Relative Inequality Explain Migrant Selectivity?", *Explor Econ Hist*, 49(2):205—220.

Tabellini, M. (2017) "Gifts of the Immigrants, Woes of the Natives: Lessons from the Age of Mass Migration", MIT, Unpublished Paper.

Taylor, A. M. (1994) "Mass Migration to Distant Southern Shores: Argentina and Australia", in Hatton, T. J., Williamson, J. G. (eds) *Migration and the International Labor Market, 1850—1939*. Routledge, London.

Taylor, A. M., Williamson, J. G. (1997) "Convergence in the Age of Mass Migration", *Eur Rev Econ Hist*, 1(1):27—63.

Thomas, D.S.(1941) *Social and Economic Consequences of Swedish Population Movements*. Macmillan, New York.

Timmer, A. S., Williamson, J. G. (1998) "Immigration Policy Prior to the 1930s: Labor Markets, Policy Interactions, and Globalization Backlash", *Popul Dev Rev*, 24(4):739—771.

Todaro, M. P. (1969) "A Model of Labor Migration and Urban Unemployment in Less Developed Countries", *Am Econ Rev*, 59(1):138—148.

Tollnek, F., Baten, J.(2016) "Age-heaping-based Human Capital Estimates", in Diebolt, C., Haupert, M.(eds) *Handbook of Cliometrics*. Springer, pp.131—154.

United States Immigration Commission (1911) Reports, 61st congress, 3rd session. Government Printing Office, Washington, DC.

Ward, Z. (2016) "There and Back (and Back) Again: Repeat Migration to the United States, 1897—1936", Unpublished Paper, Australian National University.

Ward, Z. (2017a) "Birds of Passage: Return Migration, Self-selection and Immigration Quotas", *Explor Econ Hist*, 64(1):37—52.

Ward, Z. (2017b) "The Not-so-hot Melting Pot: The Persistence of Outcomes for Descendants of the Age of Mass Migration", Unpublished Paper, Australian National University.

Ward, Z. (2018) "Have Language Skills Always Been So Valuable? The Low Return to English Fluency during the Age of Mass Migration", Unpublished Paper, Australian National University.

Wegge, S. A. (1998) "Chain Migration and Information Networks: Evidence from Nineteenth-century Hesse-Cassel", *J Econ Hist*, 58(4):957—986.

Williamson, J. G. (1998) "Globalization, Labor Markets and Policy Backlash in the Past", *J Econ Perspect*, 12(4):51—72.

Wyman, M. (1993) *Round-trip to America: The Immigrants Return to Europe, 1880—1930*. Cornell University Press, Ithaca.

Xie, B. (2017) "The Effect of Immigration Quotas on Wages, the Great Black Migration, and Industrial Development", Unpublished Paper, Rutgers University.

第七章

计量史学与人力资本概念

夏洛特·勒沙佩兰

摘要

　　人力资本在经济发展历史进程中的作用是计量史学中的一个重要问题。本章追溯了人力资本概念的历史,强调了人力资本概念自产生以来就经历了许多批评。在这些批评中,我们强调人力资本研究的项目受到测量困难的困扰。这个问题使得最近对于人力资本这一概念本身产生了一些更强烈的怀疑。在描述近期计量史学中日益火热的一个争论——人力资本在18世纪末和19世纪初西欧工业化进程的第一阶段中的作用——时,我们希望强调的是,最近的计量史学文献为以下两个问题开辟了鼓舞人心的思路:人力资本是什么,以及如何充分衡量它。

关键词

人力资本史　教育　工业化　计量史学

引　言

对个人技能和能力的经济作用的分析早在"人力资本革命"之前就已经出现了。但是，在西奥多·舒尔茨（Theodore Schultz）、加里·贝克尔（Gary Becker）和雅各布·明塞尔（Jacob Mincer）的推动下，这些观念才得以正式化并被引入经济理论的核心。在 20 世纪 60 年代以前，在某些分析中，人类或其技能确实被视为资本的一种特殊形式，但它们只是以隐喻的方式出现在其中。20 世纪 60 年代，人力资本理论家运用标准资本的分析框架为这一隐喻提供了坚实而精确的理论基础。通过将人的技能和能力与物质资本相类比，他们奠定了人力资本理论的基础。

在建立人力资本研究的过程中，有几个时刻通常被认为是奠基性的。舒尔茨在 1959 年、1960 年和 1961 年发表的文章，还有 1962 年 10 月在《政治经济学杂志》（*Journal of Political Economy*）上发表的《对人类的投资》（Investments in Human Beings），加里·贝克尔的著作《人力资本》（*Human Capital*，1964）和明塞尔的著作（Mincer，1957，1958）被认为是极重要的贡献（参见 Blaug，1976；Teixeira，2000；Ehrlich and Murphy，2007）。舒尔茨、贝克尔和明塞尔从不同角度对人力资本加以阐释，他们被视为"人力资本革命"的鼻祖。从那时起，一批庞大的文献应运而生。

尽管这场革命大获成功，"人力资本"这一概念在经济学和各类社会科学中得到了广泛的应用，但人力资本理论受到了大量的批评。这些批评意见多种多样，其中许多批评关注人力资本理论所面临的主要实证挑战：从根本上讲，这些批评认为衡量人力资本非常困难，特别是在宏观层面上。

本章追溯了人力资本概念的历史——通过概述人力资本概念化的方式，回顾"人力资本革命"发生时的历史背景，以及此后对人力资本的批判。我们特别指出，由于基于人力资本测量问题的批评再次抬头，这一概念最近受到了严重的压力。

计量史学很快接受了人力资本理论家提供的理论见解。人力资本在工业化进程中的作用，对当今的经济史学家而言是一个突出问题。对这一问题的早期分析得出了一个悖论,即人力资本在工业化进程的第一阶段并不重要,但这一论点目前正在重新被评估中。通过回顾人力资本在工业化第一阶段的作用的计量史学文献,我们强调这种重新评估为解决人力资本计量问题开辟了新的途径。

本章内容安排如下。"人力资本研究的发展"一节介绍了 20 世纪 50 年代末的人力资本革命,着重介绍了这场革命发生的背景,强调了舒尔茨在建立这一研究领域中的重要作用,最后描述了它所取得的综合性理论成果。然而,尽管舒尔茨、贝克尔和明塞尔成功地将人力资本理论应用于主流经济学,但它仍然遭到了主流经济学中不同方法论观点的批评。"人力资本概念的疑虑:昔日与今朝"一节回顾了这些批评,并强调在实证上测量人力资本一直存在难度,且这一困难目前仍然是对"人力资本"这一概念产生疑虑的根源。在"人力资本与工业化进程"一节中,我们描述了计量史学领域内日益激烈的争论,即(重新)评估人力资本在工业化进程第一阶段中的作用。人力资本在工业化的第一阶段只发挥了很小的作用,这一观点目前正在被重新审视。意图修正这一观点的文献建立在这样一种观念之上:早期文献在评估人力资本禀赋的方式上存在缺陷。这一观点在计量史学中引发了新的和对创新的思考,即在 18 世纪和 19 世纪的西欧,哪种类型的知识真正富有成效,哪些类型的技能可以被吸收为一种形式的(人力)资本,以及如何准确地度量人力资本。

人力资本研究的发展

先行者

对个人技能和能力的经济作用的分析早在 20 世纪五六十年代的人力资本革命之前就已经出现。在此之前,许多作者把人类和他们具有的技能视为资本。凯克的文献综述(Kiker, 1966)特别提到威廉·佩蒂(William Petty)、亚当·斯密、让·巴蒂斯特·萨伊(Jean-Baptiste Say)、纳索·威廉·西尼尔(Nassau William Senior)、弗里德里希·李斯特(Friedrich List)、约翰·海因里希·冯·杜能（Johann Heinrich von Thünen）、威廉·罗雪尔（Wilhelm Roscher）、白芝浩（Walter Bagehot）、恩斯特·恩格尔（Ernst Engel）、亨利·西季威克（Henry Sidgwick）、里昂·瓦尔拉斯（Léon Walras）和欧文·费雪（Irving Fisher）。①斯威特兰（Sweetland, 1996）认为，"解决人力资本问题的最著名的经济学家是亚当·斯密、约翰·斯图尔特·穆勒和阿尔弗雷德·马歇尔。欧文·费雪以其自身的优势表达了将早期经济思想与当代人力资本方法论联系起来的关键论点"（Sweetland, 1996:343）。正如凯克（Kiker, 1966）所指出的，一些作者试图通过生产成本（即"生产一个人"的成本）或通过资本化收益程序（对未来收入流的现值的估计）来对人类或其技能进行货币估值。不同的动机导致他们对当今公认的人力资本进行了以下货币化估值：说明一个国家的国力，估计战争的成本，以及评估教育、健康或移民的经济影响。其他作者从未试图提供货币化估值，但仍将人及其技能视为一种资本形式，无论是明示还是暗示。亚当·斯密、让·巴蒂斯特·萨伊、约翰·斯图亚特穆勒、威廉·罗雪尔、白芝浩和亨利·西季威克的论点是这样的突出案例。

斯密在这个问题上的思想特别值得注意。斯密的思想实际上非常明确，即在资本的分析框架内对人的技能进行分析处理。鲍曼（Bowman, 1966：113）回顾说，斯密"关注教育是为了改善人类生活的教育，而不是为了人力资源的创造"，他正确地指出，到目前为止，斯密对人类技能的分析最接近20世纪60年代提出的概念。

正因如此，人们普遍认为，斯密为现代人力资本概念奠定了基础。斯宾格勒（Spengler, 1977）和舒尔茨（Schultz, 1992）明确地将其归功于他，而罗森（Rosen, 2008）则提到佩蒂和马歇尔，但承认斯密是这一概念的先驱。贝克尔（Becker, 1962）②在阐述人力资本投资选择的分析框架时，引用了斯密的分析。

在《国富论》（Smith, 1776：282）中，斯密写道：

---

① 关于将人视为资本的作者的详尽分析，参见 Kiker, 1966。
② 贝克尔还提到了穆勒和马歇尔的遗产。

获取一些特定的才能,不管是通过接受教育、学习还是做学徒,总是要付出真实的成本,这是一种固定资本并且是在他个人身上可实现的资本。这些才能既是他财富的一部分,也是他所属社会的一部分。一个劳动者的熟练程度的提高可以被看作采用了机器或采用了贸易手段,从而减少了劳动。尽管它花费了一定的成本,但它以利润来偿还这种成本。

当任何一台昂贵的机器被安装起来时,在被磨损至损坏前所做的工作,至少应该预计可以收回所付出的成本并获得一般而言可接受的利润水平。一个以牺牲大量劳动和时间为代价接受教育的人,从事任何需要非凡的灵巧和技能的工作,都可以与那些昂贵的机器相提并论。他经过学习后才可以从事的工作,一定会给出超出普通劳动所获得的一般工资,且超过他接受教育所需的全部成本。此外他的工作产出至少要等于同等资本投入下能获得的一般利润。鉴于人类一生中其实充满非常多的不确定性,如果在某种意义上可以和机器的寿命相比而言的话,它也必须在一个合理的时间内这样做。(Smith,1776:118—119)

斯密的分析表明,获取技能的成本高昂,但有助于积累某种特定形式的资本,从而产生未来回报。然而,用马克·布劳格(Mark Blaug,1976:829)的话说,这种"投资"导向正是 20 世纪 50 年代末发展起来的"人力资本研究的'核心'"。更具体地说,斯密的分析非常接近贝克尔在 1964 年出版的具有里程碑意义的书中所提出的分析框架。尽管有了这些早期的发展,但这种理论观点直到 20 世纪 50 年代末才开始被接受和推广。

335 舒尔茨的早期发展与索洛剩余的机会

正如我们所强调的,人力资本革命并不意味着一种新的分析视角的出现,而是这种视角在经济分析中作为核心被接受并被具体运用。20 世纪 50 年代,人们对经济增长和增长核算问题重新产生了兴趣,它们被公认为是人力资本革命成功的决定性因素:"导致 20 世纪 50 年代末和 60 年代初'人力资本革命'的许多原创著作,都是在新古典主义增长模型(Solow,1956)催生的早期经济思想革命之后进行的。"(Ehrlich and Murphy,2007:1)

特谢拉(Teixeira,2000)引用了 20 世纪 60 年代知识界的一些其他背景特征,这些特征为人力资本革命创造了有利条件。除了与经济增长源泉相关的分析成果繁盛,第二次世界大战后的增长核算研究和发展研究的兴起也同样重要。特谢拉指出,这些在方法和制度层面均支撑了人力资本研究并确保了其快速发展。他强调了芝加哥大学经济学系的作用以及米尔顿·弗里德曼(Milton Friedman)的实证经济学(positive economics)的兴起,实证经济学的兴起更广泛地促进了实证研究的趋势。政治背景也很有利:"凯恩斯主义福音的传播"(spread of the Keynesian gospel)塑造了公共教育支出具有经济意义的理念,并创造了一个有利于人力资本理论出现的环境。最后,作者强调了一些国际机构(特别是世界银行和经合组织)的影响力,这些机构迅速认可了人力资本理念。

事实上,增长理论在人力资本理论的发展过程中起到了至关重要的作用,特别是通过 20 世纪 50 年代和 60 年代的增长核算研究揭示出的剩余之谜。一系列研究表明,美国经济增长的大部分原因不是投入的增长,而是全要素生产率(TFP)的剩余贡献。这些研究包括廷伯根(Tinbergen,1942)、法布里坎特(Fabricant,1954)、阿布拉莫维茨(Abramovitz,1956),尤其是索洛1957 年的贡献[①],并为新的富有挑战性的研究机会奠定了基础。为了解决这一难题,人们提出了对生产要素质量,特别是劳动力投入质量的思考,这对人力资本思想的兴起作出了至关重要的贡献。剩余问题凸显了增长方法中的理论见解和经验证据之间的不一致性,这实际上为被公认为"经济思想中的人力投资革命之父"(Bowman,1980;另见 Blaug,1966)的西奥多·舒尔茨提供了一个有利的环境来进一步加深他对增长问题的思考,这些思想的起源可以追溯至 20 世纪 40 年代有关农业的一些著作中。舒尔茨在1958 年、1959 年、1960 年和 1961 年发表的文章通常被视为人力资本研究的起点(参见 Bowman,1966,1980;Sobel,1978),他对人力资本的思考可以追溯到他对农业贫困的分析。纳洛夫(Nerlove,1999)概述了舒尔茨那些关注农业经济学的著作在后期对人力资本理论发展的巨大影响,勒夏佩兰和马特奥斯(Le Chapelain and Matéos,2018)对此进行了更详细的研究。

早在 1943 年,舒尔茨就在他的《重新调整农业政策》(*Redirecting Farm*

336

---

① 索洛 1957 年的贡献是增长核算发展的里程碑。

Policy)一书中指出,教育支出的差异是农业劳动生产率不平等以及收入不平等的根源所在。从这一分析中,他勾勒出教育支出可被视作一种投资形式的观点。这些对人力资本概念的首次尝试,在 20 世纪四五十年代以一种相当零碎的方式发展起来,并从 20 世纪 50 年代末起逐渐发展成为一个全面的研究议题。

在舒尔茨 1959 年、1960 年、1961 年和 1962 年对"人力资本革命"的标志性贡献中,由于剩余之谜的存在,他事实上明确提出了将教育视为一种资本形式的想法[①]:

> 这种对待教育的基本假设是,国民收入的一些重要增长是这种形式资本存量增加的结果。尽管要检验这一假设并非易事,但有许多迹象表明,美国国民收入无法解释的增长中,有一部分,也许很大一部分,可以归因于这种资本的形成。(Schultz,1960:571)

丹尼森 1962 年的著作(Denison,1962)为舒尔茨提出的假设提供了实证支持(舒尔茨从未正确地进行过增长核算研究)。他的方法依赖于通过衡量教育水平来评估劳动力质量,研究结果表明,将这种"教育资本"考虑在内,会大幅降低剩余对增长的贡献值。但舒尔茨被公认为人力资本理论的奠基人之一,因为他明确地将总投入产出序列的实证分析与人力资本投资的主题联系起来。

舒尔茨、贝克尔和明塞尔对人力资本理论的贡献

> 我建议将教育视为对人的投资,并将其结果视为一种资本形式。既然教育成为受教育者的一部分,我就把它称为人力资本。(Schultz,1960:571)

[①] 剩余并不是导致舒尔茨建立人力资本理论基础的唯一难题。我们还必须引用里昂惕夫悖论(参见 Schultz,1972a)。但是,到目前为止,剩余似乎是人力资本理论发展中最具决定性的因素。

　　人力资本革命标志着经济分析检验个人技能和能力（通过教育、经验、健康等积累起来的）方式的转变。从那时起，这些技能将被视为一种资本形式，因而被视为投资的结果，而与教育有关的支出在此之前仅通过消费的视角来考虑。在鲍曼（Bowman，1966）看来，这种投资导向是人力资本革命（"对人的投资"）的主要特征。

　　除了舒尔茨在人力资本思想早期概念化中发挥的突出作用外，贝克尔（Becker，1964）和明塞尔（Mincer，1958）被公认为人力资本革命的另外两位伟大领袖。20 世纪 50 年代末，他们的著作对人力资本概念在经济分析中的传播产生了重大影响。

　　贝克尔 1964 年的专著《人力资本》（*Human Capital*）以提供基于成本效益评估的个人人力资本投资决策分析框架而闻名。依靠理性选择理论作为分析框架（Teixeira，2014），贝克尔为舒尔茨的提议提供了坚实的微观基础[1]，他的文本现在被认为是对新兴研究项目最具决定性的贡献之一。事实上，他 1964 年的专著被认为是人力资本理论的经典（Blaug，1976）。在贝克尔的经典模型中，教育以工资增长的形式产生未来的收入流，增加的收入源自因个人人力资本的增加而提高的生产率。教育还涉及直接和间接成本，分别对应于与教育直接相关的支出，如教育费、交通费或购买书籍的费用，以及因继续教育而放弃的收入。通过这种成本效益分析并通过与实物资本的类比，人力资本投资回报率被定义为收益流与成本流相等的折现率。这种解释个人对教育投资选择的分析框架已逐渐成为以个人主义方法论为基础的人力资本理论中最具代表性的一部分[2]，即"所有社会现象都应追溯到个人行为基础的观点"（Blaug，1976：830）。

　　明塞尔的作品也源于对一个问题的最初兴趣，这个问题与舒尔茨对经济发展和增长的宏观经济关注不同。[3]他 1957 年和 1958 年对人力资本理论分

---

① 舒尔茨明确赞扬了贝克尔在 20 世纪 60 年代发展起来的人力资本投资理论模型；大约在同一时间，他还写道："我把加里·贝克尔的论文放在首位，因为它让读者对人力资本的普遍性有了一个概观，也因为它揭示了许多有待探索的前景。"（Schultz，1962：2）

② 有关方法论个人主义的意义及其矛盾的批判性评论，参见 Hodgson，2007。

③ "贝克尔和明塞尔没有对教育对收入增长的贡献进行综合估计。"（Bowman，1964：453）

析的贡献涉及工资不平等问题,与贝克尔的方法一样,同样基于理性选择理论的应用,提出了个人收入分配理论:

> 对个人收入分配进行经济学分析的出发点必须是对理性选择理论内涵的探索。(Mincer,1958:283)

338　　　明塞尔的理论建议把教育视为工资的决定因素。通过这种方式,他对人力资本理论的发展作出贡献——尽管这是无意中的贡献,因为明塞尔最初的发展是孤立性的。[1]他的工作主要集中在劳动经济学领域(Teixeira,2007,2011)。

舒尔茨、贝克尔和明塞尔的研究,虽然动机与关注的研究问题各自不同,分析途径也各有所异,但是都各自为人力资本研究作出了贡献,并迅速地扩展到经济分析的各个领域。

人力资本概念的疑虑:昔日与今朝

尽管人力资本理论的成功是不可否认的——正如经济学和其他领域广泛使用的概念所证明的那样——但是人力资本概念从一开始就面临着批评。本节回顾了这些批评的历史。

"理论和方法论上的异议"小节中提供的主要批评源于不愿将标准资本理论应用于个人技能和能力的问题,或否定基于人力资本理论的方法论基础,即否定基于个人主义的方法论。

然后,我们转向关注经济增长领域实证文献的不同研究结论所引发的问题。我们在"对人力资本测量的怀疑"小节中指出,那些探索教育对经济增长的贡献的分析结果往往模棱两可,这导致了对人力资本概念的怀疑重新

---

[1]　正如特谢拉(Teixeira,2005:137)所强调的:"一个特殊的方面是,最初的发展是孤立性的,只有在舒尔茨看到明塞尔的论文并决定邀请明塞尔申请芝加哥大学的博士后奖学金项目(1957—1958 年)之后,他们才更密切地互动。然后,他们开始意识到他们的研究的紧密性及其研究计划之外的互补性。"(另见 Biddle and Holden,2016)

抬头。这里的批评不同于那些来自理论上的异议或方法论上的争论。它的产生源于人力资本测量问题,自其产生以来,一直困扰着人力资本研究。最近,在所谓的"教育质量"方法的推动下,这一问题导致了对这一概念的彻底修订。

理论和方法论上的异议

马歇尔对人力资本概念的批判是人力资本革命之前最具影响力的一次。人力资本概念在马歇尔思想中的地位一直存在争议。凯克(Kiker,1966, 1968)和布兰迪(Blandy,1967)之间的争论在这方面很有启发性。这场辩论的核心在于,马歇尔是否在资本的分析模式下分析了人类技能——这正是"人力资本革命"的支持者所作的。根据凯克(Kiker,1966:481)的说法,"马歇尔抛弃了这一'不切实际'的概念"。然而,恰恰相反,马歇尔并没有忽视人力投资的重要性及其经济后果,正如贝克尔在他具有里程碑意义的著作(Marshall,1964)的引言中所引用的马歇尔的观点:"所有资本中最有价值的是投资于人的资本。"(Marshall,1890:469)

马歇尔根据斯密的学术遗产断言:

> 让一个人和他的父亲投入资本和劳动力来为他从事的工作做准备,这样做的动机……类似于那些投入资本和劳动力建造材料工厂和组织企业的动机。在每一种情况下,投资(只要人类的行为完全受有意而为的动机所支配)都会达到任何进一步的投资似乎都只能使收益等于成本的边际水平,而不会出现效用超过"无用性"的过剩或盈余。(Marshall,1890:514)

但是,根据凯克的说法,马歇尔不愿意把人类技能放在资本的定义方案中。布兰迪(Blandy,1967)反对这一观点,尽管他承认马歇尔"认为在所有情况下,将人力资本的概念纳入财富和资本的概念中,会使得这一概念与正常生活中的概念相混淆;如果将其纳入更一般的定义中,则会导致混乱"(Blandy,1967:875)。斯威特兰(Sweetland,1996)也支持凯克的观点,声称马歇尔抛弃了这个想法,认为这是不现实的。在没有人力资本市场的情况

339

下,决定人力资本的价值无异于赌博。因此,他不相信有任何对人或其技能的货币价值提供可靠估计的可能性。

舒尔茨认为,马歇尔不愿将资本理论应用于个人技能和能力,这是人力资本概念很迟才被接受的主要原因。

> 但费舍尔对资本的处理方式并没有被主流经济学家所接受,这主要是因为马歇尔的反对态度,尤其是鉴于马歇尔的崇高威望。尽管马歇尔在其著作中的许多观点提到了人通过上学和当学徒获得的能力以及知识的经济作用,但他的观点是,虽然从抽象和数学的角度来看,人是无可争辩的资本,但是将传统市场概念中的资本扩展到包括人力资本在内是不切实际的。(Schultz,1972a:6—7)

沙弗在 1960 年①美国经济学会年会上对舒尔茨主席报告的评论(Shaffer,1961)提供了当时对人力资本理念的批评。这些批评既没有质疑教育支出可以提高生产力的设想,也没有涉及将人或其能力作为一种资本形式引发道德问题的事实。沙弗批评的核心是,把人类总开支(教育、卫生等)的消费和投资部分分开是不可行的。

正如 50 年前马歇尔提出的疑虑一样,沙弗并没有忽视人类技能的重要性,他承认技能可以被视为人力资本的一种形式,但只是在写作修辞意义上而言。事实上,他主张把人和他们的能力视为资本的一种形式,确实可以在资本理论的框架内并用资本理论的工具进行分析,但应该被看作一种隐喻:

> 任何试图证明理性的个人倾向于承担教育支出,直到教育过程中产生的人力资本的边际生产率等于利率(在这一点上,教育的边际支出产生的回报等于任何其他生产要素的边际支出的回报),这将是对经济理论的嘲弄。(Shaffer,1961:1028)

---

① 舒尔茨在1960年美国经济学会(American Economic Association)上发表的主席报告被视为新兴人力资本理论的重要时刻之一(参见 Teixeira,2000)。

在这一次,舒尔茨、贝克尔和明塞尔最终战胜了人力资本的怀疑论者。但新的攻势在 20 世纪 70 年代初出现。

新的批评一方面来自竞争性方法论的批评。激进派围绕否定个人选择框架展开批评,并对人力资本理论的方法论个人主义采取了坚决反对的立场(见 Bailly,2016)。它提出的反对意见涉及这样一个事实,即人力资本研究将教育系统的动力追溯到个人选择,而忽视了阶层冲突在决定教育不平等方面的作用:"人力资本理论是逐步消除阶层(作为一个核心经济学概念)的最新一步也许也是最终一步。"(Bowles and Gintis,1975:74)

制度主义方法——在人力资本理论兴起之前主导了劳动经济学(参见 White,2017)——也否定了人力资本研究的方法论取向。以制度主义为导向的教育系统动态分析拒绝将个人选择模型作为教育供给理论的基础(参见 Chirat and Le Chapelain,2017),并与人力资本理论相反,赋予企业主导地位,并以此决定对劳动力的技术要求。"对于人力资本理论研究来说,没有比由技术决定的就业教育需求下的人力资源预测概念更陌生的了。"(Blaug,1976:846)

另一方面,在 20 世纪 70 年代盛行的对人力资本理论的一系列挑战中,主流经济学内部也出现了批评。教育滤波理论(filter theory)(Arrow,1973)和筛选理论(the theory of "screening")(Stiglitz,1975)没有批评人力资本理论的新古典主义方法论基础,但都针对人力资本理论家的一个关键论点提出了批评:教育与生产率之间的正向关联。这些理论认为接受教育本身反映了个人的生产率的潜力,这与人力资本理论认为教育投资有助于积累技能,从而提高代理人的生产力的观点相反。

此后,正如索贝尔在 20 世纪 80 年代初所强调的那样,"虽然以个人主义方法论为基础的人力资本理论仍然占据主导地位,但并不是唯一的理论"(Sobel,1982:268)。

对人力资本测量的质疑

关于人力资本与增长之间正相关性的第一波质疑出现在 20 世纪 70 年代初(参见 Demeulemeester and Diebolt,2011)。在以经济增长率下降为标志的 20 世纪 70 年代的经济背景下,人们开始对广泛推行高等教育的优点表

341

示怀疑(特别是 Freeman，1976)。

内生增长理论(Romer，1986，1990；Lucas，1988)使得人力资本有助于经济增长这一观点重获生机。这一系列文献要么预计，增长与人力资本积累(在这些模型中，主要是通过教育渠道)之间存在正相关性(Lucas，1988)，要么强调人力资本对技术模仿和创新的作用。从这个角度说，这类文献预测人力资本存量对于增长不平等具有决定性作用。在 20 世纪 90 年代，这类文献以及包含人力资本的外生增长模型(如 Mankiw et al.，1992)的文献引发了一系列实证研究，这类研究旨在增进对人力资本(教育)与增长之间关系的理解。然而这类实证文献产生了令人费解的结果。值得提及的是，本哈比和斯皮格尔(Benhabib and Spiegel，1994)以及普里切特(Pritchett，2001)的研究质疑了教育对经济增长的贡献，并因此质疑了人力资本理论方法本身。

几篇文章概述了实证宏观文献中使用的教育代理变量的缺失，以及在正确反映不同数量的存量以及知识和技能的流动方面，它们存在的缺陷(参见 Woessmann，2003；Cohen and Soto，2007；Folloni and Vittadini，2010；Prados de la Escosura and Roses，2010)。根据这些方法，关于人力资本对经济增长贡献模糊性的实证结果可以直接解释为数据质量差[如科恩和索托(Cohen and Soto，2007)提出的那样]，或是测量人力资本所使用的代理变量未能恰当地反映理论概念的性质。

韦斯曼(Woessmann，2003)在实证文献中强调了三个最常用的人力资本指标的弱点：识字率、入学率和职业人口的平均受教育年限。作者认为，对识字率的强调会导致低估一个经济体中的人力资本存量，因为这一指标忽视了除阅读和写作之外的所有人力资本投资。入学率也没有对人力资本禀赋提供更合适的评价：由于学生不属于职业人口，用这一指标来评估职业人口群体的人力资本有效存量很可能会导致指标与现实存在显著的差距。对劳动力平均受教育年限的重视确实克服了前文提到的限制。基于入学率(如果有足够的长期数据允许)或人口普查，可以使用不同的方法来评估职业人口的平均受教育年限(例如参见 Lau et al.，1991；Nehru et al.，1995)，这似乎是前文提到的人力资本指标中最好的一个。然而，这一测量同样有其自身的弱点：它认为一年的教育会导致人力资本同等程度的积累。而这与接受教育者身处几年级无关，即独立于在学校的等级制度中究竟处

342

于哪个年级,①也独立于教育体系本身的质量。

最后一个渠道,即教学质量不平等对人力资本有效积累的影响,有大量的文献致力于此。哈努谢克(Hanushek)②的开创性工作极大地促进了这样一种观点,即单纯的定量教育变量很难单独说明人力资本在个人层面上对工资的作用,或在宏观经济层面上对经济增长的作用。

这一研究领域首先考虑了不同的教育产出(如与教育相关的支出、教室规模、教师培训水平等),以反映教育系统质量的差异及其对人力资本积累的影响(例如参见 Behrman and Birdsall,1983)。但是这些指标对学校教育质量差异测量的准确性逐渐受到质疑。现在,可以通过国际性考试(如PISA、TIMSS)中的分数来更直接地评估这些差异,即通过考试来测量教育积累的技能状况。

有关教育质量的研究项目凸显了人力资本测量的难度。首先,由于教育质量的不平等,同样数量的教育可以导致不同层次的人力资本积累。其次,研究表明,教育质量对经济增长至关重要,而相应地,常用的人力资本指标未能在宏观层面上正确估计人力资本禀赋。

在此基础上,教育质量研究发生了一些根本性的转变。在他们的最新著作中,哈努谢克和韦斯曼(Hanushek and Woessmann,2015)对人力资本研究的现状提出了严厉的批评。他们现在的批评集中在这样一种观点上,即由于使用了不恰当的测量方式,在宏观层面上人力资本禀赋的计算非常糟糕。因此,有关教育对经济增长作用的文献所传递的信息从根本上被扭曲了。他们主张应该摒弃人力资本的概念,转而采用"知识资本"的新概念。

> 我们在这本书中分析的结论是,亚当·斯密是对的:人力资本(我们
> 现在称之为人力资本),对一个国家的经济发展至关重要。然而,教育的

---

① 微观经济学方法强调了教育私人回报率下降的存在(特别参见 Card,1999;Psacharopoulos and Patrinos,2004)。

② 艾瑞克·A.哈努谢克对所谓"教育质量"方法的发展作出了重大贡献。他在这方面的早期工作始于 1970 年。关于教育质量在人力资本对增长贡献中的作用,参见 Hanushek and Kimko,2000;Jamison et al.,2007;Hanushek and Woessmann,2008,2011,2012。

重要性被测量问题所掩盖。（Hanushek and Woessmann，2015:2）

哈努谢克和韦斯曼对人力资本概念的批判并没有引起对相关理论框
架（即推动人力资本相关研究的理论逻辑）的怀疑,但是他们的批判指出了
该框架面临着压倒性的实证困难,无法准确地为经济政策建议作出贡献。
他们强调,测量问题严重威胁到人力资本研究项目的可信度。

人力资本的测量问题是一个重要问题,在计量史学对工业化进程的研究
中尤为重要。最新的计量史学研究为测量问题开辟了新的思路,虽然没有
那么激进,以至于直接建议彻底放弃这一概念,但仍然提出了很多棘手和令
人着迷的问题。

人力资本与工业化进程

20 世纪 50 年代末的人力资本革命与另一场革命不谋而合（尽管这是一
场截然不同的革命）,即新经济史或计量史学也在美国发起并不断发展
（Diebolt and Haupert,2017）。在对增长决定因素的分析中,计量史学很快
就接受了舒尔茨、贝克尔和明塞尔不同视角的理论。

经济是如何增长的? 这一问题不但推动了 20 世纪 50 年代末人力资本
理论的发展,同时也是计量史学研究的首要问题（参见 Goldin,2016）。事实
上,自计量史学诞生以来,对经济增长决定因素的理解一直是其面临的主要
挑战。在处理这一研究领域时,计量史学家自然在人力资本理论家所作贡
献的基础上进一步发展和研究,人力资本的概念被广泛应用于国家或地区
增长轨迹的检验中。这一概念也被用于支持最近计量史学对统一增长理论
的检验,统一增长理论建立在生育率和人力资本之间的反向关系的基础上,
以提供从马尔萨斯经济停滞到现代增长的统一解释模型（Galor and Weil,
2000；Galor and Moav,2002；Galor,2011）。

在研究人力资本与增长之间的因果关系时,即试图阐明人力资本禀赋对
增长过程的贡献时,计量史学的综合分析主要应用于一个特定的研究领域:
18 世纪和 19 世纪西欧国家经历的工业化进程。事实上,正是由于工业革命

以及与之相关的大量人力资本积累,才出现了将这两种现象联系起来的复杂问题。

第二次工业革命时期人力资本的作用与当代理论的预测很接近,后者认为人力资本是增长的驱动力,并为"偏向高技能的技术变革"(skill-biased technological change)的观点辩护。相反,矛盾的是,长期以来,人力资本在工业化进程第一阶段的作用一直被认为是次要的(参见"人力资本与早期工业化:经济史上的一个悖论?"一节)。这一主流观点目前正在被重新审视(参见"悖论的再审视:重新评估什么是人力资本"一节)。

人力资本与早期工业化:经济史上的一个悖论?

关于人力资本和早期工业化,计量史学家讨论了两个主要问题。一方面,大量文献研究了人力资本作为工业起飞和随后向现代经济增长体制过渡的解释因素的重要性。另一方面,工业化进程对人力资本形成的影响也引起了人们的关注。通过证明人力资本不是工业起飞的关键因素,同时工业化进程并没有引发人力资本积累,这两类相互关联的研究文献强调了新古典增长模型和人力资本理论之间的不一致性,以及工业化进程第一阶段的一些特征。

诚然,这一领域的早期文献并未将人力资本视为工业起飞的关键因素。基于英国工业起飞时教育水平低且停滞不前的发现,米奇(Mitch,1999)是最早断言人力资本禀赋在英国工业革命中没有起主要作用的人之一。艾伦(Allen,2003)和克拉克(Clark,2005)也支持这样一种观点,即人力资本理论不能为英国从马尔萨斯时代向现代增长的转变提供令人信服的解释。桑德伯格(Sandberg,1979)强调,尽管瑞典拥有大量人力资本,但在19世纪中叶,瑞典的收入水平仍然很低且停滞不前("一个'熟练却穷困'的理论")。莫基尔(Mokyr,2016)和麦克洛斯基(McCloskey,2006,2010,2016)强调了文化和价值观的作用,但两位作者基于不同的理由,对人力资本在向现代增长转型中的作用进行了更细致的阐述。对麦克洛斯基来说,18世纪以来西欧国家经历的财富的巨大增长,根源于文化和思想的演变,更确切地说是源于表达对资本主义的态度的转变和对资产阶级的思想的变化("资产阶级的'重估'"),但这些演变不包括资本积累和人力资本积累(也不包括制度、

344

227

煤炭等）。莫基尔的论点虽然不同于麦克洛斯基的观点，但也强调了作为巨大财富的关键根源，文化——知识精英的文化，而不是资产阶级文化的作用——所具有的重要性。莫基尔指出，必须把 18 世纪欧洲向现代经济增长的转变视为 1500—1700 年间欧洲新价值观和新思想发展的结果，这些新价值观和新思想主要是通过文学共同体社群（the Republic of letters）的影响传播开来的。这种新文化——而不是识字率的细微差别——被认为是为工业革命奠定了基础的决定性因素。

早期计量史学除了提出人力资本对工业起飞并不重要这一论断外，还提出了 18 世纪和 19 世纪工业化进程对人力资本积累的影响的研究结论：工业化首先是一个去技术化的（deskilling）过程。关于这个问题的早期观点认为，工业化和技术变革对劳动力技能要求不高，恰恰相反，工业化至少在第一阶段增加了对非熟练劳动力的相对需求（参见 Nicholas and Nicholas，1992；Mokyr，1993；Mitch，1999）。生产扩张和工业机械化显著增加了对女性和儿童非熟练劳动力的需求（Sanderson，1972），从而不利于学校教育和人力资本的积累。对这个问题的早期研究文献都表明，工业化进程第一阶段的生产急速扩张并未导致对高技能劳动力的更大需求。根据戈尔丁和卡茨（Goldin and Katz，1998）的观点，创新和技能之间的互补性发生在 20 世纪初，那时技术从蒸汽动力转向电力。

总的来说，无论这个问题是工业起飞的决定因素，还是工业化与技能之间的互补性问题，计量史学分析已经传播了这样一个信息：在工业化进程第一阶段，人力资本无关紧要。但这一结论目前正在被重新审视中。

悖论的再审视：重新评估什么是人力资本

新一轮的研究浪潮正在挑战这样一种观点，即在工业化进程中，人力资本与之无关。有趣的是，这类最新的文献发展的基础是，早期对人力资本与工业化关系的研究由于其对人力资本禀赋的不精确测量而受到限制。这为"什么是人力资本"以及"如何衡量人力资本"开辟了新的路径。

一方面，研究者在努力提高人力资本估算的质量。雅各布（Jacob，2014）强调了 1850 年以前英国教育记录的不足之处。她认为教育对第一次工业革命中的贡献无足轻重这一结论，部分源于相关历史数据源的缺乏。

德普雷特(De Pleijt，2018)通过(基于识字率，小学、中学和高等教育的信息)估算这一时期的平均教育年数，对 1307—1900 年间英国正规教育的演变进行了重新评估。这些估计表明，仅考虑识字率具有误导性，因为它们低估了工业革命时期的人力资本积累。在工业革命前夕，识字率在测量教育程度的发展趋势方面表现得相当差。

麦德森和穆尔廷(Madsen and Murtin，2017)还根据小学、中学和高等教育程度，对英国长时段人力资本进行了重新评估。他们分析了 1270—2010 年间国内生产总值增长的决定因素，得出的结论是，教育是这一时期英国经济增长的主要驱动力，这一结果与早期的研究形成鲜明对比。他们还提出这样一个事实，即小学教育在解释 1750 年前的经济增长方面至关重要，而从 1750 年起，中等和高等教育的作用开始逐渐占主导地位。

更一般而论，面对历史数据不可得的困难，计量史学方法发展了新的和创新性的策略来测量人力资本。根据婚姻登记程序的精神，最近年龄堆积法(the age heaping method)在逐步发展(例如，参见 A'Hearn et al.，2009；Crayen and Baten，2010；Baten et al.，2014；Baten and Fourie，2015；Tollnek and Baten，2016；Cappelli and Baten，2017)。这种方法依赖于"受教育程度低的人错误地将年龄报告至某个时点的倾向。例如，与受过良好教育的人相比，如果他们实际上是 39 岁或 41 岁，他们的回答往往是 40 岁"(Crayen and Bate，2010：452)。年龄堆积使用年龄报告的准确性作为数字计算能力的代理变量。

另一方面，另外一类研究文献建立在人力资本禀赋被错误评估了的观点上，这并不是因为数据的质量较差或实证研究中使用的估计方法有误，而是因为仅仅通过识字率或粗略的入学率(实证研究在宏观层面的常见做法)来评估人力资本，只揭示了人力资本中很小的一部分。

在衡量人力资本禀赋方面，广泛了解历史背景所需的工作必然强调在历史环境下重新审视教育系统的体制和组织特点。如果具备了这些知识，早期文献中常用的通过高度加总的教育成就来衡量人力资本的标准很快就变得不尽如人意了，因为它们无法揭示国家间经验的差异，即所教授知识的方向(一般性教育还是职业性教育)、学徒制的重要性、知识精英是否存在、教育的集中程度、教育的资助方式等。所有这些方面都可能对总体水平上有

346

效积累的人力资本水平产生影响,但一旦实证方法仅仅依靠总入学率或识字率,上述许多特点就会被忽视。

因此,对人力资本进行适当评估的必要性引发了对教育制度本身的反思,更具体地说,是对其在机构和组织层面特殊性的反思。对这些特殊性的具体理解及其纳入人力资本相关指标制定的方式,源于计量史学本身的方法论性质。由于其方法论需要在特定历史背景的分析中发展理论与计量之间的联系,因此计量史学方法为人力资本实证问题开辟了新的视角。

> 显然,作为一个概念,人力资本是不可或缺的,但我们需要更具体地说明:如何对人力资本进行分类,由谁积累和为谁积累,对人力资本的需求来源是什么,以及人力资本如何在人口中分布。(Mokyr,2005:1155)

这类意图作部分修正的文献建立在"人力资本具有不同类型"这一观点的基础上,其关键点在于确定什么类型的人力资本对工业化是重要的。然而,早期文献衡量人力资本的方式往往只考虑了基础知识的差异,即识字能力的差异,而没有考虑其他方式的技能积累。

347　　有些研究强调是精英的人力资本,而不是(国家)基本或平均水平的人力资本,即广大劳动者的人力资本,在工业化进程中起决定性作用。莫基尔(Mokyr,1990,2005)强调了"不应只关注平均人力资本水平……,还应非常关注人力资本在上尾部的分布密度(density in the upper tail),即工程师、机械师和化学家组成的一小部分关键精英的教育水平和熟练程度"(Mokyr,2005:1157)。2014年,雅各布(Jacob,2014)强调了科学与技术在工业化进程中有着具体的联系,他将科学家和创新者人力资本的作用置于最重要的位置。因此,迈森察尔和莫基尔(Meisenzahl and Mokyr,2012)概述了精英人力资本在英国工业化进程中的关键影响。由于创新和技术变革是工业革命的核心,他们认为最重要的是"劳动力中技能最高的3%—5%:工程师、机械师、磨坊工、钟表工和仪器制造者、熟练的木匠和金属工人以及车轮匠"。

最近,斯奎恰里尼和福格特伦德(Squicciarini and Voigtländer,2015)合著了一篇关于法国工业化的类似论文。根据由狄德罗和达朗贝尔主编的《百科全书》的订阅密度来衡量法国科学精英(知识精英)的分布情况和密度。

他们的研究表明,与平均人力资本不同,18世纪精英的人力资本在随后从19世纪上半叶开始的法国工业起飞中发挥了重要作用。

　　除了关注精英人力资本的研究外,集中分析学徒制的影响也对重新发现"人力资本在工业化进程第一阶段具有重要作用"起到了作用。学徒制起到关键作用的观点背后的一个关键论点是,通过学徒制积累的技能——技术工人或机械工人的技能——在促进技术变革方面起着决定性的作用,这并不是因为它们促进技术创新,而是因为它们在提高设备运转和维护能力方面至关重要,同时也促进了源于车间的渐进式创新。这些创新的特征是它们不需要太多的科学知识,甚至不需要什么独创性,但它们需要的是那些动手能力强的人,并且这些人被教过如何有效地使用双手完成特定工作。在英国,学徒制度比其他任何地方都发展得更好(Zeev et al.,2017:245)。泽埃夫等人(Zeev et al.,2017)认为英国学徒制度的灵活性和有效性是英国首先进入工业化的一个重要因素。凯利等人(Kelly et al.,2014:364)明确断言,如果早期文献否认人力资本是工业化的关键驱动力,那是因为那些文献"关注了错误的变量"。他们认为,英国在劳动力质量方面也具有决定性的优势。工匠和工人的高水平技术能力与有效的英国学徒制度有关,这解释了英国迅速的工业化。汉弗莱斯(Humphries,2003)还认为学徒制是英国早期工业化背后的一个决定性的解释因素。他指出学徒制与《伊丽莎白济贫法》(the Elizabethan Poor Law)有关,这一法律在18世纪英格兰将劳动力重新配置到工业部门中发挥了作用。德拉克鲁瓦等人(De La Croix et al.,2018)关注前工业时期的增长,强调学徒制作为隐性知识传播的驱动力的作用,并强调其在工业革命前一个世纪西欧技术和经济进步中的重要性。

348

　　布罗德贝里(Broadberry,2005,2006)强调了英国学徒制在英国工业化进程第二阶段中的重要性。他反对过去普遍认为的观点,即与德国或美国相比,英国劳动力的教育水平较低,且较低的劳动力教育水平解释了19世纪末英国生产率为何下降。为了对人力资本与生产率绩效之间的关系进行令人信服的分析,他试图将生产率指标(根据英国经济的不同部门)从教育变量中分离出来。通过考虑正规教育和职业培训,他表明"英国人力资本积累的关键机构是学徒制度和专业协会机构"(Broadberry,2006:128)。通过对整个教育系统的研究,他反对"英国的人力资本禀赋很低",或是"较低的人力资本禀赋是英国生产率从 19 世纪末到第一次世界大战前夕下降的原因"的观点,因此他强调有必要考虑"人力资本积累研究策略",以便提供适当的人力资本衡量标准。事实上,常用的人力资本指标,如识字率或劳动力平均受教育年限,完全掩盖了历史学分析所揭示的事实:19 世纪末英国专业职业教育道路的关键性。

我们接下来将转而关注工业化对人力资本积累的影响——这一议题仍无定论。对其他形式的人力资本(即识字标准和初等教育入学率除外)的研究使早期人们对工业化是一个去技能化的过程这一共识产生了疑问。弗兰克和加洛尔(Franck and Galor,2017)的开创性分析首先质疑了第一次工业革命期间经济发展道路的特点是基于非技能劳动力的技术变革。通过考察早期法国工业化(1839—1847 年),他们发现技术变革确实促进了人力资本的积累。费尔德曼和范德比克(Feldman and van der Beek,2016)发现,随着发明数量的增加,学徒人数及学徒人数在 15 岁青年群体中所占比例也增加了。此外,他们还声称,技术进步有利于 18 世纪英格兰的技能习得。德普雷特和韦斯多夫(De Pleijt and Weisdorf,2017)的研究表明,从 16 世纪末到 19 世纪初,英格兰农业和工业劳动力的平均技能水平大幅下降。他们声称,劳动力"去技能化"现象随着技术的进步逐渐发生,但是在这一过程中,"高质量"工人的比例反而略有增加。这一发现支持了莫基尔(Mokyr,1990,2005)和最近斯奎恰里尼和福格特伦德(Squicciarini and Voigtländer,2015)为法国的例子辩护的观点,即上尾知识(upper-tail knowledge)在早期工业化中发挥了显著作用。德普雷特等人(De Pleijt et al.,2016)的研究发现,工业化对人力资本的影响是混合的。他们表明,在英国工业化第一阶段,更多的蒸汽机与更高技能的劳动力呈正相关关系,因此他们认为在工业化第一阶段采用的技术是需要技能的。但他们也强调,采用新技术不利于基础教育(基础教育通过识字率和入学率这两个变量来粗略估计)。迪耶博等人(Diebolt et al.,2017)区分了 19 世纪法国基础人力资本(基本识字技能)和中级人力资本(基础科技知识和法律贸易基础知识)的积累。他们的研究表明,法国的工业化并非一个去技能化的过程,而是发生在 19 世纪后半叶的对技能需求的转变。迪耶博等人(Diebolt et al.,2018)关注劳动力一生的技能培训,他们提供的证据表明,技术变革对 1850—1881 年间法国成人教育的发展作出了重大贡献。他们指出,采用蒸汽技术对劳动力的技能要求很高,并强调采用这一技术引发了工人夜校与学徒夜校的发展。

最后,第一次工业革命时期的教育系统按照不同的模式发展,这使得不同类型的机构组织在这一过程中受益。一般性教育还是职业性教育、所教授技能的性质、集中程度、资金类型(私人资金或是公共资金)以及资金提供方对社会和性别不平等(女孩接受教育的机会)的态度,这是区分 18 世纪和 19 世纪进入工业化国家教育体系的重要维度。这些维度也影响了各国人力资本的积累路径。

戈尔丁(Goldin,1998,2001,2016)与戈尔丁和卡茨(Goldin and Katz,1999,2008)的研究表明,美国的教育模式与欧洲精英主义差别很大,美国的教育模式自 19 世纪以来一直以平等主义为基础。有几个特点反映了这一平等主义原则:公共出资、政教分离、权力下放、女孩接受教育(性别中立)。戈尔丁和卡茨(Goldin and Katz,2008)指出,教育体系的这种导向构成了美国人力资本的积累以及美国在 20 世纪经济成功的一个渐进组成部分。

贝克尔等人(Becker et al.,2011)的研究发现与米奇(Mitch,1999)的研究结果相反,后者质疑正规教育对英国经济起飞的贡献,贝克尔等人发现普鲁士教育体系的特点是大规模化并在早期就普及了基础教育,这为普鲁士采用现有技术创造了有利条件,因此促进了普鲁士的工业起飞。因此,他们评估了教育制度在 19 世纪普鲁士工业追赶过程中的重要性。他们分别分析了小学、中学和高等教育,并发现中等教育和高等教育在这一过程中并不重要。

钦尼雷拉和施特雷布(Cinnirella and Streb,2017)考虑了普鲁士在第二次工业革命时不同类型的人力资本及其对创新的影响。他们概述了高技能工匠在普鲁士工业化第二阶段的创新过程中仍然非常重要——正如最近的文献在谈论工业化第一阶段时所认为的那样。与第一阶段相反,他们声称基础教育质量在 19 世纪末变得很重要,因为它促进了劳动生产率和企业创新。此外,卡佩利(Cappelli,2016)最近表明,19 世纪意大利教育体系组织的集中化对人力资本积累产生了负面影响。他的分析表明,19 世纪末转向分散化的小学教育是意大利人力资本禀赋增加的一个重要驱动力。

350

结　语

本章概述了人力资本研究的发展历程。我们记录了人力资本革命面临的一些挑战。首先,对于在资本理论框架内分析人类技能的想法,存在理论上的反对意见;另外也有人反对人力资本研究的方法论取向。激进学派和制度主义者都批评人力资本理论未能充分描述人力资本积累动态变化背后的机制和驱动力。

然而,有点令人惊讶的是,针对人力资本研究最严厉的批评来自我们或可称为可操作性意义上的测量问题。目前,人力资本在实证测量技能存量(宏观层面)问题上所面临的僵局,严重威胁到了这一系列研究自 20 世纪 50 年代末以来取得的成就。我们在本章中强调,在分析人力资本在工业化进程第一阶段所起的作用时,持修正态度的计量史学文献为重新理解人力资本的测量铺平了道路。由于计量史学独特的方法论特点,并交叉融合了理论、测量和历史背景知识,因此,对于人力资本概念所面临的实证挑战,计量史学的综合方法以一种独特而成功的方式促进了对人力资本测量问题的重新阐述。测量问题是通过国家和/或区域人力资本积累战略及其对经济增长的效力提出的。这种区别并非微不足道。它表明,测量人力资本的困难不应简化为一个纯粹的操作性问题,而应与一个更根本的挑战联系在一起:在总体层面上如何正确精准地理解那些能够有效促进人力资本积累的教育支出,即通过精确地分析教育支出中投资的部分,而不是将所有的支出都视为消费。这一观点使我们回到人力资本革命的最初挑战,即如何理清教育支出中的投资和消费部分。这一挑战从未被完全解决,这使得舒尔茨主张,"一个令人满意的经济增长理论应该解释决定人力资本和非人力资本(包括知识的积累)的形成机制"(Schultz,1972b:S6)。计量史学方法最近已经走上了这条道路。

参考文献

A'hearn, B., Baten, J., Crayen, D. (2009) "Quantifying Quantitative Literacy: Age Heaping and the History of Human Capital", *J Econ Hist*, 69(3):783—808.

Abramovitz, M. (1956) "Resource and Output Trends in the United States since 1870. Resource and Output Trends in the United States Since 1870", NBER, pp.1—23.

Allen, R. C. (2003) "Progress and Poverty in Early Modern Europe", *Econ Hist Rev*, 56(3):403—443.

Arrow, K. (1973) "Higher Education as a Filter", *J Public Econ*, 2(3):193—216.

Bailly, F. (2016) "The Radical School and the Economics of Education", *J Hist Econ Thought*, 38(03):351—369.

Baten, J., Fourie, J. (2015) "Numeracy of Africans, Asians, and Europeans during the Early Modern Period: New Evidence from Cape Colony Court Registers", *Econ Hist Rev*, 68(2):632—656.

Baten, J., Crayen, D., Voth, H. (2014) "Numeracy and the Impact of High Food Prices in Industrializing Britain, 1780—1850", *Rev Econ Stat*, 96(3):418—430.

Becker, G. S. (1962) "Investment in Human Capital: A Theoretical Analysis", *J Polit Econ*, 70(5):9—49.

Becker, Gary. (1964) *Human Capital. A Theoretical and Empirical Analysis with Special Reference to Education*, Columbia University Press, New York.

Becker, S. O., Hornung, E., Woessmann, L. (2011) "Education and Catch-up in the Industrial Revolution", *Am Econ J Macroecon*, 3(3):92—126.

Behrman, J., Birdsall, N. (1983) "The Quality of Schooling: Quantity Alone Is Misleading", *Am Econ Rev*, 73:928—946.

Benhabib, J., Spiegel, M. M. (1994) "The Role of Human Capital in Economic Development Evidence from Aggregate Cross-country Data", *J Monet Econ*, 34(2):143—173.

Biddle, J., Holden, L. (2016) "The Introduction of Human Capital Theory into Education Policy in the United States", Working Paper.

Blandy, R. (1967) "Marshall on Human Capital: A note", *J Polit Econ*, 75:874—875.

Blaug, M. (1966) *Economics of Education: A Selected Annoted Bibliography*. Pergamon Press, Oxford.

Blaug, M. (1976) "The Empirical Status of Human Capital Theory: A Slightly Jaundiced Survey", *J Econ Lit*, 14(3):827—855.

Bowles, S., Gintis, H. (1975) "The Problem with Human Capital Theory—A Marxian Critique", *Am Econ Rev*, 65(2):74—82.

Bowman, J. M. (1964) "Schultz, Denison, and the Contribution of 'Eds' to National Income Growth", *J Polit Econ*, 72(5):450—464.

Bowman, J. M. (1966) "The Human Investment Revolution in Economic Thought", *Sociol Educ*, 39(2):111—137.

Bowman, J. M. (1980) "On Theodore W. Schultz's Contributions to Economics", *Scand J Econ*, 82(1):80—107.

Broadberry, S. N. (2005) *The Productivity Race: British Manufacturing in International Perspective, 1850—1990*. Cambridge University Press, Cambridge, UK.

Broadberry, S. N. (2006) "Human Capital and Productivity Performance: Britain, the United States and Germany, 1870—1990", in David, P. A., Thomas, M. (eds) *The Economic Future in Historical Perspective*. Oxford University Press, Oxford.

Cappelli, G. (2016) "Escaping from a Human Capital Trap? Italy's Regions and the Move to Centralised Primary Schooling, 1861—1936", *Eur Rev Econ Hist*, 20(1):46—65.

Cappelli, G., Baten, J. (2017) "European Trade, Colonialism and Human Capital Accumulation in Senegal, Gambia and Western Mali, 1770—1900", *J Econ Hist*, 77(3):920—951.

Card, D. (1999) "The Causal Effect of Education on Earnings", in *Handbook of Labor Economics*, vol. 3. Elsevier, Amsterdam, pp. 1801—1863.

Chirat, A., Le Chapelain, C. (2017) "Some 'Unexpected Proximities' between Schultz and Galbraith on Human Capital", Working Paper BETA, 2017—2018.

Cinnirella, F., Streb, J. (2017) "The Role of Human Capital and Innovation in Economic Development: Evidence from Post-Malthusian Prussia", *J Econ Growth*, 22(2):193—227.

Clark, G. (2005) "The Condition of the Working Class in England, 1209—2004", *J*

Polit Econ，113(6)：1307—1340.

Cohen, D., Soto, M.(2007) "Growth and Human Capital：Good Data, Good Results", *J Econ Growth*, 12(1)：51—76.

Crayen, D., Baten, J.(2010) "New Evidence and New Methods to Measure Human Capital Inequality before and during the Industrial Revolution：France and the US in the Seventeenth to Nineteenth Centuries", *Econ Hist Rev*, 63(2)：452—478.

De la Croix, D., Doepke, M., Mokyr, J.(2018) "Clans, Guilds, and Markets：Apprenticeship Institutions and Growth in the Preindustrial Economy", *Q J Econ*, 133(1)：1—70.

De Pleijt, A. M. (2018) "Human Capital Formation in the Long Run：Evidence from Average Years of Schooling in England, 1300—1900", *Cliometrica*, 12(1)：99.

De Pleijt, A.M., Weisdorf, J.(2017) "Human Capital Formation from Occupations：The 'Deskilling Hypothesis' Revisited", *Cliometrica*, 11(1)：1—30.

De Pleijt, A.M., Nuvolari, A., Weisdorf, J.(2016) "Human Capital Formation during the First Industrial Revolution：Evidence from the Use of Steam Engines (No. 294)", Competitive Advantage in the Global Economy(CAGE).

Demeulemeester, J-L., Diebolt, C. (2011) "Education and Growth：What Links for Which Policy?", *Hist Soc Res*, 36：323—346.

Denison, E.F.(1962) "Sources of Economic Growth in the United States and the Alternatives before Us", Committee for Economic Development, New York.

Diebolt, C., Haupert, M.(2017) "A Cliometric Counterfactual：What If There Had Been neither Fogel nor North?", *Cliometrica*, 12(3)：407—434.

Diebolt, C., Le Chapelain, C., Ménard, A. (2017) "Industrialization as a Deskilling Process? Steam Engines and Human Capital in XIXth Century France", Working Paper BETA, 2017-17, Working Paper AFC 7-2017.

Diebolt, C., Le Chapelain, C., Ménard, A.(2018) "Learning outside the Factory：The Impact of Technological Change on the Rise of Adult Education in Nineteenth-century France", Working Paper AFC 2-2018.

Ehrlich, I., Murphy, K. M. (2007) "Why Does Human Capital Need a Journal?", *J Hum Cap*, 1(1)：1—7.

Fabricant, S. (1954) "Economic Progress and Economic Change", National Bureau of Economic Research, New York.

Feldman, N. E., van der Beek, K. (2016) "Skill Choice and Skill Complementarity in Eighteenth Century England", *Explor Econ Hist*, 59(January)：94—113.

Folloni, G., Vittadini, G.(2010) "Human Capital Measurement：A Survey", *J Econ Surv*, 24：248—279.

Franck, R., Galor, O.(2017) "Technology-skill Complementarity in the Early Phase of Industrialization", IZA Discussion Paper Series no.9758.

Freeman, R. (1976) *The Overeducated American*. Academic, New York.

Galor, O. (2011) *Unified Growth Theory*. Princeton University Press, Princeton.

Galor, O., Moav, O.(2002) "Natural Selection and the Origin of Economic Growth", *Q J Econ*, 117(4)：1133—1191.

Galor, O., Weil, D. N. (2000) "Population, Technology, and Growth：From Malthusian Stagnation to the Demographic Transition and beyond", *Am Econ Rev*, 90(4)：806—828.

Goldin, C. (1998) "America's Graduation from High School：The Evolution and Spread of Secondary Schooling in the Twentieth Century", *J Econ Hist*, 58(02)：345—374.

Goldin, C. (2001) "The Human Capital Century and American Leadership：Virtues of the Past", *J Econ Hist*, 61：263—291.

Goldin, C. (2016) "Human Capital", in Diebolt, C., Haupert, M. (eds) *Handbook of Cliometrics*. Springer, Heidelberg, pp.55—86.

Goldin, C., Katz, L.F.(1998) "The Origins of Technology-skill Complementarity", *Q J Econ*, 113(3)：693—732.

Goldin, C., Katz, L.(1999) "The Shaping

of Higher Education: The Formative Years in the United States, 1890 to 1940", *J Econ Perspect*, 13:37—62.

Goldin, C., Katz, L. (2008) *The Race between Education and Technology*. Harvard University Press, Cambridge.

Hanushek, E., Kimko, D. (2000) "Schooling, Labor Force Quality, and the Growth of Nations", *Am Econ Rev*, 90(5):1184—1208.

Hanushek, E., Woessmann, L. (2008) "The Role of Cognitive Skills in Economic Development", *J Econ Lit*, 46(3):607—668.

Hanushek, E., Woessmann, L. (2011) "The Economics of International Differences in Educational Achievement", in Hanushek, E., Machin, S., Woessmann, L. (eds) *Handbook of the Economics of Education*, vol. 3. North Holland, Amsterdam, pp.89—200.

Hanushek, E., Woessmann, L. (2012) "Do Better Schools Lead to More Growth?: Cognitive Skills, Economic Outcomes, and Causation", *J Econ Growth*, 17(4):267—321.

Hanushek, E., Woessmann, L. (2015) *The Knowledge Capital of Nations: Education and the Economics of Growth*. MIT Press, Cambridge, MA.

Hodgson, G. M. (2007) "Meanings of Methodological Individualism", *J Econ Methodol*, 14(2):211—226.

Humphries, J. (2003) "English Apprenticeship: A Neglected Factor in the First Industrial Revolution", in David, P. A., Thomas, M. (eds) *The Economic Future in Historical Perspective*. Oxford University Press, Oxford.

Jacob, M. C. (1997) *Scientific Culture and the Making of the Industrial West*. Oxford University Press, New York.

Jacob, M. C. (2014) *The First Knowledge Economy: Human Capital and the European Economy, 1750—1850*. Cambridge University Press, Cambridge.

Jamison, E., Jamison, D., Hanushek, E. (2007) "The Effects of Education Quality on Income Growth and Mortality Decline", *Econ Educ Rev*, 26:772—789.

Kelly, M., Mokyr, J., Gráda, C. Ó. (2014) "Precocious Albion: A New Interpretation of the British Industrial Revolution", *Annu Rev Econ*, 6(1):363—389.

Kiker, B. F. (1966) "The Historical Roots of the Concept of Human Capital", *J Polit Econ*, 74(5):481—499.

Kiker, B. F. (1968) "Marshall on Human Capital: Comment", *J Polit Econ*, 76(5):1088—1090.

Lau, L. J., Jamison, D. T., Louat, F. F. (1991) "Education and Productivity in Developing Countries: An Aggregate Production Function Approach", WPS 612. World Bank Publications.

Le Chapelain, C. et Matéos, S. (2018) "Schultz et le capital humain: une trajectoire intellectuelle", Working Paper AFC 2018.

Lucas, R. E. (1988) "On the Mechanics of Economic Development", *J Monet Econ*, 22: 3—42.

Madsen, J. B., Murtin, F. (2017) "British Economic Growth since 1270: The Role of Education", *J Econ Growth*, 22(3):229—272.

Mankiw, N. G., Romer, D., Weil, D. N. (1992) "A Contribution to the Empirics of Economic Growth", *Q J Econ*, 107(2):407—437.

Marshall, A. (1890) *Principles of Economics*. Macmillan, London, (eight edition, 1920).

McCloskey, D. N. (2006) *The Bourgeois Virtues: Ethics for an Age of Commerce*. University of Chicago Press, Chicago.

McCloskey, D. N. (2010) *Bourgeois Dignity: Why Economics Can't Explain the Modern World*. University of Chicago Press, Chicago.

McCloskey, D. N. (2016) *Bourgeois Equality: How Ideas, not Capital or Institutions, Enriched the World*, vol.3. University of Chicago Press, Chicago.

Meisenzahl, R., Mokyr, J. (2012) "The Rate and Direction of Invention during the Industrial Revolution: Incentives and Institutions", in Lerner, J., Stern, S. (eds) *The Rate and Direction of Inventive Activity Revisited*. University of

Chicago Press, Chicago, pp.443—479.

Mincer, J. (1957) "A Study on Personal Income Distribution", PhD Dissertation, Columbia University.

Mincer, J. (1958) "Investment in Human Capital and Personal Income Distribution", *J Polit Econ*, 66(4):281—302.

Mitch, D. (1999) "The Role of Education and Skill in the British Industrial Revolution", in Mokyr, J. (ed) *The British Industrial Revolution: An Economic Perspective*, 2nd edn. Westview, Boulder, pp.241—279.

Mokyr, J. (1990) *The Lever of Riches: Technological Creativity and Technological Progress*. Oxford University Press, Oxford.

Mokyr, J. (1993) "The New Economic History and the Industrial Revolution", in Mokyr, J. (ed) *The British Industrial Revolution: An Economic Perspective*. Westview, Boulder, Editor's Introduction.

Mokyr, J. (2005) "Long-term Economic Growth and the History of Technology", in Aghion, P., Durlauf, S. (eds) *Handbook of Economic Growth*, vol. 1. Elsevier, Amsterdam, pp.1113—1180.

Mokyr, J. (2016) *A Culture of Growth: The Origins of the Modern Economy*. Princeton University Press, Princeton.

Nehru, V., Swanson, E., Dubey, A. (1995) "A New Database on Human Capital Stock in Developing and Industrial Countries: Sources, Methodology, and Results", *J Dev Econ*, 46(2):379—401.

Nerlove, M. (1999) "Transforming Economics: Theodore W. Schultz, 1902—1998: In Memoriam", *Econ J*, 109:F726—F748.

Nicholas, S.J., Nicholas, J.M. (1992) "Male Literacy, 'Deskilling,' and the Industrial Revolution", *J Interdiscip Hist*, 23(1):1—18.

Prados de la Escosura, L. P., Rosés, J. R. (2010) "Human Capital and Economic Growth in Spain, 1850—2000", *Explor Econ Hist*, 47(4):520—532.

Pritchett, L. (2001) "Where Has All the Education Gone?", *World Bank Econ Rev*, 15: 367—391.

Psacharopoulos, G., Patrinos, H. A. (2004) "Returns to Investment in Education: A Further Update", *Educ Econ*, 12(2):111—134.

Romer, P. M. (1986) "Increasing Returns and Long-run Growth", *J Polit Econ*, 94(5): 1002—1037.

Romer, P.M. (1990) "Endogenous Technological Change", *J Polit Econ*, 98(5):S71—S102.

Rosen, S. (2008) "Human Capital", in Durlauf, S.N., Blume, L.E. (eds) *The New Palgrave Dictionary of Economics*, 2nd edn. Palgrave, Basingstoke.

Sandberg, L. G. (1979) "The Case of the Impoverished Sophisticate: Human Capital and Swedish Economic Growth before World War I", *J Econ Hist*, 39(1):225—241.

Sanderson, M. (1972) "Literacy and Social Mobility in the Industrial Revolution in England", *Past Present*, 56:75—104.

Schultz, T. W. (1943) *Redirecting Farm Policy*. MacMillan, New York, États-Unis.

Schultz, T.W. (1958) "The Emerging Economic Scene and Its Relation to High-school Education", in Chase, F. S., Anderson, H. A. (eds) *The High School in a New Era*. University of Chicago Press, Chicago, pp.97—109.

Schultz, T.W. (1959) "Investment in Man: An Economist's View", *Soc Serv Rev*, 33(2): 109—117.

Schultz, T.W. (1960) "Capital Formation by Education", *J Polit Econ*, 60:571—583.

Schultz, T.W. (1961a) "Investment in Human Capital", *Am Econ Rev*, 51(1):1—17.

Schultz, T.W. (1961b) "Investment in Human Capital: Reply", *Am Econ Rev*, 51(5): 1035—1039.

Schultz, T. W. (1962) "Reflections on Investment in Man", *J Polit Econ*, 70(5):1—8.

Schultz, T. W. (1972a) "Human Capital: Policy Issues and Research Opportunities", *National Bureau of Economic Research*, New York, pp.1—84.

Schultz, T. W. (1972b) "Optimal Investment

in College Instruction: Equity and Efficiency", *J Polit Econ*, 80(3, Part.2):S2—S30.

Schultz, T.W.(1992) "Adam Smith and Human Capital", in Fry, M.(ed) *Adam Smith's Legacy: His Place in the Developement of Modern Economics*. Routledge, London.

Shaffer, H.G.(1961) "Investment in Human Capital: Comment", *Am Econ Rev*, 51(5):1026—1035.

Smith, A.(1776) *An Inquiry into the Nature and Causes of the Wealth of Nations*, vol.2 [éd. par R.H. Campbel et A.S. Skinner]. Clarendon Press, Oxford, 1976.

Sobel, I.(1978) "Human Capital Revolution in Economics Development: Current Status, Expectations and Realities", *Comp Educ Rev*, 25th Anniversary Issue.

Sobel, I.(1982) "Human Capital and Institutional Theories of the Labor Market: Rivals or Complements?", *J Econ Issues*, 16(1): 255—272.

Solow, R.M.(1956) "A Contribution to the Theory of Economic Growth", *Q J Econ*, 70: 65—94.

Solow, R.M.(1957) "Technical Change and the Aggregate Production Function", *Rev Econ Stat*, 39(3):312—320.

Spengler, J.J.(1977) "Adam Smith on Human Capital", *Am Econ Rev*, 67(1):32—36.

第八章

基于年龄堆积法的人力资本估算

弗兰齐斯卡·托尔内克　约尔格·巴滕

摘要

　　在本章中，我们将对年龄堆积法的操作和使用提供全面的见解。年龄堆积法可以应用于粗略估算基本的数字技能，从而粗略估算基础教育水平。我们讨论了不同指标的优势和潜在问题，并展示了这些指标与识字率和学校教育的关系。基于年龄堆积指标的应用使我们能够探讨基础教育的各种主题，例如从长期来看基础教育对性别差距和国家间分流的影响。许多研究者已经开始使用这一发展成熟的技术，他们也证明了数字计算能力对增长有很大的影响。

关键词

年龄意识　发展　教育　数字计算能力

引　言

教育是国家发展和长期经济增长的驱动因素之一。许多发展援助项目旨在提高入学率或提高人们接受教育的年限,从而提升教育水平,改善后代的前景。目前,有许多测量方法和指数可以量化儿童、青少年和成人的不同教育水平。通过各种测试和方法,教育或人力资本水平可以在国际上具有可比性。在著名的国际学生评估项目(PISA)中,学者们比较了世界各国学生的认知技能。一方面,该项目的影响是巨大的:分数较低的国家通过金融手段加大对教育的投资,或调整教育推进的时间表以赶上领先国家。另一方面,该研究结果建立了世界上最大的一个学生教育数据库,学者可以利用该数据库进行分析并对未来得出结论。

然而,如果我们再向前追溯几十年,我们必须依赖其他人力资本指标,如教育年限、入学率或文化程度——原因也很简单,因为我们缺少其他指标。例如,不同教育年限之间的差异,其精准程度就略低于 PISA 研究中的认知技能测试。此外,这些指标还可能出现其他问题。一个孩子进入学校就读,并不一定意味着他或她在可能辍学之前就获得了一定程度的阅读或数学技能。识字率通常是自我报告的,甚至有时仅能根据人们在文件(如婚姻登记册或遗嘱)上签名的能力来计算,这并不一定意味着该人能够阅读和书写。赖斯(Reis, 2005)报告了欧洲多个国家在 1800 年前后的估计识字率。斯科菲尔德(Schofield, 1973)建立的英文数据库可追溯到 18 世纪中叶。通过分析遗嘱,格雷戈里·克拉克(Gregory Clark, 2007)构建了另一个大型的英语阅读数据库,该数据库甚至可以追溯到 1585 年。

当然,建立可以追溯到 16 世纪的识字数据库是一个例外情况,而且只有在英格兰这样的国家才有可能,因为那里的资料来源比世界上大多数其他国家好得多。在大多数国家,数据来源匮乏,直到工业革命之后才提供识字率或入学率。对于世界上的一些欠发达国家或地区来说,我们甚至找不到过去 50 年的综合入学率,因为学校教育不是强制性的,或者附近没有供儿童入学的学校。但是,在只为富人提供教育的时代,或者在数据来源非常匮乏的地区,我们如何衡量人力资本呢?

在众多的调查、教堂登记簿或人口普查名单中,人们报告了一些信息,学者们可以从中得出一个基本的人力资本指标:他们的年龄。计算这一指标的基本概念是所谓的年龄堆积:在早期,当人们没有出生证明或护照时,他们往往对自己的真实年龄没有意识,或者根本不知道真实年龄,因为没有人记录他们的确切出生日期。因此,当人们被问到他们的年龄,而他们并不知道时,他们往往会说一个"常见"的数值。例如,他们声称自己35岁,而实际上他们是34岁或36岁。因此,年龄分布在这些流行的数值上显示"堆"(heap)或年龄分布的"尖峰"(spikes),这主要是5的倍数。为什么这一分布显然不能反映年龄的真实分布?我们可以用一个小的例子来探讨这一点。例如,如果在1935年有100人报告年龄为35岁,但只有50人报告年龄为34岁或36岁,这意味着1900年出生的儿童数量是1901年和1899年的两倍。这在现实中几乎不可能发生,很可能是由于被访者没有意识到自己的真实年龄。这一现象给人口学家带来了问题,因为他们很难估计男性和女性在某些年龄组中的真实分布情况或人口的预期寿命(参见 A'Hearn et al.,2009)。虽然这种模式不利于人口研究的准确性,但实际上对基础教育研究是一个好处:通过使用如惠普尔(Whipple)这样的指标,我们可以计算出那些能够准确报告自己年龄的个体与报告近似年龄的个体之间的比率。因此,基于年龄堆积的指标,我们能够在长时段上对许多国家的基本数字计算能力或人力资本进行研究。

许多作者在与基础教育相关的各种研究话题上使用了目前已经成熟的年龄堆积方法:迈尔斯(Myers,1954)、莫基尔(Mokyr,1983)、泽尔尼克(Zelnik,1961)、邓肯-琼斯(Duncan-Jones,1990)、巴德和吉南(Budd and Guinnane,1991)、奥格拉达(Ó Gráda,2006)、曼策尔等人(Manzel et al.,2012)以及克雷恩和巴滕(Crayen and Baten,2010a,2010b)研究了不同国家、世界不同地区和不同时间段的计算能力差异。埃亨等人(A'Hearn et al.,2009)证明了基于年龄累积的指标与识字率之间的密切关系。德莫尔和范赞登(De Moor and van Zanden,2010)、曼策尔和巴滕(Manzel and Baten,2009)以及弗里森等人(Friesen et al.,2013)评估了在世界不同地区,不同性别的人在计算能力方面的差异,而朱夫和巴滕(Juif and Baten,2013)比较了西班牙征服前后印加帝国的印第安人的计算能力水平。斯托尔兹和巴滕（Stolz and Baten，2012）分析了移民对人力资本选择性的影响，因此，他们测量了移民国家的"人才外流"或"人才流入"的程度。①例如，沙雷特和孟（Charette and Meng，1998）评估了识字和算术对劳动力市场结果的影响。

360

在下一节中，我们将更详细地解释年龄堆积法的优点和潜在的注意事项。我们还讨论了常用于粗略估算基本数字计算能力的指标，并描述了它们的计算方法。此外，我们还探讨了基于年龄堆积的指标与诸如识字率和学校教育等其他指标之间的关系。在"年龄堆积指标在各种研究中的应用"一节中，我们综述了通过实施年龄堆积法开展评估的不同研究课题，而在"世界不同地区和不同时期的数字计算能力发展"一节中，我们讨论了对不同世界地区计算水平差异进行考察的研究。在"世界不同地区女性数字计算能力的趋势与性别差距"一节中，我们介绍了女性数字计算能力的发展和性别差距。"结语：数字计算能力对增长的影响"一节提供了关于基本数字计算能力影响的总结性观点。

基于年龄堆积的指标：优势、潜在偏差和指数

优势、潜在偏差和堆积模式

使用数字计算能力作为衡量人力资本的指标的基础是，有一定比例的人在早期（特别是在工业革命之前）并不知道自己的实际年龄，因为他们不知道自己的出生日期，或者他们无法计算从出生日期到实际年龄的年数。②因此，当他们被问及年龄而又不能准确地陈述时，他们不会随机任意地选择数字，而是通常倾向于报告一个可以被5整除的数字，例如35、40、45等（Duncan-Jones，1990；A'Hearn et al.，2009）。

---

① 人才外流意味着受过高等教育的人从他们的原籍国移民到另一个国家。人才流入则意味着相反的效果。
② 然而，我们必须记住，今天仍有一些人生活在最不发达的国家，他们在被询问时并不知道自己的真实年龄（Juif and Baten，2013）。

361   上面提到的是最常见的堆积模式,但也有一些在 2 的倍数上的堆积,即在偶数年龄上产生堆积。①在中国文化中,人们可能也会想到一种不同的堆积模式,例如,避讳数字 4,在中文中它的发音类似于"死",或是偏好数字 8,因其发音与"发(财)"相关联(Crayen and Baten,2010a)。然而,巴滕等人(Baten et al.,2010)发现,移民到美国的华裔移民,在年龄为 5 的倍数上进行的堆积要比龙年的堆积多得多,虽然龙是在中国非常受欢迎的生肖。

　　基于年龄堆积的指标的一大优势是,它使我们能够在很长一段时间内评估大量国家的基本数字计算能力,因为这一现象可能直到某个时间点为止,在大多数社会中都会出现(Duncan-Jones,1990)。第二个优点是有大量的数据源可以用来计算数字计算能力指数。原则上,我们可以使用任何一份人们必须报告其年龄的清单,包括人口普查清单、教会调查、税务清单、婚姻登记册、死亡登记册和航运清单,而这仅仅是无数数据源中的几个例子。当然,在使用这些数据源时,需要研究选择偏误。我们所知道的人类历史上最早的一次人口普查是奥古斯都皇帝在基督诞生前后实施的人口普查,玛利亚(Maria)和约瑟夫(Joseph)前往他们的出生地进行人口普查。然而,邓肯-琼斯(Duncan-Jones,1990:79)揭示了另一种测量远古时代年龄意识的方法:

----

① 德莫尔和范赞登(De Moor and van Zanden,2010)甚至报告了中世纪和近代早期不同来源的 12 的倍数的偏好,其中包括 1427 年托斯卡纳人口普查和 1422 年兰斯人口普查。这种现象可能是宗教取向和数字 12 作为神圣数字的潜在用法的结果。有趣的是,这种堆积模式更多地被女性而非男性所采用,尤其是在近代早期的荷兰南部。这可能是由于女性比男性更严格地遵守宗教习俗或信仰,尽管这还没有科学证明。

　　如果在第 t 年对一定比例的人口进行调查并将结果记录下来,而在第 t+1 年进行其他数据收集,也可能出现另一种模式。在人口普查结束后,人口普查官员在 t+1 年将结果汇编成一份清晰而全面的列表。因为他或她知道在 t 年报告的年龄,他把这些年龄加了 1 岁。因此,我们发现在这些列表中,年龄在末位数字 1 和 6 上堆积。如果可以毫无疑问地确定这一模式,则应从所有受影响的年龄表述中减去额外年份。

　　类似地,一些作者的研究发现,基于婚姻列表中年龄陈述的计算能力往往有高估的倾向(这部分是由于在许多历史社会中,婚姻仅限于那些挣钱养家的人)。另一方面,死亡登记往往会有一定程度的低估。如果死者没有可以提供年龄说明的任何亲属或密友,记录人就可能发生这种类型的偏误。结果是他或她自己估计年龄。作者提供了对不同类型数据来源的调整因子。

通过罗马时代墓碑上的铭文来判断。在基督诞生后的最初几个世纪里,在5的倍数上产生的年龄堆积非常普遍,年龄误报率高达60%。

在根据上述列表计算年龄堆积水平时,最重要的因素是个人年龄是自我报告的,而未经他人核对检查。①在某些情况下,尤其是教堂登记数据,例如婚姻登记册数据,也有牧师可能会在出生登记册或洗礼登记册上复核新郎和新娘各自的年龄。在年龄被复核的情况下,我们通常根本检验不到任何年龄堆积。因此,如果我们发现某一地区的数字计算水平极高,尤其是在农村教区的早期样本中,我们要么从数据集中剔除样本,要么检查这一高数字计算水平的可能性。例如,我们可以将数字计算水平与相应的教区识字率进行比较,或与基础设施、教育系统类似的地区或村庄的数字计算水平进行比较(A'Hearn et al.,2009)。一般来说,我们认为,我们感兴趣的研究时段越早,年龄堆积程度越大,年龄记录数据就越不可能受到他人复核。在政府当局进行的人口普查中,以及在不存在强制性身份查验的时期,我们可以假定年龄没有进行复核。

另一个可能的反对意见是这样一个问题:我们测量的究竟是谁的年龄?前述的那些说法是否真实地反映了受访者的模式,或者说我们所观察到的年龄堆积实际上是由人口普查员造成的?批评者可能会争辩说,人口普查员可能自己估计了这些人的年龄,或者纠正了那些对他或她来说不可信的说法。因此对于每个数据源,研究者们必须仔细检查这个潜在的问题。然而,在正在讨论的研究中,有各种各样的迹象表明,情况并非如此。根据曼策尔和巴滕(Manzel and Baten,2009)的研究,一些行政管理部门明确要求普查人员单独询问这些受访者。②此外,如果年龄堆积结果受到普查人员个人数字计算水平的影响,某一地区或国家内部的同一出生群体的人口普查结果应该有所不同。然而,作者发现不同的人口普查结果显示,不同出生年

① 当然,如果我们考虑墓碑或死亡登记册,其中展现的年龄不可能是自我报告的。这些资料中提供的年龄反映了报告年龄的人的堆积模式。但即使在这种情况下,也可以观察到性别或社会群体的差异(Duncan-Jones,1990:83)。因为提供墓碑年龄的人很可能与死者有关,或至少具有类似的社会或教育地位。
② 他们发现了有关人口普查的信息,从中可以清楚地看出,当局要求人口普查员对每个人进行单独调查。

份的人展现的年龄堆积水平非常相似。

另一个支持被调查者是自我报告年龄的有力论据是,我们发现职业群体和社会群体在数字计算能力方面的差异。巴滕和穆默(Baten and Mumme,2010)以及托尔纳克和巴滕(Tollnek and Baten, 2013)指出,受过良好教育的专业群体(如商人)的基本数字计算能力明显高于不具备技能或具有部分技能的个人。此外,埃亨等人(A'Hearn et al., 2009)发现,在一个区域或全国范围内,识字率和算术率之间的相关性非常强。显然,只有当人们自己陈述自己的年龄时,我们才能够发现这种相当大的地区或职业差异。

关于家庭或已婚夫妇的信息,还有一个可能要讨论的问题:女性是否自己报告了自己的年龄,或者她们的丈夫是否帮助过她们,甚至替她们作答?同一来源的男性和女性间数字计算能力的比较有多大的可靠性?在各种研究中,学者们建议我们相信女性所作或指定的年龄陈述:例如,根据德莫尔和范赞登(De Moor and van Zanden, 2010)的研究,比利时人口普查中的女性和男性数字计算指数实际上差别不大。因此,我们似乎可以相信受访者是自我报告年龄的。此外,他们还发现,女性有时对不同的数字表现出不同的偏好(例如数字 12 的倍数),只有女性自己陈述其年龄时,才会出现这种情况。

曼策尔等人(Manzel et al., 2012)还发现了支持家庭成员自我报告的证据,这是基于 1744 年布宜诺斯艾利斯人口普查的结果:如果是户主代表其他家庭成员报告年龄,家庭成员间应该会有显著的数字计算能力差异。因为会假设户主比其他家庭成员受过更良好的教育,在多数情况下拥有一份足以养活家庭的职业的收入。然而,作者利用数据检验,发现户主与非户主在年龄堆积现象上的差别几乎可以忽略不计,即使有人可能会假设,这些户主比其他成员受教育程度更高,因为他们提供家庭收入,而且大多数情况下有工作。* 此外,作者还报告了来自采访者的其他评论。关于一个自我报告为 30 岁的人,他记录道:"……此人看起来相当老"(Manzel et al., 2012:

---

* 如果是户主代替其他家庭成员报告年龄,那么与户主相比,其他家庭成员的年龄堆积水平应该更高,因为户主可能不确定其他家庭成员的准确年龄,从而带来额外的年龄堆积现象。——译者注

940)。这种说法强化了这样一种假设，即人口普查人员单独询问人们的年龄，而没有接受其他人代为回答。根据上述研究的所有结果和关于各种普查程序提供的资料，我们可以假定该项研究提供了有关各人口基础教育的可靠资料。

惠普尔指数、ABCC 和其他指数

我们可以采用多种指数来衡量年龄堆积。在某些情况下，根据作者的不同，所采用的研究方案各不相同。不过，许多指数的共同点是，假设年龄(用整数表示)遵循离散均匀分布。例如，在30—39 岁的年龄组中，预计有10％的人报告他们的年龄为31 岁，即31 岁是30—39 岁年龄组中唯一以"1"结尾的数字。在5的倍数进行年龄堆积，意味着这个年龄组20％的年龄以数字0或5结尾。例如，奥格拉达(Ó Gráda, 2006)通过观察30—34、40—44 年龄组中可被10 整除的数字的分布来生成一个简单的指数。在最简单的情况下，观察每组的五个年龄段，每个数字的分布应该相同。大于0.2 的值表示受访者采用取整数模式。因此，我们期望每个年龄段的报告人数大致相同。然而，我们必须谨慎对待年龄分布的假设。尤其是在老年群体中，与69 岁的人相比，60 岁的人更有可能存活(Crayen and Baten, 2010a:84)。

在测量年龄堆积的实际程度时，如埃亨等人(A'Hearn et al., 2009)所述，有一些我们所期望的特性可用于提升指标的准确程度。首先，该指数应无标度性(scale independent)，这意味着它可以为具有相同年龄堆积模式但不同样本大小的两个样本提供可比较的结果。第二个有价值的特征是对堆积程度的线性响应，这意味着当堆积增加时，该指标线性增加。最后，不同随机样本的变异系数应尽可能小。[1]

有一些已建立的测量指标至少具有一些上述期望的属性，如莫基尔(Mokyr, 1983)、巴希(Bachi, 1951)和迈尔斯(Myers, 1954)提出的指数。[2]埃亨等人(A'Hearn et al., 2006)总结道：莫基尔和巴希提出的指标不是根据特定的预期分布计算的。因此，它们不依赖于特定的假设，即哪个末

364

---

[1]　为了解更多关于该性质的详细讨论，请参见 A'Hearn et al (2006:11—21)。

[2]　我们在本节中提到的莫基尔指数也称为 Lambda 指数(A'Hearn et al., 2006)。

位数字以一定的频率出现。然而,迈尔斯(Myers,1954)也讨论了一个常见的处理方式,即每个末位数字的预期比例为 10%。对于这个研究步骤,有必要将所有以末位数字为 0 的年龄相加,然后将末位为 1 的年龄相加,以此类推,例如从 20 岁开始相加。在下一步中,计算人口中各末位数字(0 到 9)占总人口的比例。①因此,每一个百分比比例大于 10% 就意味着各数字代表的年龄过多。迈尔斯(Myers,1954)提出的"混合"指数的工作方式与该方式类似,但有一些调整,例如,他没有在 20 岁时开始加总,而是使用 23—32 岁之间的每个年龄段的末位数字作为起点。然后,他将年龄与每个末位数字(0 到 9)相加,但不是对每个末位数字进行一次计数,而是根据首位数字进行多次计数。②该研究过程的结果代表了报告年龄的人与末位数字的相对比例。如果数据中没有年龄堆积,那么每个数字所占的百分比应该与 10% 相差不大(Myers,1954:827)。③

尽管巴希和迈尔斯提出的指数至少在数学意义上是无标度性的,但正如埃亨等人(A'Hearn et al.,2006)所展示的④,没有一个指数在统计学意义上是无标度性的,这意味着数学标度无关性在随机样本中并不成立。本节讨论的三个指数中的每一个都可以用来显示任何类型的年龄堆积,无论是 5 的整数倍还是 1—10 中任何一个数的整数倍。这可能相比于只能检验到 5 的倍数偏好的指标是一个小小的优势。然而,有一个指标在其统计特性上超过了所有其他指标:惠普尔指数。惠普尔指数在统计上与尺度无关,其期望值随堆积程度线性上升,其变异系数低于其他讨论的指标(A'Hearn et al.,2009)。惠普尔指数以公式(8.1)计算:

---

① 数字 0 包括以 0 结尾的所有年龄,因此包括 30、40、50 等。数字 1 包括以 1 结尾的所有年龄,因此是 31、41、51 等。

② 迈尔斯批评说,在某个特定年龄(例如 20 岁)开始加总,会增加以数字 0 结尾的人的比例,因为首位数字自然比末位数字更频繁地出现。

③ 有关"混合"方法更详细的描述,请参见 Myers,1954。

④ 统计标度相关性(statistical scale dependency)是指将一个指标应用于不同大小的随机样本时,假设的数学无标度性不再成立。有关此主题的更多信息,请参见 A'Hearn et al.,2006:11—21。

$$Wh = \frac{\sum (n_{25} + n_{30} + \cdots + n_{65} + n_{70})}{\frac{1}{5}\sum_{i=23}^{72} n_i} \times 100 \qquad (8.1)$$

在这一公式中,报告年龄末位数字为 0 或 5 的人数被加总,再除以所有报告年龄人数之和,年龄范围为 23—72 岁。随后,我们将分母上报告的各年龄人数总和乘以 1/5。这是基于一个假设:20% 的人正确地报告了以 0 或 5 结尾的年龄。为了方便起见,最后将整个项乘以 100。因此,惠普尔的指数通常在 100 到 500 之间。如果所有个体中正好有 1/5 的人表明年龄的末位数为 5 的倍数,则惠普尔指数为 100。如果所有人年龄都报告为 5 的倍数,则惠普尔指数将增加到 500。然而,在解释这个数字时,我们必须小心:惠普尔指数 500 仍然意味着有 1/5 的四舍五入年龄的人的回答是正确的。诚然,由于这种规模的年龄堆积效应,我们不妨假设这些人由于年龄意识而没有报告正确的年龄。理论上,如果没有人报告年龄为 5 的倍数,惠普尔指数也可以取 0,这就是完美的“反堆积”(A'Hearn et al.,2009)。惠普尔指数呈线性增加,这意味着每当报告年龄为 5 的倍数的人口比例增加 50% 时,惠普尔指数就会上升 50%(Crayen and Baten,2010a:84)。

观察这一指数的设计,惠普尔指数显然不能解释这样一个事实:高龄的人越来越少。因此,报告 60 岁的人自然比 69 岁的人多,即使在其他情况下,人口中没有年龄堆积。我们可以通过计算 10 岁年龄组的惠普尔指数来减少这种潜在的偏差。此外,我们对年龄组进行排列,使报告年龄为 5 的倍数(尤其是末位数字为 0)在各年龄组中分布更为均匀:第一个年龄组从 23 岁开始,到 32 岁结束。其他年龄组也相应地排列为 33—42 岁、53—62 岁,依此类推。排除 72 岁以上的人更可靠,因为他们往往夸大自己的年龄。原则上,幸存者偏差效应也可能发挥作用,因为基础教育程度高的人可能会因为预期收入较高而拥有更高的预期寿命。然而,克莱恩和巴滕(Crayen and Baten,2010a)表明,这一偏差对实证影响甚微。

将 23 岁以下的个人排除在分析之外也是很常见的,原因有二。第一,年轻人往往在 20 岁左右结婚或在那时服兵役。由于他们经常要在这种场合报告自己的年龄,因此他们的年龄意识要比老年人强。第二,年轻人倾向于把自己的年龄报告为 2 的倍数,而不是 5 的倍数。此外,对于仍与父母住在一

366

251

起的孩子,我们不知道他们是否自己报告了年龄,或者他们的父母是否替他们作答(Manzel and Baten, 2009)。为了解释这一群体中,未被惠普尔指数直接捕捉到的 2 的倍数年龄堆积程度较高的情况,克莱恩和巴滕(Crayen and Baten, 2010a:Appendix A)建议向上调整惠普尔指数。通过这种调整,最小年龄组的惠普尔指数更高,因此调整后根据惠普尔指数估计出的数字计算能力降低。①

惠普尔指数结合了许多人们所期望的特性,并且在进行了一些调整之后,成为测量年龄堆积程度的可靠指标。然而,这一指标采用的度量规模及其结果的解释并非特别直观。埃亨等人(A'Hearn et al., 2009)通过引入另一个被称为"ABCC"②的指数来解决这个问题。计算过程如下式(8.2)所示:

$$ABCC = \left[1 - \frac{(Wh - 100)}{400} \right] \times 100,当 Wh \geqslant 100;否则 ABCC = 100$$

$$(8.2)$$

ABCC 是惠普尔指数的简单线性变换,数值范围在 0 到 100 之间。对于"完美"堆积的情况,惠普尔指数为 500,ABCC 的值为 0。如果每个人都正确地报告了他们的年龄,ABCC 值将增加到 100。因此,ABCC 可以直观地解释正确报告年龄的人所占的比例。到目前为止,这一测量方法已被成功应用于各种研究(Manzel and Baten, 2009;Baten and Mumme, 2010;Manzel et al., 2012;Stolz and Baten, 2012;Juif and Baten, 2013;Baten and Juif, 2013)。

在没有其他可用指标时,年龄堆积指标如惠普尔指数和 ABCC 指数可以用来粗略估算基础教育水平,因此这些指标与其他指标具有相关性是非常重要的。结果表明,报告其正确年龄的人口比例与识字率或学校教育等指

---

① 如果惠普尔指数大于 100,他们建议在 33—42 岁年龄组每超过 100 的部分乘以 0.2,并加总到原先 23—32 岁年龄组的原始 ABCC 值,从而得出新的 23—32 岁年龄组的 ABCC 指数。例如,如果 23—32 岁年龄组 ABCC 指数为 150,33—42 岁组 ABCC 指数为 160,则 100 以上的数字必须乘以 0.2(60×0.2=12)。结果加上在 23—32 岁年龄段的原初 ABCC 值(150+12)。因此,最年轻年龄组 ABCC 新估计值为 162(Crayen and Baten, 2010a, Appendix A:95—96)。

② 该指数的名字由三位作者的姓氏加上格雷戈里·克拉克(Gregory Clark)的名字的首字母组成。

标之间有很强的相关性。迈尔斯(Myers,1954)发现了澳大利亚、加拿大和英国的高识字率和低水平的年龄误报之间的关联性。邓肯-琼斯(Duncan-Jones,1990)同样发现了20世纪一些发展中国家的年龄堆积程度与文盲率之间的显著相关性,其中包括埃及(1947年)、摩洛哥(1960年)和墨西哥(1970年)。此外,埃亨等人(A'Hearn et al.,2006:21)也对不同国家的年龄堆积程度和文盲率之间的关系进行分析。他们发现在数据集中,几乎在全部52个国家中,这两个指标之间存在着非常强的、显著和稳健的相关性。在对美国进行的详尽分析中,就存在这种特别强的相关性,即使在控制出生地、种族和性别比例的情况下也是如此。而且,无论是采用混合截面回归还是区域固定效应回归,这种相关性都很明显(A'Hearn et al.,2009)。

此外,克莱恩和巴滕(Crayen and Baten,2010a)检验了小学教育、身高和国家历史是否悠久等因素对年龄堆积的影响。[①]对于全球数据集,他们发现学校入学率是不同社会中数字计算能力发展的驱动因素之一。不管他们怎样调整模型,这一变量均不受加入的控制变量的影响,且总是与年龄堆积高度显著相关。因此,我们可以认为基于年龄堆积的指标是基础教育的有效估计量。

年龄堆积指标在各种研究中的应用

重建极早期的数字计算能力差异:以印加帝国的印第安人为例

阿西莫格鲁等人(Acemoglu et al.,2001,2002)研究了前欧洲殖民地之间的差异。他们比较了今天富裕的前殖民地和贫穷的前殖民地。他们认为欧洲人在那些瘟疫频发的殖民地建立了剥削性的制度。与之形成鲜明对比的是,欧洲人在那些成功定居的殖民地建立了促进经济增长的制度,包括美国、澳大利亚、阿根廷和南非的部分地区,而前者的典型例子是西非。殖民

---

① 身高被用作婴儿营养不良的替代指标,因为一个人越矮小,他或她就越可能得不到富含蛋白质的营养,这也阻碍了数字计算能力的提升。国家古老指数近似于制度水平。

时期制度在促进增长方面存在差异,而这些差异延续下去,并在 20 世纪后期转化为更好或更差的制度。这对今天的人均实际收入差异产生了影响,因为制度往往在较长的时期内保持相似性。将年龄堆积技术应用于这一主题尤其重要,因为除制度观点外,另一些观点表明人力资本渠道发挥了重要的作用(Glaeser et al.,2004)。例如,一个相关问题是,是否存在"前殖民时代的遗产",即在殖民者到来之前,那些地区在经济和社会领域投资了多少?

朱夫和巴滕(Juif and Baten,2013)的一篇论文采用了早期西班牙人入侵印加帝国后直接进行的人口普查数据。这篇论文利用了这样一个事实:基本的计算能力通常是在出生后的前十年内习得的。显然,需要考虑的问题是,这种出生队列特定(birth cohort-specific)分析是否会被之后的学习过程所扭曲。然而,鉴于殖民者入侵前出生的队列得到的计算值接近于零,这一估计几乎不可能存在向上偏误(upward bias)。相比之下,殖民者入侵后出生的人群的算术水平在缓慢上升。因此,这项研究最重要的结果是,美洲安第斯地区实际上存在着一些殖民前的遗产或重负。这一遗产在殖民时期并没有减少,因为秘鲁的"米塔"等殖民机构加剧了教育不平等(Dell,2010)。在早期,有趣的是在殖民者入侵期间,一些与西班牙人结盟的印第安人(作为回报,他们在入侵后获准免税并得到不那么糟糕的生活水平)也显示出了更高的数字计算能力。一种可能的解释是,他们稍高的净收入允许他们更多地投资于孩子的基本算术能力。当然这一被观察到的结果可能与文化态度有关,这暗示了一个不同的数字凑整行为。作者们考虑的另一个问题是,殖民地官员是否没有询问印第安人的年龄,而是倾向于在不询问的情况下对印第安人的年龄进行估算(如果他们在询问之后进行了估算,这对于年龄堆积程序来说就不是问题,因为在这种情况下,被调查者很可能也不知道自己的年龄)。朱夫和巴滕在他们的研究中驳斥了这些质疑,他们的论据是印第安人群体内部数字计算能力的巨大社会差异。此外,殖民地官员有时会明确地有所记录——如果受访者自我报告的年龄和受访者看起来的实际年龄非常不同。这清楚地表明印第安人实际上是被问到他们的年龄的。因此,这项针对非欧洲国家最早的数字计算能力的研究表明,在前殖民时代,事实上极有可能存在负面遗产。

宗教与数字计算能力

许多学者最近研究了人力资本形成的潜在宗教决定因素[参见贝克尔和韦斯曼(Becker and Woessmann，2009)发表的一项出色的并被广泛引用的研究综述]。这类文献强调了宗教规则相对外生的特点，因为人们认为阅读宗教文本的必要性较少地受到经济因素和利益最大化的教育投资决策的影响。博蒂奇尼和埃克斯坦(Botticini and Eckstein，2007)解释了在犹太信仰中为自己(男性)后代提供教育的宗教规则是如何出现的。在公元前1世纪，犹太教两个有影响力的宗教派别之间发生了冲突。其中一个派系——法利赛派强调了宗教肩负的教育责任，他们对犹太教的影响比另一个派别更大。博蒂奇尼和埃克斯坦强调，犹太教的教育规定并非出于经济动机，因为绝大多数犹太人都是农民和农村散工，在这一时期，大量的教育投资不会给他们带来足够的回报。只有在公元8世纪和9世纪，美索不达米亚的城市有了实质性的增长后，居住在那里的犹太民众才能利用他们因宗教规定而获得的较高教育水平，以从事那些有利可图的职业，如成为商人以及后来的银行家。中世纪的西欧实际上首先试图吸引犹太教教徒和上述职业群体，因为英格兰和法国的国王们认为政府收入可能会增加，事实上也确实如此。著名的限制犹太人口群体的法令也不包含那些犹太商人、银行家和其他小商贩，因为基督教徒禁止从事这些职业；同时这一限制是在中世纪晚期才产生的。因此，博蒂奇尼和埃克斯坦(Botticini and Eckstein，2007)拒绝接受限禁令导致高犹太教育水平的假说。

关于教育和数字计算水平的宗教差异的争论有着重要的意义，不管是对历史本身而言，还是对我们应如何理解人力资本的形成而言。因此，朱夫和巴滕(Juif and Baten，2014)研究了宗教裁判所指控在伊比利亚和拉丁美洲传播犹太教的人的平均差异。研究的时期从15世纪到18世纪。早期的资料主要来自宗教裁判所。为了进行识别，数据还列入了一个关于被告年龄的问题。除了来自宗教裁判所的证据，我们还纳入了基于人口普查的数字计算能力证据，以比较同一地区两者的差异。我们深入研究了潜在的选择性偏误，并最终排除了这些偏误。这项关于宗教和数字计算能力的研究最重要的结果是，被指控传播犹太教的人的数字计算能力远远高于平均水平。如果我们接受这一假设，即大多数被指控传播犹太教的人来自不同的教育行为(和不同的教育自我选择)的家庭,那么宗教因素似乎具有重要影响。然而,作者也发现,天主教精英(如牧师)的数字计算能力远高于伊比利亚和拉丁美洲人口的平均水平。

早期数字计算能力的路径依赖和土地不平等程度是不是现代数学和科学技能的决定因素之一?

在统一增长理论的框架下,加洛尔等人(Galor et al.,2009)将土地不平等作为人力资本形成的关键障碍之一。它们描述了土地不平等程度较高和较低的地区和国家的政治经济情况,假设了两个具有影响力的不同精英群体:大地主和工业资本家。在土地不平等程度较低的地区,工业资本家在教育投资决策过程中拥有相对较大的权力。相比之下,在土地不平等严重的地区,大地主仍然掌权,对将其纳税收入用于小学教育并不特别感兴趣。首先,他们的农业散工不必接受教育来完成他们的体力劳动(至少在传统观点中如此)。其次,额外的小学教育会增加他们的税收负担。再次,受过教育的工人可能已经搬到城市,甚至可能已经开始了土地改革。在一项关于土地不平等对现代数学和科学技能影响的研究中,巴滕和朱夫(Baten and Juif,2013)还将早期数字计算能力(约 1820 年)列为第二个主要决定因素。他们发现,即使在控制了土地不平等和其他一些因素之后,早期的数字计算能力也有很大的解释力。这种路径依赖似乎是通过经济专业化起作用的:如果一个经济体在早期就专门生产人力资本密集型产品,那么相对较高的收入可以为下一代投资教育。此外,这种人力资本密集型的生产方式可能会导致巨大的转换成本,因此,这些国家专门从事这类生产,并为其产品建立了品牌和声誉。因此,它们极有可能有着高度的路径依赖。

前工业时代不同职业群体之间的数字计算能力差异

当涉及由谁(是普查员还是受访者自己)报告了人口普查数据中最终记录下来的年龄这一问题时,对于职业群体之间的数字计算能力的分析就至关重要了。如果职业群体之间的年龄堆积水平有显著差异,这可能表明受访者自己报告了自己的年龄。德莫尔和范赞登(De Moor and van Zanden,2010:204)能够识别出阿姆斯特丹 17 世纪三个职业群体[高技能专业人员

（professionals）、工匠和非技术劳动者］在计算能力上的差异。虽然高技能专业人员的年龄堆积水平相对较低（ABCC 指数为 100），但非技术劳动者的情况则相反，他们表现出高水平的年龄堆积。①工匠的年龄堆积指数略高于非技术劳动者。

托尔纳克和巴滕（Tollnek and Baten，2013）评估了早期四个欧洲国家（奥地利、西班牙、意大利南部和德国）以及乌拉圭的职业群体的数字计算能力。瑞士的识字数据提供了更多信息。综合数据集共包括近 3 万个涵盖个人年龄、性别和职业信息的观测值。作者采用阿姆斯特朗分类法区分了六个职业群体（Armstrong，1972）：高级技能人员（医生、律师等）、中级技能人员（行政人员和高级职员）、具有技能的劳动者（工匠和店主）、具有部分技能的劳动者（牧民和马车司机）、非技术劳动者（散工），农户（小农和拥有中型或大型农场的农民）。②这一描述性分析已经显示出群体间的巨大差异。在所有欧洲国家，高级技能人员的数字计算能力最高（ABCC 指数为 86—96），其次是反映较低数字计算能力的中级技能人员和具有技能的劳动者（Tollnek and Baten，2013：33）。社会中的两个最低技能的群体，即具有部分技能的劳动者和非技术劳动者，其数字计算能力在所有国家中都最低。③有趣的是，农民的年龄堆积水平较低，数字计算能力与具有技能的劳动者相似。在德国和乌拉圭，农民的数字计算能力甚至接近于德国的高技能专业人士和乌拉圭技术水平最高的群体。

371

作者还用 logistic 回归分析了这些差异，以"是否具有准确的数字计算能力"作为因变量。这一变量定义如下：如果一个人准确报告了年龄，则赋值为 1，否则赋值为 0。④他们对半个世纪以来的出生时间、国家、年龄（因为年轻人可能更确切地知道自己的年龄），以及（最重要的是）职业群体的类别做

① 德莫尔和范赞登（De Moor and van Zanden，2010）使用惠普尔指数进行计算。为了方便起见，我们将数字转换成 ABCC 值。

② 括号内的职业只是例子。根据阿姆斯特朗分类法，数据集总共包括数百种职业。

③ 德国是一个例外，因为中级技能人员，具有技能的劳动者、具有部分技能的劳动者和非技术劳动者之间的差别不大。

④ 系数随后乘以 125，对年龄报告为 5 的倍数的人群中 20% 正确报告的年龄的人进行修正。更多信息请参见托尔纳克和巴滕（Tollnek and Baten，2013）研究中的附录 B。

了控制。回归结果有力地证实了样本中所有国家的描述性结果。具有最高技术的三个组别和农户组具有准确的数字计算能力的概率显著高于具有部分技能的劳动者和非技术劳动者(Tollnek and Baten, 2013:28)。高级技能人员和具有技能的劳动者的系数大约为 18 和 8。农户获得"成功"(即"具有准确的数字计算能力"的值取 1)的概率排在第三位,系数接近 9。这一结果可以解读为,与最低的两个组相比,农户组具有准确数字计算能力的概率更高,约高出 9%。这些结果也被来自瑞士的识字率证据的回归所证实。

世界不同地区和不同时期的数字计算能力发展

欧洲的人力资本革命

埃亨等人(A'Hearn et al., 2009)讨论了中世纪晚期到近代早期整个欧洲数字计算能力的发展。在这一时期,欧洲国家的数字计算能力有了显著增长,可以说是一场"人力资本革命"。虽然所有欧洲国家的数字计算能力都在提升,但欧洲不同地区之间却存在差异。西欧国家表现出了非凡的发展。早在 1450 年左右,荷兰具有数字计算能力的人口比例(使用 ABCC 指数近似)约为 70%(A'Hearn et al., 2009:801, 804)。[①] 英国和法国分别在 1600 年和 1650 年超过了这一数值。另一方面,英国和丹麦在 18 世纪拥有数字计算能力的人口比例已超过 90%。虽然直到 19 世纪丹麦的比例一直在持续增长,但是英国这一比例基本保持在同一水平。

中欧各国的情况看起来非常相似(A'Hearn et al., 2009:801, 804)。奥地利和德意志新教地区(Protestant Germany)在 1600 年前后拥有数字计算能力的人口已经高达 78%—87%。德意志天主教地区(Catholic Germany)的这一比例较低(约 1700 年为 68%),但此后很快趋于一致。与欧洲其他国家相比,东欧国家稍显落后:在 1600 年左右,波希米亚具有数字计算能力的人口比例仅

---

① 这些数据按年龄组排列,然后转入半个世纪的出生时间。因此,从人口统计中减去各年龄组的值。结果值四舍五入到 50 年间隔的年份。例如,如果人口普查年份是 1740 年,那么 23—32 岁的年龄组出生于 18 世纪上半叶。

为 44％。在一段时间之后的 1650 年,俄罗斯和匈牙利具有数字计算能力的人口比例分别为 43％ 和 32％。然而,在大约 1800 年的近代末期,绝大多数欧洲国家设法显著地提高了其人力资本价值。即使是落后的地区,如波希米亚和俄罗斯,其具有数字计算能力的人口比例已高于 80％ 或接近 90％。

拉丁美洲的数字计算能力水平

曼策尔等人(Manzel et al., 2012)分析了一些拉丁美洲国家从 17 世纪到 20 世纪初在数字计算能力方面的长期趋势。其中一些国家,如阿根廷和乌拉圭,在整个样本时间段内人力资本增长强劲,可与一些欧洲国家相媲美。虽然阿根廷在 1680—1690 年出生人口中具有数字计算能力的人口不到 20％,但在 1800 年左右达到了将近 70％(Manzel et al.,2012:954)。[①]随着 19 世纪的突飞猛进,在 20 世纪初阿根廷的这一数值几乎达到了 100％。乌拉圭的发展也很相似,在 19 世纪的某些时候,它的数字计算能力甚至比阿根廷更高。尽管出现了如此多的趋同现象,一些拉丁美洲国家仍在 19 世纪经历了一个分化的过程:在哥伦比亚、墨西哥和厄瓜多尔,ABCC 指数停滞不前。虽然从 1680 年到 1790 年,墨西哥的数字计算能力一直在不断提高,但在整个 19 世纪几乎没有任何改善。厄瓜多尔的水平在 19 世纪甚至略有恶化。巴西是一个特殊的例子,因为从 18 世纪开始它的数字计算能力不断提高,然后在 19 世纪上半叶经历了短暂的停滞,并在随后的几十年里又设法提升了人力资本。在 20 世纪初,所有观察到的国家的数字计算水平都有了很大的提高。

373

工业化国家与世界其他国家相比

克雷恩和巴滕(Crayen and Baten,2010a)评估了全世界 165 个国家数字计算能力的长期趋势。一些迄今未讨论的成功工业化国家的发展值得关注:美国在 19 世纪初的 ABCC 值低于 87,与同期其他工业化国家相比,这是

---

① 阿根廷和墨西哥的数值基于回归结果的估计值。作者控制了资本效应和男性比例。更多信息请参见 Manzel et al.,2012。所有国家的数据都是按出生年份排列的。因此,从普查年份中减去年龄组的值,所得值四舍五入到 10 年间隔的年份。例如,如果人口普查年份是 1940 年,那么 23—32 岁的年龄组出生在 1910 年。

最低的数值(Crayen and Baten，2010a:85)。①到了 19 世纪中期，美国 ABCC 值增加到了 85。在接下来的几十年里，美国仍不断提高，在 19 世纪末达到了 98 左右。1830 年前后，西班牙的这一数值约为 88。西班牙的数字计算能力增速比美国慢，但在 20 世纪初也达到了接近 100 的水平。希腊和塞浦路斯也是例外，它们在 19 世纪末的 ABCC 值分别低于 75 和 78。然而，在整个 20 世纪，它们的 ABCC 值急剧上升。爱尔兰是为数不多的工业化国家之一，其 ABCC 指数在 19 世纪 70 年代略有下降，这可能是 20 年前发生的大饥荒所导致的。

世界范围内数字计算能力趋势的比较揭示了一些重要的差异。在 1840 年左右，南亚国家的年龄堆积水平最高，ABCC 值不到 13(Crayen and Baten，2010a:87)。在接下来的几十年里，这个数值稳步增长，在 20 世纪 40 年代 ABCC 指数达到 55 以上。在 19 世纪 20 年代，中东和北非的数字计算水平分列倒数前两位，数值均低于 25。埃及很可能是该地区年龄堆积水平最高的国家，ABCC 几乎为 0("完全"堆积的情况)(Crayen and Baten，2010a:86)。但与南亚类似，中东和北非国家不断提高数字计算能力(Crayen and Baten，2010a:87)。工业化国家处于数字计算水平最高的层级上。在 19 世纪初期和中期，东亚的 ABCC 水平仍然低于 88。②然而，在短短几十年的时间里，中国的年龄堆积水平急剧下降，并在 1880 年左右消失。东南亚和拉丁美洲介于年龄堆积程度较高和相对较低的地区之间。

374

世界不同地区女性数字计算能力的趋势与性别差距

一些工业化国家妇女的数字计算能力趋势

教育和工资方面的两性平等是一个有争议的话题。即使在收入和教育

---

① 克雷恩和巴滕(Crayen and Baten，2010a)的所有计算都使用惠普尔指数。为了方便起见，我们将所有数字转换成 ABCC 值。

② 东亚地区以中国数据为主，因为日本被认为是工业化国家的一部分。

水平相对较高的国家,如欧洲国家或美国,关于男女工资差异的辩论也仍在持续。教育程度和经验相同的女性往往比在同一领域或同一职位工作的男性获得的工资低得多。

但在大多数人接受正规教育之前,男女之间的教育差异又如何呢?性别差距是什么时候出现的?随着时间的推移,这种差距是恶化还是改善?邓肯-琼斯(Duncan-Jones,1990:86)对墓碑铭文的分析揭示了罗马时代男性和女性的数字计算能力差异,这很可能是最早可测量的性别差距。虽然墓碑上的年龄实际上反映的是逝者亲戚的数字计算能力,但女性年龄的堆积程度却比男性高。邓肯-琼斯采用的指标代表了年龄报告为四舍五入的人与正确报告年龄的人的百分比。[1]在一些地区,如默西亚或潘诺尼亚,女性的年龄堆积水平明显高于男性(28.1%和17.1%),其他大多数地区的差异相对较小。例如,在毛里塔尼亚,女性的指数仅比男性指数高4.8%。在罗马,这一差距为6.8%。然而,也有一些地区的女性年龄堆积值较低,如意大利罗马以外的地区(1.9%)。

德莫尔和范赞登(De Moor and van Zanden,2010)评估了中世纪和近代早期低地国家的人力资本水平。比利时布鲁日(1474—1524年)的计算水平结果表明,女性和男性的总体差异相对较小:男性的ABCC指数约为85,女性为83(De Moor and Van Zanden,2010:194)。[2]在布鲁日,女性甚至略超过男性。[3]作者还发现,从16世纪至18世纪,荷兰也出现了类似的结果。当时的性别差距很小,女性有时比男性拥有更高的计算能力。

对于美国的情况,迈尔斯(Myers,1954:830)报告说,在20世纪50年代,女性比男性表现出更高的年龄堆积水平。在他的研究所覆盖的其他国家中(包括澳大利亚,加拿大和英国),他只发现了在20世纪40年代末或

375

---

[1] 他从年龄报告为四舍五入值的总人数中减去20%正确报告年龄为5的倍数的人。因此,报告的百分比仅包含了那些错误地表达四舍五入年龄的人。

[2] 德莫尔和范赞登(De Moor and van Zanden,2010)使用惠普尔指数。为了方便起见,我们将惠普尔指数的结果转换成ABCC指数。

[3] 然而,在检测12倍取整行为的"12倍指数"(即在报告年龄为12倍凑整行为的相关指数),女性代表的数值更高。这很可能是由于天主教徒的宗教习俗(De Moor and van Zanden,2010)。

50 年代初英国女性和男性在年龄误报方面的细微差别。而英国在这段时间里,女性比男性更准确地报告了自己的年龄。

拉丁美洲的性别差距

前面的例子表明,在特定的地区和时期,妇女接受基础教育的机会并不像人们预期的那样受到限制。然而,我们必须记住,例如,在妇女在社会中的地位方面,低地国家与许多其他国家不同。在近代,低地国家的男性和女性在家庭中的地位似乎已经相对平等(De Moor and van Zanden,2010)。但世界其他地区的妇女基础教育情况如何呢?

曼策尔和巴滕(Manzel and Baten,2009)通过基于年龄堆积的指标评估了拉丁美洲许多国家女性基础教育的发展情况。他们根据戈尔丁(Goldin,1995)提出的关于劳动力参与的基本理论进行分析。戈尔丁认为,随着时间的推移,女性劳动力的参与呈 U 形。在低收入和低教育水平的社会中,妇女在很大程度上从事农产品的家庭生产和家庭农场的工作。在这一进程当中,男性和女性的劳动力参与份额都很高。随着收入水平和市场一体化程度的提高,越来越多的女性从事家庭活动和照顾孩子,而男性则在工厂工作。例如,新的生产技术超越了传统的家庭生产。因此,妇女参与劳动力市场的程度降低。造成这种发展的一个可能原因是,妇女在工厂的工作受到社会歧视。在收入和教育水平较高的国家可以看到这一进程的第三阶段。女性能够获得更高的教育程度,并进入比制造业工作更体面的白领职业。在 U 形曲线的最后一个阶段,妇女再次积极参与劳动力市场。

曼策尔和巴滕(Manzel and Baten,2009)基于对 1880—1949 年间拉丁美洲和加勒比地区 28 个国家的数字计算能力的估计,证实了这一模式。[1]作者并未采用女性的相对劳动力参与率这一指标,而是将"平均受教育程度与男女之间受教育比例的关系"作为验证 U 形发展模式的指标。作为测量男女教育平等的一项常见方法,他们将男性的惠普尔指数减去女性的惠普尔指数,再除以男性的惠普尔指数。为了方便起见,随后将其乘以 100。如果结果是正值,则表明女性在计算能力上比男性有优势(如果指数为负则相反),

---

[1] 数据按出生年份排列。

它被定义为基础教育具有"两性平等"的特点。事实证明,大多数国家的平等指数都是负数。然而,对于一些在整个时间段内基本数字计算能力水平较高的国家来说,平等程度也相对较高,这表明处于 U 形假设的最后一个阶段。阿根廷、乌拉圭、圭亚那和苏里南的情况就是这样,这意味着如果社会普遍建立了基础教育,性别平等程度就会得到提高(Manzel and Baten,2009:50,51)。举例来说,阿根廷的 ABCC 值约在 95 到 100 之间,平等指数略高于零(Manzel and Baten,2009:51;Appendix,69)。例如,在危地马拉和多米尼加,作者发现了相反的情况,即低基本数字计算能力和低平等指数。然而,哥伦比亚的 ABCC 值在大约 80 到 90 之间,而平等指数在大约－26到－10 之间,这意味着哥伦比亚妇女在这一时期开始时有很大的教育劣势,但随着时间的推移,这种劣势逐渐减少(Manzel and Baten,2009:50—51;Appendix,69—71)。但也有一些例子,比如海地,其数字计算能力很低,而性别不平等却不明显,这表明海地处于 U 形假设的第一阶段。总的来说,在整个样本时间段内,加勒比地区的非西班牙语裔地区的平等指数和 ABCC 水平都比拉丁美洲国家高很多。① 在这一时期末,所有国家的平等程度随着基础数字计算水平的提高而上升。在拉丁美洲,ABCC 值从 1880 年的约78 增加到 20 世纪 40 年代的约 93,而在加勒比地区的非西班牙语裔地区,则从约 90 增加到 99(Manzel and Baten,2009:52)。在拉丁美洲,平等指数从低于－12 提升到－5,在加勒比地区的非西班牙语裔地区从大约－3 增加到略高于 0(Manzel and Baten,2009:55)。与拉丁美洲相比,加勒比地区的西班牙语裔地区 ABCC 值和平等指数总体而言较低。

　　为了检验 U 形假设,曼策尔和巴滕以平等指数为因变量进行回归分析,控制女性投票权和民主指数等其他因素。U 形图中最重要的变量是用于估算基础教育水平的 ABCC 值,这些 ABCC 值作为控制初始教育水平的线性参数加入到模型内,它们的平方项也被加入到模型中,用来检验高教育水平的影响。因此,线性(因此较低的)ABCC 值对平等产生了显著的负面影响,而

377

───────────────

①　非西班牙语裔国家的不平等程度较低,可能是由于奴隶制所创造的制度框架。由于男性和女性都被赶出本国,不得不平等地工作,"传统"的性别角色并没有像其他国家那样演变。此外,加勒比海地区的女性比拉丁美洲女性更经常外出工作(Manzel and Baten,2009)。

较高的教育水平（ABCC的平方项）对两性教育平等产生了显著和正向的影响。作者还绘制了估计值来描述U形：向下的斜坡趋于平滑，而向上倾斜的部分在数据中明显可见。因此，在拉丁美洲和加勒比地区，他们也证明了这一假设。

亚洲的性别差距

弗里森等人（Friesen et al.，2013）对20世纪初至20世纪60年代亚洲14个国家和地区的教育状况的U形假设进行了检验。[①]他们使用ABCC指数来粗略估算基本数字计算能力。此外，他们采用基于惠普尔指数的教育性别平等指数，与曼策尔和巴滕（Manzel and Baten，2009）的方法相同。除了基于年龄堆积的指标，弗里森等人（Friesen et al.，2013：7）在数据集中还包括了亚洲国家的识字率和入学率，这些数据清楚地表明了男女之间的高度不平等。

对ABCC值的分析提供了关于男女之间基础教育的更多信息，特别是在某些地区无法得到入学率数据的情况下。作者发现，在样本区域中女性ABCC指数的结果各不相同：绝大多数东南亚女性在20世纪初已经具备了数字计算能力，尤其是在中国香港和泰国，而印度尼西亚则略微落后（Friesen et al.，2013：18）。然而，南亚和西亚女性的情况却不同，斯里兰卡在1900年的ABCC值大约为59，到20世纪50年代几乎达到了100，而该地区所有其他国家的ABCC值都远远低于该值。来自巴基斯坦和孟加拉国的女性数字计算能力最低，在这一时期结束时甚至达不到50（Friesen et al.，2013：16）。

平等指数主要反映了U形假设的不同阶段。在男女两性人力资本价值都很低的国家和地区，如巴基斯坦、孟加拉国和印度，平等指数仅略低于零，表明男女之间相对平等（Friesen et al.，2013：23）。对于具有高数字计算水平的国家和地区，例如中国香港和泰国，性别平等指数的范围略低于零或高于零（Friesen et al.，2013：25）。其他大多数国家和地区的平等指数远远低

---

① 包括阿富汗、孟加拉国、印度、伊朗、斯里兰卡、尼泊尔、巴基斯坦、中国香港、印度尼西亚、柬埔寨、马来亚联邦、沙捞越、菲律宾和泰国。

于零（例如印度尼西亚或斯里兰卡）。大多数负数值的国家和地区在这一时期结束时都有所增长，在某些情况下甚至将负指数变成正指数，例如菲律宾。但是在阿富汗，情况恰恰相反。虽然 20 世纪 10 年代前后的不平等程度没有那么高（约－12），但平等指数一直在下降，直到 20 世纪 50 年代达到－60 以下（Friesen et al.，2013：23）。

接下来，作者将平等指数作为因变量在不同回归模型中检验 U 形假设。他们控制女性投票权和宗教信仰等因素。最重要的自变量是 ABCC 指数，包括一个线性和平方项参数（如 Manzel and Baten，2009）。ABCC 的结果总是非常显著，线性 ABCC 的相关系数为负，ABCC 指数的二次项参数的相关系数为正。此外，弗里森等人（Friesen et al.，2013：35）将回归结果的拟合值绘制出来。散点图显示了一个准确无疑的 U 形图案。因此，在对所研究的 14 个亚洲国家和地区的分析中，U 形假设得以证实：在低人力资本水平时，男女不平等程度均较低；随着受教育程度不断提高，男女不平等程度升高；而在最后阶段，教育水平和平等程度均较高。

结语：数字计算能力对经济增长的影响

在本章中，我们展示了年龄堆积方法为估算基础教育提供了一个独特的机会，尤其是在前工业时代。不过，有人可能会争辩说，这一指标仅仅帮助我们了解了不同国家之间的数字计算水平的差异，并不能帮助实现更高的目标（即理解人力资本对经济增长的贡献）。然而，尽管数字计算能力与识字率密切相关，但基于数字计算法则（number discipline）甚至可能对市场交易的发展产生更大的影响（参见 De Moor and van Zanden，2010）。在许多情况下，我们甚至不知道识字水平的具体衡量标准：从"会读会写"到"只能用自己的名字签名"，可以被认定为"识字"的范围很广。另一方面，数字计算能力或数数的能力，是积极参与市场制度和资本主义出现的基础。克雷恩和巴滕（Crayen and Baten，2010a）指出，数字计算能力事实上对世界不同地区的增长模式有着很大的影响。在他们的分析中，作者使用各种变量对国内生产总值增长率进行回归，"增长能力"——如初始国内生产总值水平和由惠普尔指数估算的计算能力以及其他一些控制变量。结果表明,数字计算能力不仅对样本内国家的增长率有着统计意义上的显著影响,而且在经济意义上也有很大影响。因此,数字计算能力水平较高的国家的经济增长速度也高于数字计算能力较低的国家。总的来说,我们表明,基于年龄堆积的人力资本估算方法提供了长期追踪造成国家或世界区域差异的潜在原因的机会。

参考文献

A'Hearn, B., Baten, J., Crayen, D. (2006) "Quantifying Quantitative Literacy: Age Heaping and the History of Human Capital", Economics Working Paper no. 996, Universitat Pompeu Fabra.

A'Hearn, B., Baten, J., Crayen, D. (2009) "Quantifying Quantitative Literacy: Age Heaping and the History of Human Capital", *J Econ Hist*, 69:783—808.

Acemoglu, D., Johnson, S., Robinson, J.A.(2001) "The Colonial Origins of Comparative Development: An Empirical Investigation", *Am Econ Rev*, 91:1369—1401.

Acemoglu, D., Johnson, S., Robinson, J.A.(2002) "Reversal of Fortune: Geography and Institutions in the Making of the Modern World Income Distribution", *Q J Econ*, 117:1231—1294.

Armstrong, A.(1972) "The Use of Information about Occupation", in Wrigley, E. A. (ed) *Nineteenth-Century Society: Essays in the Use of Quantitative Methods for the Study of Social Data*. Cambridge University Press, Cambridge, pp.191—310.

Bachi, R.(1951) "The Tendency to Round off Age Returns: Measurement and Correction", *B Int Statist Inst*, 33:195—221.

Baten, J., Juif, D. (2013) "A Story of Large Land-Owners and Math Skills: Inequality and Human Capital Formation in Long-run Development, 1820—2000", *J Comp Econ*. https://doi.org/10.1016/j.jce.2013.11.001.

Baten, J., Ma, D., Morgan, S., Wang, Q.(2010) "Evolution of Living Standards and Human Capital in China in the 18—20th Centuries: Evidences From Real Wages, Age-Heaping, and Anthropometrics", *Explor Econ Hist*, 47:347—359.

Baten, J., Mumme, C.(2010) "Globalization and Educational Inequality During the 18th to 20th Centuries: Latin America in Global Comparison", *Rev Hist Econ*, 28:279—305.

Becker, S. O., Woessmann, L. (2009) "Was Weber Wrong? A Human Capital Theory of Protestant Economic History", *Q J Econ*, 124:531—596.

Budd, J.W., Guinanne, T. (1991) "Intentional Age-Misreporting, Age-Heaping, and the 1908 Old Age Pensions Act in Ireland", *Popul Stud*, 45:497—518.

Botticini, M., Eckstein, Z.(2007) "From Farmers to Merchants, Conversions and Diaspora: Human Capital and Jewish History", *J Eur Econ Assoc*, 5:885—926.

Charette, M. F., Meng, R. (1998) "The Determinants of Literacy and Numeracy, and the Effect of Literacy and Numeracy on Labour Market Outcomes", *Can J Econ*, 31:495—517.

Clark, G. (2007) *A Farewell to Alms: A Brief Economic History of the World*. Princeton University Press, Princeton.

Crayen, D., Baten, J. (2010a) "Global Trends in Numeracy 1820—1949 and Its Implications for Long-term Growth", *Explor Econ Hist*, 47:82—99.

Crayen, D., Baten, J.(2010b) "New Evidence and New Methods to Measure Human Capital Inequality Before and During the Industrial Revolution: France and the US in the Seventeenth to Nineteenth Centuries", *Econ Hist Rev*, 63:452—478.

De Moor, T., Van Zanden, J. L. (2010) "'Every Woman Counts': A Gender-Analysis of Numeracy in the Low Countries During the Early Modern Period", *J Interdiscipl Hist*, 41:179—208.

Dell, M.(2010) "The Persistent Effects of Peru's Mining Mita", *Econometrica*, 78:1863—1903.

Duncan-Jones, R. (1990) *Structure and Scale in the Roman Economy*. Cambridge University Press, Cambridge.

Friesen, J., Baten, J., Prayon, V. (2013) "Women Count: Gender (in-)equalities in the Human Capital Development in Asia, 1900—60", Working Paper, University of Tuebingen.

Galor, O., Moav, O., Vollrath, D. (2009) "Inequality in Landownership, the Emergence of Human-Capital Promoting Institutions, and the Great Divergence", *Rev Econ Stud*, 76:143—179.

Glaeser, E. L., La Porta, R., Lopez-de-Silanes, F., Shleifer, A. (2004) "Do Institutions Cause Growth?", *J Econ Growth*, 9:271—303.

Goldin, C.(1995) "The U-Shaped Female Labor Force Function in Economic Development and Economic History", in Schultz, T.P.(ed) *Investment in Women's Human Capital*. The University of Chicago Press, Chicago, pp.61—90.

Juif, D-T., Baten, J.(2013) "On the Human Capital of 'Inca' Indios Before and After the Spanish Conquest. Was There a 'Pre-Colonial Legacy'?", *Explor Econ Hist*, 50:227—241.

Juif, D-T., Baten, J. (2014) "Dangerous Education? The Human Capital of Iberian and Latin American Jews and Other Minorities During the Inquisition", Working Paper, University of Tuebingen Manzel.

K, Baten, J., Stolz, Y. (2012) "Convergence and Divergence of Numeracy: The Development of Age Heaping in Latin America from the Seventeenth to the Twentieth Century", *Econ Hist Rev*, 65:932—960.

Manzel, K., Baten, J. (2009) "Gender Equality and Inequality in Numeracy: The Case of Latin America and The Caribbean, 1880—1949", *Rev Econ Hist*, 27:37—74.

Mokyr, J.(1983) *Why Ireland Starved: A Quantitative and Analytical History of the Irish Economy, 1800—1850*. George Allen and Unwin, London.

Myers, R.J.(1954) "Accuracy of Age Reporting in the 1950 United States Census", *J Am Stat Assoc*, 49:826—831.

Ó Gráda, C. (2006) "Dublin Jewish Demography A Century Ago", *Econ Soc Rev*, 37:123—147.

Reis, J. (2005) "Economic Growth, Human Capital Formation and Consumption in Western Europe Before 1800", in Allen, R.C., Bengtsson, T., Dribe, M.(eds) *Living Standards in the Past*. Oxford University Press, New York, pp.195—227.

Schofield, R.S.(1973) "Dimensions of Illiteracy, 1750—1850", *Explor Econ Hist*, 10:437—454.

Stolz, Y., Baten, J.(2012) "Brain Drain in the Age of Mass Migration: Does Relative Inequality Explain Migrant Selectivity?", *Explor Econ Hist*, 49:205—220.

Tollnek, F., Baten, J.(2013) "Farmers at the Heart of the Educational Revolution: Which Occupational Group Developed Human Capital in the Early Modern Era?", Working Paper, University of Tuebingen.

Zelnik, M. (1961) "Age Heaping in the United States Census: 1880—1950", *Milbank Q*, 39:540—573.

第九章

教会登记簿：一个计量史学的视角

雅各布·魏斯多夫

摘要

本章将经济史与人口学联系起来,探讨如何利用教会登记簿中的数据来研究经济史中的主题。本章利用马尔萨斯人口模型来阐明学术界关于国家间"大分流"和财富的争论,揭示了在这种情况下使用教会书籍档案的一些主要优点(和缺点)。

关键词

计量史学　人口学　发展　大分流　马尔萨斯模型　教会登记簿

引　言

教会登记簿提供了关于三个主要生活事件的数据：出生、死亡和婚姻。在经济史上使用这类统计数据有两个核心主张，即经济影响所有这些统计数据，而它们又反过来影响经济。例如，结婚或生育的时机取决于人们可能的未来收入，而发生死亡或流产往往是由于收成失败和饥荒。反过来，出生和死亡决定了人口的规模，人口数量通过人们对商品的需求和劳动力的供应来影响价格和工资。

这些关系可以用一个广泛适用但视觉上简单的框架来表述：马尔萨斯人口模型。学者们普遍认为，历史上的社会以马尔萨斯式的人口动态（Malthusian population dynamics）为特征。这些动态很容易用图 9.1 来说明，图 9.1 描述了上述经济和人口之间的联系。马尔萨斯假设工资的变化对人口增长有双重影响（Malthus，1798）。一方面，较低的工资导致人们更少结婚并推迟结婚时间，从而导致更少的婴儿出生。图 9.1 中向上倾斜的"生育-工资曲线"描绘了这一预防性抑制机制（preventive check mechanism）。低工资同时会提高死亡率，图 9.1 中向下倾斜的"死亡-工资曲线"描绘了现实性抑制机制（positive check mechanism）。"生育-工资曲线"和"死亡-工资曲线"之间的交点决定了均衡工资率，即随着时间的推移，人口保持不变时（即稳态）的工资率。

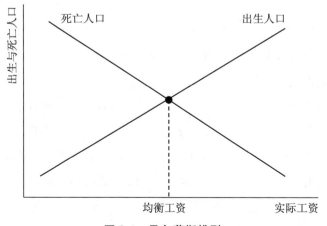

图 9.1　马尔萨斯模型

马尔萨斯人口结构的动态性是在加入李嘉图的概念后完备起来的,即从历史上看,人口增长降低了劳动的边际产出(Ricardo,1817)。马尔萨斯模型中的这一特征通常建立在两个关键假设之上:规模报酬不变的生产技术和不变的生产要素(通常是土地)。因此,当工资高于均衡工资率,并且图 9.1 中出生人口超过死亡人口时,人口规模就会增长。生产中劳动报酬的递减会给工资率带来向下的压力,导致出生人口减少,死亡人口增加,直到工资率最终回到均衡水平,即出生人口等于死亡人口。

马尔萨斯框架提供了一个强有力的工具,帮助我们理解为什么历史上的一些社会是富裕的,而另一些是贫穷的。也就是说,两个社会之间均衡工资率的永久性偏差必须以不同的结构安排为基础,从而导致"出生人口曲线"(生育-工资曲线)和"死亡人口曲线"(死亡-工资曲线)的位置不同。在这种情况下,与这些议题有关的学者们经常提出的基本问题是:冲击对马尔萨斯体系的短期和长期影响是什么?这些冲击是否在影响了生育曲线和死亡曲线的位置后,进一步强化了冲击的效果?这些答案可以为经济史上几个悬而未决的争论提供线索,而教会登记簿是检验这些争论与解释的绝佳工具。

其中一个争论涉及欧洲内部实际工资的巨大差异。为什么在 1500—1800 年间,英格兰和低地国家从欧洲其他国家中脱颖而出?鲍勃·艾伦提出的欧洲福利比率能够很好地衡量一个家庭能够承受的(前定的)一揽子消费的数量(Allen,2001)(参见图 9.2)。

当然,实际工资的暂时性分流可以被视为未达均衡状态的时期。任何将马尔萨斯系统推离其稳态的冲击都会使得上述动态过程开始,并确保系统回到稳定状态。也就是说,工资将回落到原来的水平。一个典型的案例是,黑死病导致 14 世纪中期欧洲人口突然大幅下降。然而,这种非均衡状态的视角并不能完全解决问题。在瘟疫之后的几个世纪里,随着人口水平逐渐恢复,大多数欧洲人的工资水平回落到黑死病前的水平。但在英格兰和低地国家却没有。这就留下了一个问题:黑死病是否不仅仅将系统暂时推离了均衡状态?它是否意味着一种结构变化,即改变了生育曲线或死亡曲线,从而提高英格兰和荷兰的均衡工资水平?

383

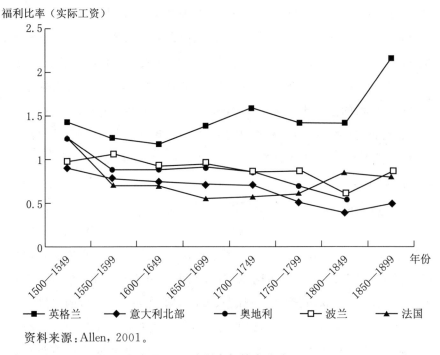

图 9.2　欧洲内部的大分流

资料来源：Allen，2001。

导致经济系统发生结构性变化的原因可能有很多。理论界对此进行了广泛的讨论。有一个涉及上述黑死病影响的案例。有充分的证据表明，黑死病使英格兰人口减少了近 50%，这意味着"英格兰农民的黄金时代"。也就是说，由于土地所有者努力招聘和留住工人，工人的报酬大幅增加。德莫尔和范赞登（De Moor and van Zanden，2010）以及福伦达和福特（Voigtländer and Voth，2013）将 1500 年后西北欧经济体的经济优势与黑死病的人口和经济遗产联系起来。这一观点源于女性薪酬对其结婚时间的影响，其灵感来自约翰·豪伊瑙尔（John Hajnal）关于欧洲婚姻模式的假设。豪伊瑙尔（Hajnal，1965）注意到，在中世纪和近代早期，从圣彼得堡到的里雅斯特一线划分出了独特的人口特点：在该线以东，女性很年轻就结婚，而且几乎所有人都会结婚；在该线以西，新娘年龄更大，且独身率更高。德莫尔、范赞登、福伦达和福特从女性经济机会的差异来解释这些不同的情况。女性在瘟疫后劳动力市场中的地位有所提高，特别是作为畜牧业工人的机会增加，这与"畜牧业"（女性在其中具有比较优势）和"粮食种植业"（女性在其中没

384

273

有比较优势)之间的相对产值扩大有关,据称畜牧业发展推高了女性的工资
和劳动参与率。由于女性与男性不同,她们把时间分配在抚养孩子和工作
之间,因此女性工资和劳动机会的提升使得生育成本提高,造成晚婚和独身
现象增加,而这两者都导致生育率下降。在图 9.1 中,不断上升的生育成本
会使马尔萨斯的生育曲线向下移动,从而开创了豪伊瑙尔的欧洲婚姻模式。
作为黑死病的一个间接后果,西北欧的人们发现自己处于一个新的稳定状
态,女性就业率增加,更晚结婚,生育率降低,人均收入提高(Voigtländer and
Voth,2013)。

其他假设也被提出,该假设试图通过图 9.1 中生育曲线或死亡曲线的变
化来解释西北欧的经济优势。德弗里斯(De Vries,2008)提出的"消费者革
命"(consumer revolution)先于工业革命的观点,提供了另一种方法来理解生
育儿童成本的上升,从而导致图 9.1 中生育曲线位置的下降。消费者革命是
指 1600—1750 年间,新型商品(如茶、咖啡、糖、书籍和钟表)的引进。该论
点认为,家庭拥有多样性偏好,因此通过将更少的资源分配给他们已经消费
的商品,在他们的消费篮子中容纳新的商品。由于儿童或儿童消费的商品
是已经消费的商品之一,对这些商品的需求以及对儿童的需求都在下降。
因此,消费者革命将生育曲线向下移动,导致产生一种出生和死亡人数减
少,工资水平提高的新均衡(Guzman and Weisdorf,2010)。

技术进步提供了为什么生育孩子的成本上升,同时生育曲线向下移动的
第三个解释。加洛尔(Galor,2011)假设工业化所带来的新的和更先进工作
的复杂性使教育更加重要。这促使父母增加对子女人力资本的投资,其动
力来自出生人数的下降。每一个孩子的成本增加意味着生育曲线向下移
动,产生了一个出生人数减少、死亡人数减少,但实际工资却提高的新均衡
状态。

385　　　还有一些人,例如克拉克利用马尔萨斯框架来强调死亡对工资的"良性"
影响(Clark,2007)。事实上,任何推动图 9.1 中死亡曲线向上移动的因素都会
导致均衡工资率永久上升。福伦达和福特(Voigtländer and Voth,2014)利用
这一观点,在欧洲战争与高城市化率之间建立联系,来解释欧洲经济为何相较
于其他世界大陆更加繁荣(即欧洲与其他大陆之间的大分流)。

所有试图解释(无论是在欧洲内部,还是欧洲与其他大陆之间的)大分

流的理论,都缺乏详实的实证证据。这使教会登记簿可以为已有研究带来新意。下一节我们将说明隐藏在教会登记簿中重要信息的性质。再接下来的一节包含一系列的例子,用来阐述先前的研究是如何利用教会的记录,来揭示有关国家间的大分流和财富的争论涉及的一些主要研究问题。本章最后一节利用教会登记簿中提取的材料,对未来的研究方向进行了展望。

教会登记簿的性质

欧洲早期的民事登记通常是由教会在王室的要求下完成的。从 19 世纪中叶开始,民事登记逐渐被世俗机构接管。系统的人口普查登记通常每 5 年或每 10 年进行一次,后来每年进行一次,再后来逐渐被一个收集重要信息的中央机构所取代。人口普查和后来中央登记册上记录的信息明显优于教会登记簿的记录,部分原因是这些数据包括了所有人口的信息,而无需考虑宗教信仰,部分原因是人口普查数据提供了某一年人口的整体情况,而不仅仅是那些在某一年向教会报告(如婚丧嫁娶等)重大生命事件的人。

教会登记簿(又称教区登记簿)的主要优点是,在 1800 年以前,即大分流开始出现的时期,提供了大规模的重要信息。尽管教会登记簿只记录了出生、死亡和结婚这三个人生事件中的人,但它仍然能够告诉我们经济和人口之间的一些关键联系。

在旧大陆,教会登记在中世纪晚期或近代早期广泛出现。在新大陆,特别是在今天的许多发展中国家,重大生命事件登记(vital registration)始于 19 世纪中叶后欧洲传教士的到来,这种做法一直持续到今天。虽然教会登记在新大陆出现的时间比旧大陆晚得多,但事实上,在许多发展中国家,建立中央登记簿的时间相对较晚,往往直到 20 世纪 60 年代甚至更晚才出现。因此,在 18 世纪末和 19 世纪初,新大陆的教会登记簿成为重要信息的一个尤为有趣的来源。

建立在教会登记簿上的最突出的数据集,当然也是过去几十年中最经常受到经济学家和经济史学家在学术上使用并反复检验的数据集,就是所谓的坎普数据(CAMPOP data)(Wrigley and Schofield, 1981)。这一数据由剑桥人口与社会结构史研究小组（Cambridge Group for the History of Population and Social Structure）收集，该小组由彼得·拉斯莱特（Peter Laslett）和托尼·赖格利（Tony Wrigley）于 20 世纪 60 年代创立。该组织收集、抄写和分析英格兰教会登记簿信息的工作历时近 50 年，主要用于三个目的。第一个目的是"人口回溯推断"（population back projection）。首先以 1831 年英格兰人口普查的人口水平为基础，再计算 404 份有充分记录的英格兰教区登记簿中每年出生和死亡的人数，该小组能够得出英格兰人口规模的估计值，这一估计值可追溯到约 1541 年教会登记开始之时。第二个目的是"家庭重构"（family reconstitution）。这是基于法国人口统计学家路易斯·亨利（Louis Henry）提出的一个想法，即重大生命事件可以用来追踪已婚夫妇的结婚日期，以及他们父母和子女的出生和死亡日期，从而根据教会登记簿的统计数据重构整个家庭。该研究小组工作的第三个目的目前仍在进行中，是根据教会登记簿中记载的男性职业来重现英国的职业结构。

教会登记簿的一个主要优点是它除了提供重大生命事件的日期之外，还提供了其他信息。统计数据的细节当然取决于有关教会的记录规定。对新教教会和天主教来说，出生（或受洗）的记录通常包括父母的名字以及孩子受洗的时间和地点。婚姻记录将记录配偶的姓名、婚前的公民身份以及结婚的时间和地点。偶尔还会包含夫妻双方父亲的名字以及（通常是两个）证婚人的名字。最后，死亡（或埋葬）记录包含死者的姓名和葬礼的日期和地点。

关于日期的一个重要注意事项是，教会登记簿通常记录受洗和葬礼的日期，而不是出生和死亡的日期。然而，教会活动和重大生命事件之间的时间间隔通常很短。显然，人们死后立即被埋葬，在英格兰，通常这一时间间隔为死后 3 天内（Schofield，1970）。此外，英格兰儿童通常在出生后 1 个月内受洗（Midi Berry and Schofield，1971），尽管这可能会因当地传统和家庭与教堂的距离而有所不同。

对大多数基督教会来说也是如此，他们会要求父母或配偶（以及父亲和见证人）通过在教会登记簿上签名的方式来证明和认可有关事件。在过去的社会中，这种做法一直是衡量识字率的一个重要指标。当有人不能签名时，牧师会代为写上他们的名字，而不识字的人只需在原处留下一个记号，以证明他或她同意。显然,能够写下自己名字的人不一定识字,但签名已经被证明是一个合理的代理变量(Schofield,1973)。

有时,教会登记簿上所载的关于人力资本成就的信息甚至比他们的识字状况还要详尽。一些教会在某些时期还记录了参与重大生命事件登记的个人职业头衔。在新教教会登记簿上经常(但并非总是)会这样做,尤其对于圣公会(Anglican Protestants)的新教徒来说,这种做法,由于1812年通过的罗斯法(Rose's Law)而成为强制性的,特别是要求牧师记录父母、配偶和岳父(有时甚至是证人)的职业头衔。

一个人的职业记录提供了有关这个人社会经济状况的重要视角,包括他或她的社会地位、工作技能和收入潜力的关键信息。职业信息有时甚至包括个人持有的土地,从而我们可以进一步了解有关人员的社会地位和财富。

有几种方法可以对职业信息进行编码,从而使其适用于对个人层面的人口统计变量和社会经济条件之间联系进行系统性研究。一个更广泛的职业分类系统为剑桥小组(the Cambridge Group)的托尼·瑞格利(Wrigley,2010)开发的一二三产业分类系统(Primary-Secondary-Tertiary,PST),它已被用来对从英格兰教会登记簿中收集的整个职业数据集进行编码,以便研究自中世纪以来英国的职业结构。该系统的最大优点是根据工作是否与第一、第二或第三产业部门的活动有关,而对所有职业进行分类。然而,该系统的一个主要不足之处,剑桥小组仍在努力解决如何用职业名称为"劳动者"分类的问题,这不仅是一个非常常见的职业头衔,而且也没有揭示所从事工作的性质(和部门)。

另一个与PST系统具有可比性和兼容性的分类系统是由马尔科·范莱文、伊内克·马斯、安德鲁·迈尔斯开发,并记录在范莱文等人(van Leeuwen et al.,2002)研究中的历史上的国际标准职业分类(Historical International Standard Classification of Occupations,HISCO)。HISCO是国际劳工组织负责的国际标准职业分类(International Standard Classification of Occupations,ISCO)的延伸。HISCO包含1 675个历史上的工作类别。HISCO的世界覆盖范围及其时间范围(跨越16世纪至20世纪),允许人们对世界上几乎所有有历史职业记录的历史人口的职业头衔进行分类。

在后来的一本名为《历史上的阶层:一个历史性的国际社会阶层计划》

（*HISCLASS：A Historical International Social Class Scheme*）的书中，劳工史学家根据对平均工作表现所需的工作技能的评估，对 HISCO 编码的所有职业进行了排名（van Leeuwen and Maas，2011）。职业名称的排序建立在《职业名称词典》（*the Dictionary of Occupational Titles*，DOT）的原则之上。美国就业服务局（the US Employment Service）于 20 世纪 30 年代开发了《职业名称词典》，以应对日益增长的标准化职业信息需求，协助就业安置活动（US Department of Labor，1939）。为了有效匹配工作和工人，公共就业服务系统要求在其所有当地工作服务办公室使用统一的职业语言。通过一项覆盖面很广的职业研究项目，职业分析师收集并向就业市场面试官提供数据，帮助他们将职位空缺中给出的要求与求职者的资质相匹配。根据职业分析师所收集的数据，第一版《职业名称词典》于 1939 年成功出版，其中包含大约 1.75 万个职业定义，按职业名称的字母顺序排列，并对职业名称进行了分类编码。

　　将 HISCLASS 中的职业名称转化为工作技能，需要以《职业名称词典》使用的两个主要分数为依据：一般教育发展分数（general educational development score）和特定职业培训分数（specific vocational training score）。一般教育发展分数包含了完成职业任务和职责所必需的智力能力的三个关键特征：任职者的推理能力、他或她遵循指示的能力、掌握开展工作所需的语言和数学技能。特定职业培训分数反映了三个主要领域所需的时间投入：工人学习工作中所使用的技术所需的时间投入、获得开展工作所需的相关信息所需的时间投入、在特定的工作环境中培养达到平均表现所需能力的时间投入。

　　基于布沙尔（Bouchard，1996）和一个劳工史学家团队提供的专业知识，范莱文和马斯使用《职业名称词典》中的两个分数来给 HISCO 中包含的工作名称的技能高低进行编码打分，并以此希望作为建立历史上的国际社会阶层计划的一部分。在 HISCLASS 中，职业名称分为四类：非技能、低技能、中等技能或高级技能。范莱文等人（van Leeuwen et al.，2014）正在进行的工作将技能分类向前推进了一步，估算了为了胜任 HISCO 系统中包含的全部职业所需的实际时间投资（van Leeuwen and Maas，2011）。HISCLASS 计划的另一个好处是将劳动者划分为蓝领（体力劳动）工人和白领（非体力劳

388

动）工人。

阿兰·阿姆斯特朗提供了不同于 HISCLASS 的另一种职业划分方法。他将职业划分为五个职业类别（Armstrong，1974）：专业技能职业、中级技能职业、普通技能职业、部分技能职业和非技能职业。这两种分类系统（HISCLASS和阿姆斯特朗）在解决它们所关注的问题上都是有用的。然而，HISCO 方案的另一个优势是被称为 HISCAM 的扩展系统，这是一种根据与职位名称相关联的工作的社会地位对职业进行编码的方案，提供了比HISCLASS更精细的社会地位分类（Lambert et al.，2013）。与 HISCAM 竞争的方案为 SOCPO，它提供了类似的职业头衔与社会阶层相对应的编码（vandeputte and Miles，2005）。

当然，社会地位和工作技能都是个人收入或财富的不完美估算。格雷格·克拉克和尼尔·康明斯的研究则利用遗嘱记录将财富与职业头衔联系起来，根据遗嘱中记录的财富，将职业划分为七个社会群体（Clark and Cummins，2010）。按照从最穷到最富的顺序，这些社会群体分别为劳动者、农夫、工匠、小商贩、农场主、大商人和乡绅。这种分类对于研究潜在收入和生育决策之间的联系特别有帮助（我们将在下文讨论）。

最后，教会登记簿的数据只有与其他数据库的信息结合起来，才能真正彰显其价值。到目前为止，这方面做的工作很少。克伦普等人（Klemp et al.，2013）提供了一个证据，将 CAMPOP 数据与学徒统计数据联系起来（参见下文）。其他可能性包括与人口普查数据、遗嘱记录、遗嘱认证清单、不完善的法律信息和税务记录的结合。在这方面还有许多工作要做。

当教会登记簿被用于重构家庭特征时，它们变得特别有用。家庭重构数据的巨大优势在于家庭成员在各代之间的联系。这使得代际社会流动、婚姻模式、出生和死亡模式等方面的研究成为可能。尽管基于原始的重大生命事件记录重构家庭的工作可能相当辛苦，但过程却出人意料地简单。研究者需要从个体的结婚记录开始。然后及时追踪记录，找出配偶的出生日期（与他们的父母有关）以及可能的任何以前的婚姻（由他们当前婚姻状态时的公民身份表示）。随后及时查找配偶的死亡日期，如果夫妇去给孩子施洗（或埋葬），要找出他们后代的出生、结婚和死亡日期。剑桥小组花了几十年的时间才在 26 个英国教区内重建了这些家庭（Wrigley et al.，1997）。但

389

他们的工作是在现代计算机编程出现之前开展的,而今天计算机程序可以为这一过程提供极为重要的帮助。

基于教会登记簿数据重建家庭的工作更加复杂,因为人们并不总是待在他们原来的教区,或实际上是在他们曾经被观察到的教区。这个问题的另一面是,某些人出生或死亡信息的缺失表明他们移入或离开有关教区,这传达了有关过去迁徙模式的重要信息(Souden,1984)。处理生命周期迁移(lifecycle migration)问题的一种直接方法是追踪个体从一个地方移动到另一个地方(可以说这是一个比坚持在同一个位置更为费力的任务)。法国的TRA数据提供了这样的统计数据,跨时间和空间追踪姓名以"TRA"开头的个人(如一个普通的法国姓氏"Travers")。其他欧洲国家也有类似的数据集。

一些学者对利用教会登记簿数据重构家庭提出了批评。也许对剑桥小组所做工作最突出的批评来自彼得·拉泽尔(Peter Razzell,2007)和史蒂芬·鲁格斯(Steven Ruggles,1999)。他们的批评主要集中在信息注册不足、联系中断、选择偏误以及由此产生的后果上。在进行家庭重构时,要牢记这些潜在的缺点。

登记簿数据是如何被使用的?

有许多例子说明教会登记簿是如何被用来分析经济史中的话题的。本节重点介绍了最近与国家大分流和国家财富的争论有关的研究,特别是富国如何与穷国走上截然不同的发展道路的争论。

390

前文所述的马尔萨斯人口框架常常作为分析这些问题的起点。这类学术文献可分为两类。其中一类是在不同国家和地区评估马尔萨斯模式及其两个主要组成部分,即现实性抑制和预防性抑制。另一类则利用马尔萨斯模型的推论来理解国家间大分流和国家财富的各个方面。教堂登记簿资料为分析这两种工作提供了一个重要的实证基础。

可能用于这些目的的最重要的统计数据(即上一节讨论的 CAMPOP 数据)是基于英国教会登记簿构建的。这些数据由剑桥小组提供(Wrigley and

Schofield,1981;Wrigley et al.,1997)。这些数据之所以如此受欢迎,主要有两个原因。一个原因是英国教区的登记簿质量很高,涵盖了三个世纪英国的人口历史,从1541年教区登记开始,直到1871年结束——在19世纪初大规模的人口普查登记开始出现,并最终于1871年完全取代了教会登记。另一个原因是英国在当时的经济地位——1500—1800年间英国是世界经济的领导者,是世界上第一个经历工业革命的国家。

对马尔萨斯人口框架相关性的检验,即包括从相对简单的实证研究,探索短期预防性抑制或现实性抑制机制的存在,还包括对整个马尔萨斯人口框架短期和长期动态和稳定性的高度前沿的计量经济学检验。

尽管人们强烈相信马尔萨斯框架的合理性,且这一框架已经被广泛用于理解前工业化社会中的经济发展过程,但令人惊讶的是,几乎没有证据支持预防性制约假设(Kelly and O Grada,2012)。这给学者们带来了一个巨大的挑战,因为生活水平下降意味着出生率或结婚率的短期下降,这一观点对英国尤为适用。[①]不过,学者们普遍认为,马尔萨斯人口模型是正确的,只是由于数据和误测的问题而未能获得实证证据的支持。

英国预防性抑制缺乏实证支持的一个主要疑点是数据加总。理想情况下,人们可以探索一对夫妇的生活水平与这对夫妇所作的重大人口决策(婚姻或出生)之间的直接联系。但学术界的现实是,生活水平(由工资和物价决定)以及结婚生育率(由结婚率和出生率决定)通常是在国家层面上衡量的。这种不准确性可以通过将研究从宏观精细到微观层面来予以消除。

摩根·凯利和科马克·欧·格拉达已经朝这个方向迈出了第一步,在教区层面寻找预防性抑制机制的证据(Kelly and O Grada,2012)。他们没有使用CAMPOP文件中包含的404个教区登记簿的汇总数据,而是着眼于教区层面对实际工资变化的反应。尽管实际工资仍然使用国家层面的数据来进行测量,凯利和欧·格拉达能够证明,许多教区(但并非所有教区)都存在预防性抑制机制。

要对预防性抑制机制进行更仔细的检验,就需要获得比教区层面的汇总

[①] 一些学者甚至发现了相反的证据,记录了婚姻和小麦价格之间的正向关系,他们将这一发现命名为"宽容性抑制"(permissive checks)(Sharp and Weisdorf,2009)。

数据更详细的重大生命事件的信息记录。这就是 CAMPOP 的家庭重构数据的用武之地。虽然其他研究完全依赖于使用粗略的重大人口事件比率，即每千人的出生、死亡和结婚人数，但很明显，这些比率只是对家庭层面决策变量（如结婚和生育时间）的粗略估计。

钦尼雷拉等人（Cinnirella et al.，2013）利用 CAMPOP 的家庭重构数据，试图测量实际工资和食品价格对结婚时间、第一胎出生时间、后续出生时间和最后一胎出生时间的影响。他们发现了一个强有力的证据，它表明在英格兰 19 世纪生育率下降之前的三个世纪里，预防性抑制机制起到了作用。图 9.3 说明了当实际工资较低时，生育间隔如何扩大，反之亦然。虽然用于衡量生活水平的工资和价格仍在国家层面（当然这一数据从来没有在家庭层面），但教会登记簿中记录丈夫的职业头衔有助于控制经济衰退期间家庭面对（或无需面对）经济压力的差异。与钦尼雷拉等人的工作类似，本特松和德力维对瑞典（Bengtsson and Dribe，2006）与德力维和斯卡洛内对德国（Dribe and Scalone，2010）也作过研究，同样显示因经济因素而刻意调整婚内生育间隔行为的证据。

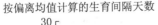

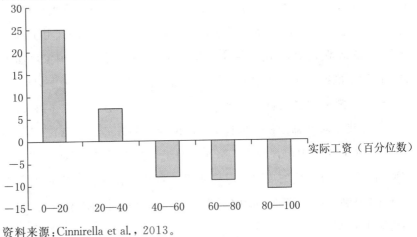

资料来源：Cinnirella et al.，2013。

图 9.3　按实际工资百分比计算的生育间隔天数

在检验马尔萨斯框架合理性的更前沿性（和更具整体性）方法的例子
392　中，埃斯特万·尼科利尼的原创研究以及马克·克伦普、尼尔斯·莫勒和保罗·夏普的后续工作值得一提。这些研究的共同点是使用出生率、死亡率和婚姻率（尤其是 CAMPOP 数据），然后他们试图将这些数据与克拉克（Clark，2005）提供的（国家层面）实际工资衡量的历史生活水平联系起来。

尼科利尼（Nicolini，2007）的研究不符合马尔萨斯模型的一些关键假设。通过对 1541—1841 年间生育率、死亡率和实际工资数据进行向量自回归分析，并使用一个广泛应用于宏观经济学的著名识别策略，尼科利尼的结果表明，直到 17 世纪，人口对实际工资的内生调整作用与马尔萨斯假设的一样：17 世纪现实性抑制消失了，而在 1740 年之前，预防性抑制也消失了。这意味着，根据实际工资的变化对人口水平进行内生调整，即马尔萨斯模式的基石之一，在工业革命时期并不适用。

莫勒和夏普（Moeller and Sharp，2014）使用与尼科利尼同类但经济指标稍有不同的数据重新审视了这个问题。他们提出了后马尔萨斯假设，一方面涉及实际工资与出生率和死亡率之间的协整关系，但另一方面，它允许人口对收入的负马尔萨斯反馈效应（如劳动报酬递减所暗示的那样）被人口对技术的博斯鲁比亚-斯密（Boserupian-Smithian）正规模效应所抵消。这一设定意味着他们得出了与尼科利尼不同的结论，即早在工业革命前两个世纪，英格兰就已经摆脱了标准马尔萨斯模型所描述的模式，进入了后马尔萨斯模式，人均收入的提高继续刺激人口增长，但实际工资不再停滞不前。对马尔萨斯主义（或后马尔萨斯主义）框架的相关性检验并不局限于英国。克伦普和莫勒（Klemp and Moeller，2013）还利用丹麦、挪威和瑞典的教会登记数据进行了研究，寻找斯堪的纳维亚地区从停滞到增长的转变过程中存在后马尔萨斯阶段的证据，其他地区的研究目前正在进行中。

格雷戈里·克拉克和吉利恩·汉密尔顿（Gregory Clark and Gillian Hamilton，2006）进行了一项在评估马尔萨斯模型有效性和使用马尔萨斯模型进行预测之间的交叉研究。马尔萨斯模型的一个主要特点是有一个单一的工资率，在这一工资率下，出生率恰好等于死亡率。但由于现实情况是有些人比其他人挣得多，马尔萨斯模型意味着富人存活下来的后代比穷人的更多。克拉克和汉密尔顿利用从遗嘱记录中获得的信息来检验这一推论，研究了男性立遗嘱者留下的财富总值与继承他们财富的后代总数之间的关系。他们的研究结果参见图 9.4。

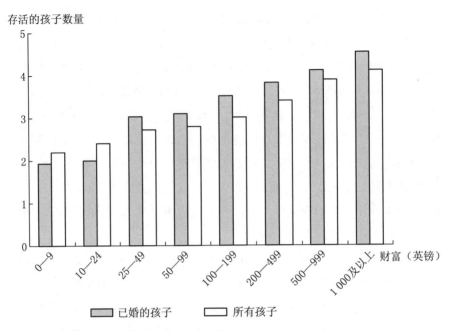

存活的孩子数量

■ 已婚的孩子　　□ 所有孩子

资料来源：Clark and Hamilton，2006。

图 9.4　按财富划分的生育成功率

同样也可以使用基于教会登记簿的家庭重构数据来进行研究。教会登记簿虽然缺乏财富方面的信息，但补充了大量重大生命事件(结婚、生育、死亡)的统计数据。它不仅提供了按家庭统计的总出生人数，还可以计算出这些儿童中有多少人真正活到了生育期(即超过 15 岁)。博贝格-法兹里奇等人(Boberg-Fazlic et al.，2011)通过探索 CAMPOP 统计数据，将教会登记簿中的男性职业名称划分为克拉克和卡明斯(Clark and Cummins，2010)定义的七个收入群体(参见上文)。图 9.5 说明了前工业化时期如何证实马尔萨斯模型的推论，以及这种模式如何在工业革命前后消失。

CAMPOP 家庭重构也被用于马尔萨斯模型中现实性抑制的检验。虽然贫困对死亡率的短期效应得到了充分的支持(Galloway，1994)，但对长期效应的关注(即条件艰苦对晚年死亡率的影响)却很少。克伦普和韦斯多夫(Klemp and Weisdorf，2012a)在所谓的"胎儿起源假说"中提出了这个问题。这种观点认为，早期营养不良会导致在怀孕期和婴儿期发育不均衡，反过来增加对疾病的易感性，从而增加晚年的死亡风险。通过生存分析，他们发现

393

394

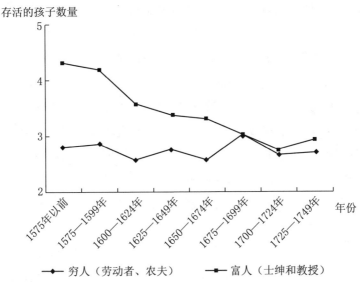

资料来源：Boberg Fazlic et al.，2011。

图 9.5　富人和穷人的生育成功率

在 18 世纪 20 年代晚期英格兰大饥荒期间出生的人，即使在饥荒中幸存下来，他们一生中的死亡风险也会大大增加。在受影响最严重的群体中，10 岁时的死亡风险比对照组高出 66%，后者出生于英格兰中部地区社会经济地位较低的家庭（在饥荒发生后的 5 年内出生的儿童具有类似背景）。这相当于平均寿命降低超过 12 年。

马尔萨斯框架被反复用于理解国家的长期经济发展和财富积累（或用于理解为何未能发展起来）。英格兰过去为何享有相对较高的生活水平，其中一个关键论据与人口对经济的反应有关。一个核心的假设关注父母在后代数量和质量之间的权衡。儿童数量-质量权衡的存在与解释从几千年的经济停滞转向经济持续增长时代以及随之而来的人口结构转变的一系列理论评估尤为相关（例如 Galor and Moav，2002）。事实上，解释现代经济增长起源的主要理论，很大程度上依赖于一个家庭中子女数量与子女获得人力资本之间权衡的假设。例如，加洛尔和韦尔（Galor and Weil，2000）认为，英国工业革命期间技术进步的加强促使父母对子女的人力资本进行投资，导致生育率降低，从而减缓人口增长，最终促进了人均收入的增加。

人口普查数据为检验工业化早期阶段是否存在权衡效应提供了所需的重要信息。巴苏（Basso，2012）证明了西班牙存在权衡，贝克尔等人（Becker et al.，2010）发现了普鲁士存在同样的现象，费尼霍（Fernihough，2011）发现了爱尔兰存在权衡，佩林（Perrin，2013）发现法国亦是如此。

教会登记簿数据，特别是以家庭重构的形式，提供了一种使用人口普查数据来检验家庭出生总数与子女人力资本成就之间关系的替代办法。马克·克伦普和他的合作者们的工作提供了一些例证。利用 CAMPOP 的数据，克伦普和韦斯多夫（Klemp and Weisdorf，2012b）表明，父母的生育能力与他们的后代晚年所取得的社会经济成就之间存在负相关。他们以结婚日期和第一次生育之间的时间间隔作为夫妻生育潜力（即他们的生育能力）的代理变量，这一生育潜力的差异会导致家庭规模天然有所不同，他们研究发现，低生育能力父母的孩子比那些高生育能力父母的孩子识字率更高并更可能从事技术和高收入的工作。根据类似的思路，加洛尔和克伦普（Galor and Klemp，2013）利用加拿大教会登记簿数据表明，倾向于多生孩子的父母比那些具有温和生育倾向的父母更不利于后代长期的成功：与生育子女数量更多的夫妇相比，那些倾向于节制生育的夫妇的后代在事业方面更成功。

最后，教会登记簿数据可以与其他数据库联系起来。克伦普等人（Klemp et al.，2013）提供了一个例子，说明 CAMPOP 家庭重构数据如何与大量教育成就记录联系起来。虽然教会登记簿可能会提供某人的职业名称，并因此暗示有关人员的教育水平，但它们没有记录任何关于学校教育或实际职业培训的具体信息。通过使用匹配程序，克伦普和他的合作者们能够将教会登记簿中的重大生命事件统计数据与全国印花税登记册上提供的学徒姓名和学徒向师傅支付费用的信息联系起来。将家庭数据与学徒个人培训联系起来，为探索父母教育决策的一系列相关问题提供了可能性，例如父母是遵循习惯传统（如出生顺序），还是基于他们的能力决定孩子的教育。

当然，教会登记簿的可用性不局限于英国和欧洲大陆。欧洲传教士所到之处，都留下了其他地方当地人口统计的痕迹。除此之外，由于传教士带来了欧洲使用的记录方法，其他地方的教会登记簿通常与欧洲的完全相同。这意味着美洲、亚洲和非洲的教会登记簿数据有助于了解第三世界的经济发展,或为何经济未能发展,特别是那些以前被欧洲人殖民的地区。

　　在理解欧洲与第三世界之间大分流的背景下,一个主要议题是欧洲殖民大国对第三世界地区经济发展的影响。图 9.6 很好地展示了英格兰和撒哈拉以南非洲地区之间的巨大差异(Frankema and van Waijenburg,2012)。

按实际工资计算的福利比率

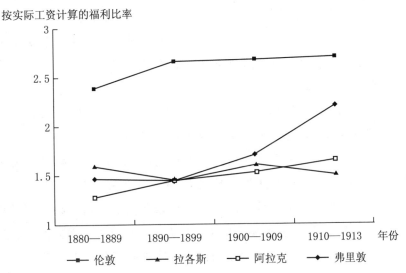

资料来源:Allen,2001;Frankema and van Waijenburg,2012。

图 9.6　欧洲和非洲之间的大分流

　　许多用来分析欧洲和第三世界之间大分流的数据都是来自殖民地。例 396如,对非洲经济史的实证研究往往局限于对国家一级变量(生产、出口、税收等)的研究,这些变量是殖民主义者很久以前记录下来的,他们把有关殖民者自身活动的数值放在首位。教会登记簿的记录提供了一个独立于殖民者记录的信息来源。基督教在非洲迅速流行起来,特别是在撒哈拉以南非洲地区,直到今天,非洲的主要宗教仍然是基督教,如圣公会等基督教会记录了其成员的职业信息。这意味着教会登记簿的数据所代表的人口比那些为殖民政府工作的人更为广泛。此外,基督教传教士往往先于殖民者到达,这使我们能够在研究教会登记簿的统计数据时,不仅可以研究殖民对非洲人的影响,而且可以研究非洲独立的影响。

　　费利克斯·迈尔·楚泽尔豪森及其合作者的工作很好地展示了撒哈拉

以南非洲教会登记簿的研究潜力（Meier zu Selhausen，2014；Meier zu Selhausen and Weisdorf，2014；Meier zu Selhausen et al.，2014）。迈尔·楚泽尔豪森和他的合作者利用撒哈拉以南非洲最早和最大的新教教堂之一——位于乌干达坎帕拉的圣保罗大教堂——的婚姻登记册，研究新教成员在人力资本形成和劳动力市场参与方面的长期演变。英国传教士在 19 世纪 70 年代到达乌干达，比英国殖民者早了一段时间，而英国殖民者直到 20 世纪 60 年代才离开。按照时间顺序，我们可以研究传教士对当地人口的影响，然后是殖民者对当地人口的影响，接下来是殖民者离开，以及后来乌干达独立直到今天对当地人口的影响。

自 19 世纪后半叶新教传教士来到非洲并开始传教以来，关于（特别是）女性职业的持续记录，使我们能够探讨性别平等的几个方面以及传教士和殖民势力对这些方面的影响。女性权利的一个关键指标是配偶年龄差距（Carmichael，2011）：丈夫年龄越大，妻子越年轻，丈夫拥有的权利就越大，而妻子拥有的权利越少。这一点也被所谓的"女性权利指数"（girl power index）所采用，即女性结婚时的年龄减去与配偶的年龄差距。迈尔·楚泽尔豪森（Meier zu Selhausen，2014）根据女性是否从事带薪工作将女性分为两组，发现那些从事带薪工作的女性的结婚时间明显晚于其他女性，而且这些女性与其他女性相比，与配偶间的年龄差距更小，女性权利指数更高。然而，女性很少为殖民政府工作。她们唯一的雇主是传教士，她们在教会学校和医院工作（如教师、护士和助产士）中训练并运用她们的专业知识。

用于测量性别不平等的其他变量包括识字率、拥有数字计算能力的比率（处理数字的能力）、劳动力参与率和工资率以及熟练工人和非体力劳动者（具有高地位）的比率。迈尔·楚泽尔豪森和魏斯多夫（Meier zu Selhausen and Weisdorf，2014）发现，随着殖民者的到来，男性很快就获得了识字能力，这有助于他们获得正规部门（带薪）的工作。女性需要更长的时间才能获得识字能力，并经过更久时间才从事带薪工作。作者观察到一个性别库兹涅茨曲线：尽管在早期殖民时期，识字率和获得带薪工作机会的不平等大幅增加，但在后殖民时期逐渐消失。今天它基本上消失了。图 9.7 显示了历史上的坎帕拉从事带薪工作的男女比例的演变，显示了其中的性别差距。

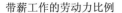

带薪工作的劳动力比例

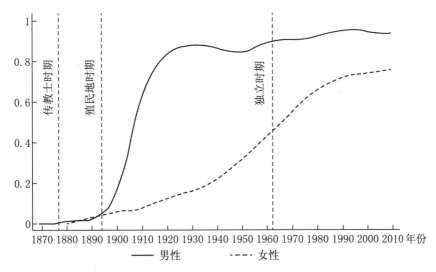

资料来源：Meier zu Selhausen and Weisdorf，2014。

图 9.7　坎帕拉 20 岁的男女两性从事带薪工作的比例

　　19 世纪早期罗斯法的通过（如上文所述）意味着圣公会的记录对于研究社会流动性特别有用。原因是这一记录不仅记录了配偶的职业，而且记录了他们父亲的职业，为在家庭层面上研究代际社会流动奠定了基础。迈尔·楚泽尔豪森等人（Meier zu Selhausen et al.，2014）发现，乌干达在殖民时期的社会流动性非常大，这主要是因为殖民经济建立后产生的有薪劳动力市场。乌干达脱离英国独立后，经济发展减缓，新就业机会减少，社会流动性下降。

　　乌干达只是一个说明从第三世界国家的教会登记簿中如何发现欧洲和第三世界之间大分流的例子。传教士对重大生命事件的记录几乎可以在传教士所到的每一处找到，包括当今大多数发展中地区，如非洲、亚洲和南美大陆。

未来的研究方向

　　在未来的研究中，有两条可以更好地利用教会登记簿数据的学术道路。第一条道路是改进现有数据的使用。目前有许多独立的数据集，但这些数 398

据集目前无法直接比较,因此很难进行跨国或跨区域的比较。比较研究对于理解人口对过去经济体的不同经济表现的影响非常重要。许多已经抄录的教会登记簿资料,可以用来重构家庭。这将使我们对过去社会中的家庭模式和家庭决策有更深刻的理解。

第二条道路是收集更多的数据。实际上,我们对非洲、亚洲和美洲的人口史知之甚少。通过收集这些信息,它可以用于阐明特别是第三世界国家的发展和生育率、死亡率、预期寿命、识字率、职业结构、两性不平等、社会流动性,以及它们与经济发展的关系。

参考文献

Allen, R.C. (2001) "The Great Divergence in European Wages and Prices From the Middle Ages to the First World War", *Explor Econ Hist*, 38:411—447.

Armstrong, A. (1974) *Stability and Change in An English Country Town: A Social Study of York, 1801—1851*. Cambridge University Press, Cambridge.

Basso, A. (2012) "Essays in Comparative Economic Development and Growth", PhD dissertation, University of Alicante.

Becker, S., Cinnirella, F., Woessmann, L. (2010) "The Trade-off Between Fertility and Education: Evidence From Before the Demographic Transition", *J Econ Growth*, 15:177—204.

Bengtsson, T., Dribe, M. (2006) "Deliberate Control in a Natural Fertility Population: Southern Sweden, 1766—1864", *Demography*, 43:727—746.

Boberg-Fazlic, N., Sharp, P., Weisdorf, J. (2011) "Survival of the Richest? Patterns of Fertility and Social Mobility in England", *Eur Rev Econ Hist*, 15:365—392.

Bouchard, G. (1996) "Tous Les Métiers du Monde. Le Traitement des données professionnelles en Histoire Sociale", Les presses de l'université de Laval, Saint-Nicolas.

Carmichael, S. G. (2011) "Marriage and Power: Age at First Marriage and Spousal Age Gap in Lesser Developed Countries", *Hist Fam*, 16:416—436.

Cinnirella, F., Klemp, M., Weisdorf, J. (2013) "Malthus in the Bedroom: Birth Spacing as a Preventive Check Mechanism in Pre-modern England", University of Warwick Working Paper no.174-2013.

Clark, G. (2005) "The Condition of the Working Class in England, 1209—2004", *J Polit Econ*, 113:1307—1340.

Clark, G. (2007) *A Farewell to Alms: A Brief Economic History of the World*. Princeton University Press, Princeton.

Clark, G., Cummins, N. (2010) "Malthus to Modernity: England's First Fertility Transition, 1760—1800", MPRA Working Paper no.25465.

Clark, G., Hamilton, G. (2006) "Survival of the Richest in Pre-industrial England", *J Econ Hist*, 66:707—736.

De Moor, T., van Zanden, J. L. (2010) "Girl Power: the European Marriage Pattern and Labour Markets in the North Sea Region in the Late Medieval and Early Modern Period", *Econ Hist Rev*, 63:1—33.

de Vries, J. (2008) *The Industrious Revolution: Consumer Behavior and the Household Economy, 1650 to the Present*. Cambridge University Press, New York.

Dribe, M., Scalone, F. (2010) "Detecting Deliberate Fertility Control in Pre-transitional Populations: Evidence From Six German Villages,

1766—1863", *Eur J Popul*, 26:411—434.

Fernihough, A. (2011) "Human Capital and The Quantity-quality Trade-off During the Demographic Transition: New Evidence From Ireland", Working Papers 201113 School of Economics, University College Dublin.

Frankema, E. H. P., van Waijenburg, M.(2012) "Structural Impediments to African Growth? New Evidence From Real Wages in British Africa, 1880—1960", *J Econ Hist*, 72: 895—926.

Galloway, P.R.(1994) "Secular Changes in the Short-term Preventive, Positive, and Temperature Checks to Population Growth in Europe, 1460 to 1909", *Clim Chang*, 26:3—63.

Galor, O. (2011) *Unified Growth Theory*. Princeton University Press, Princeton.

Galor, O., Klemp, M.(2013) "Be fruitful and Multiply? Moderate Fecundity and Long-Run Reproductive Success", Brown University discussion Paper no.2013—2010.

Galor, O., Moav, O.(2002) "Natural Selection and the Origin of Economic Growth", *Q J Econ*, 117:1133—1191.

Galor, O., Weil, D. N. (2000) "Population, Technology, and Growth: From Malthusian Stagnation to the Demographic Transition and Beyond", *Am Econ Rev*, 90:806—828.

Guzman, R., Weisdorf, J.(2010) "Product Variety and the Demand for Children", *Econ Lett*, 107:74—77.

Hajnal, J.(1965) "European Marriage Pattern in Historical Perspective", in Glass, D.V., Eversley, D.E.C. (eds) *Population in history*. Edward Arnold, London, pp.101—143.

Kelly, M., O Grade, C.(2012) "The Preventive Check in Medieval and Preindustrial England", *J Econ Hist*, 72:1015—1035.

Klemp, M., Moeller, N.F.(2013) "Post-Malthusian Dynamics in Pre-industrial Scandinavia", Brown University working paper no.2013—2014.

Klemp, M., Weisdorf, J.(2012a) "The Lasting Damage to Mortality of Early-Life Adversity: Evidence From the English Famine of the Late

1720s", *Eur Rev Econ Hist*, 16:233—246.

Klemp, M., Weisdorf, J.(2012b) "Fecundity, Fertility, and Family Reconstitution Data: the Child Quantity-Quality Trade-off Revisited", CEPR Discussion Paper no.9121.

Klemp, M., Minns, C., Wallis, P., Weisdorf, J.(2013) "Picking Winners? The Effect of Birth Order and Migration on Parental Human Capital Investments in Pre-modern England", *Eur Rev Econ Hist*, 17:210—232.

Lambert, P. S., Zijdeman, R. L., Van Leeuwen, M. H. D., Maas, I., Prandy, K. (2013) "The Construction of HISCAM: A Stratification Scale Based on Social Interactions for Historical Comparative Research", *Hist Methods*, 46:77—89.

Malthus, T. R. (1798) *An Essay on the Principle of Population*. J. Johnson, London.

Meier zu Selhausen, F.(2014) "Missionaries, Marriage and Power: Dynamics and Determinants of Women's Empowerment in Colonial Uganda, 1880—1950", Utrecht University Mimeo.

Meier zu Selhausen, F., Weisdorf, J. (2014) "European Influences and Gender Inequality in Uganda: Evidence From Protestant Marriage Registers, 1895—2011", Utrecht University Mimeo.

Meier zu Selhausen, F., van Leeuwen, M.H.D., Weisdorf, J.(2014) "From Farmers to Clerks: Social Mobility in Uganda, 1895—2011", Utrecht University Mimeo.

Midi Berry, B., Schofield, R. S. (1971) "Age at Baptism in Pre-industrial England", *Popul Stud*, 25:453—463.

Moeller, N.F., Sharp, P.(2014) "Malthus in Cointegration Space: Evidence of a Post-Malthusian Pre-industrial England", *J Econ Growth*, 19: 105—140.

Nicolini, E.(2007) "Was Malthus right? A VAR Analysis of Economic and Demographic Interactions in Pre-industrial England", *Eur Rev Econ Hist*, 11:99—121.

Perrin, F. (2013) "Gender Equality and Economic Growth in the Long-run: A Cliometric analysis", PhD dissertation, University of

Strasbourg.

Razzell，P. (2007) *Population and Disease: Transforming English Society, 1550—1850*. Caliban Books, London.

Ricardo，D. (1817) *On the Principles of Political Economy and Taxation*. Cambridge University Press, Cambridge.

Ruggles, S. (1999) "The Limitations of English Family Reconstitution: English Population History From Family Reconstitution 1580—1837", *Contin Chang*, 14:105—130.

Schofield，R.S. (1970) "Perinatal Mortality in Hawkshead, Lancashire, 1581—1710", *Local Popul Stud*, 4:11—16.

Schofield，R.S. (1973) "Dimensions of Illiteracy, 1750—1850", *Explor Econ Hist*, 10:437—454.

Sharp，P.，Weisdorf，J. (2009) "From Preventive to Permissive Checks: The Changing Nature of the Malthusian Relationship Between Nuptiality and the Price of Provisions in the Nineteenth Century", *Cliometrica*, 3:55—70.

Souden，D. (1984) "Movers and Stayers in Family Reconstitution Populations", *Local Popul Hist*, 33:11—28.

US Department of Labor. (1939) *The Dictionary of Occupational Titles*, 2 vols. US Department of Labor, Washington, D.C.

Van De Putte，B.，Miles，A. (2005) "A Social Classification Scheme for Historical Occupational Data", *Hist Methods*, 38:61—94.

Van Leeuwen，M. H. D.，Maas，I. (2011) *HISCLASS: A Historical International Social Class Scheme*. Leuven University Press, Leuven.

Van Leeuwen，M. H. D.，Maas，I.，Miles，A. (2002) *HISCO: Historical International Standard Classification of Occupations*. Leuven University Press, Leuven.

Van Leeuwen，M. H. D.，Maas，I.，Weisdorf，J. (2014) "Human Capital From Occupations: Quantifying Educational Attainments in the Past", Utrecht University Mimeo.

Voigtländer，N.，Voth，H.J. (2013) "How the West 'invented' Fertility Restrictions", *Am Econ Rev*, 103:2227—2264.

Voigtländer，N.，Voth，H.J. (2014) "The Three Horsemen of Riches: Plague, War and Urbanization in Early Modern Europe", *Rev Econ Stud* (forthcoming).

Wrigley，E.A. (2010) "The PST System of Classifying Occupations", University of Cambridge Mimeo.

Wrigley，E.A.，Schofield，R.S. (1981) "The Population History of England, 1541—1871", *Journal of British Studies*, Cambridge.

Wrigley，E.A.，Davies，R.，Oeppen，J.，Schofield，R.S. (1997) *English Population History From Family Reconstitution*. Cambridge University Press, Cambridge.

索　引

本索引条目后面的页码，均为英文原著页码，即本中译本的正文页边码。

S

图书在版编目(CIP)数据

劳动力与人力资本 / (法)克洛德·迪耶博,(美)
迈克尔·豪珀特主编 ;梁华,刘松瑞译. — 上海 :格
致出版社 :上海人民出版社,2023.12
(计量史学译丛)
ISBN 978 - 7 - 5432 - 3508 - 3

Ⅰ.①劳… Ⅱ.①克…②迈…③梁…④刘… Ⅲ.
①劳动力-研究②人力资本-研究 Ⅳ.①F241

中国国家版本馆 CIP 数据核字(2023)第 182610 号

责任编辑 唐彬源
装帧设计 路 静

计量史学译丛

劳动力与人力资本
[法]克洛德·迪耶博 [美]迈克尔·豪珀特 主编
梁华 刘松瑞 译

出 版 格致出版社
          上海人民出版社
          (201101 上海市闵行区号景路 159 弄 C 座)
发 行 上海人民出版社发行中心
印 刷 上海盛通时代印刷有限公司
开 本 720×1000 1/16
印 张 21.25
插 页 3
字 数 322,000
版 次 2023 年 12 月第 1 版
印 次 2023 年 12 月第 1 次印刷
ISBN 978 - 7 - 5432 - 3508 - 3/F·1539
定 价 96.00 元